KB022580

3·11 동일본대지진을 새로이 검증하다

복구·부흥·재생 프로세스 및 방재·감재·축재를 위한 과제

간사이대학 사회안전학부 엮음
김영근 옮김

한울
아카데미

HIGASHI NIHON DAISHINSAI FUKKO 5NENME NO KENSHO
by KANSAI DAIGAKU SHAKAI ANZENGAKUBU

일러두기

1. 본문에서 사용하는 일본어 표기는 가능한 한 원어발음을 사용하고, 외국어표기법과는 달리 장음과 단음을 구별한다.
   예) 미나미산리쿠(南三陸), 오오츠치초(大槌町)

2. 일본의 행정구역인 시나 현은 아래와 같이 표기했다.
   예) 仙台市→센다이(仙台)시, 福島県→후쿠시마(福島)현

3. 일본어의 동일본대진재(東日本大震災)는 동일본대지진으로 표기하고, 한신·아와지대지진(阪神·淡路大震災) 등은 하나의 고유 명사로 여겨 띄어쓰기를 하지 않았다.

4. 일본의 지방자치체라는 용어는 '자치체', '자치단체' 혹은 '지자체'를 혼용하고 있다.
   예) 自治体→자치체, 지자체, 자치단체

5. 최근 들어 일본어 원어가 익숙해진 있는 쓰나미 등의 단어는 병행 표기하고 있다.
   예) 津波→해일, 쓰나미

6. 3·11 동일본대지진에 관해 각 장에서 '도호쿠지방태평양연안지진', '동일본대지진' 혹은 '3·11' 등 다양하게 표기하고 있다. 아울러 발생한 후쿠시마 제1원자력발전소에서 발생한 폭발사건(원전사고)에 관해서도 '3·11 원전사고', '후쿠시마 원전사고' 등 다양하다. 실제 저자가 의도하는 바를 그대로 전달하기 위해 이를 병행하고 있다.

차례

제3부 포스트 3·11 동일본대지진의 과제

제4부 후쿠시마 원전사고 5년의 검증

옮긴이 서문

이 책 『3·11 동일본대지진을 새로이 검증하다: 부흥 실태 및 방재·감재·축재[1]의 전망(東日本大震災 復興5年目の検証：復興の実態と防災·減災·縮災の展望)』은 이미 한국에 번역 소개된 김영근 외 옮김(2012), 『검증 3·11 동일본대지진(検証: 東日本大震災)』 책의 개정판이다.

『검증 3·11 동일본대지진』 번역서를 읽고 실제 한국의 대학 학부 및 대학원 과정을 설립하는 데 크게 활용했다는 여러 인터뷰를 접하고 있다. 『검증 3·11 동일본대지진』이 2쇄 발간된 바와 같이 새로이 검증한 이 책은 3·11 발생 10주기를 맞는 지금 더욱 주목받을 수 있을 것으로 확신한다.

3·11 이후 일본의 위기관리 시스템이 제대로 작동하고 있는가에 대한 의문이 제기되고, 심지어 일본에서 거버넌스가 제대로 작동하지 않았다는 비판의 목소리도 높았다. 그런 가운데 다양한 각도에서 재해·재난·진재 연구가 이루

1) (옮긴이) 과학이 발달했어도 자연재해뿐 아니라 사회재해 및 인문재해라는 상상을 초월하는 파괴력으로 인해 애초에 재해가 일어나지 않게 하는 '방재(防災)'뿐 아니라 인명과 재산의 피해를 줄일 수 있는 행위, 즉 '감재(減災)'와 재해 피해를 최소화하는 '축재(縮災)'까지 그 목적이 확대되고 있다.

어지고 있으며, 그 결과물 또한 봇물처럼 쏟아져 나오고 있다. 이 책은 간사이대학의 전문가들 특히 사회과학과 자연공학 전문가들이 모여 3·11 동일본대지진 발생 이후 5년간의 프로세스 및 메커니즘에 관해 재검증을 시도하고 있다. 저자들인 간사이대학의 사회안전연구과 소속 연구진들은 3·11 동일본대지진의 검증을 통해 원자력 사고의 대응과 부흥사업의 난관은 물론이거니와 앞으로 일본을 덮칠 다양한 국가적 재난의 유형들을 점검하고, 선행적 사전적 재해대책을 통한 재해감소의 중요성을 강조한다. 일본의 재해연구를 융복합적으로 이해하고 한국형 재난안전 거버넌스를 구축하는 데 있어서 바이블이라 할 수 있을 만큼 잘 기술된 책으로 평가되고 있다.

전 세계에 커다란 충격을 주었던 2011년 3·11 동일본대지진이 발생한 지 꼭 10년을 눈앞에 두고 있다. 일본으로서는 제2의 3·11로 불리우는 '코로나19'(Corona Virus Disease 2019: COVID-19)에 관한 재해 거버넌스의 현황과 한계점을 노정하고 있다. 주지하다시피 감염병에 관한 국제레짐인 '세계보건기구(WHO)'는 코로나19가 전 세계 여러 나라로 확산되자 2020년 1월 30일 '국제 공중보건 비상사태'를 선포했으며, 3월 11일에는 팬데믹(pandemic: 감염병 세계유행)을 선언했다. 결과적으로 '3·11 코로나 팬데믹' 현상은 곧 감염병 재해의 위기로 이어져, 국내는 말할 것도 없고 글로벌 정치적·경제적·사회적·문화적 변화를 가져오고 있다. 세계 역사가 '코로나 이전(BC: Before Corona)', '코로나 이후(AC: After Corona)'로 나뉠 것이라고 할 정도로 엄청난 대변혁의 화두가 던져진 셈이다. '코로나19 팬데믹'이라는 대재해를 잘 극복할, 혹은 코로나와 더불어 살아가야 하는 체제(with COVID19), 즉 코로나 재난과 재해 안에서 살아가는, 즉 재간 시스템(inter COVID19 System)에 대비할 학지(學知)와 대응력을 갖춰야 한다는 뜻이다. 1918년 스페인독감이나 제1차·제2차 세계대전에 버금가는 글로벌 사회의 변용이 예견되고 있으며, 국가의 역할 및 안전에 관한 거버넌스도 전환점을 맞고 있다. 제2차 세계대전을 경험하며 '전쟁국가(warfare state)'와 대비되는 '복지국가(welfare state)'라는 개념이 정립되었듯 포스트 코로나 시대를 맞이하여 '안전국가(safety state)'가 주목받고 있다. 시계열적으로 비교하고 있는 이 책 및 자매서 『검증 3·11 동일본대지진』을 통해 일본이 어떻게 재해 복구 및 부흥, 재생에 힘써왔으며 학문 영역별로 리질리언스 관리방법론이 적용되고 있는지 확인할 수 있다.

현재 진행형인 코로나19 재해를 단순하게 3·11 동일본대지진에 관한 재난관리와 비교하기는 어렵다. 다만, 최근 목격하고 있는 일본의 코로나 대응 프로세스를 상기하며 이 책을 일독한다면, 일본의 재해 거버넌스의 변용 및 한계를 쉽게 이해할 수 있을 것으로 기대된다. 일본의 경우 코로나 감염병이 발생하기 이전에는 재해연구 및 제도 구축의 선진국인 만큼 철저한 재난안전관리 및 다양한 재난 구호를 위한 시스템이 잘 정비된 국가로 평가되어 왔다. 그러나 이번 코로나19와 같은 감염병 재해에 관해서는 일본의 거버넌스가 제대로 혹은 효율적으로 작동하고 있다고 보기는 어렵다는 견해도 나타나고 있다. 물론 재해의 영역별 특성에 따라서 그 효과가 다른 것인지 기존 평가의 한계가 나타난 것인지 결론짓기에는 이르기에 이 책을 통해 독자 스스로가 점검하고 비교분석해 볼 수 있을 것이다.

이 책은 간사이대학의 전문가들 특히 재난인문학자는 물론 사회과학과 자연공학 전문가들이 모여 3·11 동일본대지진에 대한 철저한 검증을 시도한 결과이다. 저자들인 간사이대학 사회안전연구과 소속 연구진들은 3·11 동일본대지진의 검증을 통해 원전사고의 대응과 부흥사업의 난관은 물론이거니와 앞으로 일본을 덮칠 다양한 국가적 재난의 유형들을 선행적·사전적으로 대책을 세워 재해를 저감해야 함을 강조한다. 또한 재해 연구는 자연계(자연재해)의 극히 일부로 해석하는 물리적 이해와 사회안전에 관한 선행연구(사회재해)의 성과를 정리하고 관련 현상을 검증하는 사회적 이해가 동시에 필요함을 역설한다. 재해연구가 실제로 재해감소에 공헌할 수 있는 실천과학으로서 빛나게 하기 위해서는, 사회적·물리적 연구성과의 중개 역할을 수행하는 '정보축적 및 전달(情報課題)'이 뒷받침되어야 한다.

이러한 의미에서 일본 사회 전반에 걸쳐 미증유의 피해를 가져온 3·11 동일본대지진을 해부하여 5년 후를 재검증하고 있는 이 책은 비록 뒤늦게 소개되어 아쉬움은 남지만 포스트 3·11를 이해하는 데 더할 나위 없이 좋은 시점을 제공하고 있다. 이 책의 집필진에는 종합방재·감재학 전문가, 지진재해 이론가, 안전설계 공학박사, 도시재해대책 관계자, 의학계(공중위생학) 전문가, 기업법 학자, 재해사회론 전문가, 경제·경영학 박사, 안전사상학[2] 전문가 등 일본 간사이대학 사회안전학부 교수진들이 망라되어 있기에 전문가들은 물론 일반 시민들이 3·11 동일본대지진은 물론 일본의 재해관리를 이해하고 대응하는 데 크게 도움이 될 것으로 생각된다.

일본이 직면한 거대 복합위기와 리스크 관리에 관해 다양한 측면에서 검증하고 있는 이 책(서장과 제4부 16장 구성)을 이해하기 위해서는 우선 학문적 영역의 분류가 중요하다. 우선 자연과학·사회과학·인문과학으로 나누어 살펴보았다. 한편으로는 국가재해, 경제재해, 기술재해, 공동체재해, 인간안보 등 어젠다별 시점에서 살펴보는 것도 중요하다.

첫째, 자연과학적 관점이다. 우선 간사이대학 사회안전학부장을 역임하고 현재 고베 한신·아와지대지진의 교훈을 살리기 위해 설립된 사람과방재미래센터 가와타(河田惠昭) 소장이 서장(「거대 재해로서의 동일본대지진」)에서 분석 시각을 포함한 가이던스를 제시하였다. 3·11 동일본대지진을 지진과 쓰나미, 그리고 원전 문제의 복합 재해로 규정하고 그 재해의 특징과 연동되는 광역지진에 대비해야 한다고 늘 강조하고 있는 그의 방재에 관한 백신이나 치료제에 대한 열의를 확인하는 차원에서 서장만큼은 먼저 읽어둘 필요가 있다. 토목공학을 전공한 가와타 교수가 『검증 3·11 동일본대지진』에서 제시한 바 있는 쓰나미의 메커니즘과 특성을 이 책에 발전시켜서, 후쿠시마 제1원자력발전소 사고와 쓰나미의 영향에 관해 분석하고, 방재·감재·축재(縮災)라는 큰 틀에서 대

2) (옮긴이) 안전 사상학이란 재난을 관리하고 안전을 영위하기 위한 인식이나 이데올로기 등과 연관된 학문 영영을 말한다.

응을 마련할 것을 제언한다. 아베 세이지(安部誠治) 교수는 니시무라(西村弘) 교수와 함께 교통공학적 관점에서 「라이프라인의 복구 및 부흥」(제3장)을 제시한다. 지진·쓰나미·액상화 피해 등 자연재해에 대한 과학기술공학적 시각을 바탕으로 하야시(林能成) 교수는 「동일본대지진 후의 지진학과 지진 방재」(제5장), 다카하시(高橋智幸) 교수는 「쓰나미 방재의 과제와 새로운 대비 활동」(제6장), 고야마(小山倫史)에 의한 「동일본대지진의 액상화 피해」(제7장), 오자와·아베(小澤守·安部誠治)의 「후쿠시마 원전사고와 일본의 원자력 안전 규제」(제16장) 이슈를 분석하고 있다. 아울러 보건의료학 관점에서의 다카토리게(高鳥毛敏雄) 교수의 「동일본대지진 이재민에 관한 건강 지원활동」(제4장)에 관한 분석도 눈여겨볼 만하다.

또한 인문학적 사상의 관점에서 진재와 안전에 관해 논하고 있는 가노시마 에미코(辛島恵美子) 교수가 일본인의 재해관, 일본의 재해 문화(disaster sub-culture)와 안전문화(safety culture)라는 시각을 바탕으로 재검증하고 있는 「원전 재해와 안전의 사상」(제13장) 및 스가 마시호(菅磨志保)의 「'재해 볼런티어'를 둘러싼 과제」(제10장) 고찰은 주목할 만하다. 특히 3·11 동일본대지진의 경험을 교훈으로 삼고 나아가 전문적 지식과 지혜가 충분히 활용되도록 안전의 사고(思想)를 재검토하고 개념상의 뒤틀림을 고쳐나가 탈경계·융복학적 연구 축적을 위한 노력을 촉구하고 있는 점은 귀담아들어야 할 것이다.

한편, 사회과학적 관점에서는 나가마쓰(永松伸吾) 교수의 「데이터로 보는 동일본대지진」(제1장), 고시야마(越山健治) 교수의 「포스트 동일본대지진 주택 재건의 현황과 지역 부흥」(제2장), 이외에도 야마사키(山崎栄一) 교수의 「이재민 지원의 법·제도」(제8장), 구와나(桑名謹三) 교수의 「동일본대지진과 보험제도」(제9장), 가메이(亀井克之) 교수의 「동일본대지진이 기업의 리스크 관리에 미친 영향」(제11장), 곤도(近藤誠司) 교수의 「포스트 3·11의 재해 저널리즘」(제12장), 히로세(広瀬幸雄) 교수의 「원전사고의 사회경제적 문제와 소비자·시민의 반응」(제14장), 쓰치다(土田昭司) 교수의 「후쿠시마 원전사고 이후의 '리스크 커뮤니케이션'」(제15장), 분석도 일본의 '거대 복합 재해로서의 동일본대지진'을 종합적으로 이해하는 데 크게 기여할 것으로 보인다.

이처럼 이 책은 3·11 이후 일본이 직면한 다양한 문제에 대한 신중하고 치밀한 재검증을 통해 위기관리의 현황 및 한계를 그대로 보여주고 있다. 마치 일본이 제대로 파악하고 대처해 나가야 할 대재해라는 어젠다에 관한 종합검진(検証)의 결과를 받아들고 스스로 재검에 응하는 학문적 역할이 현장의 목소리와는 동떨어진 대안이라 할지라도 이 책은 매우 시의적절하고 소중한 학문적 논의의 밑거름이 될 것으로 기대해 본다. 또한 세계 어느 나라도 경험하지 못한 대진재와 복구 및 부흥이 언제 끝날지 알 수 없는 현재진행형의 위기인 3·11 검증을 통해 저자들이 무엇을 발신하고자 하는지 그 의도를 조금이라도 이해할 수 있다면 역자로서는 더할 나위가 없다.

일본의 재해 거버넌스 즉, 대응 프로세스 및 메커니즘은 이번 제2의 코로나19라는 3·11 재해로 말미암아 융복합적 대응 방식이 과연 제대로 작동하고 있는가라는 의구심마저 들게 한다. 일본은 단절된 거버넌스라는 한계로 말미암아 예기치 못한 재난 상황을 연출하고 있다. 한마디로 요약하자면 일본의 대지진 등 자연재해에 관한 효율적 '리스크 매니지먼트'가 높이 평가받아 왔으나, 전염성이 강한 감염병 재해, 즉 사회적 재난·안전 관리에서는 매우 취약함이 드러났다. 무엇보다도 '코로나19'라는 복합적 거대 재해에 맞서 살아남기 위해서는 의료 및 과학기술만으로 관리하고 해결할 수 없다는 점을 알 수 있다. 일본이 한국에 비해 뒤처진 '과학기술과 인문·사회·예술의 융합을 통한 접근 및 대응책'에 관해 제1의 3·11(2011년) 재검증과 비교해 보기 바란다. 한층 더 이 책의 이해를 심화하기 위해 일본이 '3·11 코로나19 팬데믹' 감염병 재해를 어떻게 대응하고 관리하고 있는지, 즉 거버넌스 및 위기 대응에 관해 요약하면 다음과 같다.

일본은 정치적으로 재해에 관해 지금까지 재해부흥(정책)을 우선하는 전통적 안전 거버넌스를 유지하고 있으나 감염병 재해 거버넌스의 정책적 효율성이라는 관점에서 볼 때는 성공적이라 보기 어렵다. 무엇보다도 재해에서 '휴먼 에러(Human Error)'가 발동하여 지극히 관 주도의 '리스크 커뮤니케이션'의 한계라는 상황으로 내몰리고 있다. 경제재해 대응으로 '자국 우선주의(各自圖生)' 경제정책하에서 정부 주도의 발전 모델, 즉 아베노믹스의 성공 시나리오에만 몰두하는 형국이다. 인문·사회 문화 재해를 관리하는 데 '사회적 거리두기' 정책의 수용성 문제가 대두되고, 자연재해에 익숙한 일본의 안전문화가 제대로 작동하지 못하고 있다. 한마디로 심리적 방역의 한계를 여실히 보여준다. 역사 인식·재해 사상 관점에서 보면, 재난·안전 이데올로기의 대립(마찰)이 우려된다. 만약 정보 불신이 정부에 관한 신뢰와 연동될 경우 향후 일본의 재해 사상과 사회적 수용도는 크게 흔들릴 것으로 예상된다. 정부에 대한 신뢰 문제는 특히 정권 교체 혹은 '평화헌법 9조'의 개정 등 여러 정책의 추진이 좌절되는 정치 재해로 이어졌다. 과학기술 재해를 극복(혜징)하는 데 있어서 소극적인 감염병 경로(역학) 조사 또한 비난받고 있다. 인공지능(AI)과 사회관계망서비스(SNS)를 활용한 방재 시스템 구축에 앞장서온 일본이 코로나19 팬데믹 재해 과정에서는 과학기술의 활용에 주저하는 모습이다. 이는 전염성이 강한 감염병 재해 관리에 매우 취약한 거버넌스라 할 수 있다. 재해 대국 일본의 거대 위기(Mega Crisis) 관리 능력이 국경을 넘어 글로벌 안전사회의 실현에 플랫폼을 제시할 수 있을 것이라는 기대감과는 달리, 지구 환경재해 이슈에서 리더십과 어젠다 수립 노력은 찾아보기 힘들다. 한편, 스포츠 영역에 관해서는 2020 도쿄올림픽을 통한 재해부흥 즉, '올림픽개발학'에 치중하며 개최 여부에 몰두하며 코로나19에 대한 초동대응에 능동적으로 대처하지 못한 것으로 평가된다. 마지막으로 안전 공동체 구상에 관해서는 1995년 1·17 한신·아와지대지진 이후 '효고행동강령(HFA: Hyogo Framework for Action 2005-2015) 및 2011년 3·11 동일본대지진의 경험을 살려 주도한 '센다이 방재 프레임워크' 등 국제적 방재를 위한 리더십은 보이지 않고, WHO 재정 지원 등 수동적 공공외교(Public Diplomacy)에 그치고 있다. 결론적으로 이 책의 검증을 통해 간사이대학 사회안전학과 연구진들의 제언과 마찬가지로 코로나19 감염병 재해에 대응하기 위해서는 사회적 재해 및 사상이나 이념의 변화를 아우르는 '인문적 재해' 대응도 포함하는 학제적(inter-disciplinary) 접근이 절실했다는 것을 보여주는 것이다.

이 책은 고려대학교 글로벌일본연구원(옛 일본연구센터)이 인문한국(HK)지원사업을 수행(2007-2017년도)하는 과정에서 '포스트 3·11과 인간: 재난과 안전 연구팀'을 발전시켜 설립한 '사회재난안전연구센터'의 대표적 성과라 할 수 있다. 사회재난안전연구센터는 '재난과 안전에 관한 학제적·융복합적 연구'라는 공동의 문제의식하에『일본 대재해의 교훈』,『검증: 3·11 동일본대지진』,『동일본대지진으로부터의 부흥: 지속가능한 경제사회의 구축을 위한 제언』,『일본 원자력 정책의 실패: 후쿠시마 원전사고 대응과정의 검증과 안전규제에 대한 제언』 등 '동일본대지진과 핵재난－와세다리포트' 총서 12권을 포함한 번역서를 고려대학교출판부에서 출간했고, 이를 통해 3·11 동일본대지진의 검증-교훈-제언이라는 융복학적 연구결과를 국내에 소개한 바 있다. 또한, 축적된 연구결과물을 모아『재해 리질리언스: 사전부흥으로 안전학을 과학하자』,『일본의 재해부흥: 3·11 동일본대지진과 인간』,『저팬리뷰 2012: 3·11동일본대지진과 일본』,『일본의 재해학과 지방부흥』 등의 저서도 출판했다. 이 책은 재해 연구에 관한 선행연구 고찰 및 정보의 축적을 위해 중요한 문헌으로 재난안전 연구 시리즈 출판의 중요한 의미라 할 수 있다. 아무쪼록 이 책을 포함한 여러 노력들이 안전국가 대한민국을 구현하는 데 밑거름이 되며, 학문적 발전과 사회적 소통의 계기가 되었으면 한다.

고려대학교 글로벌일본연구원 연구실에서

사회재난안전연구센터 소장 김영근

관련 도서

김영근. 2020.「포스트 코로나 시대의 안전국가 이론: 패러다임의 변용에 따른 리질리언스 관리방법론을 중심으로」. ≪비교일본학≫ 제48집, 21~40쪽.

______. 2020.「코로나19 재해 거버넌스에 관한 한일 비교분석」. ≪아시아연구≫ 23(2), 47~74쪽.

______. 2018.「재해 리질리언스—포스트 위험사회의 안전지수」. ≪일본연구≫ 제29집, 고려대학교 글로벌일본연구원, 333~356쪽.

______. 2018.「재난과 안전혁명 이론: '휴마트파워' 기반의 위기관리 거버넌스 모델과 일본의 교훈」. ≪일본연구≫ 제30집, 글로벌일본연구원, 311~333쪽.

______. 2016.「한국의 재해문화와 안전교육에 관한 대학의 역할: 일본 3·11 후쿠시마의 교훈」. ≪일본연구≫. 글로벌일본연구원.

______. 2016.「아시아적 재난과 안전공동체를 생각한다」.『청년, 아시아를 상상하다』. 글로벌콘텐츠.

______. 2012. "3·11 동일본대지진 이후 일본의 변화". 〈SBS 8시뉴스 인터뷰〉 2012년 11월 23일

______. 2014.「일본의 재해 거버넌스와 한국형 진재학 구축」. 송완범·김영근·전성곤 엮음.『일본의 재해부흥: 3·11 동일본대지진과 인간』. 인문사, 225~248쪽.

______. 2014.「일본의 진재학과 재해부흥의 역(逆)이미지: 한국형 위기관리 모델의 시론」. ≪한림일본학≫ 제24집, 한림대학교 일본학연구소, 141~166쪽.

______. 2014.「재해 대응과 한국형 CSR 구축 과제」. ≪자동차경제≫ 제9월호. 한국자동차산업연구소(KARI), 2~3쪽.

______. 2014.「전후의 재해 거버넌스에 관한 한일 비교 분석」. ≪한일군사문화연구≫ 제17집. 한일군사문화학회, 33~60.

______. 2009.「패권안정론에 의한 미국 통상정책의 변화 분석」. ≪국제통상연구≫ 제14권 4호, 27~52쪽.

김영근 외. 2018.『재해 리질리언스: 사전부흥으로 안전학을 과학하자』. 한국학술정보.

간사이대학 사회안전학부 편.『검증 3·11 동일본대 지진』. 김영근 외 고려대학교 일본연구센터 포스트3·11과 인간연구팀 옮김. 도서출판 문.

다케나카 헤이조·후나바시 요이치 편. 2012.『일본 대재해의 교훈: 복합위기와 리스크 관리』. 김영근 옮김. 도서출판 문.

마쓰오카 슌지. 2013.『일본 원자력 정책의 실패: 후쿠시마 원전사고 대응과정의 검증과 안전규제에 대한 제언』. 김영근 옮김. 고려대학교출판부.

최관 · 서승원 편저. 2012.『저팬리뷰 2012: 3·11동일본대지진과 일본』. 도서출판 문.

한국어판 서문

간사이대학(関西大学) 사회안전학부는 간사이대학의 13번째 학부로서 구상에서 개설까지 약 5년이 걸려, 2010년 4월에 오사카(大阪)·다카쓰키(高槻) 땅에 탄생했다. 또한 학부 개설과 동시에 대학원 사회안전연구과 석사과정도 개설되었고, 2012년 4월에 박사후기 과정도 신설되었다. 오로지 안전·안심 문제를 다루는 일본 최초의 학부·대학원으로서 ① 자연재해에 대한 방재와 감재(減災), ② 사고·사회 재해의 방지와 감재를 연구 교육의 축으로 하고 있다.

본 학부에서는 2012년 3월부터 전임 직원의 공동연구 성과를 정리한 연구서를 미네르바쇼보(書房)에서 총서 시리즈로 매년 1권씩 간행하여 지금까지 『검증 동일본대지진』, 『사고 방지를 위한 사회안전학』, 『방재·감재를 위한 사회안전학』, 『리스크 관리를 위한 사회안전학』의 4권을 발간한 바 있다.

2011년 3월 11일에 발생한 리히터 규모 9.0의 거대지진과, 함께 발생한 쓰나미 이후 여진으로 동북지방 태평양 쪽 해안을 중심으로 약 500km에 걸쳐서 대규모 지진 쓰나미 피해가 발생했다. 500km라고 하면 도카이도(東海道) 신칸센 도쿄에서 신오사카까지의 거리에 해당한다. 이른바 도쿄에서 오사카까지 태평양 연안부의 일대가 쓰나미에 습격당했다고 할 수 있을 정도의 광역 재해였다.

동일본대지진은 지진, 쓰나미, 원전사고로 이루어진 거대 복합 재해이다. 그 인적 피해는 아직 최종 확정된 것은 아니지만, 2016년 3월 10일 현재 사망자 1만 5894명, 실종자 2561명이다(경찰청 발표). 이는 최근 약 100년의 일본 근현대사에서 10만 명을 넘는 희생자를 낸 1923년 간토대지진(関東大震災), 그리고 2만 명을 넘는 사망자를 낸 1896년의 메이지산리쿠(明治三陸)지진 쓰나미 피해의 뒤를 잇는 규모이다.

그 발생 직후부터 우리는 학부·연구과를 통해 이 대지진을 정면으로 마주했으며, 조사 및 분석하여 왔다. 시리즈 책의 제1권인 『검증 동일본대지진』은 교수진이 함께 참여한 공동연구 성과의 일부를 요약한 것이다. 이 책은 2쇄가 결정되는 등 독자들의 많은 선택과 지지를 받았다. 게다가 2012년 8월에는 고려대학교 일본연구센터(현 글로벌일본연구원)에 의해서 한국어로 번역되어 서울에서 출판되는 등 국제적으로도 평가를 받았다.

2016년 3월 동일본대지진의 발생으로부터 5년을 맞이했다. 일본 정부는 이 5년을 '집중 부흥 기간'으로 규정하고 총액 26.3조 엔의 복구·부흥 예산을 투자했다. 그리고 그 재원의 일부에 충당하기 위해서 '동일본대지진으로부터의 부흥을 위한 시책을 실시하기 위해서 필요한 재원 확보에 관한 특별 조치법'(2011년 법률 제117호)을 바탕으로 새롭게 '부흥특별소득세' 및 '부흥특별법인세'인 이른바 '부흥특별세'를 창설했다. 이들 증세에 의해서 확보되는 재원의 총액은 10.5조 엔으로 알려졌다.

국민은 일반적으로 증세에 대해서 강한 거부 반응을 나타낸다. 그러나 세금의 사용처를 재해지 부흥 지원에 한정한 이번 증세에 대해서 일본 국민의 큰 반발은 일어나지 않았다. 대부분의 국민이 재해지 지원의 필요성과 중요성을 이해했기 때문이다.

재해 발생에서 5년이 지나면서 라이프라인과 사회 기반 인프라의 복구는 끝났다. 그러나 주민의 생활재건이나 마을 건설은 아직 진행 중이다. 특히 후쿠시마현에서는 동반된 원전사고로 발생한 12만 명에 가까운 현 내외 피난민의 문제와 끝이 보이지 않는 오염수 처리 문제 및 폐로 문제 등 여전히 미해결 과제가 산적해 있다. 이러한 동일본대지진의 복구·부흥의 5년을 검증하고 향후 과제를 밝힌 것이 이 책이다.

이 책은 본 학부의 공동연구의 성과를 정리한 시리즈 5권째의 연구서임과 동시에 상기 『검증 동일본대지진』의 속편에 해당하는 것이기도 하다. 일본에서는 가까운 미래에서 난카이(南海)트로프(trough) 거대지진이나 수도직하지진 등 거대 재난 발생이 확실시된다. 특히 난카이트로프 거대지진이 발생할 경우, 그로 인한 사망자 수는 최악의 경우 32만 명을 넘을 것으로 예측되고 있다. 이 책에서는 단순히 동일본대지진 부흥 과정의 검증이 이뤄졌을 뿐 아니라, 난카이트로프 거대지진이나 수도직하지진 등에 대비하기 위한 논점 정리와 정책적 제언도 행하였다.

여기에서 한국의 독자를 위해서 본 학부와 대학원 연구과에 대해서 간단히 소개하고자 한다. 사회안전학부 사회안전연구과 개설의 목적은 안전·안심 사회의 구축에 기여하기 위한 교육 및 연구의 추진에 있다. 즉 본 학부·연구과는, 안전·안심인 사회를 창조하기 위한 교육(주역이 되는 인재의 육성)과 연구(이론 창조·정책 제언)을 실시하는 것을 사명으로 하고 있다. 이러한 목적을 내세운 학부·대학원은 일본에서 처음 생겼다. 학생 수는 학부 학생이 1100명(한 학년 275명), 석사과정 학생이 30명, 박사과정 학생이 15명이다. 개설 이후 지금까지 학부 졸업생을 4회에 걸쳐서 사회에 내보냈으며, 사회로부터의 평판이 좋아서 해마다 취업률은 90%를 넘어섰다(2016년 현재).

'안전의 지식'에 대한 집적·체계화, 사고를 방지·감소시키기 위한 이론적 정책적 연구, 방재·감재를 위한 실제적인 제언 등을 실시하려면 기존의 학문 영역을 횡단하는 융합 연구의 심화가 필요 불가결하다. 본 학부의 전임 교원은 28명이지만, 문과·이과의 벽을 넘어 공동연구를 추진하도록, 문과 17명, 이과 11명으로 구성되어 있다. 전문 분야별로는 법학 계열 4명, 심리학 4명, 경제경영학 5명, 사회학 2명, 교육학 1명, 철학 1명, 이학 2명, 공학 계열 6명, 정보학 1명, 사회의학(社會醫學) 2명이다.

한국에서 번역 출간된 『검증 3·11 동일본대지진』을 계기로, 최근 1년간 고려대학교 글로벌일본연구원 사회재난연구센터, 가천대학교, 대전대학교, 세월호참사 특별조사위원회 등이 조사 자료 수집을 위해 저희 간사이대학을 방문했다. 본 학부·연구과가 한국에서도 평가를 받고 있다는 증거라 생각한다. 주지하다시피 안전 문제에 국경은 없다. 한일 양국의 재해 연구 협력·연계 관계가 심화되기를 간절히 바란다.

마지막으로, 전문적 내용을 담고 있는 이 책이 한국의 독자들과 만날 수 있게 된 점을 매우 기쁘게 생각한다. 이 책의 한국어판 발간은 한국의 재해 연구의 일인자인 고려대학교 김영근 교수가 뛰어난 일본어 운용 능력을 바탕으로 재해 현장에서 수많은 시행착오를 거쳐 경험한 융복합적 지식을 번역에 고스란히 반영해 준 결과라 할 수 있다. 또한 김영근 교수의 재난·안전 연구자로서 일본 재해 현장에서의 경험과 인터뷰 등 현지 조사를 통해 얻어진 담론들을 유형화하고 이론적으로 재해석하고자 하는 노력의 산물이라 해도 과언이 아니다. 이 자리를 빌려 다시 한번 깊은 감사의 뜻을 전하고 싶다.

간사이대학 사회안전학부 학장

아베 세이지(安部誠治)

서문

2010년 4월 창설된 간사이대학 사회안전학부는 2012년 3월부터 전속 스태프의 공동연구 성과를 정리한 연구서를 매년 1권 미네르바쇼보에서 간행했다. 이 시리즈는 이미 4종이 발행되었으며, 각 시리즈의 제목 등은 다음과 같다.

『검증 동일본대지진』, 2012년 2월 출간, A5판, 328쪽.
『사고 방지를 위한 사회 안전학』, 2013년 3월 출간, A5판, 328쪽.
『방재·감재를 위한 사회 안전학』, 2014년 3월 출간, A5판, 250쪽.
『리스크 관리를 위한 사회 안전학』, 2015년 3월 출간, A5판, 288쪽.

2011년 3월 11일 발생한 매그니튜드 9.0의 거대지진, 그리고 함께 발생한 쓰나미와 여진으로 동북지방 태평양 쪽 해안을 중심으로 약 500km에 걸쳐서 대규모 지진 쓰나미 피해가 발생했다. 인적 피해는 아직 최종 확정하지 않았지만, 2016년 3월 10일 현재 사망자 1만 5894명, 실종자 2561명이다(경찰청 발표). 이는 최근 약 100년의 일본 근현대사에서 10만 명을 넘는 희생자를 낸 1923년 간토대지진, 그리고 2만 명을 넘는 사망자를 낸 1896년의 메이지산리쿠지진의 피해의 뒤를 잇는 규모이다.

지진 발생 직후부터 우리는 학부·연구과를 통해 이 대지진을 정면으로 마주했으며, 조사 및 분석하여 왔다. 시리즈 책의 제1권인 『검증 동일본대지진』은 우리의 공동연구 성과의 일부를 요약한 것이다. 이 책은 2쇄가 결정되는 등 독자들의 많은 선택을 받았다. 게다가 2012년 8월에는 고려대학교 글로벌일본연구원(옛 일본연구센터)에 의해서 한국어로 번역되어 서울에서 출판되는 등 국제적으로도 평가를 받았다.

한편 정부는 이 5년을 동일본대지진으로부터의 '집중부흥기간'으로 규정하고, 총 26.3조 엔의 부흥·복구예산을 투자했다. 그리고 그 재원의 일부에 충당하기 위해서 '동일본대지진으로부터의 부흥을 위한 시책을 실시하기 위해서 필요한 재원 확보에 관한 특별 조치법'(2011년 법률 제117호)을 바탕으로 새롭게 부흥특별소득세 및 부흥특별법인세인 이른바 '부흥특별세'를 창설했다. 이들 증세에 의해서 확보되는 재원의 총액은 10.5조 엔으로 알려졌다(별도 2014년도부터 10년간, 주민세도 1000엔 인상). 부흥 복구 예산은 2013년부터 25년간 소득세에 2.1%를 추징하는 방식이다.

제117호의 경우, 2012년 4월 1일부터 2014년 3월 31일까지 개시되며, 사업연도별로 법인세액에 10%를 추가 부가하여 징수한다.

국민은 일반적으로 증세에 대해서 강한 거부 반응을 나타낸다. 그러나 세금의 사용처를 재해지 부흥 지원에 한정한 이번 증세에 대해서 일본 국민의 큰 반발은 일어나지 않았다. 대부분의 국민이 재해지역 지원의 필요성과 중요성을 이해했기 때문이다.

재해 발생에서 5년이 지나면서 라이프라인과 사회 기반 인프라의 복구는 마감했다. 그러나 주민의 생활재건이나 마을 건설은 아직 진행 중이다. 특히 후쿠시마현에서는 동반된 원전사고로 발생한 12만 명에 가까운 현 내외 피난민의 문제와 끝이 보이지 않는 오염수 처리 문제 및 폐로 문제 등 여전히 미해결 과제가 산적해 있다. 이러한 동일본대지진의 복구·부흥의 5년을 검증하고 향후 과제를 밝힌 것이 바로 이 책이다.

이 책의 구성을 간단히 설명하면, 다음의 4부 16장으로 구성되어 있다.

우선 「거대 재해로서의 동일본대지진」이라는 제목의 서장으로, 가와타 요시아키(河田惠昭)가 동일본대지진을 총괄하며, 앞으로 일본의 방재·감재·축재(縮災)라는 과제를 밝히고 있다. 이어서 '동일본대지진 복구·부흥의 5년'이라는 제목의 제1부는 나가마쓰 신고(永松伸吾)의 「데이터로 보는 동일본대지진」(제1장), 고시야마 겐지(越山健治)의 「포스트 동일본대지진 주택 재건 현황과 지역 부흥」(제2장), 니시무라 히로시(西村弘)·아베 세이지(安部誠治)의 「라이프라인의 복구 및 부흥」(제3장), 그리고 다카토리게 토시오(高鳥毛敏雄)의 「동일본대지진으로 인한 피해 주민들의 건강 지원활동」(제4장)에 관한 논고가 담겨있다.

다음으로 하야시 요시나리(林能成)의 「동일본대지진 후의 지진학과 지진 방재」(제5장), 다카하시 도모유키(高橋智幸)가 쓴 「쓰나미 방재의 과제와 새로운 대비 활동」(제6장), 고야마 도모후미(小山倫史)가 쓴 「동일본대지진의 액상화 피해」(제7장)의 세 장으로 구성된 제2부에서는, 지진·쓰나미·액상화 피해라는 주로 자연재해의 측면에 초점을 맞춘 고찰을 행하고 있다.

또한 제3부에서는 야마사키 에이이치(山崎栄一)의 「이재민 지원 법·제도」(제8장), 구와나 긴조(桑名謹三)의 「동일본대지진과 보험제도」(제9장), 스가 마시호(菅磨志保)의 「'재해 볼런티어'를 둘러싼 과제」(제10장), 가메이 가쓰유키(亀井克之)의 「동일본대지진이 기업의 리스크 관리에 미친 영향」(제11장), 곤도 세이지(近藤誠司)의 「포스트 3·11의 재해 저널리즘」(제12장)으로 구성되어 있다. 특히, 이재민 지원의 법 제도나 볼런티어 문제, 기업의 리스크 관리, 피해 저널리즘의 모습이라는 여러 문제를 다각적으로 검토하고 있다.

마지막으로 '후쿠시마 원전사고 5년의 검증'이라는 제4부에서는, 가노시마 에미코(辛島恵美子)의 「원전 재해와 안전의 사상」(제13장), 히로세 유키오(広瀬幸雄)의 「원전사고의 사회경제적 문제와 소비자·시민의 반응」(제14장), 쓰치다 쇼지(土田昭司)의 「후쿠시마 원전사고 이후의 '리스크 커뮤니케이션'」(제15장),

오자와 마모루(小澤守)·아베 세이지(安部誠治)의 「후쿠시마 원전사고와 일본의 '원자력 안전 규제'」(제16장)에서는 후쿠시마 원자력 사고로부터 5년이 지난 현재 상태와 과제를 명확히 밝히고 있다.

이 책은 본 학부 공동 과제의 성과를 정리한 시리즈 5권째의 연구서이며, 동시에 『검증 동일본대지진』의 속편에 해당하는 것이기도 하다. 이 두 서적이 동일본대지진으로부터의 부흥을 이해하고 현장에서 활용되기를 기원한다. 또한 발생이 확실시되고 있는 '난카이트로프 거대지진'이나 수도직하지진 등의 대비에 관한 논의·정책면에서 도움이 되기를 집필진 일동은 바란다.

2016년 1월

간사이대학 사회안전학부

서장

거대 재해로서의 동일본대지진

가와타 요시아키(河田惠昭)

필자는 동일본대지진 직후에 정부가 조직한 2개의 중요한 위원회에 참석할 기회가 있었다. 하나는 '동일본대지진 부흥구상회의(東日本大震災復興構想会議)'고, 다른 하나는 '도호쿠지방태평양연안지진을 교훈으로 한 지진 및 쓰나미 대책에 관한 전문조사회'이다. 이 두 위원회의 역할이 끝남과 동시에 중앙방재회의(中央防災会議) 방재대책추진검토회의, 이어서 방재대책실행회의의 위원으로서 이 지진의 복구 및 부흥 과정을 주의 깊게 지켜보았다. 기본적으로 한신·아와지대지진과 니가타주에쓰지진(新潟中越地震) 등을 통해 얻은 교훈을 바탕으로 2005년 제2회 유엔국제방재회의에서 채결된 효고행동강령(HFA)과 2015년 센다이에서 개최된 제3회 회의의 센다이행동강령(SFA)에서 채택된 공통 목표 중 하나인 창조적 부흥(Build Back Better than Before)이 실현되기를 간절히 바라는 입장에서 몇 가지 의제를 제안하고자 한다.

1. 복구 부흥 대책이 실패한 원인은 무엇인가

1) 피재지 시정촌(市町村) 대응의 한계

3·11 지진의 복구 부흥 대책이 원활히 진행되지 않은 것에는 몇 가지 명백한 이유가 있다.

(1) 확신과 확증편향

향후 산리쿠 앞바다(三陸沖)에서 지진이 발생하면 미야기(宮城)현 연안의 지진일 것이라는 생각이 먼저 든다. 이 지진은 최근 30년간 발생 확률이 99%로 일본에서 가장 먼저 발생하는 지진이라고 알려져 있다. 일본 기상청도 예외가 아니어서 쓰나미 '진로 예보(動的豫報)'에서는 산리쿠 앞바다가 진원지인 매그니튜드 8 이상의 지진의 경우는 상정하지 않았다고 한다. 행정부는 물론 주민들까지 이러한 공통된 인식(혹은 확신)을 가지고 있었기 때문에 문제가 되었다고 할 수 있다.

따라서 지진보험 가입률은 미야기현이 가장 높아서 지진보험금 약 1조 2300억 엔 정도가 지불되었다. 약 780억 엔이 지불되었던 한신·아와지대지진 당시와 비교하면 약 16배로 증가한 금액이다. 이런 이유로 주택 재건은 사회적으로 큰 문제가 되지는 않았다. 다만 고지대로 이전해 주택을 재건하는 데 따른 어려움이 새로이 발생했다.

(2) 대책은 늘 유효하다는 착각

미야기현 앞바다 지진을 상정한 쓰나미 해저드 맵은 미야기현의 연안에 인접한 거의 모든 지자체들이 준비하고 있었다. 또한 이와테(岩手)현 지자체에서는 쇼와산리쿠(昭和三陸)쓰나미를 상정한 방조 수문과 방조 제방이 정비되어 있었다. 그러나 쓰나미가 이를 넘어서리라고는 누구도 예상하지 못했고 결국 쓰나미 해저드 맵은 준비되지 않았던 것이다. 쓰나미 피난 훈련이 실시되고 있었지만 주민들의 참가율은 매년 낮아지고 있었던 터라 당시 지역 관계자는 일련의 위기감을 느꼈다고 한다. 동일본대지진 때 침수 지역에 거주하고 있던 주민은 약 51만 명으로 사망자는 이 중 4.2%였다. 한편 미야코(宮古)시 타로(宮古市田老) 지구에는 높이 10미터의 쓰나미방파제가 있었으나, 이 지역 주민의 사망률은 4%로 차이가 없었다. 즉 주민들은 거주지역에 관계없이 피난하지 못했을 확률에는 큰 차이가 없다는 것이다.

(3) 예상 밖의 지자체 피해

시정촌의 건물이 파괴되거나 수몰되고 지역 책임자나 지자체 직원들이 순직하는 일이 발생하리라고는 아무도 예상치 못했다. 재난 발생 전에 각 지자체들은 "설마 우리 지역은…"이라는 인식하에 즉, 스스로가 큰 재해 피해를 경험하게 될 것이라 예상하지 않았고, 예상 밖을 상정한 지역 방재계획을 거의 수립하지 못하고 있었다. 설사 피해를 입는다 해도 지진으로 건물에 손상을 입게 될 것이라는 정도였다. 따라서 재해 발생 직후부터 재난 관련 정보를 발신하는 기능을 하지 못했으며 구조 및 구원 활동이 지연되었다는 것을 알 수 있다.

(4) 쓰나미 위험 경시

쓰나미는 매우 위험한 재해로 피난하는 것이 유일한 생존 수단이라는 점을 간과하고 있었다. 산리쿠 연안의 쓰나미를 동반한 피해는 1960년 칠레지진으로 발생한 쓰나미 피해까지 거슬러 올라가는데, 당시에도 산리쿠 연안에서는 만의 가장 안쪽까지 거리가 있던 오오후나토만(大船渡湾)에서 쓰나미의 규모가 증폭하여 커지면서 피해가 집중되었다. 그 외의 산리쿠 연안에서는 별다른 피해를 입지 않았다. 결과적으로 50년이 경과하면서 쓰나미에 대한 공포감이 둔화되고 지역 주민들에게 제대로 전달되지 못했던 것이다.

(5) 과거 경험 위주의 오해

동일본대지진 발생 1년 전인 2010년 2월 27일, 매그니튜드 8.8의 칠레 지진이 발생했을 때 기상청은 이와테현, 미야기현의 연안부에 대규모 쓰나미 경보를 발령했으나 각지에서 관측된 쓰나미의 높이는 대부분 1미터 미만이었기 때문에 헛스윙으로 끝났다. 재해경보가 발령되었음에도 불구하고 실제 쓰나미의 높이는 왜 낮았는지에 대해 기상청은 매번 별다른 설명 없이 지나갔기 때문에 주민들은 기상청이 잘못 계산한 것으로 판단했고, 점차 기상청의 경보를 신용하지 않게 되었다. 게다가 높이 5~6미터의 방파제가 설치되어 있어 3~6미터 정도의 쓰나미는 문제없이 막아줄 것이라고 오해하고 있었던 것이다. 과거의 경험을 통해 그보다 큰 쓰나미는 덮치지 않을 것이라고 과소평가한 점은 큰 잘못이다.

(6) 정보 부족으로 재해 대응 곤란

재난을 당한 지자체는 재난 정보를 전혀 얻지 못한 상황에서 재해대책본부를 설치해도 무엇을 논의해야 할지조차 모르고 있었다. 인터넷과 휴대폰이 보급된 현대 시대에는 재해가 발생한 상황에서도 인터넷과 휴대폰 등이 기능할 것이라는 막연한 기대를 하고 있었다. 이 때문에 커뮤니케이션이 불가능할 경우 어떻게 피해를 추정하고 현(県) 지방정부나 중앙정부에 어떻게 전달해야 하는지에 대한 사전 검토가 이루어지지 않았던 것이다.

(7) 초·중학교 및 공민관 등 지정 피난소의 예상치 못한 쓰나미 피해

피난소에 피난하는 것만으로는 충분치 않으며 더 안전한 고지대로 피난해야 한다는 의식이 사회적으로 확산되어 있지 않았다. 특히 고령화가 진행되면서 그들이 자기중심, 경험 중심의 판단을 하기 쉬우며 장거리 도보 피난을 하게 될 것이라는 예측은 전혀 하지 못했던 것이다.

(8) 재해 발생 시 피재지 현과 지자체 간 연계의 중요성 무시

재해대책기본법에 의하면 주민 대응은 시 특히 시정촌 지역에서 우선 실시하고, 실패할 경우 현에서 행하도록 계획되어 있다. 그러나 당시 현에서는 연계가 전혀 이루어지지 않았다. 이는 2003년 산리쿠남부지역지진과 2005년 미야기지진, 2008년 이와테·미야기내륙지진 발생 시에도 연계가 전무했다는 점을 통해서도 알 수 있다. 오히려 해당 지역 출신 국회의원들은 발 빠르게 피재지(재해 발생 지역)로 달려가 점검했고, 이에 내각부가 먼저 피재지 대응에 나서는 프로세스가 일반화되어 있었다. 따라서 피해 지자체 입장에서 현의 존재감은 크지 않았으며, 현 역시 이를 당연시하고 있었다.

2) 피재지 현의 미흡한 대응

위에 적은 이유와 함께 다음의 일곱 가지가 동일본대지진의 복구 및 부흥을 지연시킨 최대 이유라 할 수 있다.

(1) 피재 지자체와의 연계 미비

앞서 기술한 (8)과 같이 현-지자체의 연계는 이루어지지 않았다. 이와테, 미야기, 후쿠시마(福島) 각 현의 경우 지역 방재계획에서 현의 재해 대응 역할이 명시되어 있지 않았으며, 사전에 전체 현청이 중심이 되는 총체적인 체제를 염두에 두지 않았던 것이다. 재난 피해 정보를 입수하지 못한 초기 상황에서 많은 현청 직원들이 퇴근시간에 맞춰 다함께 귀가하는 모습까지 볼 수 있었다. 게다가 3·11 재해지역 3현 모두 현청 자체는 별다른 피해가 없었기 때문에 아무 일도 없는 듯한 착각이 들 정도였다. 이러한 모습들은 한신·아와지대지진의 교훈이 전혀 반영되지 못했음을 보여주고 있다.

(2) 현장감 결여

현청의 토목부나 토지정비부는 업무상 시정촌과의 교섭이 일상적으로 이루어지며, 공공사업에 따른 용지 매수 및 도시계획 설명 등을 통해 주민들과의 교류도 이루어지고 있다. 그러나 총무나 기획 등의 부문들은 탁상 업무가 대부분으로 시정촌 지자체와의 교류가 거의 필요하지 않다고 여겼을 정도이다. 한신·아와지대지진에서 얻은 교훈이라고 할 수 있는 '평소의 실력밖에 발휘할 수 없었다(=연습도 실전처럼)'는 교훈이 딱 들어맞는 사례이다.

(3) 초광역(廣域) 재해

재해구조법이 적용되는 시정촌이 241곳에 이르는 등 재해지역이 너무나도 많아서 복구 및 부흥 작업을 어떻게 진행시켜 나가야 할지에 대한 방법조차 몰랐다. 재해를 입은 지자체에서 올라오는 정보가 없을 경우 현청 직원들을 파견해야 한다는 의견조차 채택되지 못했으며, 국가에 의존할 수밖에 없다는 자세를 보일 뿐이었다.

(4) 이와테, 미야기, 후쿠시마현 지사들의 리더십 부족

필자는 동일본대지진 부흥구상회의의 위원으로서 5월부터 수상 관저에서 세 지사들과 몇 번이나 만나 세 가지 제안을 한 바 있다. 경험에 의거한 제언은 다음과 같다. 첫째, 각 현별로 부흥기금을 설립할 것. 둘째, 성금을 배분할 것. 셋째, 기와 등 쓰레기 처리에 관해서는 각 현들이 자체적으로 실시할 것. 하지만 모두 현에서 할 일이 아니라는 이유로 무시되었다. 특히 부흥기금과 관련해서는 "빚을 만들고 싶지 않다"라는 이유로 받아들이지 않았다. 이들 세 명의 현 지사들은 스스로의 부족한 지식을 주변의 도움으로 채우려는 노력도 하지 않았고 독선적이었다. 과거 43명의 사망 및 실종자가 발생한 1991년 나가노(長野)현 운젠후겐다케(雲仙普賢岳) 분화 재해, 1995년 한신·아와지대지진 및 2004년 니가타현 주에쓰지진 등의 교훈을 재해지역에서 활용하지 못했다.

(5) 복구 및 부흥 재원은 거의 전액 국비 충당

특히 눈에 띄는 점은 부흥사업구상안으로 국가가 인정하는 것만 사업화할 수 있다고 판단하고 있었으며 3현 지사들이 제안하는 사업은 기존의 틀에서 벗어나지 못한 구태의연한 사업들이 대부분이었다. 인력도 부족했기 때문에 피재 지역 현들의 독자적 구상은 거의 인정되지 않았다. 특히 후쿠시마현은 관저회의 당시 가능한 한 많은 사업을 국가에 인정받기만 하면 된다는 식의 주장을 하는 등 문제가 되는 태도를 보였다.

(6) 인력 파견 부족

재해지역 소재 현청에서 피재지 시정촌에 많은 직원을 파견해야 했지만 이는 이루어지지 않았으며, 현청이 재해 현장과 멀리 떨어져 있어 협동적인 재해대응은 어려웠다. 도노(遠野)시처럼 재난 피해를 입지 않은 지자체가 그와 비슷한 역할을 잘해주고 있었기에 현청도 솔선해서 임시 출장 기관을 설치해도 좋았을 것이다. 결국 전국적으로 지자체 직원을 중심으로 2000명 이상의 지원 직원이 피재 지역 지자체에 파견된 상태가 지진 발생 후 5년 가까이 계속되고 있다.

(7) 정보 이용 인식의 부족

위성정보를 비롯하여 지리정보시스템(GIS: Geographic Information System)나 GPS(Global Positioning System: 인공위성 자동 위치 측정 시스템)를 이용한 정보처리기술이 충분히 확립되어 있었지만 그 필요성에 대한 인식은 낮았다. 이는 이재민 증명 발급 업무와 마을 재건축을 위한 다양한 정보 수집 프로세스에서도 결과적으로 대응이 지연되는 상황으로 이어졌다.

3) 국가적 대응의 어려움

한신·아와지대지진에서 얻은 교훈을 통해 수상 관저의 초동대응체제 구축은 성공적이었다고 할 수 있다. 그러나 그 후의 대응에서는 많은 문제점들이 속출했다.

(1) 정보 수집의 어려움

동일본대지진의 피해는 광역 재해였기 때문에 위성영상 등의 해석을 통해 정보를 얻는 '공간 정보의 고도 해석(Geospatial Intelligence)'을 실시간으로 활용했어야 했으나, 이는 우주항공연구개발기구 및 민간 정보기업에 일임하고 있어 주도권을 쥐지 못했다. 육상자위대가 재해 발생 지역에 들어갈 때까지 재난 관련 정보는 관저에 전혀 전달되지 않고 있었다.

(2) 관저 주도의 실패

민주당 정권은 피재 지역 현에 차관 및 정무관을 파견하여 정치 주도의 리더십을 발휘하고자 했다. 그러나 이러한 시도 또한 처음이었고 이들 파견 공무원들에게 어떠한 권한도 부여되지 않았기 때문에(예를 들어 복구 재원 및 국가공무원의 피재지 파견 등) 피재 지역 현청과 수상 관저 사이의 연락책 역할에 불과했다. 결국 이는 의사 결정 과정이 종전보다도 더 길어져 오히려 재해 대응이 복잡해질 뿐 어떤 장점도 없었다.

(3) 정부부처(省庁) 능력의 과소평가

동일본대지진이 발생하기 전까지 민주당의 행정쇄신회의가 주도한 사업 분류에 따라 각 부처의 능력은 전반적으로 낮게 평가되고 있었다. 이는 곧 국가공무원들의 사기 저하로 이어져 적극적인 피재지역 복구사업 추진으로 이어지지 못했다. 예를 들어 지진으로 무너진 기와 등 쓰레기 처리는 환경성이 시행해야 했지만 원자력발전소에서 발생한 사고라는 점에서 오랜 기간 책임 소재를 명확하게 하지 않은 탓에 장기간 방치되는 결과를 초래했다.

(4) 경험 지식(暗默知)에 대한 경시와 무시

수상이 본부장을 맡은 긴급대책본부가 발족했지만, 이를 지원하는 내각관방 및 내각부의 관계 부서 직원들의 경험 지식이 부족하여 적절한 대응이 이루어지지 않았다. 이들 조직 자체가 대규모 재난에 대응하기 위해 갖추어야 할 지식들이 부족했으며 실력이 발휘되지 못했다는 것이다. 각 관청에서는 과거에 재해에 대응했던 직원들의 경험을 바탕으로 한 지식이 조직 전체에서 활용될 수 있는 제도화 노력을 게을리 했기 때문이다. 무엇보다도 사전 지식이 부족했고 많은 직원들에게 이와 같은 대규모 재해는 처음 겪는 경험이었던 것이다. 이는 한신·아와지대지진 등을 경험했으나 대응 실패에 대해 철저히 검증하지 않았고 경험을 살리는 시스템이 갖추어지지 못했다는 점에서 안타까운 일이다.

4) 복구 부흥사업의 지연과 사업 내용 부실의 원인

복구 부흥사업이 지연되고 부실하게 진행된 메커니즘에 관해서는 여러 원인들이 복잡하게 얽혀 있어 명확히 설명하기는 어렵지만, 앞서 기술한 1)부터 3)까지의 원인과 관련하여 다음과 같은 점을 지적할 수 있다.

(1) 교훈을 활용하지 않았다.

이미 지적한 바와 같이 부흥기금을 피재 지역 현에서 만들 것, 성금을 각 현에서 배분할 것, 쓰레기 처리 계획을 각 현이 세우고 국가와 논의하면서 하부 행정구역을 지도할 것이라는 안건들은 어느 것 하나 채택되지 못했다. 이러한 대응으로 인해 가장 곤란한 것은 이재민들이다. 즉 복구 및 부흥계획 추진에서 피해를 입은 주민들이 중심이 되어야 한다고 하는 한신·아와지대지진의 교훈이 전혀 활용되지 않았던 것이다. 3·11 피재 지역 현에서는 한신·아와지대지진을 겪은 효고현과 니아가타현, 주에쓰오키지진을 경험한 니가타현 등에 조언을 구했어야 했지만 그러한 움직임은 거의 찾아볼 수 없었다.

(2) 광역 연계가 이루어지지 않았다.

피재 지역 현과 시정촌이나 국가와 현의 연계는 전무하다고 해도 좋을 것이다. 그뿐만 아니라 피재 지역 간의 실질적 연계 역시 전무했으며, 정부에 대한 요청서 등에 형식적으로 피재 지역 현 지사들이 연명으로 서명하는 정도가 전부였다. 결과적으로 다음과 같은 문제도 발생했다. 정부는 부흥과 관련하여 부흥구상회의를 조직했으며, 부흥을 위한 기술적인 검토를 위해서는 중앙방재회의 전문조사회를 조직했다. 두 곳 모두 9월 하순에서 10월에 걸쳐 보고서가 공표되었다. 비슷한 조직이 피재 지역 현과 피재 지자체에 각각 설치되었지만 조직 간 연속성에 대해서는 아무런 고려 없이 부흥이 추진되었다. 그 결과 쓰나미방파제의 최고 높이에 대해서 부근의 마을만들기 작업과 연동하여 추진하지 않으면 안 되었음에도 불구하고, 상명하달식 행정의 폐해가 그대로 드러났다. 레벨 1의 쓰나미 피해를 입은 1896년 메이지산리쿠쓰나미 재해의 기준을 그대로 적용하는 오류를 범한 것이다. 향후 주민들은 피난 지시 및 피난 권고에도 피난하지 않게 될 것이고, 3·11과 같은 비극이 반복될 것이다. 이는 무엇을 위한 쓰나미 방재 지역 구축 법률인지 관계자들이 정확히 이해하지 못한 것이 원인일 것이다. 그리고 피재 지역 현에 설치된 기술검토위원회가 국가의 방침을 곡해하고 스스로의 논리를 구축했다는 점도 또 다른 원인이다.

(3) '부흥헌장(憲章)'이 미완성이었다.

한신·아와지대지진 이후 부흥사업이 순조롭게 진행되지 못했던 원인은 이념(부흥헌장)이 없었기 때문이라는 것이 관계자들의 공통된 지적이었다. 이에 이 헌장을 만드는 것을 주목적으로 한 2008년 일본재해부흥학회가 설립되어, 간세이가쿠인대학(関西学院大学) 부흥제도연구소에 사무국이 마련되었다. 동일본대지진이 발생했을 당시 부흥헌장이 없었던 상황하에서는 정부의 잘못된 부흥 방침 행정이 나타나는 것이 아닌가라는 심각한 우려가 있었던 바, 실제로 그렇게 되고 말았다. 이에 부흥청(復興庁)은 급히 부흥헌장을 제정했으나, 커다란 문제 중 하나는 부흥 재원은 국가가 전액 지불한다는 것이다. 예나 지금이나 지자체들의 재정 핍박 상황을 고려한다면 국가 부담이 당연한 것처럼 여겨질 수 있다. 그러나 부흥사업에 대한 지자체의 자발적 노력은 거의 관심 밖이고, 국가가 부흥사업으로 인정할 것인가 아닌가의 문제만이 주된 평가의 대상이 되는 것이다. 사실 피재 지역 지자체가 제안한 부흥사업에는 부흥과 어떤 관련이 있는지 불명확한 사업도 포함되어 있었다. 특히 후쿠시마현이 요청한 부흥사업은 원자력발전소의 영향으로 거의 채택되었다. 그러나 부흥사업의 추진 과정에서 당초 예정했던 사업비가 중도에서 고갈되고 마는 무책임한 사업 전개도 행해지고 있었다. 2016년도부터는 피재 지자체의 부담이 발생하는 것을 감안하더라도 애초에 반드시 채용했어야 할 정책이었다.

(4) 재해 대응 및 긴급 복구 과정에 관한 검증을 실시하지 않았다.

재해 발생 후 4년 6개월이 경과되고 있지만 국가와 지자체의 재해 검증은 추진되지 않고 있다. 이는 같은 잘못은 반복될 우려가 크다. 누구에게 책임이 있는 것인지, 어느 부서에 책임이 있는 것인지를 명확히 밝혀내는 것이 목적은 아니다. 일본에서는 아직까지도 이러한 인식이 잘못이라는 점을 제대로 이해하지 못하고 있다. 개선책은 철저한 검증에 의해 이루어질 수 있다. 2005년 미국에서 허리케인 카트리나 재해에 대한 대응에 실패함으로써, 약 1800명의 희생자와 1250억 달러라고 하는 사상 최대의 피해가 발생했다. 이후 이에 대한 철저한 검증이 실시되었다. 이를 사후대응평가(AAR: After Action Review)라고 한다. 재해가 발생한 지 2년 이내에 각 관련 부처는 검증 리포트를 제출해야 한다. 그 대상은 15과제의 긴급구호임무(ESF: Emergency Support Function)이다. 미국에서는 재해가 발생하기 전에 각 관련 부처가 해야 할 일들이 공표되고 있는 것이다.

동일본대지진 발생 후 최대의 실패는 기상청이었다. 그 이유는 다음과 같다. 첫째, 지진 규모를 매그니튜드 Ms 7.9로 과소평가한 것이다. 또한 표면파 매그니튜드 8 이상의 지진 에너지에 대해 과소평가해 왔다는 점은 관계자들 사이에서 잘 알려진 사실이다. 게다가 일본의 지진계 거의 대부분이 측정 한계를 초과(Scale Out)하여 계측이 불가능한 상황이었다. 영국 지진계의 기록에서 순간 매그니튜드 Mn 9로 발표했을 때에는 이미 지진 피해가 대부분 발생한 다음이었다. 둘째, 왜 대형 쓰나미 경보가 이와테 3미터, 미야기 6미터, 후쿠시마 3미터라는 식으로 단정적으로 발표되었을까? 이는 과소평가된 것이었고 일어나서는 안 되는 '눈뜨고 당한 삼진(아웃)'이 되었던 것이다. 경보에 대한 '헛스윙 삼진'을 우려한 나머지 평소와는 달리 쓰나미 경보 제1보를 발령하고 30분 후에 쓰나미 높이를 약 2배로 바꾼 것은 뜻밖의 행동이었다. 그러나 그 시간에는 거의 대부분의 지역에서 정전이 발생하여 새로운 정보를 얻을 수 없는 상황이었다. 게다가 검조소(檢潮所)[1]가 모두 쓰나미로 파괴되었다(쓰나미의 파형 기록이 전무했으며 쓰나미의 변화를 검토할 수 없었다). 2010년 2월 칠레지진 당시 일본의 쓰나미 경보가 높이를 제대로 예측하지 못했음에도 불구하고, 이후 어떤 점이 어떻게 개선되었는지조차 명확히 규명하지 않은 채로 방치한 점이 미흡한 경보 시스템에 영향을 미쳤음을 알 수 있다.

한편, 해양연구개발기구(海洋研究開発機構) 및 방재과학기술연구소(防災科学技術研究所)가 철저한 검증을 거치지 않고 거액의 비용이 소요되는 해저 설치형 지진·쓰나미계측기(DONET 혹은 S-net으로 불린다)의 설치를 서두르는 이유에 관해서도 납득할 만한 설명이 필요하다. 만약 방재, 감재(減災)의 관점에서 철저히 논의되지 않은 상태에서 단순히 향후 발생이 우려된다는 이유로 계측기 설치를 서둘러 현재 완료 단계에 이르고 있는 것은 매우 염려스럽다. 이는 자연과학계 연구자 중에서도 '지진 발생구조(地震発震機構: focal mechanism of

1) 옮긴이 검조기를 설치하여 해수면의 높낮이를 측정하는 곳.

earthquake)'와 '쓰나미 발생구조(津波発生機構)2)'에 기반한 설명만을 우선한 결과로 반드시 시정되어야 할 것이다.

2. 대규모 쓰나미의 발생 과정 고찰

왜 이와 같은 대규모 쓰나미가 발생한 것일까? 그 정체가 해양연구개발기구(海洋研究開発機構, 2014)에 의해 밝혀지고 있다. 거대한 쓰나미의 발생과 관련하여 판 경계지진과 쓰나미 지진이 거의 동시에 발생한 것이 원인이라고 알려져 왔다. 그러나 쓰나미 지진이 어떠한 메커니즘에 의해 발생하는지 현재까지는 명확히 알 수 없었다. 〈그림 1〉은 우선 2개의 쓰나미가 발생하는 메커니즘을 나타낸 것이다. 또 〈그림 2〉는 2개의 쓰나미가 겹쳐졌을 경우의 파도 형태를 나타낸 것이다.

그림 1 동일본대지진에서 판 경계지진과 쓰나미 지진에 의해 발생한 쓰나미 모식도

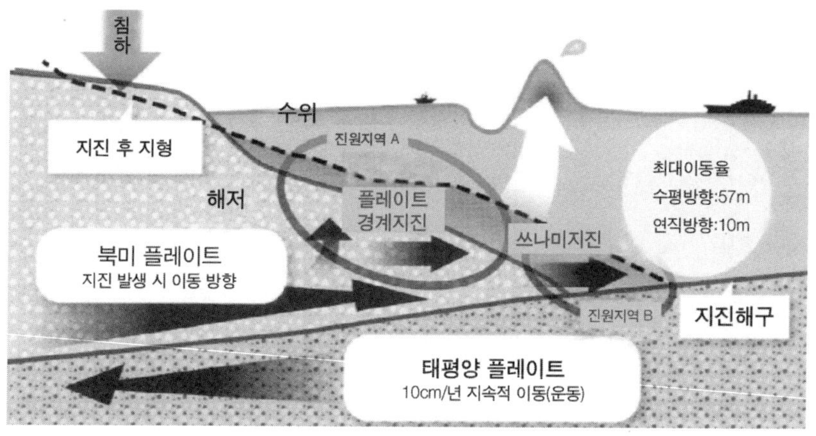

2) 옮긴이 지진발진기구 및 쓰나미발생기구에 관해서는 일본 기상청 홈페이지를 참조할 것. www.data.jma.go.jp/svd/eqev/data/mech/kaisetu/mechkai setu.html

쓰나미 지진은 해저에 있는 대량의 토사가 깊이 약 8000m의 일본 해구축(海溝軸)을 향하여 낙하하여 수평 방향으로 약 50m, 수직 방향으로 10m나 이동하여 일어난 것으로 알려졌다. 새롭게 밝혀진 내용은 이들 토사가 자유낙하한 것이 아니라(자유낙하일 경우 수중에서 고속으로 움직이지 않는다) 화산분출물로 이루어진 토사층에 판이 파고들면서 일상적으로 압축력을 받고 있다가 북아메리카판과 태평양판 사이의 고착 부분이 떨어지자 고온의 마찰열이 발생했고, 압축력이 신장력으로 변환되어 대량의 토사를 해구축을 향하여 급속히 이동시킨 메커니즘이다. 그리고 지진 발생 후 퇴적 토사층의 구조(層序)가 교란되었을 것이라고 추정하고 있다.

이 모델들의 타당성은 동일본대지진 이후 진원(震源) 주변 해역에서 해양관측선 '치큐'에 의한 시굴(boring) 및 해저지형 조사 등 다양한 해석 결과를 통해

그림 2 두 쓰나미가 겹쳐져서 거대한 쓰나미가 된 것을 나타내는 그림

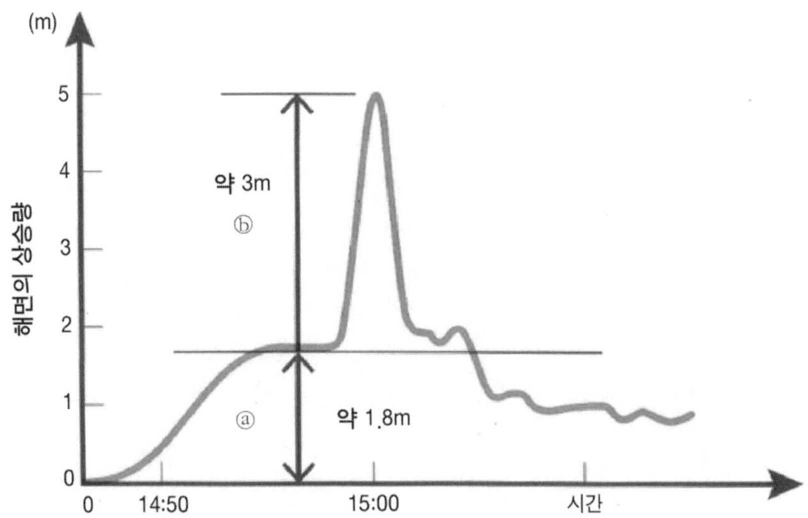

ⓐ 최초 판 경계지진으로 발생한 쓰나미
ⓑ 연달아 발생한 쓰나미 지진에 의한 쓰나미

검증된 결과이다. 쓰나미 지진의 경우 쓰나미 발생의 재현 모델은 현재는 없다. 기존의 수치 모델인 8개의 단층 파라미터(parameter, 매개변수)를 조작하여 관측 기록에 맞도록 결정하고 있는 것이다. 쓰나미 발생의 메커니즘을 역학 모델에 포함시키는 노력을 계속 이어나가야 할 것이다.

3. 쓰나미 피난 및 쓰나미방파제의 건설

쓰나미 피난 실태는 재난 후 반년 정도가 지나서야 그 내용이 구체적으로 판명되었다. 이와 관련해서는 많은 논문이나 저널 등을 통해 상세히 소개되고 있으므로, 여기서는 쓰나미 피난 권고 및 지시와 관련된 문제만을 지적하고자 한다. 해안공학(海岸工学)적으로 쓰나미방파제, 방조제, 해안호안(護岸),[3] 해안제방이라고 하는 용어는 각각 명확히 정의되어 있다. 그러나 시민들에게 일일이 전문용어를 구별해서 사용하는 대신에 여기서는 제방과 호안을 이용해 쓰나미를 막아주는 시설을 쓰나미방파제로 총칭하기로 한다. 기존의 쓰나미방파제 설계지침, 레벨 1 쓰나미와 레벨 2 쓰나미 그리고 구체적으로 리쿠젠타카타(陸前高田)시의 쓰나미방파제 건설 문제에 관해 살펴보기로 하자.

1) 쓰나미 피난 권고 및 지시

〈그림 3〉을 보면 동일본대지진 당시 주민의 약 30%가 즉시 피난 가지 않았다는 것을 알 수 있다(内閣府, 2011). 쓰나미가 덮쳐오는 것을 보고 나서야 피난

3) (옮긴이) 하안 또는 제방을 유수나 파도, 쓰나미 등에 의한 침식으로부터 보호하기 위하여 하안 또는 제방의 경사면이나 밑부분 표면에 시공하는 공작물. 여기서 '하안(河岸)'이란 하천이나 호수, 바다와 육지를 분리시키기 위해 쌓아놓은 둑. 모래나 자갈 등의 물질들이 쌓여서 주위보다 높은 언덕을 형성한 지형이나 호수 주위 급격하게 경사각이 증가하는 언덕이나 모래톱을 뜻한다.

그림 3 동일본대지진 당시 주민의 쓰나미 피난 실태(내각부와 소방청의 조사 결과)

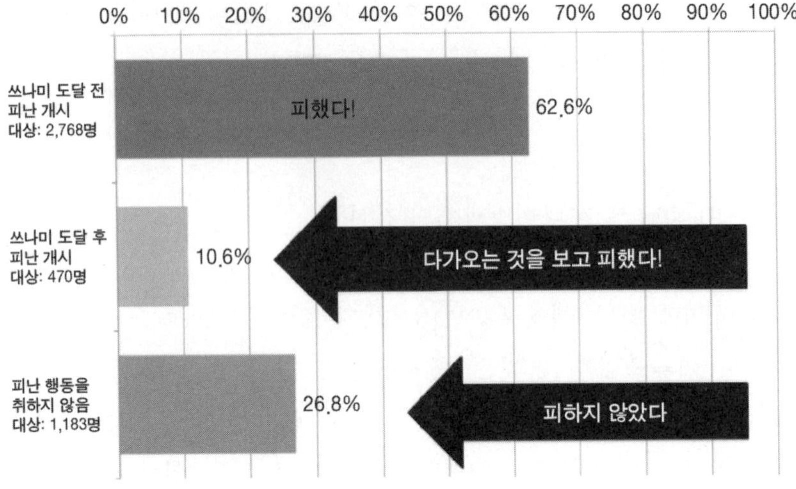

을 시작한 주민들까지 포함해서 실제로 40%의 주민이 위험에 처한 상황으로 해석할 수 있다. 이 비율을 난카이트로프[4]에서 발생하게 될 거대지진(M9.0)의 높이 3.8m 쓰나미가 오사카부(大阪府)에 밀려온다고 상정(적용)해 보면 약 11만 명이 넘는 희생자가 발생할 것이라는 예상 결과가 나온다(大阪府, 2014). 또한 최근 태풍 시즌 때 호우 및 홍수경보가 내려지고 피난 지시 및 권고가 발령되고 있지만, 전국 평균 해당 지역 주민의 약 1% 정도만이 피난한다는 조사 결과는 주의를 기울여야 할 필요가 있다.

4) (옮긴이) 최근 일본에서는 앞으로 발생할 거대지진에 관해 난카이지진, 도카이(東海)지진, 도난카이(東南海)지진 등을 주로 상정하고 있다. 난카이트로프란 일본의 도카이 지역과 시코쿠(四國) 사이에 있는 있는 스루가(駿河)~난카이 트로프에서 100~200년 정도 간격으로 M(매그니튜드)8 클래스의 거대지진이 발생할 것으로 상정되고 있다. 최근 '난카이트로프 대지진'을 상정하고 다양한 방재 정책이 논의되고 있다. 트로프(trough)란 해저에 있는 가늘고 긴 해저 6000미터 이하의 분지, 6000미터 이상은 '해구'로 구별한다.

2015년 간토·도호쿠 호우(関東·東北豪雨)로 제방이 무너진 기누가와(鬼怒川)에서는 약 4000명의 주민이 수몰 지역에 고립되었고, 그중 약 1300명이 헬기로 구출되기도 했다. 당시 피해를 당한 사람들 대부분이 왜 피난을 가지 않았느냐는 방송매체들의 질문에 피난 지시가 늦게 발령되었다든지 피난 권고를 듣지 못했다는 등의 이유를 댔지만 이는 사실이 아니다. 침수 지역에 고립된 주민들은 왜 피해를 입게 되었는가에 대하여 그 책임을 행정부의 탓으로 전가했던 것이다. 이는 재해를 입은 많은 이재민들에게서 볼 수 있는 특유의 현상이다. 예를 들어 지진으로 주택 피해가 발생하여 이재민 증명을 발행하는 과정에서, 해당 관공서 접수창구에서 이재민들은 예외 없이 내진 보강을 열심히 진행시키지 않은 지자체의 책임을 지적하거나 재해 자체를 관공서의 책임이라며 억지 주장을 펼치는 경우가 많다.

이러한 엇박자를 없앨 특효약은 없다. 1896년 메이지산리쿠 쓰나미와 1933년 쇼와산리쿠 쓰나미가 발생했을 당시 쓰나미 경보는 없었다. 이후 기상청에 의해 정식으로 쓰나미 관련 정보가 발표되기 시작한 것은 1952년부터이다. 그때까지는 주민들 스스로가 판단할 수밖에 없었다. 1960년 발생한 칠레지진의 경우 쓰나미의 첫 번째 파도가 덮친 후에야 쓰나미 경보가 발령되었다. 원거리 쓰나미(遠地津波, 진원지가 500km 이상 떨어진 곳에서 발생하는 지진으로 지진의 진동을 느낄 수 없다) 예보는 기상청의 업무에 해당되지 않았다. 1983년 아키타현 근처에서 발생한 니혼카이중부지진(日本海中部地震) 때에도 쓰나미 경보가 제때 발령되지 않았던 지역이 많아 희생자가 발생했다. 이러한 경위를 고려해 볼 때 정보의 중요성을 충분히 이해할 수 있을 것이다.

이 쓰나미 피난 권고 및 지시가 활용되지 못하는 문제와 관련하여 관측 방법 등의 자연과학적인 문제점만이 검토되고 있지만, 사실은 사회과학적 접근이 더 중요하다. 이러한 의견이 피재지에서 제기되지 않았던 것은 어떤 이유에서일까? 이러한 재난의 경험이 세월이 지나 잊히게 되면 주민들은 또 빠른 피난 시기를 놓치게 되는 문제가 발생할 것이다. 동일본대지진 발생 후 수십 년이 경과하고 눈앞에 10m가 넘는 콘크리트 방파제가 설치된다면 또 다시 방심하게 된다고 해도 무리가 아닐 것이다. 그러한 시대가 되어도 '피난만이 살 길'이라는 교훈을 잊지 않고 이어나가기 위한 꾸준한 노력이 필요하다.

2) 지금까지의 쓰나미방파제 설계 지침

동일본대지진에서 육지 위에 설치된 쓰나미방파제는 총 약 190km에 걸쳐 속수무책으로 무너졌다. 주요 원인은 방파제를 넘어 흘러 들어온 쓰나미에 의해 하부가 침식되었기 때문이다. 설계 당시 상정했던 것보다 더 큰 규모의 쓰나미가 덮쳤고 방파제를 넘어 밀려들어 올 것이라고는 예상치 못했으며, 가령 설계 및 시공업자가 이러한 상황을 상정했다하더라도 재정 당국은 이를 과잉 설계로 보고 인정하지 않았을 것이다. 바꿔 말하자면 기술적인 시점에서 필요성을 호소하고 재정 당국을 설득시킬 설계 및 시공업자가 없었다는 것이다. 자연현상에 대한 깊은 통찰이 부족했다고 해도 과언이 아닐 것이다.

해안구조물을 설계할 경우 안전율을 고려한다. 설계외력의 약 10~20%를 증가시키는 것이다. 이런 방식은 일반적으로 외력이 변동하기 때문이라고 생각하기 쉽지만 그렇지 않다. 사실은 설계 방법에 내재하는 오차를 고려한 결과인데 이것이 커다란 오해의 소지가 된다. 물론 일본으로 밀려오는 쓰나미의 파고에 대한 계산 오차는 3% 이하이다. 일본의 해도(海圖)가 정확하기 때문이다. 그러나 쓰나미의 초기 형태를 결정하는 지진의 특성은 8개의 매개변수로 기술되기 때문에 변동폭은 전체를 감안했을 때 10% 혹은 20% 정도의 수준에 그치지 않고 몇 배나 커지게 된다. 3·11 도호쿠지방태평양연안지진(東北地方太平洋沖地震)이 바로 여기에 해당되었던 것이다.

동일본대지진이 발생했을 당시 규모(M) 9였기 때문에 바로 '예상 밖의 상황'이 되었지만 만일 규모 8이었다 하더라도 '예상 밖'의 쓰나미가 덮쳤을 것이라는 사실은 제대로 알려지지 않았다. 그만큼 설계상의 여유가 없었던 것이다.

재정 당국이 언제나 비용 대비 편익에만 의존해 왔기 때문이다. 여기에 설계 및 시공업계의 빈약한 안전 철학이 더해진 것이다.

3) 레벨 1(L1) 쓰나미와 레벨 2(L2) 쓰나미

필자가 2011년 5월에 중앙방재회의에 설치된 '도호쿠지방태평양연안지진을 교훈으로 한 지진·쓰나미 대책 관련 전문조사회'의 좌장으로 취임하여 제안 및 채택된 것이 레벨 1 쓰나미와 레벨 2 쓰나미이다. 국토교통성은 이를 추인했는데 최대 동기는 '너무나 큰 전대미문의 인적 피해'가 발생했기 때문이다. 방대한 농지가 해수에 의해 침수되었기 때문이 아니고 막대한 사회자본이 피해를 입었기 때문도 아니다. 바로 여기에 오해가 있는 것이다.

이는 주택의 내진 보강 대책 과정과도 비슷하다. 한신·아와지대지진에서는 주택 붕괴로 인한 희생자가 너무나 많았기 때문에 '사람이 죽지 않도록 하기' 위해 낡은 주택의 내진 보강을 장려하게 되었다. 그런데 어느 샌가 '내진 보강'을 실시하는 것이 목적이 되어버렸다. 사람이 죽지 않도록 하는 것이 목적이었으나 전도되어 주택을 내진 보강하는 것만이 주된 목적으로 뒤바뀐 것이다. 따라서 정부는 주택의 각 방을 단위로 하는 부분 내진 보강 수리는 인정하려 하지 않는다. 그뿐만 아니라 고령자가 거주하고 있는 노후주택은 주민이 사망하고 나면 재건축하는 경우가 많아 결국 주택의 내진화 비율도 상승하게 된다. 즉 현상을 그대로 방치해 두어도 내진화 비율이 매년 거의 1%씩 상승하므로 정부는 주택의 내진 보강 수리에는 그다지 힘을 쓰지 않는다. 이는 '사람을 우선하는' 정책이라 할 수 없다.

실제로 레벨 1 쓰나미는 방파제가 지켜줄 것이라 판단하고 피난을 가지 않아도 된다는 뜻이 아니다. 쓰나미 경보가 울리고 피난 권고 및 피난 지시가 발령되면 반드시 피난해야 한다. 이러한 부분이 특히 지자체, 특히 각 현청의 기술 담당 직원들이 오해하고 있는 부분이다. 3·11 재해지역에서는 레벨 1 쓰나미가 지진 발생 후 5분 안에 덮치지는 않았다. 난카이트로프 지진이 발생할 경우 높이 10m 정도의 쓰나미가 5분 안에 덮칠 것으로 예상되는 시즈오카현과 와카야마현 연안의 상황은 도호쿠 지역과 판이하게 다를 것이다.

1980년대 초 미야코시 타로 지역을 방문했을 당시 마을 대표에게 다음과 같이 질문을 던진 바 있다. "방조제의 높이가 10m이니 높이 15m의 쓰나미가 덮치면 마을은 깊이 10m의 호수가 되고 주민들은 많은 희생을 치르게 되는 것이 아닌가?"라는 물음에 마을 대표는 "마을 내에 12곳의 피난로가 준비되어 있기 때문에 주민들은 무사히 피난할 수 있다"라고 대답했다. 동일본대지진의 경우 쓰나미 침수 지역 인구의 4.2%가 사망했다고 하는데, 타로(田老)지역의 경우도 사망자가 4%에 이르고 있어 거의 같은 수치이다. 높이 10m의 쓰나미방파제가 효과가 있었다고 거창하게 평가할 만한 결과가 아니라고 할 수 있다. 당시 일부 주민들은 쓰나미방파제 위에 올라가 밀려오는 쓰나미를 바라만 보고 있을 뿐이었다고 한다.

일본의 경우 쓰나미 높이(레벨) 설계기준(設計津波高)에 따라서만 방조 구조물을 설치하는 낡은 사고방식이 아직까지도 통용되고 있다. 우선 레벨 1의 쓰나미는 단순한 판 경계지진으로 인해 발생하는 것으로, 예를 들어 산리쿠 연안에서는 에도시대부터 약 37년에 한 번 꼴(주기)로 이를 경험하고 있다는 수치(통계)이다. 한편 레벨 2의 쓰나미는 판 경계지진 직후에 해저의 대량 토사가 앞에서 설명한 역학 과정을 통해 발생한다. 피스톤운동을 반복하게 되면 해구축(해구의 가장 깊은 곳) 쪽으로 떠밀리는, 즉 압축력이 작동하는 메커니즘이다. 판의 경계가 어긋났을 때 발생하는 고열이 퇴적되어 있는 토사 틈의 수압을 높임으로써 쓰나미가 발생하는 구조라 할 수 있다. 극단적으로 말하자면 단층 매개변수만 주어진다면 수치 시뮬레이션을 통해 얼마든지 대형 쓰나미를 상정할 수 있다는 것이다. 따라서 단순히 각 레벨의 쓰나미 높이에 관해 발생 가능한 최대치로 설정하거나 임의대로 설정하려는 유혹에서 벗어나야 한다.

4) 쓰나미방파제 건설 문제

예를 들면 '이와테현 쓰나미방재기술 전문위원회'는 리쿠젠타카타시의 쓰나미 높이를 미야기현 앞바다 지진으로 발생 가능하다고 상정할 수 있는 11.5m로 설정했다. 이전에 발생했던 최대 쓰나미 높이의 약 2배이다. 이 설정은 잘못된 것이다. 왜냐하면 약 7만 그루의 소나무로 이루어진 다카타 소나무 언덕(高田松原)은 400년의 역사를 지니고 있는 곳으로, 만일 11.5m의 쓰나미가 덮쳤다면 모든 소나무가 유실되었을 것이기 때문이다(동일본대지진의 경험으로 볼 때 쓰나미 높이가 나무 높이의 1/2 이상이 되면 소나무가 유실되는 것이 밝혀졌다). 전문조사회에서는 레벨 1의 쓰나미 중 최대치를 책정해야 한다고는 주장하지 않았다. 최대치를 책정할 경우, 주민들은 또 피난하지 않게 될 가능성이 높다. 상식적으로는 레벨 1에서 발생할 수 있는 쓰나미의 평균치 정도를 상정하는 것이 좋다. 〈표 1〉은 높이가 10m 이상의 쓰나미방파제가 건설될 지자체를 정리한 것이다. 물론 같은 지자체의 지역(地區)별로 높이가 달리 책정되어, 최소한 낮은 수치를 선택한 곳도 있다. 레벨 1의 쓰나미는 판 경계지진에 의해 발생하는 것이다. 그런데 10m 이상의 방파제 설치가 결정된 지역의 쓰나미 예상치는 메이지산리쿠 쓰나미를 기준으로 한 것이다. 이는 중앙방재회의의 전문조사회 보고를 피재 지역인 각 현의 기술검토위원회가 자의적으로 해석한 것이라고 할 수 있을 것이다. 다만 레벨 1 혹은 레벨 2의 쓰나미로 분류하는 것은 한계가 있고 오히려 레벨 1.5에 상당하는 쓰나미가 맞다고 할 수 있다. 정확히는 쓰나미 지진으로 분류하는 것이 바람직할 것으로 보인다.

설계 쓰나미 높이는 어디까지나 설정 기준에 지나지 않으며, 무엇보다도 중요한 것은 이 기준치를 넘어서는 상황도 발생할 수 있다는 점을 늘 명심해야 한다. 즉 중요한 것은 일정 레벨 이상에서도 설계 시설과 구조물들의 기능이 여전히 발휘되어야 한다. 이는 어떠한 경우라도 절대 안전하다고 방심하거나 착각을 해서는 안 된다는 뜻이다.

표 1 동일본대지진 후 건설 예정인 10m 이상의 쓰나미방파제 일람

지역		쓰나미방파제의 높이(m)
이와테현	히로노초(洋野町)	12.0
	구지시(久慈市)	12.0~8
	노다무라(野田村)	14.0
	후다이무라(普代村)	15.5
	다노하타무라(田野畑村)	14.3
	이와이즈미초(岩泉町)	14.7~14.3
	미야코시(宮古市)	14.7~10.4
	야마다초(山田町)	12.8~9.7
	오쓰치초(大槌町)	14.5
	가마이시시(釜石市)	14.5~6.1
	오오후나토시(大船渡市)	14.3~7.3
	리쿠젠다카타시	12.8~12.5
미야기현(宮城県)	게센누마시(気仙沼市)	14.7~5.0

왜 이렇듯 단편적이라고밖에 할 수 없는 결론에 이르게 된 것일까? 우선 간과해서는 안 되는 것이 레벨 1 쓰나미와 레벨 2 쓰나미의 높이를 결정한 현 위원회의 기술 계통 위원들의 현황 인식이 부족하다는 점이다. 높이에 관한 논의 과정을 통해 자연과학적인 지식만으로는 쓰나미 혹은 방파제의 높이를 결정할 수 없다는 것이 기본 상식이다. 해당 위원들의 의사와 상관없이 일단 정해진 수치는 그대로 적용되어 진행되는 것이다. 이와 관련하여 도쿄외국인기자클럽의 강연에서도 언급한 바 있지만, 미디어가 취하고 있는 어중간한 태도도 문제이다. 단순히 지역 주민들이 단순히 쓰나미방파제는 높으면 높을수록 좋다고 생각하도록 보도하는 것은 재고해야 할 점이다. 한편, 해당 지자체가 쓰나미방조제를 건설하는 데 비용의 1%도 부담할 의무가 없다는 것은 개선되어야 할 것이다. 부흥청만 허가해 준다면 사업은 진행되는 것이다. 전혀 비용을 부담하지 않는 방재 행정이야말로 자기책임의 원칙, 즉 자조(自助)를 기본으로 하는 정신에 위배되는 것이다.

예를 들어 독일에서는 상습적으로 쓰나미가 발생하는 지대인 함부르크에서 연안부에 빌딩을 새로 지을 경우에는 빌딩 1층을 주차장으로 지정한다. 그렇지 않을 경우에는 1층 각 방의 창과 입구는 철문을 설치하여 방수(耐水)시설을 갖추도록 하는 것이 의무화되어 있다. 맨션의 경우는 건물 전체를 방수벽으로 둘러싸도록 설계하지 않으면 건설 허가를 받지 못한다. 한편 미국에서는 예를 들어 허리케인 카트리나로 인해 재해를 입었던 뉴올리언스의 경우, 교외에 있는 주택들은 모두 필로티 형식으로 지어야 하며 보강 공사비의 3할은 자기 부담이었다. 구미 선진국에서는 이와 같이 자기 부담의 원칙이 방재 및 감재에도 철저히 지켜지고 있다.

이와 같은 동일본대지진 재해지역 부흥사업 상황하에서는 쓰나미방파제 건설과 관련된 '쓰나미 방재 지역 조성에 관한 법률'도 잘못 해석될 수 있다. 다음 절에서 논하고자 하는 부흥마을 조성도 많은 오해 속에서 진행되고 있어 점검이 필요하다.

4. 부흥마을 조성

1) 마을 조성의 기본: 쓰나미방파제 건설과 관련하여

동일본대지진의 재해지역에 대한 이미지는 앞서 기술한 쓰나미방조제 건설과 고지대 이전 사업, 토지의 지반 높이기 사업이 하나의 세트로 제시되고 있다. 후자의 두 사업의 정식 명칭은 방재집단이전촉진사업과 토지구획정리사업이다. 옛 시가지는 재해 위험 지역이므로 상업시설 및 관광시설 외에는 지을 수 없다. 현재 그곳에 거주하고 있는 주민들에게는 별 문제가 되지 않을 것이다. 하지만 과연 콘크리트 쓰나미방파제만이 자리를 지키고 있으며 사람이 살지 않는 구시가지에 지방 산업이 되돌아오고 새로운 산업이 유치될까? 혹은 어떤 특색 있는 관광시설이 전개될 것인가? 넓은 공간에 드문드문 시설이 흩어져 있고 대낮에도 거리를 다니는 사람들의 모습은 찾아보기 어렵고 공터만이 눈에 띄는 시가지가 형성되는 것은 아닐까?

이에 관련 사례를 살펴보기로 하자. 고베 포트아일랜드에 만들어진 의료산업 클러스터가 바로 그 예이다. 대형 매립지나 폭넓은 도로에 면해 있는 대형 시설물이 들어서 있을 뿐이지, 그곳에 사는 사람은 없다. 이 중앙부를 포트라이너라고 하는 모노레일이 지나고 있으며 근로자들은 이 모노레일을 통근 수단으로 사용하고 있다. 만일 이 모노레일이 없다면 이동 시 차를 이용할 수밖에 없는 상황인 것이다. 그렇다면 3·11 재해지역은 어떠한가? 산리쿠(三陸) 재해지역에 새로운 공공 교통기관이 마련될 것이라는 이야기는 아직 정해진 바가 없다. 리쿠젠타카타시의 주된 생활터전이 고지대로 이전(移転)할 경우, 옛 시가지에는 주민이 사라지게 될 것이다. 비록 고지대 주변에 상업 시설 등이 유치되고 있지만 나중에는 그대로 빈터로 남을 가능성도 낮지 않다. 이러한 상황은 고대 조몬시대(縄文時代)에 발생했던 해수면 상승 현상(縄文海進)으로 인해 도쿄만 연안에 입지해 있던 유적 및 패총의 분포 상황과 같다. 마치 6000년 전으로 돌아간 듯하다.

이렇게 된 원인은 명백하다. 쓰나미방파제 건설사업과 마을 조성 사업이 일체적으로 진행되지 못했기 때문인 것이다. 쓰나미방파제 건설사업이 선행되고 이와 별개로 마을 조성에 관해서는 나중에서야 논의되고 있다는 사실은 매우 심각한 상황이다. 왜냐하면 3·11대지진 재해로 새로 입법된 '쓰나미 방재지역 조성에 관한 법률'은 양자의 일체적인 정비, 즉 쓰나미방파제 높이의 결정을 배후지 이용과의 상호 연관성을 염두에 두고 논의하는 것이 전제가 되기 때문이다. 그러나 현실적으로 시정촌 수준의 마을 조성 사업은 인근 지자체를 흉내 내는 정도의 내용에 머물고 있으며, 총체적인 최적화를 목표로 하는 노력은 찾아보기 힘들다. 물론 시정촌 수준에서 마을 조성 사업을 위한 인력이 부족한 것이 근본적 문제임에도 불구하고, 이를 알면서도 적극적으로 지도 및 조언을 하지 않은 피해지역 관할 현 당국에도 책임이 있다고 하겠다. 피해 현이 독자의 부흥기금을 마련하지 않았기 때문에 발생하는 폐해가 이러한 면에서도 드러나고 있다고 할 수 있을 것이다.

2) 구체적 사례

리쿠젠타카타시는 지진 발생 후 5분에서 10분 이내에 쓰나미가 덮치는 지역이 아니다. 쓰나미 피난 경로만이라도 마련(준비)되어 있었다면 많은 인명이 구조되었을 것이다. 모든 지자체는 더 신중하게 부흥마을 조성에 힘써야 한다. 예를 들면, 앞서 기술한 바와 같이 리쿠젠타카타시는 명승지인 다카타마츠바라(高田松原) 언덕의 소나무숲은 약 400년의 역사를 자랑한다. 즉 400년간 평균 37년에 한 번 정도씩 레벨 1의 쓰나미가 닥쳐왔지만 이 소나무 숲을 파괴시키지 못했다는 것이다. 그런데 왜 레벨 1 쓰나미가 T.P.(도쿄만 평균 해면수위)[5] +12.5m가 된 것인가? 이 수치의 타당성은 복수의 전문가들에 의해 합의된 것인가? 이렇듯 큰 레벨 1 쓰나미라면 소나무 숲은 지금처럼 자라지 못했을 것이다(레벨 1 쓰나미에서 살아남기 위해서는 소나무의 평균 키가 약 25m 이상이 되어야 한다). 왜 이와 같은 의문이 제기되지 않았던 것일까? 쓰나미의 시뮬레이션은 초기 조건에 따라 얼마든지 변화될 수 있다.

동일본대지진의 상징이라 할 수 있는 리쿠젠타카타시의 임해지역부흥플랜을 소개하고 문제점을 살펴보자. 이 사업비는 71억 엔이다. 〈그림 4〉는 평면도안과 횡단 도안이다. 우선 제2선 제방이 너무 높다는 점은 논외로 하더라도 어떠한 연유로 이러한 디자인으로 결정되었는지를 이해할 수 없다. 그 이유 및 개선의 방향을 요약하자면 다음과 같다.

5) (옮긴이) T.P.(Tokyo Peil)란 일본수위측량의 기준점(日本水準原点: apanese datum of leveling)인 도쿄만의 평균 해면(東京湾平均海面)을 뜻한다.

그림 4 리쿠젠다카타시의 임해부 부흥사업

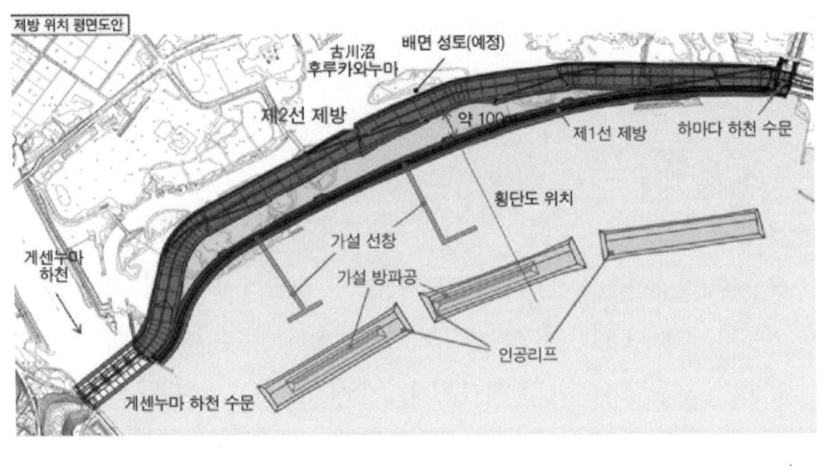

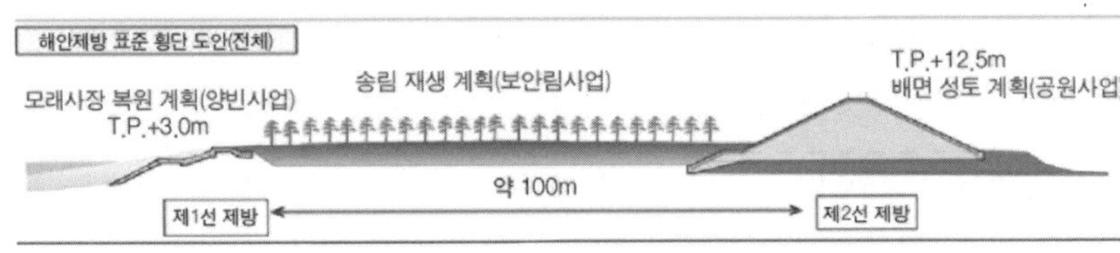

① 제2선 제방이 설치될 경우 시야를 막아 시가지에서는 소나무 숲이 전혀 보이지 않는다. 이대로는 상징적 의미조차 잃어버리게 된다. 그뿐만 아니라 이대로는 레벨 1 이하의 쓰나미가 와도 소나무 숲 전체가 유실되어 버릴 것이다. 원래 타카타 소나무 숲이 어떻게 만들어졌는가를 따져보자면 이 숲은 방조 숲으로의 역할이 기대되었을 것이다. 재해 전에, 배후에 시가지를 두고 바닷가 모래밭에 소나무 숲이 바로 이어지는 것은 방조 숲의 역할을 암시하는 대목이다. 1854년 발생한 안세이난카이지진(安政南海地震)을 계기로 만들어진 와카야마현 히로무라(広村)의 세계 최초 성토식(盛土式) 제방의 기초 부분은 높이 3m 정도이며 흙을 쌓아올린 부분은 돌담으로 보강했다. 흙으로 쌓아올린 부분에 심은 소나무는 한 그루 한 그루 줄기가 굵고 평소 간벌 등 손질을 해왔다는 것을 알 수 있다. 이 제방이 완성되고 나서 80년 후에 쇼와난카이지진(昭和南海地

震)으로 쓰나미가 덮쳤을 때에도 끄떡없이 마을을 지켜주었다.

기술의 진보를 느낄 수 없는 기존의 콘크리트 3면처리공법 제방이 아니라 1개당 2~3톤 이상의 사석(捨石)[6]을 쌓아 경사 제방을 만들고 이를 흙으로 덮어 감추고 그 위에 소나무를 심는 것이다. 아무리 큰 소나무라도 뿌리는 지표에서 나무 높이의 10~15% 이내의 얕은 곳에 뿌리내리고 있다. 따라서 사석 경사 제방을 2m 이상 흙으로 덮어 소나무를 심으면 된다. 이렇게 함으로써 사석경사 제방 높이는 물론 소나무 키 1/2를 합한 경계까지 쓰나미를 제어할 수 있게 된다. 이러한 자연제방과 같은 구조로 만든다면 경관과 환경에도 충분한 배려를 할 수 있게 된다.

② 이와테현을 흐르는 강 게센가와(気仙川)는 소나무 숲 해안으로 흘러내리는 모래의 근원지(漂砂源)이기에 대응이 필요하다. 예를 들어, 수문 건설 과정에서 유수 낙하부의 설계에 따라 흘러내린 모래가 해안으로 유입되도록 고려해야 한다. 토사 환경의 연속성을 확보하면 되는 것이다. 인공 모래 해안을 보호하기 위해 인공리프[7] 3기를 기준으로 매립하는 방식을 계획하고 있지만 반드시 동시에 시공할 이유는 없다고 판단된다. 모래 해안의 바닥을 구성하고 있는 물질로서 재해 이전의 입자 크기에 가까운 것을 선택하면 쉽게 정착될 것이다. 바다 속 해저에 퇴적되어 있는 퇴적물을 펌프로 끌어올려 쌓아놓고 불도저로 지면을 잘 다지는 정도로 하고 나서 추이를 살피는 것도 하나의 방법이다. 굳이 다른 지역에서 운반해 옴으로써 비싼 값을 치르면서 모래 해변을 만들 필

6) 옮긴이 저수지나 하천에서 물이 닿는 제방 사면이나 저면에 물의 흐름이나 파도에 저항할 수 있도록 경계면에 쌓는 큰 돌을 뜻한다. 넓은 의미의 사석(捨石: riprap rubble stone)이란 "호안, 방사제, 안벽 등의 내부나 기초에 공극에 채워 넣어 구조물의 안정을 유지하기 위한 잡석을 말하며 제방의 폭이 두꺼울 경우에는 제방의 내부에 작은 사석을 사용하고 파도 등 외력의 영향이 있는 외부에는 세굴 방지를 목적으로 큰 사석을 사용한다". 『물백과사전』(www.water.or.kr)

7) 옮긴이 파도나 쓰나미에 의한 피해를 줄이기 위해 깊은 물속에 설치한 대형 쓰나미 제거(消波) 구조물(Reef)을 뜻하며, 잠제(潛堤)라고도 한다. 특히 방파제의 윗(꼭대기)부분의 폭(천단폭: 天端幅)을 매우 넓게 설계한 것은 인공리프라고 한다.

요가 없는 것이다. 여러 지적대로 이전부터 알려진 해안공학의 지식을 적용하면 쓰나미에 의해 유실된 다카타의 소나무 숲을 매력적인 해안으로 다시 재생시킬 수 있으며, 환경에 대한 배려도 충분히 가능한 활용 방식이라 할 수 있다. 다만 1999년 시행된 '개정 해안법(改正海岸法)'은 해안의 방재와 환경, 나아가 이의 활용이 기본적으로 서로 조화를 이루는 새로운 방안으로 기대되었으나, 설계 현장에서는 뿌리내리지 못하고 있었다. 이러한 교훈은 3·11 재해를 통해 고스란히 드러나고 말았다. 이에 해당 지역의 필요에 맞물리는 방파제 건설이 각 방면에서 요청되었지만(仙台弁護士会, 2014) 대부분이 무시되고 말았다. 이 해안의 기본설계에 관여한 K센터가 재해 부흥사업의 중요성을 인지하는 것이 무엇보다도 중요했다. 3·11 대지진의 발생을 계기로 도전적인 디자인을 제시하고 매력적인 해안이 될 수 있도록 창조적 노력을 경주해야 했다. 피재지에서 자주 볼 수 있는 어디나 똑같은 타입의 방조제만 계속적으로 설치한다면 재해지역 주민의 긍지가 될 수도 없고 관광자원이 되지도 못한다. 공공사업으로서의 가치를 잃어버리게 되는 것이다. 부흥사업에 참가하는 싱크탱크, 컨설턴트의 기술력, 디자인 능력과 관리 능력이 중요하다.

3) 주택 재건

3·11 이후 주택 재건에 관해 알려진 사실은 다음과 같다. 2015년 8월 13일 현재, 피난민 수는 19만 8513명으로 지진 발생 후의 절정기(2012년 6월) 이후 1년에 약 4만 명(매월 약 3500명)씩 감소하는 추세이다. 또한 가설 주거지 등으로 입주한 건수도 같은 해 이후 1년에 약 1만 9000호(매월 약 1600호) 정도가 감소하는 추세이다. 재해공영주택 등의 공급 상황이 재해 발생지역의 해당 현에서 매년 변하지 않고 있다는 사실을 감안한다면, 1년에 약 2만 호의 주택을 개인이 자력으로 재건하고 있다는 것을 알 수 있다.

한편 '피재자 생활재건 지원제도'에 의하면 재해를 입은 세대에 기초 지원금과 가산 지원금이 지급된다. 기초 지원금은 다음 네 가지 경우에 해당한다.

① 주택이 전파(全壞)된 세대
② 주택이 대규모 반파(半壞)[8]된 세대
③ 주택이 반파(半壞) 되어 어쩔 수 없이 주택을 해체한 세대
④ 대지 내에 피해가 발생하여 어쩔 수 없이 주택을 해체한 세대

이에 비해 가산 지원금은 이 기초 지원금을 지급받은 세대가 주택을 재건할 경우에 수령할 수 있다. 현재 기초 지원금을 수령한 세대는 19만 1532세대(이와테현: 2.3만, 미야기현: 12.2만, 후쿠시마현: 2.9만)로 이 중 약 과반수가 가산 지원금을 수령하고 있다. 다다 타다요시(多田忠義, 2014)는 가산 지원금이 매년 어떻게 변화했는지를 분석(조사)한 결과 피난자 수가 감소되고 있는 원인 중 하나가 이재민이 스스로 주택 재건에 힘쓴 덕분이라고 지적하고 있다. 그리고 이러한 실태는 미야기현, 이와테현에서의 집단 이전 등에 의한 민간 주택 등 택지 정비 계획 수의 감소에도 나타나고 있다고 밝히고, 피난자 중 대부분은 자주적 주택 재건을 선택하고 있다는 결론을 얻었다.

이러한 실태는 재해 공영주택은 주택 부흥 시책의 중심이 될 수 없다는 것을 여실히 보여주는 것이다. 그러나 한편으로 시가지 정비 사업인 '방재집단이전촉진사업' 및 '토지구획정리사업'의 대상이 된 전파(全壞) 가옥의 비율은 전체 전파 가옥 수의 약 1/4에 이른다고 한다. 이와 같은 막대한 전파 가옥의 재건축은 피재 지역에서 '군데군데 주택 재건'이 될 수밖에 없는 특징을 가지고 있다. 특히 오오후나토(大船渡)시는 만 내에서 쓰나미가 굽이치는 현상이 발생하여

8) 옮긴이 대규모 반괴(大規模半壞)란 가옥이 반파(半破)되어 대규모적인 보수를 하지 않으면 거주 및 재이용이 곤란한 상태. 구체적으로는 파손 부분이 주택 전체 면적의 50% 이상 70% 미만, 혹은 주택의 주요 구성 요소의 경제적 피해를 거주지 전체에서 차지하는 손해 비율로 표시할 때 40% 이상 50% 미만에 해당되는 경우.

피해 상태가 마치 지역별 패치(patch) 형태로 변화했다. 이는 결과적으로 옛-신(新) 시가지 형성이 혼합되는 것을 피할 수 없게 하는 요인으로 작동할 것이다.

5. 감재 정책의 추진

1) 새로 도입된 감재 대책

지금까지의 방재 및 감재 대책은 실시하면 할수록 안전과 안심이 향상된다고 여겨져 왔다. 예를 들어, 제2차 세계대전 후 풍수해가 원인이 되어 거의 매년 누적 희생자 수가 1000명이 넘는 '특별(特異) 재해 시대'가 15년간 이어졌다. 이와 같은 상황에 종지부를 찍은 것은 1급하천에 있는 댐과 방수로 건설이었다. 그러나 이에 따른 마이너스 효과도 드러나기 시작하여, 자연환경 악화로 인해 생태계의 보존 및 연속성 확보에 중대한 영향을 끼쳤던 것이다. 이로써 기존의 치수에만 치중해 오던 정책을 바꾸고 이러한 영향들을 고려하여 1997년에 하천법 그리고 1999년에는 해안법을 전면적으로 개정하여 현재에 이르고 있다.

한편 1961년에 시행되었던 '재해대책기본법'은 경제대국으로 들어서기 이전의 시대적 발상으로 '두 번 다시 같은 피해를 반복하지 않겠다'는 의지하에 재해로 피해를 입을 때마다 설계기준 등을 재검토하고 개정해 왔다. 이 법률은 '피해가 발생하지 않는 한 대책을 마련하지 않는다'는 사고방식에 근거한 것으로, 1978년에 시행된 '대규모 지진대책특별조치법'이 유일한 예외이다. 이는 도카이지진이 예견되고, 즉 확실히 지진이 발생할 것이라는 것을 예상할 수 있기 때문에 사전 대책을 세우지 않으면 안 된다는 이론이었다. 이와 같은 '재해대책기본법'의 이상(理想)은 1995년 한신·아와지대지진을 경험한 후에도 법 개정 없이 2011년 동일본대지진 때까지 유지되었다.

2) '최악의 재난 시나리오'와 '방재·감재의 최우선주의(主流化)'

동일본대지진이 일본의 방재·감재 대책에 끼친 영향은 대단히 컸다. 지진 관련 사망을 포함하여 2만 2000명 이상이 희생되었고 피해액이 20조 엔을 넘는 거대 재해가 되었기 때문이다. 게다가 3·11 피해를 능가하는 수도직하지진과 난카이트로프(해저협곡) 거대지진이 발생할 경우 그 심각성이 우려되고 있다. 3·11 대지진 재난으로 안전 신화로 여겨졌던 원전사고가 발생했으며 그것도 국제 원자력 사고 등급에 의한 지표가 최악이라 할 수 있는 '레벨 7' 즉 노심용융까지 이어진 것이다. 지진과 쓰나미, 원자력발전소 사고가 조합된 복합 재해를 처음 경험한 일본은 유효한 대책을 제대로 강구하지 못한 채 현재까지 이어진 점을 감안한다면, 일본의 재난 대비가 철저했다고 단언할 수 없는 상황이라 하겠다.

왜 이러한 사태에 이르렀을까를 겸허히 반성하자면, '최악의 재난 시나리오'가 발생할 것을 사전에 고려하지 않았다는 점이다. '발생하지 않기를 바라는 사고'는 어느새 '발생하지 않을 사고'로 착각(오판)하게 된 것이다. 후쿠시마 제1원자력발전소 사고에 관해서도 '이 발전소가 사고로 작동이 완전히 멈춘다면 어떻게 대처할 것인가?'라는 발상이 절실했다. 만약 이러한 전제가 있었다면 후쿠시마 원전사고의 원인이라 할 수 있는 '(원전시설 내)전체 전력 상실(全電源喪失: Station Black Out, SBO)'에 대응하여 어떻게 사고를 막을 수 있을까라는 해답 중 하나라도 얻을 수 있지 않았을까?

총 190km에 걸쳐 무너진 방조제의 경우도 쓰나미가 제방을 넘어설 수도 있다는 상정만 했다면 그렇게 쉽게 무너지는 것을 막을 수 있었을 것이다. 설계값을 초월하는 외압이 작용해도 기본적 기능을 발휘해야 한다는 주장이 제시되었다면 재무 당국도 결코 과잉 설계라고 일방적으로 단정하지는 않았을 것이다. 불확실한 자연현상을 대상으로 한 방재·감재 대책에 대한 기본 상식이 합의되어 있지 않았다는 점은 치명적이었다.

따라서 동일본대지진 발생 후 설치된 '도호쿠지방태평양연안지진을 교훈으로 한 지진·쓰나미 대책 관련 전문조사회'가 주장한 발생 가능한 최대 규모의 지진·쓰나미를 긴급 상정해야 한다는 방침은 지금까지 일본의 대응을 근본적으로 개선하는 것이었다. 그리고 잇달아 설치된 '방재대책추진검토회의(防災対策推進検討会議)'에서는 '방재가 먼저다(主流化)'를 우선적으로 주장했다. 아울러 모든 사회 기반 정비 사업에 있어서 최초의 기획이나 계획 단계에서 방재 및 감재 대책을 강구해야 한다는 시도는 획기적인 것이었다.

3) 새로운 단계에 들어선 재해

동일본대지진은 '상정 외'라고 하는 말을 재해에 적용한 최초의 사건이었다. 그러나 그 후에도 예상 밖(想定外)이라고 여겨지는 재해가 최근 수년간 계속해서 발생하고 있다. 이는 재해가 새로운 단계에 들어섰다는 인식이 절실하다는 점을 의미한다고 볼 수 있다. 이는 비가 내리는 방식이 전과는 완전히 바뀌었다는 사실과도 관련이 있는데, 그 전형적인 예는 2015년 태풍 18호였다. 조금 상세히 살펴보고자 한다. 9월 9일 일본 정책연구대학원에서 '위기관리·방재 실무와 관련한 정책연구 심포지엄'이 열렸는데, 기조강연 및 패널 토론으로 초청받았다. 지각을 하면 안 된다는 생각에 도쿄역 도착 예정 시간을 40분 앞당겨 일찌감치 신오사카역(新大阪駅)에서 신칸센 '노조미(のぞみ)' 에 올라탔다. 태풍의 중심기압은 985헥토파스칼[9]로 바람은 그리 대단한 정도가 아니었고 비가 오고 있기는 했지만 신칸센의 운행에 큰 영향을 끼칠 정도는 아니라고 판단했다.

실제로 예상대로 기차는 정시에 도쿄역에 도착했다. 위기관리를 전문으로

---

9) 옮긴이 압력의 단위(hPa: hectopascal)이다. 세계기상기구(WMO)는 1983년 총회에서 기압의 단위를 1984년 7월 1일부터 헥토파스칼로 바꾸기로 결정했으며, 수치상으로는 밀리바와 같다(1기압=1013mb=1013.25hPa).

하는 나로서는 지각이라고 하는 실례를 범하지 않도록 항상 신경을 썼으며 그날도 역시 그러했다. 그런데 도쿄는 비가 억수같이 쏟아지고 있었다. 심포지엄이 끝나고 저녁 8시 30분 출발의 신칸센에 승차할 즈음 태풍은 동해(일본의 서쪽)로 빠져나가고 있었고, 온대성저기압으로 변해 있었다. 하지만 도쿄는 여전히 폭우가 쏟아지고 있었다.

그 시각 이미 도치기현(栃木県)과 이바라키현(茨城県)에는 호우가 쏟아지고 있어 두 곳 모두 특별 경보가 발령된 상황이었다. 당시 온대성저기압과 약 2000km 동남동쪽의 태평양 상공에 있던 중심기압 975hPa의 태풍 17호, 그리고 편서풍이 합쳐지면서 남북 방향으로 긴 띠 모양의 강수대(線状降水帯)를 형성하고 있었다. 이러한 기류의 영향으로 기누가와(鬼怒川) 물줄기를 따라 호우가 쏟아지게 된 것이다. 결과적으로는 유역면적(流域面積) 약 1,700km^{2}에 약 6.5억 톤의 비가 내렸으며 도네가와(利根川) 합류 지점에서 약 20km 인근의 여러 제방이 무너지거나 강이 넘쳐 범람 재해가 발생했다. 이 범람 재해에 관해 외부적 힘(外力)이 작동하는 특성부터 대응 방침에 이르기까지 새로운 방향 전환의 필요성에 대한 인식이 대두됐다.

기누가와(鬼怒川)의 홍수 범람 재해는 태풍에 직격탄을 맞은 것이 아니라 일본 열도상의 기류 변화가 호우를 초래한 것이다. 일반적으로 기존의 호우는 강의 상류와 하류부의 중산간지에서 발생하고, 이를 댐과 같은 치수 시설을 제어함으로써 하류의 범람을 방지한다, 혹은 경감시킨다는 것이 치수대책의 기본이었다. 그러나 '아메다스(AMeDAS: 일본 기상청 지역기상관측 시스템)' 기록에 따르면 하류에서부터 호우가 내리기 시작했으며 시가지에 설비된 빗물 펌프장의 배수까지 겹쳐 하류의 수위가 높아지는 현상이 발생한 것으로 분석된다. 상류의 불어난 물이 하류로 내려가기 어려워지는 현상이 발생한 것이다. 한편 상류에 있는 4개의 댐에서는 기존 홍수량을 상정하고 사전 방류를 실시했으며 하류에서 제방이 무너지거나 범람이 발생했을 당시에도 여전히 홍수조절 능력이 30% 정도의 여력이 있었다는 것이 밝혀졌다. 즉 지역적인 강우량 및 강우 방식이 기존과는 다른 패턴으로 바뀌고 있으며 대처 불가능했던 이유이기도 하다.

예를 들어, 지구온난화에 의해 태풍이 위력을 잃지 않고 (지금까지는 약화되었던) 홋카이도 지역까지도 직격해 오는 경우나, 장마전선 및 가을비전선(秋雨前線)[10]의 배치가 남북방향으로 변화하거나, 호우가 내리는 상황이 급변한다거나 하는, 하천의 치수 계획을 근본적으로 개선할 필요가 있다. 큰 수해가 발생하고 난 후에는 늦다는 점을 명심하자.

6. 재해 리질리언스(Disaster Resilience)[11]와 국토 강인화

1) 국토 그랜드디자인 2050 및 국토형성계획(전국계획)의 새로운 재해 이미지

2014년 7월에 국토교통성에서 '국토의 그랜드디자인 2050: 대류(対流) 촉진형 국토 형성'이 공표되고 2015년 8월에 국토형성계획(전국계획)이 발표되었다. 한편 2014년 6월 3일, 각료회의에서 '국토 강인화 기본계획'을 결정했다. 여기에서 중요 업적 지표(KPI: Key Performance Indicators) 목표치와 주요 시책 등을 정리한 '국토 강인화 액션플랜 2014'도 결정되었다. 향후 매년도마다 진척 상황을 관리하며 시행하는 과정에서 효율적이고 효과적인 시책을 추진함과 동시에 지방 지자체가 주도하는 지역계획의 책정과 민간사업자 등의 주체적 활동을 유도해 나갈 수 있도록 계획하고 있다. 또한 국토의 그랜드디자인 2050과 국토 형성 계획이 제대로 진척되기 위해서는 '강인화기본계획'과의 정합성도 요구되었다.

10) 옮긴이 9월 중순에서 10월 중순에 걸쳐 일본 난카이연안에 정체하는 장마 전선.

11) 옮긴이 재해 회복력에 관한 구체적인 사례연구에 관해서는 다음 책을 참고할 것. 김영근·야마 요시유키·가와무라 가즈노리·전성곤, 『재해 리질리언스: 사전 부흥으로 안전학을 과학하자』(한국학술정보, 2018).

그러나 국토 형성 계획에서 지적하듯이 '급속히 진전되는 인구 감소' 및 '머지않아 다가올 거대 재해에 대한 절박함'이라는 두 가지 대형 위기에 직면하고 있다는 점을 주목해야 한다.

첫째, 특히 지방에서 사람들이 풍족한 생활을 누리지 못하고 궁핍해지는 이유(배경)에는 '인구 감소' 문제와 밀접하게 관련되어 있다. 정부는 '궁핍해지는 것'을 드러내려 하지 않는다. 동일본대지진의 부흥이 궤도에 오르지 못할 것으로 염려(우려)하는 목소리가 높아지고 있다. 그 배경을 살펴보면 인구 문제와 직결된 연금생활자의 감소가 결국 지방재정을 어렵게 하는 요인과 연계되어 있기 때문일 것이다.

둘째, 수도직하지진과 난카이트로프 지진 발생의 심각성을 제대로 반영하지 못하고 있으며 또한 감재 대책을 최우선 과제로 삼고 있지 않다는 점도 또 다른 위기이다. 재해 연구자가 과민하게 반응해서가 아니라 그러한 일이 발생한다면 우리가 우려하던 일들이 현실이 된다는 점에 더더욱 주의를 기울여야 한다. 수도직하지진의 발생 가능성을 이렇듯 과소평가해서는 안 되기 때문이다. 예를 들어 혹시 수도직하지진과 같은 리스크가 구미 선진국의 수도에 집중되어 있다면 분명 최우선적으로 감재 대책을 추진할 것이다. 왜냐하면 일본 이외의 선진국에서는 이와 같은 리스크가 있을 때 그것이 발생한다는 전제로 정책을 세우기 때문이다. 도쿄 수도권은 세계에서 유일하게 '사람, 물건, 정보, 자원'이 지속적으로 집중되고 있으며 지금도 계속 비대화하고 있다. 그럼에도 불구하고 이를 규제하기는커녕 중앙정부와 일본의 수도 도쿄도는 물론 경제계까지도 이러한 시책에 동조하는 풍조는 너무도 어처구니없다고 생각된다.

국가가 괴멸할 수도 있을 정도의 지진 등 거대 재해가 호시탐탐 일본을 노리고 있는 형국이다. 수도직하지진의 경우, 한 번 피해 상정 결과가 공표되면 임시변통적인 감재 대책들이 제시되고 어느덧 발생하지 않을 거라는 분위기가 전국에 퍼지고 있다. 수도직하지진이 일어난다면 틀림없이 수도는 괴멸하고 일본도 피폐될 것이다. 이를 직시하지 못한다면 일본 미래의 번영은 있을 수 없다. 인구 감소 및 저출산, 고령화와 같은 문제를 걱정하기 전에 닥쳐올 재해가 국가를 망하게 할 것이다. 일본은 너무나도 위기감이 결여되어 있다.

취약한 일본을 노리는 '가상 적국'이 생각하는 대로 만약 '수도직하지진'이 발생한다면 엄청난 사태가 전개될 것이다. 수도권에 고도 집중이 계속될수록 그 가능성은 100%(一發必中)일 터인데도 도쿄집중화 현상은 가속되고 있다. 이러한 트렌드는 전 세계에서도 도쿄뿐이다. 2020년 도쿄올림픽 개최를 목표로 피해가 집중되는 미나토구, 주오구, 신주쿠구, 치요다구와 같은 도심 내 4개 구를 중심으로 투자와 개발이 가속화되어 진행되고 있다. 위험하기 그지없는 상황을 스스로 만들고 있다는 인식이 결여되어 있다. 무엇보다도 새로운 재해에 대비하기 위해서는 수도직하지진 대책이 마련되어야 하며, 아울러 최우선적으로 '수도 기능의 분산'을 서둘러 실행해야 할 것이다. 하물며 지금까지와 동일한 정책으로 일관한다면 반드시 후회할 사태가 발생할 것이다.

2) 재해 회복력의 사고방식

재해 회복력은 2013년 무렵까지 정부 및 지자체의 방재·감재 관계자들에게 그다지 인식되지 못했던 용어이다. '회복력'이라는 개념은 2015년 3월에 센다이에서 개최된 제3차 UN국제방재회의에서 논의된 내용이 그 발단이다. 회의 개최의 주된 목적은 향후 15년간의 목표를 합의하는 것으로, 'Resilient Society (지속가능한 리질리언트 사회)의 실현'이 제시되었다. 이는 2005년 고베에서 개최된 제2차 회의에서 제시된 효고행동강령을 바탕으로 목표가 작성되었으며, 결과를 센다이에서 보고해야 했던 절차를 따른 것이다. 리질리언스란 〈그림 5〉에서 나타낸 바와 같이 재해 발생 후 신속하게 회복하고 나아가 인간 활동에 의해 감재(減災)를 실현한다는 의미이다. 따라서 'National Resilience'는 정부의 해석처럼 '국토 강인화'가 아니라 '모두가 함께 진행하는 감재'라는 점에 주목해야 하며, 그렇기 때문에 국민적 운동이 되는 것이다.

그림 5 감재(減災)와 축재(縮災)의 이미지 그림

· 감재(Disaster Reduction)

D = Fn(*H, V, C*)

H: 해저드(외부의 힘)

V: 취약성

C: 대책

· 회복탄력성(Disaster Resilience)

R = Fn(*D, A, T*) …

A : 정부에서 가정에 이르기까지 공동체에서의 인간 활동

National(Community) Resilience

T : 시간(회복 시간)

R(t) = Fn(인간력, 회복력)

일본 정부는 이를 '국토강인화(国土強靭化)'로 해석

한편, 재해 회복력을 실현하기 위해서 조직적으로 반드시 알아야하는 새로운 수단이 있다. 그것은 타임라인 및 재해 후 철저한 대응검증(AAR: After Action Review)이다.

(1) 타임라인

미국 뉴올리언스를 중심으로 2005년 발생한 허리케인 카트리나는 광역에 걸친 재해로 사망 약 1800명, 피해 금액 1250억 달러에 이르렀으며, 이는 미국 역사상 최악으로 평가받고 있다. 당시의 교훈을 바탕으로 만들어진 시스템이 바로 '타임라인'이다. 허리케인이 상륙하는 시간을 행동개시 기점(zero hour)라고 하고 그 전후의 재해 대응과정에서 무엇을 해야 하는지를 알려주는 체제(〈그림 6〉 참조)라 할 수 있다. 이는 비가 내리기 시작해서 하천이 범람하기까지 리드타임 있는 홍수 재해는 물론이고 갑자기 발생하는 지진 재해에 대해서도 유효하다. 중요한 것은 정보가 없어 지자체의 수장이 의사결정하기 어려운 경우를 상정하고 무엇을 할 것인지를 미리 정해놓고 관계자들이 정보를 공유하

〈그림 6〉 일본판 타임라인의 예

타임라인 기준 시간	행동 방재행동	긴급 지원 기능 예보·경보 (기상대 / 국가하천관리자 / 현하천관리자)	ESF#4 수방·소방활동 (수방관리단체 / 지방정비국 / 현하천 / 시정촌 / 소방단)	ESF#2 교통수송 (도로관리자 / 해상보안청 / 항만관리자 / 경찰 / 철도사업자 / 수송업자)	ESF#5 위기관리 (지방정비국 / 현방재 / 시정촌방재 / 소방본부)	ESF#3 사회기반 (지방정비국 / 지방운수국 / 현건설부문 / 시정촌 건설담당)	ESF#6 피난·주민지원 (시정촌방재 / 소방본부 / 자위대 / 경찰 / 볼런티어)
120~96h	태풍 상륙에 대비하여 준비·조절 피난소의 개설준비		○	○	○	○	○
95~72h	전문가·기술 조언에 의한 연계·지원	○			○		
72~48h	지하철 운행정지의 가능성 예고			○			
48h	피난소 개설				○		○
36h	기상경보 발표·수방경보 발표 지정하천 홍수주의보 발표	○	○		○	○	
36~24h	수방단 출동 발령 시정촌장에 의한 피난권고		○	○	○		○
24~12h	지하철 통행 정지, 지하철 폐쇄			○	○		
12h	특별경보 발표 시정촌장이 고지대(高地帶)로 피난 권고	○	○		○		○
12~6h	해일에 의한 범람 발생	○			○		○
6~0h	수방단, 경찰, 소방의 대피 권고		○				
+3~12	구조·구호·응급 자재·기재 투입		○	○	○	○	
+24	배수 작업·긴급 복구		○	○	○	○	

주: 타임라인 구축은 평상시부터 방재 기관이 조절하고, 행동 계획을 미리 세워둘 필요가 있다. 이는 조직 간 연계에도 중요한 역할을 수행한다.

는 것이다. 이렇게 하지 않고 스스로의 조직만으로 실행하게 되면 오히려 피해를 주는 조직이나 개인이 급증하게 된다. 2014년 10월 태풍 19호가 접근함에 따라 JR서일본이 전날에 미리 운행을 전면 중지한다고 하는 예고를 발표하고 실시했으나 대혼란이 일어났다. 자신들만의 기업윤리에 따라 제시된 사항을 그대로 실행함으로써 나타날 여러 후유증은 고려하지 못한 경솔한 행동으로 비춰졌다. 오히려 타임라인을 효과적으로 활용하기 위해서는 이용자들의 피해를 최소화하는 것이 필수이다. 일본에서는 2015년 3월 말, 국토교통성이 1급하천 109곳에 이를 도입했다. 앞으로 해저드 맵과 타임라인을 적절히 활용한다면 재해가 발생했을 때 주민과 이용자들에게 적절한 서비스 제공이 가능할 것이다.

(2) 철저한 재해 검증(AAR: After Action Review)

AAR은 대응에 실패한 경우의 대처 방법에 관한 것이다. 왜 재해 대응이 이루어졌는지를 밝히고, 그에 따른 교훈을 다음에 살릴 수 있는 체제 만들기에 이용하는 것이 중요하다. 미국 정부는 허리케인 카트리나 재해에 관한 대응에 실패했기 때문에 어디에 원인이 있었는지를 2년에 걸쳐 검증했다. 그 결과 만들어진 것 중 하나가 바로 AAR 시스템이다. 일본에서는 동일본대지진 발생 시 기상청의 쓰나미 경보 발령 과정에서 쓰나미 높이의 과소평가 등 반성해야 할 점이 많았으나 공식적으로는 그에 대한 반성과 교훈이 전혀 드러나고 있지 않다. 이래서는 또다시 실패할 위험성이 있으므로 신속히 AAR 제도를 도입해야 할 것이다.

〈참고문헌〉

大阪府, 「南海トラフ巨大地震災害対策等検討部会報告」, 『大阪府ホームページ』. (http://www.pref.osaka.lg.jp/attach/20357/00000000/bukaihoukoku.pdf)

海洋研究開発機構, 「ここまで分かった巨大地震·巨大津波の謎」, 『Blue Earth』 130, 2014, 1-21頁.

仙台弁護士会, 「東日本大震災後の宮城県沿岸で行われている海岸堤防建設事業の見直し等を求める意見書(宮城県知事, 同県会議長, 仙台市長, 同市議会議長宛)」, 2014年 7月 13日.

多田忠義, 「東日本大震災からの住宅再建」, 『調査と情報』 第43号, 2014年, 8-9頁.

内閣府, 「東北地方太平洋沖地震を教訓とした地震·津波対策に関する専門調査会資料」, 『内閣府ホームページ』. (http://www.bousai.go.jp/kaigirep/chousakai/tohokukyokun/pdf/sankou.pdf)

제1부

동일본대지진 복구·부흥의 5년

제1장

데이터로 보는 동일본대지진

부흥 과정의 현상과 과제

나가마쓰 신고(永松伸吾)

1. 머리말: 전체적·객관적인 재해 조감의 필요성

동일본대지진이 발생한 지 벌써 5년이 경과했다. 동일본대지진뿐만 아니라 대재해에 관한 분석에서 그 피해가 양적으로도 공간적으로도 방대하면 할수록 현장의 감각만으로 재해를 규명하려는 자세는 잘못된 결론을 이끌어낼 가능성이 높다. 재해의 전체상을 파악하기 위해서는 양적 데이터를 이용하여 재해를 전체적이고 객관적으로 짚어보는 작업이 반드시 필요하다.

물론 거대한 재해일수록 이를 파악하기 위한 통계 작성이 어렵다. 한편 동일본대지진과 같이 여러 현에 걸쳐 극심한 피해가 발생한 거대 재해의 경우, 일반적으로 이용되는 사회 재해 통계를 개관하는 것만으로도 그 재해의 사회적 영향과 부흥 과정을 어느 정도 가늠할 수 있다. 이에 이 책을 통해 논의될 각론의 전제 혹은 배경지식을 제공할 목적으로, 동일본대지진의 피해와 부흥 과정을 양적 데이터를 사용하여 조감해 보고자 한다.

다만 이와 같은 작업에는 심각한 한계가 있다는 점도 지적해 두고 싶다. 피해지의 통계 데이터는 피해의 심각성 때문에 그 정밀도에 한계가 있을 것이며,

수치가 보고되지 않거나 혹은 피재지의 데이터가 의도적으로 제외되는 경우도 있다. 또한 사회경제통계는 정책의 목적 혹은 정책의 결과로서 축적되는 경우도 많아, 재해지역에서 특별한 대책을 마련한 결과에 따라서 통계의 의미가 변용되는 일도 발생할 수 있다. 단순히 통계의 수치를 무턱대고 받아들이는 것이 아니라 피재지 및 부흥 정책의 현상과 대조하면서 해석해 나가야 할 것이다.

2. 동일본대지진 피해의 특징

동일본대지진은 어떠한 재해였는지 다시금 되돌아보자. 동일본대지진은 2011년 3월 11일 14시 46분에 발생한 매그니튜드 9.0의 거대지진과 그 후 약 한 달간 연속해서 발생한 여진에 의한 피해도 포함된다. 또 이 지진으로 발생한 거대 쓰나미와 다시 이로 인해 야기된 후쿠시마 제1원자력발전소 사고에 의한 피해도 포함된다. 2015년 9월 1일 시점에서 사망자 수는 경찰청 집계 1만 5893명, 소방청 집계로는 1만 9335명이라고 알려졌다. 이 수치의 차이는 소방청 집계의 경우 지진 관련 사망도 포함하고 있기 때문이다. 또한 사망자, 행방불명자의 99%는 이와테현, 미야기현, 후쿠시마현의 3개 현에 집중되어 있으며, 전파된 가옥 수도 이 3개 현의 피해가 95%를 차지하고 있다. 이에 이 글에서는 이 3개현을 분석 대상으로 하고자 한다.

이와테현, 미야기현 내의 각 시정촌의 피해 규모와 특징을 살펴보자. 〈그림 1-1〉의 그래프는 주택 피해(전파)와 인적 피해(사망)을 대상으로, 세로축에는 절대적 수치를, 가로축에는 시정촌의 세대수로 나눈 상대적 피해 규모를 쓰나미 피해 지자체와 그 외의 지자체로 구분하여 나타낸 것이다. 여기서 보면 주택 피해, 인적 피해 등 어떤 경우도 쓰나미 재해지역은 그래프의 오른쪽 윗부분에 위치하고 있다. 즉 절대적으로 보든 상대적으로 보든 쓰나미 피해 지자체는 내륙에 비해 피해가 집중되어 있다는 것을 알 수 있다.

그림 1-1 이와테·미야기현의 절대적 피해 규모와 상대적 피해 규모

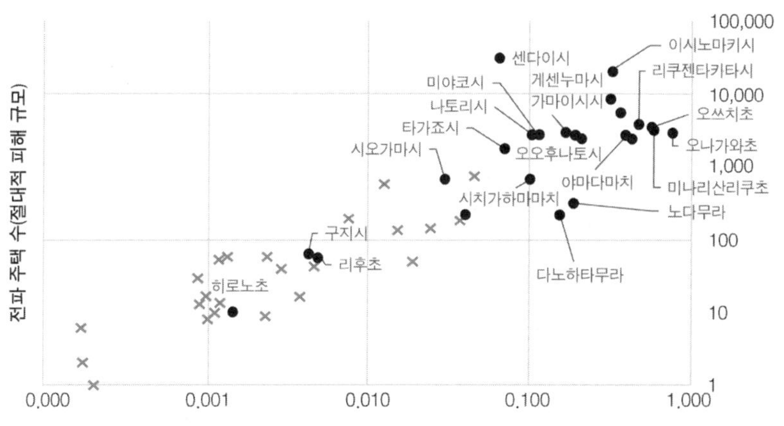

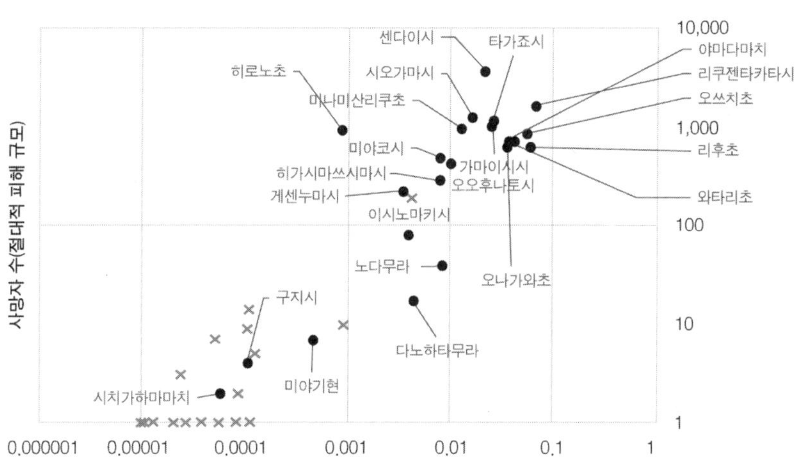

자료: 총무성 소방청, 「2015년 9월 9일 도호쿠지방태평양연안지진(동일본 대지진에 대해(제152보)」. 인구, 세대수는 2011년 2월 말 「주민기본대장인구」 데이터베이스(DB)에서 필자 작성.

이는 동일본대지진의 다음과 같은 특징을 보여주고 있다고 할 수 있다. 동일본대지진은 재해지역의 광범위함에 주목하기 쉽지만, 재해지역 3현이라고 일컬어지는 극심한 피해지의 내부에서도 거의 피해를 입지 않은 내륙 지자체와 해안부에서 극심한 피해를 입은 지자체와의 격차가 매우 크다는 점도 주목해야한다. 이 격차에 관해서는 뒤에서 다시 상세히 다루겠지만 부흥 과정에서도 그 격차가 확대된 점은 주목할 만하다.

또 하나의 동일본대지진의 특색으로 지적하고 싶은 것은 원전사고로 인해 장기간에 걸쳐 후쿠시마현 내에 설정된 피난 지시 구역의 존재이다. 사고 직후부터 원전 주변에 피난 지시가 발령되고 그 후 반경 20km 이내가 경계구역으로 지정되는 등 몇 단계의 변천을 보이며 2014년 4월 1일 시점에서도 후타바군(双葉郡)을 중심으로 약 8만 명에 대하여 피난 지시가 계속되고 있다. 이렇게까지 장기간에 걸쳐 수만 명의 인구가 있는 지역에 대한 피난 지시가 계속된 것은 일본의 재해 대응상 전례가 없었던 사태이다. 또 후쿠시마 원전사고로 인한 피해를 입은 많은 사람들과 기업에 거액의 배상금이 지불되고 있다. 이와 더불어 원자력 사고에 대한 대응과 원자로 폐쇄 및 주변 지역 오염 제거 등 피난 지시 해제와 부흥을 위한 막대한 공적자금이 집중적으로 투입되고 있다. 이는 이 지역의 부흥에 바람직한 영향도 미치지만, 한편으로는 예를 들어 건설업을 중심으로 한 인건비 및 건축자재 가격의 상승, 업자 부족으로 인한 입찰 곤란 등 많은 부작용 또한 초래하고 있다는 점도 지적하지 않을 수 없다.

3. 부흥의 상황

1) 인구 상황

이러한 피해의 특징을 기조로 하여 현재 피해 지역의 부흥 상황을 개관해 보

그림 1-2 재난 발생 후 1년간과 그 이후의 인구 변동 관계(위: 이와테현, 미야기현 내 시정촌, 아래: 후쿠시마현 내 시정촌)

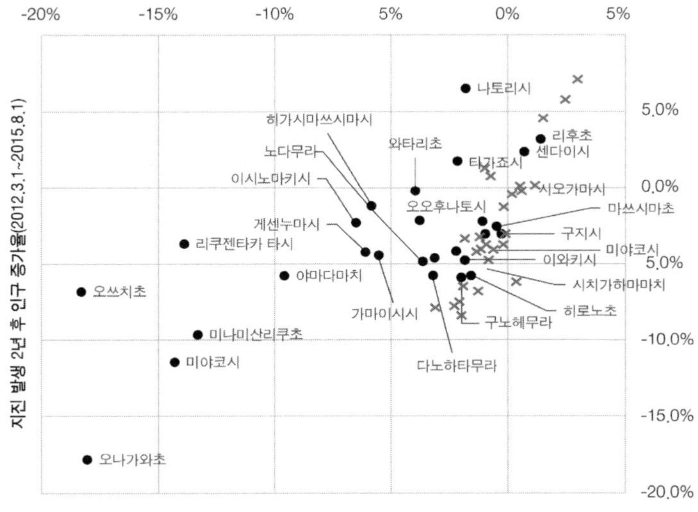

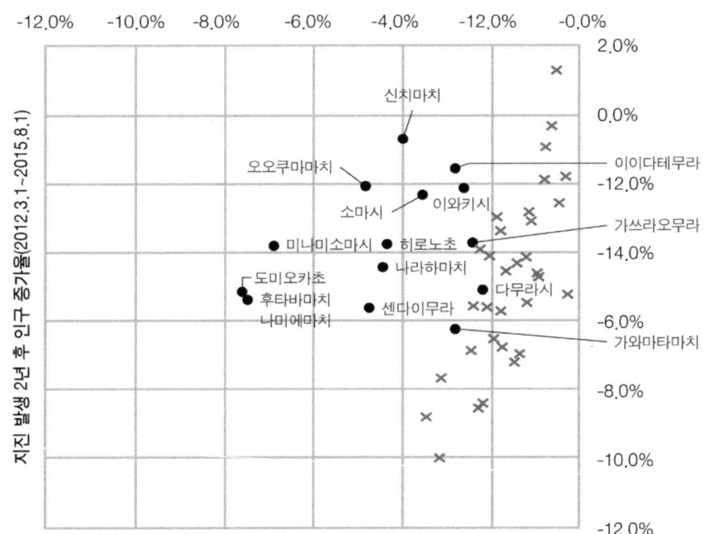

자료: 「주민기본대장인구」를 바탕으로 필자 작성.

자. 〈그림 1-2〉는 가로축은 재난 후 약 1년 간(2011.3.1~2012.3.1)의 인구증가율을 세로축은 재난 후 2년차 이후(2012.3.1~2015.8.1)의 인구증가율을 나타내 각 시정촌의 산포(散布) 정도를 그린 것이다. 이를 보면 재난 직후 1년간 특히 쓰나미 피해 지자체에서는 기타 지자체에 비해 인구가 크게 감소했다는 경위를 알 수 있다.

이 지자체들은 순조롭게 인구가 회복세를 보일 것으로 예상되었으나 결코 그러지 못했다. 쓰나미 피해지에서 인구가 회복 경향을 보이는 곳은 센다이(仙台)시와 나토리(名取)시, 다가죠(多賀城)시, 리후초(利府町) 등 센다이 주변의 일부 지자체에 불과하다. 그리고 많은 쓰나미 피해 지자체에서는 지속적으로 인구 유출이 이어지고 있다. 물론 쓰나미 피해지 이외에서도 같은 시기에 인구 감소가 이어지고 있기 때문에 이와테현, 미야기현의 전체적인 경향이라고 봐야 할 부분도 있을 것이다. 특히 미나미산리쿠초(南三陸町)와 야마모토초(山元町), 오나가와초(女川町)는 그중에서도 인구 감소의 속도가 급격하다. 특히 오나가와초에서는 지진 직후와 재해 부흥 과정에서 거의 동등한 인구 감소 경향을 보이고 있다는 점을 주목해야 할 것이다.

후쿠시마현의 경우 같은 그래프를 작성하면 이와테현, 미야기현과는 조금 다른 상황이 나타날 것이다. 또한 여기서 말하는 원전 피해 지자체란 2012년 4월 1일 이후에 피난 지시 구역으로 설정된 지역을 포함한다.

첫째, 지진 이후 인구가 증가하고 있는 지자체가 거의 존재하지 않는다는 것이다. 쓰나미 재해와 관련해서는 내륙부와 도시부로의 인구이동을 초래하고 있는 데 반하여 원전 재해로 인해서는 후쿠시마현 전체의 인구 감소를 초래했다는 점을 알 수 있다.

둘째, 역설적이긴 하지만 원전 및 쓰나미 피해지에서 지진 발생 2년 이후 인구 감소 규모가 후쿠시마현 전체에서 보면 결코 크다고는 할 수 없다. 여기서 말하는 인구란 주민기본대장(주민표)에 기재된 인구로 실제로 그 지역에 주거하고 있다는 사실을 의미하지는 않는다. 원전 피해 지자체의 대부분은 현재도 피난이 이어지고 있기 때문이다. 이 지역의 인구 감소가 비교적 적은 이유는 주민표를 옮기지 않은 채 피난처의 지자체에서도 필요한 행정 서비스를 받을 수 있는 특례 조치 혜택이 크다고 여겨진다. 그렇다고는 하지만 가령 피난 지시가 해제된다고 해도 이 인구가 그대로 유지된다고 할 수 없다는 점에는 유의해야 할 필요가 있다.

2) 산업의 부흥

다음으로 산업의 부흥 상황에 대하여 살펴보자. 〈그림 1-3〉은 재난 전후에 상업 및 공업 매상고가 어느 정도 변화했는지를 시정촌 별로 나타낸 것이다. 또한 원전 피해지에 대해서는 데이터가 존재하지 않는다는 점에 유의하기 바란다. 일부 쓰나미 피해 지자체, 특히 야마다초(山田町), 오오츠치초(大槌町), 리쿠젠타카타시, 미나미산리쿠초, 오나가와초에서는 매우 큰 하락세를 보이고 있다. 반면 미야코(宮古)시, 도노(遠野市)시, 이치노세키(一関)시, 기타카미(北上)시 등의 내륙 시정촌에서는 크게 매출이 늘었다는 것을 알 수 있다. 이는 연

그림 1-3 재해 발생 전후 시정촌별 상업 매상액(왼쪽) 및 공업 생산액(오른쪽)의 증가율

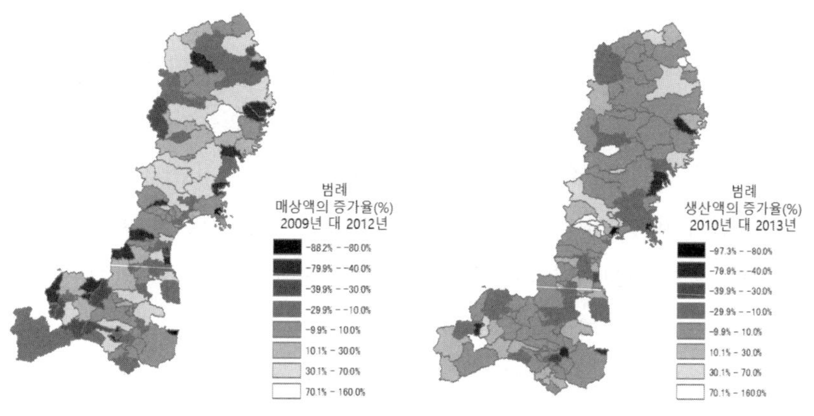

자료: 경제산업성 「공업통계」를 바탕으로 필자 작성.

그림 1-4 공업 생산액과 상업 매상액의 증가율 비교

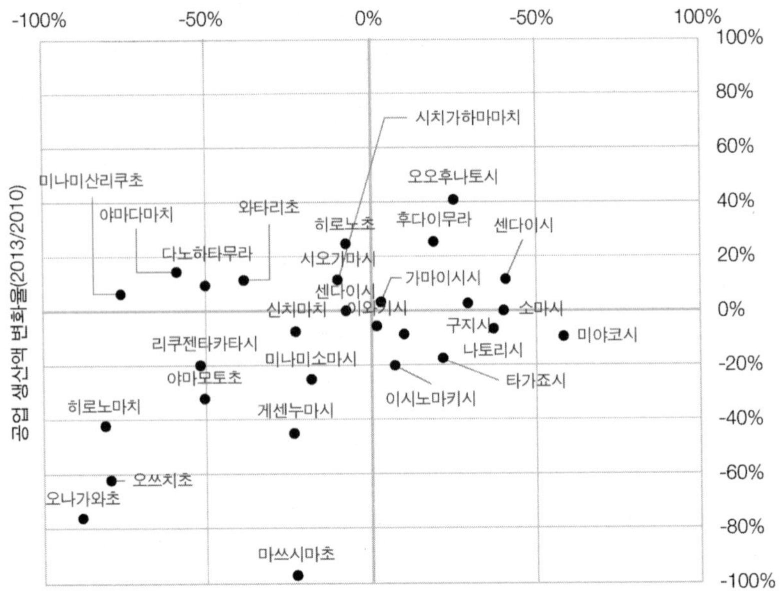

자료: 경제산업성, 「상업통계」, 「공업통계」를 바탕으로 필자 작성.

안부에 거주하고 있었던 이재민들의 소비활동 지역이 내륙으로 이전되었다는 것을 강하게 시사하고 있다.

공업 생산액에서도 연안부의 하락세에 반해 내륙부에서는 증가하고 있는 경향이 보이기는 하지만 상업만큼 확연히 드러나지는 않는다. 상업이 피해지 내에서의 수요를 대상으로 하고 있기 때문에 연안부에서의 거래 저하가 필연적으로 인접 지역에서의 거래 증가로 이어지는 데 반하여, 공업에 대한 수요는 전국 혹은 세계 규모이기 때문에 반드시 인근지역에서 생산 활동의 대체가 발생한다고는 할 수 없기 때문이다.

상업 매출과 공업 생산액의 증가율을 각각 가로축, 세로축으로 나타낸 것이 〈그림 1-4〉이다. 그림에서 보면 쓰나미 피해 지역 중에서도 회복의 정도는 커

다란 차이가 있다는 것을 알 수 있다. 상업과 공업 어느 한쪽에 결손치가 있는 데이터를 제외하고 각각의 평균과 분산값을 구하면 상업은 각각 0.165, 14.5%, 공업은 0.147, 7.0%이다. 즉 상업과 비교하면 공업 쪽이 회복이 빠르고 분산도 적다. 이는 관측 기간에 차이가 있기 때문에 발생한 것으로 해석 가능하지만, 일반적으로는 인구 감소의 영향을 받는 상업보다도 피해지 외부의 수요에 의존하는 공업 쪽의 회복이 빠른 것으로 보인다고 판단된다. 3·11 재난에서도 이러한 경향을 확인할 수 있을 것이다. 공업의 회복이 진전되고 노동인구 증가가 현실화되면 상업의 회복도 기대할 수 있다.

단 쓰나미의 피해가 컸던 지역은 모든 면에서의 회복이 늦어지고 있다. 특히 오나가와초와 오오츠치초는 상업과 공업의 회복도 현저히 지연되고 있다. 이 지역들을 그렇게 방치한다면 지역 경제는 쇠퇴하게 될 것이 분명하기 때문에, 인구와 산업을 새로이 집적시키기 위한 구체적인 전략이 필요하다.

이러한 전략 중 하나는 산업의 고부가가치화이다. 특히 노동생산성이 높으면 임금 상승이 기대되고 이는 장차 노동력을 타 지역에서 불러 모을 가능성이 있다. 여기서 공업 분야에서 종업원 1인당 생산고가 지진 전후 어떻게 변화했는지를 살펴보자. 2010년의 수치를 1로 봤을 때 2013년의 수치는 〈그림 1-5〉와 같다.

그림에서 보면 피해지 중에서는 크게 노동생산성이 증가된 지자체가 적지 않다는 것을 알 수 있다. 특히 흥미로운 점은 오오후나토시, 야마다초, 리쿠젠타카다시, 미나미산리쿠초 등 극심한 피해를 입은 지자체가 종업원 1인당 생산액 상위에 이름을 올리고 있다는 점이다. 이러한 지역에서는 산업별 복구 과정에서 자본 설비의 치환으로 노동생산성이 높아졌을 가능성이 있다. 물론 현 단계에서 이것이 일시적인 것인지 혹은 지속적인 노동생산성의 향상을 의미하고 있는지를 단언할 수 없지만, 그래도 희망적인 내용 중 하나일 것이다.

반면 오오츠치초, 나토리시, 오나가와초 지역은 극심한 재해지역 중에서도 노동생산성이 특히 낮다. 어디까지나 추측이지만 기반시설의 복구 지연과 대

그림 1-5 2013년 종업원 1인당 생산액(2010년=1.00 기준)

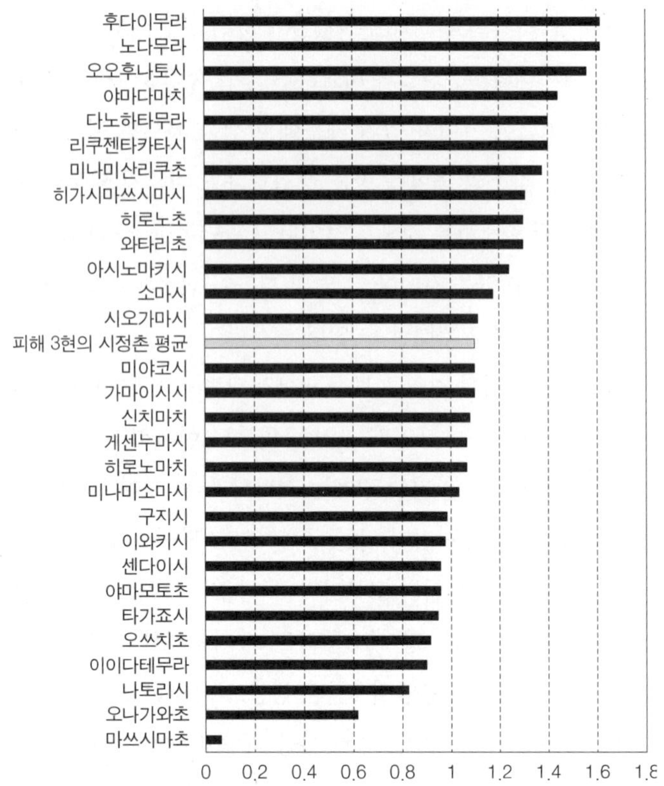

자료: 일본 경제산업성, 「공업통계」.

규모 구역 정비 등 물리적인 제약으로 인해 노동생산성이 저하되고 있었으리라는 가능성을 부정하기 어려울 것이다.

3) 재해지역 3현의 현 내 총생산 추이

다음으로 재해를 입은 3현의 경제활동 및 회복 상황에 대하여 살펴보자. 여기서는 내각부가 발표한 「현민경제통계(県民経済計算)」를 참고로 작성했으며, 아쉽게도 이용 가능한 최신 데이터는 2012년도 자료이기 때문에 최근 동향을

그림 1-6 재해지역 3현의 GDP 추이(2010년=1.00 기준)

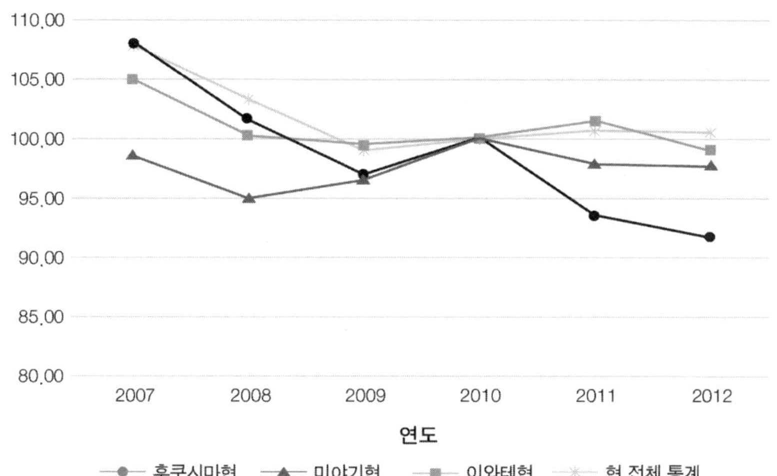

자료 : 일본 내각부, 「도도부현경제계산」을 참조하여 필자 작성.

알 수는 없었다. 하지만 지진 발생과 그 후의 부흥 과정이 이들 3현의 경제에 어떠한 영향을 끼쳤는지를 이해할 수 있는 귀중한 정보를 제공하고 있다.

우선 현 내 총생산(GDP)의 동향을 살펴보자. 여기서는 가로축에 연도를 표시하고 2010년의 GDP를 100으로 했을 경우의 각 연도별 수치를 재해지역 3현 및 전국의 동향을 나타낸 것이다. 엄밀히 말하자면 2010년도 GDP는 지진이 발생한 3월 11일부터 3월 31일까지 재해 영향을 포함하고 있지만 기간도 짧고 거의 영향을 끼치지 않았기 때문에 기준 연도로 삼았다.

일반적으로 재해 발생은 부흥 수요에 의한 총수요의 확대로 이어져 GDP를 끌어올리는 효과가 있다. 물론 생산자본의 피해와 더불어 생산 활동이 줄어드는 등의 부정적인 영향도 배제할 수 없겠지만, 일반적으로 자본계수(자본1단위당 생산액)보다도 승수효과(자본1단위당 증가되는 총수요 확대 효과)가 크다고 보기 때문이다. 실제로 한신·아와지대지진이 발생한 효고현에서는 1996년도 GDP 성장률이 7%를 웃돌아 부흥 수요의 효과가 나타났다.

그림 1-7 재해 피해 지역 3현의 지역 내 총지출 추이

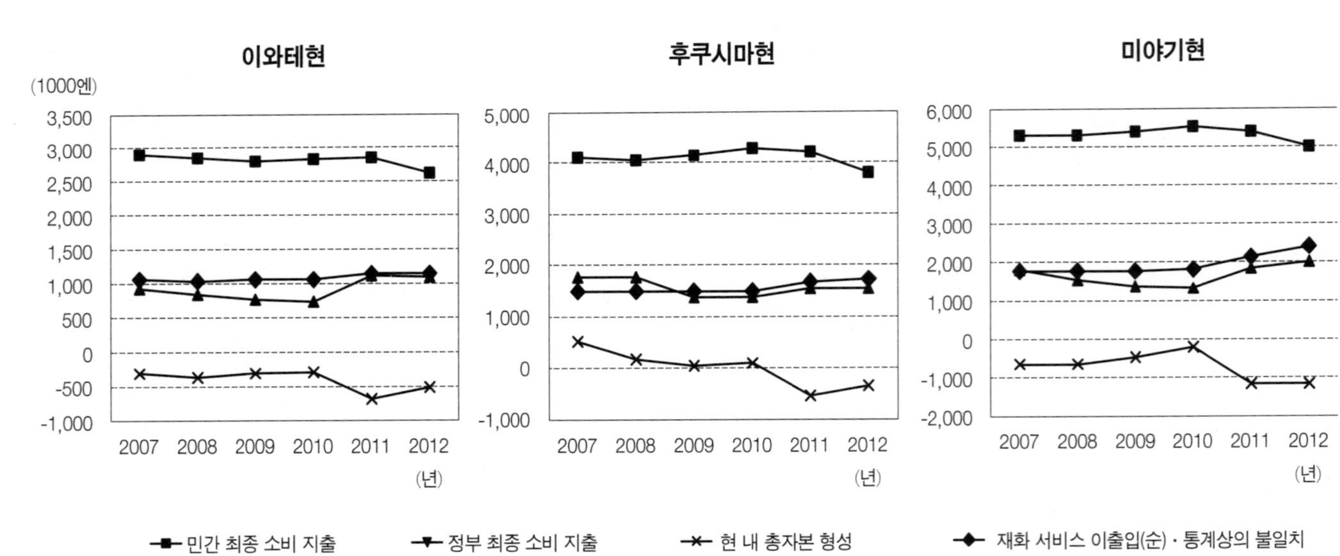

자료 : 일본 내각부, 「도도부현경제계산」을 참조하여 필자 작성.

하지만 〈그림 1-6〉을 보면 동일본대지진의 재해지역에서는 이와 같은 명백한 부흥 수요 효과가 나타나지 않았다. 이와테현의 경우 2011년도 GDP에서 약간의 부흥 수요가 나타나지만 2012년도에는 다시 감소로 돌아섰다. 미야기현, 후쿠시마현의 GDP는 2011년, 2012년 모두 전년도보다도 감소했다. 특히 후쿠시마현의 경우 지진 발생 후 2년간 GDP의 8% 정도가 감소되고 말았다.

이러한 원인을 파악하기 위해 현 내 총지출의 추이를 살펴보자(〈그림 1-7〉). 지진 발생 후, 3현의 공통된 특징으로는 ① 민간 최종 소비지출의 감소, ② 재화 및 서비스의 이입·출입, 통계상 불일치의 감소를 들 수 있다. 전자는 주로 지진으로 인한 인구 감소의 효과라고 생각된다. 후자는 한신·아와지대지진 발생 후도 마찬가지 현상이 나타났는데, 현 소재 지역 내 생산 활동의 저하에 따른 현 외에서 재화 및 서비스 이입이 증가한 것을 들 수 있다. 이는 다음과 같은 두 가지 의미가 있다. 첫째는 기존에 현 외로 재화와 서비스를 제공하던 사업자(주로 공업)가 지진 피해로 인해 사업이 불가능하게 되었다는 점이다. 두 번째는 현 내에서 새롭게 발생한 부흥 수요가 해당 지역 사업자들에 의해 공급되지 못하고 현 외로 누출되었다는 점이다. 후쿠시마현에서의 막대한 방사성 물질 오염을 제거하는 제염(除染) 활동을 위한 정부지출도 피난 지시 구역에서는 국가의 관할 사업으로서 현 외 사업자들에 의해 실시되었는데, 이러한 사실도 요인의 하나라고 보인다.

그렇다면 이렇듯 부흥 수요가 활성화되지 못하는 근본적인 이유는 무엇일까? 부흥 수요는 주로 사회간접자본의 복구, 기업 설비 재건, 주택 재건 등을 통해 활성화되기 때문에 현 내 총자본 형성의 증대를 기대할 수 있다. 물론 이와테현과 미야기현에서는 2011년 및 2012년도 현 내 총자본 형성은 지진 발생 전보다 증대되었다. 하지만 후쿠시마현에서는 명확한 상승세가 나타나지는 않았다.

재해지역에서의 부흥 수요 실태를 보다 상세히 파악해 보자. 〈그림 1-8〉은 지진 발생 후의 현 내 총자본 형성 증가 기여도를 구성 요소별로 나타낸 것이

그림 1-8 현 내 총자본 형성의 2010년도 증가율에 대한 각 항목의 기여도

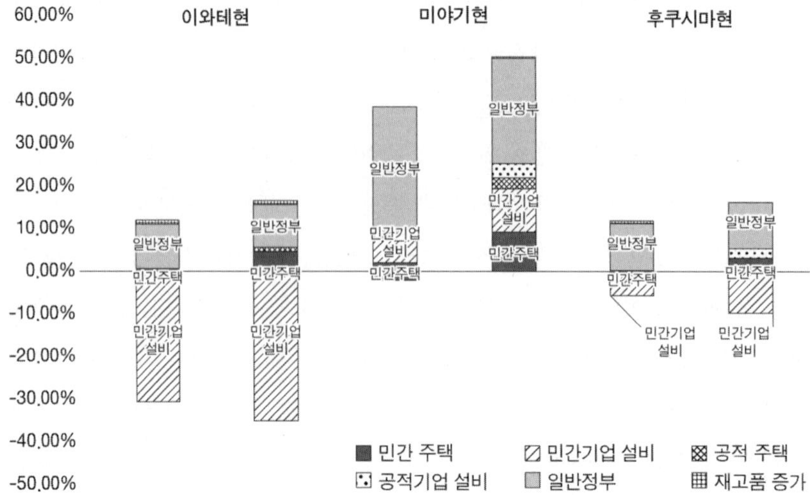

옮긴이 주: 일반정부(一般政府)란 특정 영토 안에 있는 중앙정부와 지방정부의 모든 부처와 그에 속한 기관 및 여러 나라에 있는 주재대사관과 공공기관, 군사시설 등을 포괄하여 이르는 말이다.

자료: 내각부, 「도도부현경제계산」을 참조하여 필자 작성.

다. 3현 모두 일반정부의 기여도가 돋보이며, 부흥 수요의 중심은 정부에 의한 사회간접자본 등의 '복구형 투자'라는 것을 알 수 있다. 한편으로 민간 기업 설비와 관련해서는 이와테현, 후쿠시마현에서 마이너스를 보이고 있다는 점은 주목할 만하다. 즉 민간 사업자의 부흥을 위한 설비투자는 적어도 현 내에서는 거의 이루어지지 않았다는 것이다.

그 이유로 이와테현에서는 쓰나미에 의한 재해지역 대부분이 리아스지형에 위치해 있어 정비 사업이 완료되기까지는 토지 이용에 제약을 받는다는 점을 들 수 있다. 마찬가지로 후쿠시마현에서는 피난 지시가 계속되고 있다는 점이 본격 부흥사업에 제약이 되고 있다고 판단된다.

부흥 수요가 향후로도 지속될 것이라고 보는 것은 너무나 낙관적인 생각으

로 보인다. 오히려 소실된 기업 활동을 다시 일으킬 수 있을지 없을지가 향후 재해지역의 부흥을 위한 관건이 될 것이다.

4) 소득 상황

〈그림 1-9〉는 재해지역 3현의 과세소득액 추이에 관해서 2011년도 값을 1.00으로 기준화하여 나타낸 것이다. 여기서 제시된 '과세소득'이란 개인의 시정촌민세 소득에 따른 과세 대상이 되는 전년도 소득을 나타낸 것이다. 따라서 2011년의 과세 대상소득이란 실제로는 2010년에 발생한 소득이라는 점에 주의할 필요가 있다. 또한 실제 과세에 있어서는 재해지역 주민들에 대해서는 다양한 소득공제 특례가 적용되었는데, 과세소득은 이러한 공제가 적용되기 전 수치이기 때문에 재해지역 주민들의 경제 상황이 어떠했는지 그 실체를 파악할 수 있다.

우선 재해지역 3현에서의 쓰나미 피해 지역과 그 외 지역과의 과세소득 추이를 살펴보자. 3현 모두 쓰나미 피해 지역 및 원전사고 피해 지역의 감소 경향이 크다는 것을 알 수 있다. 다만 미야기현의 경우에는 재해 이외의 지역에서도 큰 감소세를 보이고 있다. 다시 말하면 이와테현과 후쿠시마현에서는 소득에 대한 지진 피해의 영향이 쓰나미와 원전사고 피해 지역에 거의 한정되어 있는 데 반하여 미야기현은 전 지역에 걸쳐 영향을 끼쳤다는 것을 알 수 있다.

소득의 회복에 관해 일반적으로 경제 부흥에 있어서 플러스 요인이라고 생각되지만 동일본대지진 재해지역의 경우에는 조금 더 주의 깊게 관찰할 필요가 있다. 과세소득의 변화를 시정촌별로 살펴보자. 지진 발생 직전인 2011년의 과세소득을 1로 보았을 때의 2013년의 과세소득을 그래프로 나타낸 것이 〈그림 1-10〉이다. 2013년 시정촌별 과세소득(2011년 = 1.00)의 재해지역 3현의 시정촌 평균은 1.035이고 쓰나미 및 원전사고 피해 지역의 경우에는 이를 밑돌고 있는 곳이 많다.

그림 1-9 피해 지역 3현의 과세소득 추이(2011년=1.00 기준)

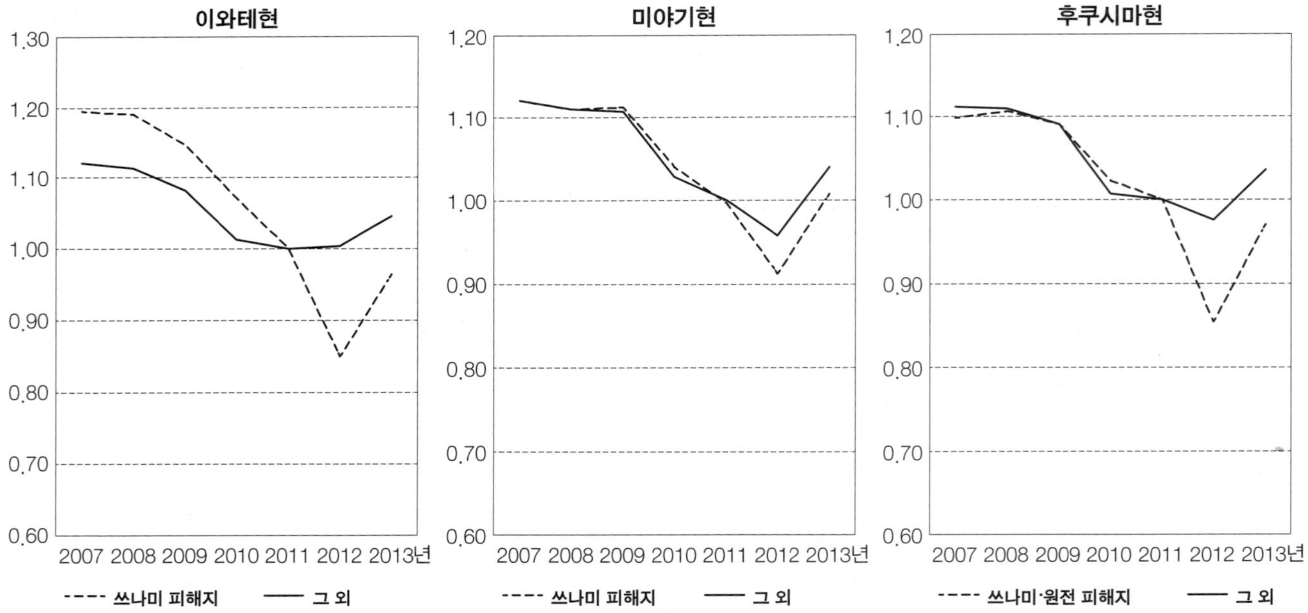

자료: 総務省自治行政局,「市町村税課税状況等の調」를 참고로 필자 작성.

그림 1-10 2013년 시정촌별 과세소득(2011년 = 1.00 기준)

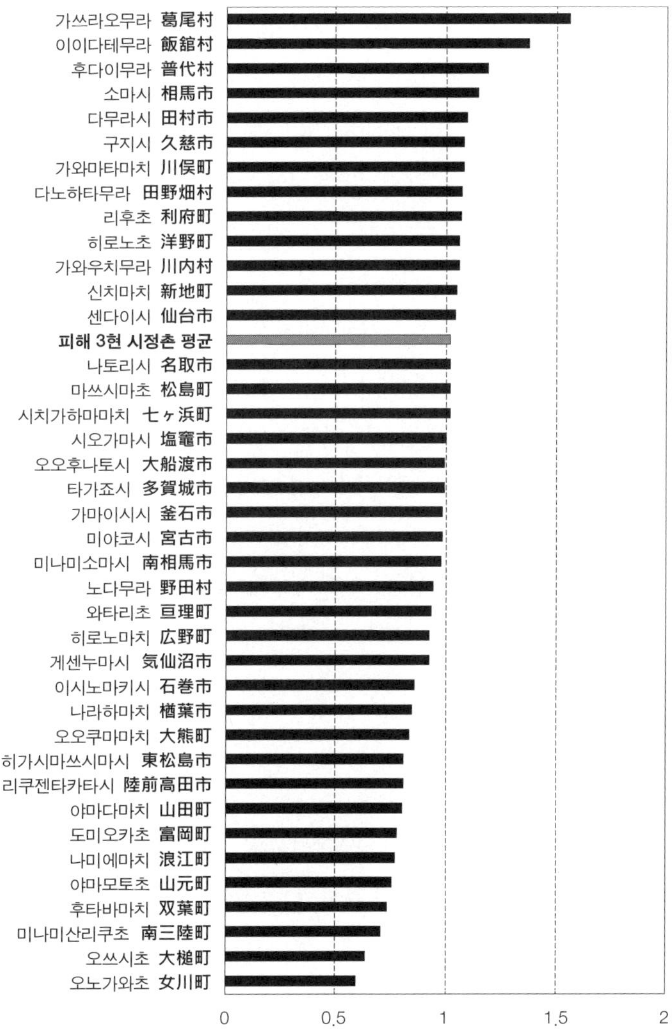

자료: 총무성 자치행정국, 「시정촌세 과세 상황 조사표」를 참고로 필자 작성.

주목해야 할 것은 가쓰라오무라(葛尾村, 1.55), 이이타테무라(飯舘村 1.37)의 수치가 높다는 점이다. 이 두 마을의 과세소득이 높아진 점에 대해서는 설명이 필요하다. 두 마을은 원래 농업을 중심으로 한 산업구조로, 대부분의 농가는 자가소비를 하고 있으며 현금수입은 적었다. 2008년도 두 마을의 1인당 시정촌민 소득은 각각 164만 5000엔, 169만 7000엔으로, 현의 1인당 현민 소득 274만 3000엔과 비교해도 매우 적은 수치이다. 하지만 이것이 두 마을의 빈곤을 의미하는 것은 아니다. 오히려 대지(자연)의 혜택을 충분히 누리며 현금을 필요로 하지 않는 생활이라고도 할 수 있을 것이다.

그런데 두 마을은 원전사고로 인해 장기 피난 생활을 해야 했고 방사능 오염으로 인해 자가소비를 위한 농작물조차 지을 수 없게 되었기 때문에, 마을 주민들은 싫든 좋든 현금수입이 필요하게 되었다. 그뿐 아니라 두 마을의 과세소득 상승을 초래하고 있다고 생각된다.

이 두 마을 이외에도 특히 원전사고 피해 지역들은 같은 상황에 처한 곳이 적지 않을 것이다. 이러한 상황을 감안한다면 쓰나미 및 원전 피해 지역에서 과세소득이 회복된 듯 보이지만 이러한 수치가 반드시 순조로운 부흥을 의미하는 것은 아니라는 점을 알 수 있다. 농촌지역에서는 오히려 그 반대의 결과로 해석된다.

5) 예금액과 대출

데이터의 제약으로 최근 경제 부흥 상황까지 고려하여 분석이 이루어지지는 않았다. 이에 산업부흥의 선행지표로서 금융기관의 활동에 대하여 살펴보고자 한다.

과거 대부분의 재해에서 관측된 바에 의하면, 재해가 발생하면 개인예금 잔고가 증가하는 경향을 보였다. 동일본대지진 발생 후에도 과거 재해 때와 마찬가지로 개인예금 잔고가 재해 발생 직후에 증가하고 있다는 것을 알 수 있다. 실제 후쿠시마현의 경우, 지진 직후부터 서서히 저축 잔고가 상승하기 시작했다. 이는 도쿄전력에 의한 손해배상이 이어지고 있던 상황과 맞물려 있기 때문이라고 해석할 수 있다.

그림 1-11 피해 지역 3현 은행의 개인예금, 공적 자금 및 대출금 잔고 추이(단위: 100만 엔)

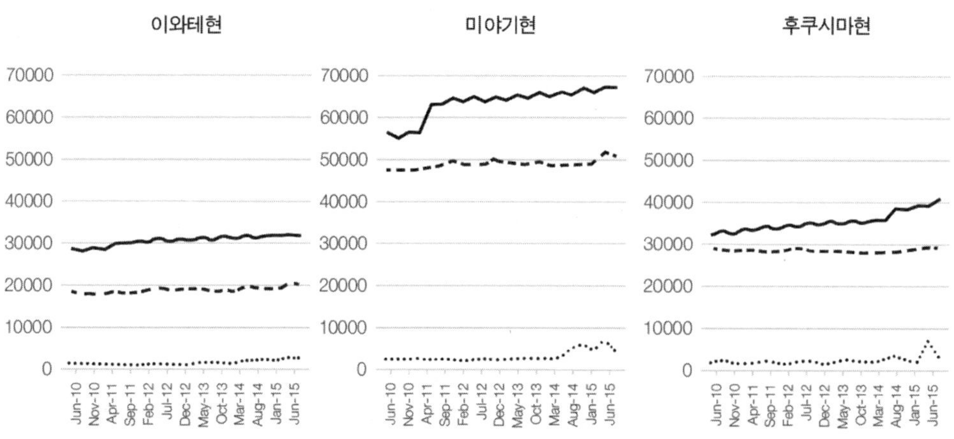

자료: 일본은행.

흥미로운 경향은 모든 현에서 2014년 이후에 공적 예금 잔고가 상승하고 있다는 점이다. 대규모의 부흥 예산이 마련되었으나 집행이 늦어져 소화되지 못한 예산이 다음 연도로 넘어가 영향을 미친 수치라는 점을 예상(짐작)할 수 있다. 이 때문에 부흥사업은 예산 규모만큼의 수요 창출 효과가 발생하고 있다고 보기 어려우며, 부흥사업의 진척도 그다지 순조롭게 진행되지 않았다는 것을 알 수 있다.

대출금에 대하여 살펴보자. 아쉽게도 3현 모두 지진 발생 직후부터 그다지 큰 상승을 보이지는 않는다. 재해지역에서의 자금 수요가 그다지 늘지 않는다는 사실은 앞에서 살펴본 바와 같이 민간의 부흥 수요가 부족하다는 뜻으로 현재도 거의 개선되지 않은 채로 있어 시사하는 바가 크다.

4. 제언: 부흥 지원을 강화하자

이상으로 동일본대지진 발생 이후 5년이 경과되고 있는 현 시점(집필 당시)에서 피해 지역의 부흥 상황에 대하여 통계 데이터를 이용하여 개관해 보았다.

아베 정권은 피해 지역의 부흥을 위해 5년간 약 25조 엔의 자금을 쏟을 예정이다. 비록 현시점에서 모든 예산이 소화되고 있다고 보기는 어려워 부흥 정책에 대한 평가를 졸속으로 내리는 것도 신중해야 할 것이다. 하지만 이 글을 통해 분명하게 드러난 것은 한신·아와지대지진과는 달리 동일본대지진의 경우, 부흥 과정에 특유의 문제점들을 안고 있다는 점이다.

첫째, 피해 지역의 경제는 지진 발생 이후 적어도 2년간은 부흥 수요의 혜택을 받기는 사실상 불가능하였다. 그 이유는 현 외부로의 수요 유출(누수)도 있지만, 민간기업 설비의 투자에 커다란 증가가 보이지 않는다는 점이다. 한신·아와지대지진 등 과거의 재해와는 달리 3·11 재해 부흥 과정에서는 대규모 면적의 정비 사업과 원전사고로 인한 장기 피난 지시를 동반하고 있다는 것이 주된 배경이다.

둘째, 피해 지역 중에서도 부흥 상황에 커다란 격차가 나타나고 있다는 점이다. 재해 피해 현에서도 쓰나미 피해 지역과 그 외 지역 사이에는 부흥 상황에 커다란 차이가 있으며 동시에 쓰나미 피해 지역 중에서도 특히 심각한 피해를 입은 지역은 인구와 산업 규모도 현저하게 축소되었다. 다만 공업 분야는 피해 지역에서 약간의 노동생산성 상승이 기대된다.

셋째, 피해 지역 3현의 은행대출금 추이를 보면 지진 발생 이후 5년째를 맞이한 현재도 민간 자금 수요는 그다지 증가세를 보이지 않고 있다. 이 때문에 앞에서 살펴본 바와 같이 최근까지도 상황이 개선되었다고 기대하기는 어렵다.

향후 피해 지역의 부흥은 어려운 상황이 계속될 전망이다. 경우에 따라서는 지금 이상으로 힘든 상황이 될 수도 있을 것이다. 분명 사회기반시설(SOC)의 복구 및 대규모 면적 정비 사업, 방사성물질의 제거 사업이 완료되는 시점에서

비로소 피해 지역의 부흥을 위한 전제는 형태가 잡혀갈지도 모른다. 그러나 그때까지 인구 및 경제활동은 크게 손실될 것이고 지진 직후보다도 더 악화된 상황에서 부흥을 맞이하게 될 것이다. 그뿐만 아니라 지금까지 피해 지역의 경제를 지탱해 왔던 공적자금은 증가될 것이다.

향후 부흥의 중심은 하드적인 면에서의 정비가 아니라 소프트 면에서의 지원으로 변화될 것이 분명하다. 하지만 이러한 어려운 환경에서의 부흥사업은 지금까지 시행되어 왔던 것과 같은 단순한 지역 진흥책으로는 충분하지 않으며 새로운 무언가가 필요하다. 아쉽게도 그것이 무엇인지 지적할 수 있을 만큼의 식견을 가지고 있지 못하지만 적어도 젊고 우수한 인재들이 모여 새로운 무언가를 일으켜 나갈 기회를 창조해 내는 것이 필요할 것이다. 그 의미에서는 일본이 하드웨어적 측면의 부흥에 쏟아왔던 에너지만큼이나 인재(人材) 육성이 절실하다는 점을 강조하고 싶다. 이처럼 피해 지역의 다양한 사회적 활동을 계속적으로 지원해야 할 것이다.

〈참 고 문 헌〉

東北大学大学院経済学研究科地域産業復興調査研究プロジェクト編,『東日本大震災からの地域経済復興への提言: 被災地の大学として何を学び, 伝え, 創るのか』, 河北新報出版センター, 2012年, 321頁.

東北大学大学院経済学研究科地域産業復興調査研究プロジェクト編, 『東北地域の産業·社会の復興と再生への提言: 復興過程の現実に向き合い, 地域の可能性を探る』, 河北新報出版センター, 2013年, 354頁.

永松伸吾,「阪神·淡路大震災からの経済復興と復興財政」,『Disaster Reduction Management』, 第1号, 2006年, 106-123頁.

藤本建夫編,『阪神大鹿災と経済再建』, 勁草書房, 1999年, 232頁.

제2장

포스트 동일본대지진 주택 재건 현황과 지역 부흥

고시야마 겐지(越山健治)

1. 주거와 지역: 5년 후 현황

동일본대지진이 발생한 지 5년이 지난 현재까지도 쓰나미로 파괴된 피해 지역을 점검해 보면 아직도 지역 재건의 전망은 안개 속이라 할 수 있다. 극심한 피해 지역에서는 제방 건설·둑 중축·건물용 대지 정비·도로 등 토목 인프라 건설이 진행 중이며, 사람들이 새로운 생활을 시작할 상황이 아니다(〈그림 2-1〉). 한편 쓰나미 피해를 피한 내륙은 재해를 입은 사람(被災者)들이 거주할 부흥공영주택(復興公営住宅)과 더불어 신규 주택 건설이 진행되었다. 또한 주로 도시에 존재하는 기존의 민간 임대주택의 빈집을 활용한 '미나시(代案) 가설주택[1]'의 장기화 등 각 이재민 재건이 지역 단위가 아닌 개별 세대 단위로 실행되어 가는 실태를 보이고 있다.

1) (옮긴이) '미나시'란 원래는 간주한다는 뜻으로, 일반적인 가설주택을 대체(代替)하거나 대안(代案)하는 형태이다. '미나시 가설주택'이란 정부가 마련한 가설주택이 부족해 이재민이 직접 민간 임대주택을 빌려서 사용하는 경우를 말한다. 이때 지자체가 임대료를 보조해 줌으로써 임대주택이 가설주택을 대체하는 것으로 간주한다는 용어이다.

그림 2-1 쓰나미 피해 지역의 풍경

자료: 2015년 3월 촬영.

쓰나미에 이어 원자력발전소 재해로 인해 피난이나 거주 제한 지역이 발생한 후쿠시마현에서는 상기 이외에 주거지 이전 및 '오염물 제거(除染)'를 포함한 지역 복구 문제가 겹쳐 한층 더 복잡한 재건 과정을 거치고 있다. 쓰나미로 인해 극심한 피해를 입은 지역은 피해지 공간 정비와 그 방향을 정하는 계획의 선정이 늦어지고 있어, 지역별 재건 이미지와 프로세스가 제대로 제시되지 못하고 있다. 이전 거주지로 돌아갈 수 없는 이재민의 고통은 현재까지도 계속되고 있으며, 그 실태는 다양화되고 있다는 사실이 여러 연구를 통해 보고되고 있다.

이처럼 재해지역의 부흥 프로세스는 너무도 다양한 요인이 중첩되어 복잡해지고 있다. 이에 제2장에서는 주택·지역의 재건 과정에 초점을 맞춰 분석하고, 현 시점에서의 대응 과제를 제시하고자 한다.

2. 주택 재건으로 살펴본 동일본대지진 피해의 특징

동일본대지진의 피해 상황을 살펴보면 여러 특징들이 보인다. 이러한 특징은 주택 및 지역의 재건 과정에서 크게 다음 네 가지 유형의 영향을 끼친 것으로 나타났다.

1) 공간 차원에서 격심성(激甚性)이 초래한 영향

쓰나미와 원자력 재해의 특징은 일정 정도 넓게 퍼져 있는 공간을 하나같이 파괴, 또는 사용불능 상태로 만드는 것이다. 또한 그 피해는 파멸적이며, 공간 재건에 상당한 시간이 걸릴 것으로 예상된다. 피해를 입은 지역사회 전체의 재건이 필요하며, 주택·상업·공업이라는 기능별 재건만으로는 가능하지 않고, 각각 복합적으로 상호적인 영향을 끼친다. 도시·지역 부흥계획이 주택 재건과 밀접한 관계를 가지는 형태라고 할 수 있다.

2) 광역성(廣域性)이 초래한 영향

지역사회의 부흥 속도를 좌우하는 요소로 피해를 입지 않은 지역과의 보완성을 들 수 있다. 일본의 재해 대응 시스템은 기본적으로 주변 지역과의 보완성에 의해 담보되며, 기초 지자체의 주체성, 광역 지자체와 국가의 후방 지원성이 강조되는 제도로 되어 있다. 이는 매년 소규모 자연재해가 빈발하는 상황에 대응하기 위한 것이다. 그러나 3·11 동일본대지진이 일으킨 연안 약 500km에 이르는 쓰나미 피해의 광역성은 인근 마을 간의 보완성, 인근 지자체 간의 보완성을 없애는 결과가 되었다. 현대 일본에서 경험한 적 없는 광역 전개의 지원이 이루어지며, 현재도 역시 계속되고 있다. 동시에 생활재건을 달성하기 위한 피해자들의 광역 이동도 촉구하는 불편함이 야기되기도 했다. 피해의 광역성은 응급 대응·복구·부흥에 필요한 자원의 이동 거리를 길게 하여 재건에 소요되는 시간·비용의 증대로 이어지고 있다. 이 현상은 마을 단위의 작은 피해라고 하더라도 복구·부흥에 상당한 어려움을 수반하는 원인이라고 할 수 있다.

3) 대량성이 초래한 영향

재해 피해에서 지역의 재건 과정이 어려운 이유 중 하나로 피해 규모의 대량성(大量性)을 들 수 있다. 주택 재건 과제 역시 대량이다 보니 다양한 폐해를 가져오고 있다. 대량의 주택 피해는 그 양적 문제뿐만 아니라 이재민의 다양성과 신속성·형평성을 고려한 주택 재건 지원 시책의 획일성으로 이어진다. 이재민의 다양성과 지원책의 획일성은 대립하는 과제이다. 많은 이재민을 신속하게 지원하기 위해 이재민을 계층화하고 유형화한 분석을 바탕으로 그 계층에 준한 획일적인 방법으로 유도하는 경우가 많다. 한편 대량성이 가지는 이재민의 다양성이 있으며, 획일적인 지원 과정으로는 개별 과제에 대한 대응이 지연될 것이 우려된다.

4) 중층적(複層的) 피해가 초래한 영향

3·11 재해지역의 피해 원인은 쓰나미뿐만 아니라 지진동(地震動)으로 인한 피해와 사면 붕괴로 인한 피해도 일부 발생하고 있다. 특히 후쿠시마현에서는 원자력발전소 재해가 거주지역에 영향을 미치고 있다. 이러한 복합적인 재해 피해가 발생한 것 외에도 도호쿠 지방 연안부가 종전부터 가지고 있는 과소화·고령화 문제 역시 중층적(복층성) 피해를 더하고 있다. 재건 과정을 계획하고 실행하는 데 피해 실태뿐만 아니라 재해 이전 지역 상황을 고려하는 것이 중요하지만, 그런 의미에서 인구 감소 경향이 계속되고 있던 해안부의 시정촌은

쓰나미 이전부터 완만한 재해 상태에 있었다고 생각할 수도 있다. 지역 재건을 위해서는 이러한 과정까지 포함한 융복합적 피해 상태를 고려할 필요가 있다.

이상의 특징에서 지적할 수 있는 점은 동일본대지진의 재해 복구 과정은 적어도 중·소규모 도시의 대량 주택 피해가 주를 이루었던 한신·아와지대지진의 부흥, 중산간지의 재건 과정을 겪은 니가타현 주에쓰지진의 부흥, 어촌을 중심으로 쓰나미 대책을 실시하여 지역 재건을 실시한 1993년 홋카이도 남서 앞바다 지진의 부흥 등, 개개의 사례를 피해를 입은 지역의 수만큼 확대하고 그것을 결합하여 해결할 수 있는 문제가 아닌 것이다. 분명한 점은 전체 사업 면적이나 사업 개소 수에서 보면, 간토(関東)대지진이나 전쟁 재해 부흥과 유사하지만 그 성격이 다르기 때문에, 과거의 다양한 재해 부흥의 교훈을 기반으로 하면서도 새로운 해법으로 해결할 필요가 있다.

3. 주택 재건의 실태

1) 피해 지자체의 인구·세대 상황

다음으로 격심한 피해를 입은 지역의 재해 후 인구·세대에 관한 추이를 고찰하고자 한다. 우선 쓰나미 및 원자력발전소 재해의 격심한 피해 지역인 이와테현·미야기현·후쿠시마현 연안 시정촌 및 원자력발전소 재해의 영향 시정촌을 대상으로서, 추계인구의 변화와 방송수신 계약자 수의 추이를 살펴보자(〈표 2-1〉). 추계인구는 지방 지자체의 인구동태를 다루는 주민기본대장의 집계를 기반으로 하고 있다. 하지만 주민표를 남긴 채 이전한 세대도 존재하고, 현 시점의 피해 지역 주민의 거주 실태는 충분히 파악할 수 없는 한계도 있다. 특히 원자력 재해를 입은 지자체는 그 경향이 두드러진다. 따라서 방송수신 계약자

표 2-1 시정촌별 인구·세대 회복 상황

		쓰나미 침수면적 [km²]	전파 동수	원전피난 지정구역	추계 인구				회복률	NHK 방송수신 계약자 수				
					2011-03	2012-01		2016-01		2011-03	2012-03		2016-03	
					명	명	%	명	%	세대	세대	%	세대	%
이와테현	미야코시	10	2,767		59,229	57,898	98%	55,870	94%	22,691	21,817	96%	22,044	97%
	오오후나토시	8	2,789		40,579	39,068	96%	37,547	93%	13,562	12,420	92%	12,973	96%
	쿠지시	4	65		36,789	36,499	99%	35,147	96%	13,143	13,225	101%	13,297	101%
	리쿠젠타카타시	13	3,805		23,221	20,080	86%	19,473	84%	7,673	6,349	83%	6,982	91%
	가마이시시	7	2,957		39,399	37,200	94%	36,363	92%	16,210	15,090	93%	15,025	93%
	오쓰치초	4	3,092		15,222	12,510	82%	11,642	76%	5,590	4,018	72%	4,238	76%
	야마다마치	5	2,762		18,506	16,792	91%	15,578	84%	6,540	5,589	85%	5,845	89%
	이와이즈미초	1	177		10,708	10,534	98%	9,643	90%	4,407	4,354	99%	4,165	95%
	다노하타무라	1	225		3,838	3,737	97%	3,424	89%	1,408	1,245	88%	1,338	95%
	후다이무라	1	0		3,065	3,014	98%	2,753	90%	1,064	1,050	99%	1,009	95%
	노다무라	2	311		4,606	4,450	97%	4,102	89%	1,531	1,443	94%	1,484	97%
	히로노초	1	10		17,775	17,504	98%	16,370	92%	6,026	5,973	99%	5,880	98%
	합계				272,937	259,286	95%	247,912	91%	99,845	92,573	93%	94,280	94%
미야기현	센다이시	52	30,034		1,046,737	1,052,476	101%	1,084,674	104%	342,520	351,236	103%	384,394	112%
	이시노마키시	73	20,036		160,394	150,177	94%	146,172	91%	53,008	45,662	86%	50,541	95%
	시오가마시	6	672		56,221	55,674	99%	53,793	96%	17,873	17,783	99%	18,251	102%
	게센누마시	18	8,483		73,154	68,875	94%	64,114	88%	23,627	20,913	89%	22,061	93%
	나토리시	27	2,801		73,603	72,140	98%	77,322	105%	20,470	20,073	98%	22,406	109%
	타가죠시	6	1,746		62,990	61,576	98%	62,127	99%	19,862	19,205	97%	20,145	101%
	이와누마시	29	736		44,160	43,738	99%	44,791	101%	12,980	13,059	101%	13,806	106%
	히가시마쓰시마시	37	5,515		42,840	40,365	94%	39,601	92%	12,985	11,823	91%	13,299	102%
	와타리초	35	2,389		34,795	33,482	96%	33,547	96%	9,831	9,120	93%	9,824	100%
	야마모토마치	24	2,217		16,608	14,358	86%	12,178	73%	4,815	3,745	78%	3,812	79%
	마쓰시마마치	2	221		15,014	14,964	100%	14,240	95%	5,455	5,380	99%	5,732	105%
	시치가하마마치	5	674		20,353	19,766	97%	18,572	91%	5,803	5,477	94%	5,592	96%
	리후초	0.5	56		34,279	34,768	101%	35,758	104%	9,605	9,727	101%	10,352	108%
	오나가와초	3	2,924		9,932	8,196	83%	6,183	62%	3,510	2,066	59%	2,217	63%
	미나미산리쿠초	10	3,143		17,378	15,141	87%	12,052	69%	5,319	3,897	73%	3,987	75%
	합계				1,708,458	1,685,696	99%	1,705,124	100%	547,663	539,166	98%	586,419	105%
후쿠시마현	이와키시	15	4,644		341,463	333,336	98%	348,454	102%	113,391	115,072	101%	123,070	109%
	소마시	29	1,004		37,721	36,465	97%	38,448	102%	12,118	11,909	98%	12,557	104%
	다무라시		19	117	40,234	39,490	98%	37,889	94%	11,115	11,068	100%	11,164	100%
	미나미소마시	39	2,323	3,868	70,752	66,173	94%	56,979	81%	21,781	17,499	80%	22,393	103%
	가와마타마치		28	355	15,505	15,125	98%	14,162	91%	4,923	4,834	98%	5,024	102%
	히로노초	2	160		5,386	5,168	96%	4,255	79%	1,826	1,201	66%	2,309	126%
	나라하마치	3	147	2,729	7,676	7,361	96%	0	0%	2,571	1,306	51%	802	31%
	도미오카초	1	338	5,691	15,959	14,809	93%	0	0%	5,206	2,052	39%	1,197	23%
	가와우치무라		8	188	2,819	2,701	96%	2,016	72%	894	546	61%	813	91%
	오오쿠마마치	2	61	3,988	11,570	11,020	95%	0	0%	3,662	1,446	39%	781	21%
	후타바마치	3	103	2,425	6,891	6,398	93%	0	0%	2,146	774	36%	391	18%
	나미에마치	6	759	7,191	20,854	19,360	93%	0	0%	6,131	2,353	38%	1,369	22%
	가쓰라오무라			462	1,524	1,483	97%	0	0%	437	247	57%	105	24%
	신치마치	11	439		8,178	7,875	96%	8,250	101%	2,348	2,208	94%	2,482	106%
	이이타테무라			1902	6,132	5,977	97%	0	0%	1,653	621	38%	342	21%
	합계				592,664	572,741	97%	510,453	86%	190,202	173,136	91%	184,799	97%

자료: 국토지리원 보고, 소방청 보고, 총무성 통계국 데이터에서 필자 작성.

세대 수도 병렬하여 분석한다.

분석 결과를 살펴보면 이와테현 대부분의 피해 지자체별 인구·세대 모두 회복되지 않고 있음을 알 수 있다. 하지만 실제로 재해 전부터 순수하게 감소(純減)해 온 결과로, 단순히 다른 현의 피해지에 비해 회복이 현저하게 지연되고 있다는 의미는 아니다.

한편 미야기현은 피해 정도에 따라 회복률의 이분화가 일어나고 있다. 센다이시·나토리시·이와누마시(岩沼市) 등 대도시 및 주변 시가지 중심 기능을 유지한 시정촌은 회복률이 높은 반면, 시가지가 전면적으로 파괴된 지역이나, 또한 도시에서 다소 거리가 있는 야마모토초, 오나가와초, 미나미산리쿠초 등에서는 인구·세대 회복이 늦어지고 있는 양상이다.

후쿠시마현은 쓰나미 및 원자력 재해로 인한 피해의 복구를 복층적으로 하고 있지만, 쓰나미 피해만 받은 지자체의 회복률이 다소 높다. 한편 귀가 곤란 구역 지정 등 피난 지시 구역과 관련된 지자체의 세대 회복률은 다른 현의 쓰나미 격심 피해 지자체에 비해 현저하게 낮은 것을 알 수 있다.

이와 같이 인구·세대의 동태는 각 현마다 차이를 보이고 있다. 피해 상황의 차이도 있지만, 주택 재건 과정을 이미지화, 지역 재건상의 불확실성, 피재지가 지닌 지역적 특성 등과 관련이 있는 것으로 고찰할 수 있다.

2) 피해 지자체의 공공 인프라 정비 상황

피재지의 면적 정비 현황에 대해 살펴보자. 부흥청 자료에 따르면, 〈표 2-2〉와 같이 18항목에 대하여, 2015년 3월 말 시점의 정비 진척 상황을 알 수 있다. 라이프라인 및 폐기물 처리, 학교와 병원 등 기반 인프라는 거의 완료되었으나, 해안 대책이나 해안 방재림 정비와 부흥 주택, 부흥마을 조성은 아직 진행되고 있지 않다는 것을 알 수 있다. 또한 원자력 재해의 피해 지자체에서는 아직 정비계획이 확정되지 않아서 일부 제외하고 있다.

표 2-2 주요 공공 인프라의 복구 상황(2016년 6월 시점)

	전체 수	착공 수	완료 수	완료율
해안 대책	501	442	153	31%
해안 방재림 재생	164	155	47	29%
하천 대책	2,115		2,115	100%
수도시설	184		178	97%
하수도	73		73	100%
재해 폐기물 처리	1,843		1,831	99%
재해공영주택	29,999	29,196	18,641	63%
방재 집단이전	333	330	275	83%
토지구획정리사업	50	50	9	18%
어촌 방재강화사업	36	35	25	69%
의료시설	182		174	96%
학교시설 등	2,309		2,266	98%
부흥 도로·부흥 지원 도로	570	560	241	42%
철도	2,330		2,226	96%
항만	131	131	128	98%
농지	21,480		16,770	83%

자료: 부흥청 보고 자료에서 작성.

특히 완료율이 낮은 해안의 방재 사업과 부흥마을 조성은 단순한 시설의 기능 회복과는 다르다. 그 지역이 수용하는 쓰나미 리스크의 설정, 마을 조성 계획의 책정 및 합의 도출(형성), 새로운 주거지구의 토지 확보, 재해 위험구역에서 벗어나 그 토지의 이용 방법 검토 등을 거친 후에 실행되는 사업이다. 이는 '원래대로 되돌리다'가 아니라, 새로운 지역 환경을 만들어내는 하드 정비이며, 또한 행정과 주민 간의 복잡한 조정 안건이 포함된다. 더욱이 3·11 재해의 피해 심각성으로 어쩔 수 없이 쓰나미 대책이 강화·거대화된다. 광역 범위에서 지금까지 실행한 적이 없는 대규모 토목 사업이 진행되고 있으며, 완성까지 시간이 장기화되고 있다. 부흥마을 조성에 관련된 기반 정비가 광범위에 걸쳐 있고, 또한 장기간 소요된다는 사태가 동일본대지지진 진재에 있어서 주택 재건의 최대 논점인 것은 명백하다.

3) 임시 주거 상황

피해를 입은 시정촌의 인구 회복이나·세대별 회복이 제대로 진척되지 않은 상황이다. 또한 피해를 입은 원래 장소의 기반 정비가 늦어지고 있는 현상은 대부분의 세대가 피난 생활, 소위 임시 주거를 하고 있다는 의미이다. 부흥청 자료에 따르면, 2015년 7월 시점에서 피난·임시주거를 하고 있는 인원수는 20만 명을 넘어섰다. 재해 발생으로부터 1년 후인 2012년 3월 시점에서 피난소를 포함한 피난민 수 약 35만 명과 비교하면 4년 동안 약 40% 감소했지만, 이 속도를 빠르다고 평가하기 어렵다. 4년 후에도 여전히 20만 명 이상이 피난 생활을 하고 있다고 해석하는 편이 타당한 평가일 것이다.

〈표 2-3〉은 임시 주거 현상을 살펴보기 위해 피난소의 인원수가 0이 된 2014년 3월 이후 임시 주거별 다른 피난민 수의 변화를 표로 나타냈다. 또한 현 밖에서 피난생활을 하고 있는 사람의 추이도 동일하게 수치화했다. 임시 주거는 학교 등의 피난소가 아닌 가설주택이나 임대주택, 지인, 또는 병원 등을 포함한 주거공간에서 생활하여 공적 기관에서 파악할 수 있는 인원을 의미한다. 또한 현재 거주 장소에 따른 임시 주거 인원수의 추이를 나타낸 것이므로, 현재 상황을 초래한 요인에 대해 고찰해 보자.

우선 임시 주거에 있는 사람은 피해 지자체 내뿐만 아니라, 전국 47개 도도부현에 존재한다. 이 실태를 어느 정도 파악할 수 있는 주된 특징이 있다. 과거의 재해 사례에서는 지자체라는 경계를 넘어 이동한 피난민의 추적은 곤란하다고 간주하고, 또한 지원되어야 할 대상에서 간과했다고 지적된다. 3·11의 경우 비록 불완전하지만 장기간에 걸쳐 전국의 피난 실태를 포착하려는 노력은 획기적이라고 할 수 있다.

피난 실태를 살펴보면, 주요 재해 3현의 현 밖(外) 피난민 비율은 2015년 6월

표 2-3 피난민 수의 추이

	친족·지인 집	주택 등, 병원 포함	합계	현 외 피난자 수			
				이와테현	미야기현	후쿠시마현	합계
2014-03	14,133	249,825	263,958	1,477	7,012	47,683	56,172
2014-06	16,371	235,048	251,419	1,441	6,813	45,279	53,533
2014-09	16,141	226,899	243,040	1,451	6,925	46,645	55,021
2014-12	16,245	217,267	233,512	1,453	6,810	45,934	54,197
2015-03	18,553	206,624	225,177	1,566	7,146	46,902	55,614
2015-06	18,746	188,386	207,132	1,548	6,944	45,395	53,887
2015-09	18,382	176,411	194,793	1,509	6,797	44,387	52,693
2015-12	18,334	163,666	182,000	1,496	6,533	43,497	51,526
2016-03	18,213	152,628	170,841	1,426	6,333	42,801	50,560
2016-06	18,055	136,727	154,782	1,406	6,072	41,375	48,853
2014-03 대비	128%	55%	59%	95%	87%	87%	87%

자료: 부흥청 피난민 수의 추이를 바탕으로 작성.

현재 26%이다. 전체 쓰나미 피해의 심각(激甚)성 및 광역성, 인프라 복구까지 장시간 원자력 재해로부터의 피난이라고 하는 요소가 어우러져, 수만 명 단위의 피난민이 현 밖으로 피난해 있는 사실을 파악할 수 있다. 그러나 파악은 가능했으나, 종래의 이재민 지원의 법적 테두리에서는 현 외 이재민 지원책은 고려되지 않아서, 3·11 대응은 현재 상황을 추인하는 형태로 지원이 결정되었다. 아마도 향후 전개 역시 마찬가지로 대응할 가능성이 높아, 현 시점에서는 아무것도 결정되지 않은 것과 대동소이(大同小異)하다.

다음으로 피난민 수의 추이를 살펴보자. 2014년부터 1년 만에 전체 수의 20%가 점차 감소하고 있으나, 옛 주소지를 떠나 현 외로 피난해 있는 사람의 변화는 거의 없다. 후쿠시마현에 관해서는 귀가 곤란 지구가 이에 큰 영향을 주고 있는 것으로 쉽게 파악할 수 있다. 하지만 미야기현·이와테현의 현 외 피난민의 추이를 볼 때, 후쿠시마현 이재민의 상당 비율이 현 외 피난 상태, 즉 임시 주거 장소에서 영구 거주지로의 이전을 희망할 것으로 예상된다. 일정 시간

표 2-4 피난처 주소에 의한 피난민 수의 추이

	이와테현	미야기현	후쿠시마현	그 외 동북권	동북권 이외	합계
2014-03	34,494	88,575	84,221	12,555	44,113	263,958
2014-06	33,221	81,923	82,657	11,287	42,331	251,419
2014-09	31,714	77,836	78,577	10,641	44,272	243,040
2014-12	30,289	73,796	75,440	10,233	43,754	233,512
2015-03	28,950	69,561	71,399	9,992	45,275	225,177
2015-06	26,673	61,816	65,485	9,148	44,010	207,132
2015-09	25,230	55,920	61,800	8,805	43,038	194,793
2015-12	23,525	50,206	57,775	8,600	41,894	182,000
2016-03	21,687	45,672	53,983	8,418	41,081	170,841
2016-06	19,515	38,441	49,140	7,830	39,856	154,782
2014-03 대비	57%	43%	58%	62%	90%	59%

자료: 부흥청 피난민 수의 추이를 바탕으로 작성.

경과 후 '임시 주거에서 그 자리에 일상화된 전환'은 한신·아와지대지진 때에도 지적된 사항이며, 재해 후 주택 재건 지원책으로 고려해야 할 안건이라고 할 수 있다.

한편 쓰나미 피해 중심인 이와테현·미야기현의 동향을 살펴보면, 피난민 수의 감소 속도는 결코 빠른 것이 아니다. 이미 지진 재해로부터 5년째를 맞이하고 있는 현재, 거의 동일한 수의 주택이 멸실되었으나 5년간 가설주택을 0으로 만든 한신·아와지대지진과 비교하면 상당한 지연 상황임을 지적할 수 있다. 현 시점의 이 숫자가 의미하는 것은 다음 연도 이후는 '임시 주거·피난민의 초장기화'라는 일본 재해 역사상 첫 사례에 돌입한다는 의미이며, 상당한 위기감을 갖고 대책을 고안할 필요가 있다.

전국에 걸친 임시 주거의 전개는 민간 임대주택의 입주를 가설주택과 동일하게 취급(간주)하는 '미나시 가설주택'의 도입을 커다란 요인으로 들 수 있다. 종래 긴급 피난의 경우라면, 자력 재건으로 간주되는 임대주택으로 이전이 이재민의 주거 재건 과정 전체로 놓고 볼 때 중간단계로서, 국가의 제도에서 담

보된 최초의 사안이라고 할 수 있다. 이는 조립식 가설주택의 건설 억제로 이어져 이재민에게 다양한 임시 거주의 선택지를 제공했던 것은 사실이며, 그 점은 높이 평가할 수 있는 시책일 것이다. 아마 향후 대규모 재해에서도 표준이 될 것으로 예상된다. 이 점에 대해서는 이미 상세한 분석과 과제 추출(분석의 결과물)이 이루어지고 있어, 이 글에 상세한 검토는 포함하지 않았다.

마찬가지로 종래형 임시 거주 공급 방법인 조립식형 가설주택에 대해서도, 현지 목재를 활용한 주택공급과 주택 건설업체의 주거 성능이 높은 주택, 3층짜리 집합주택형 가설주택 등 과거의 교훈을 바탕으로 도전적인 대응이 이루어지고 있다. 이는 평가할 만한 대응이지만, 이것이 주택 재건 과정 전체에 미치는 영향은 한정적이다. 전체적으로 보면, 3·11대지진 대처 과정도 혹독한 피해 조건 속에서 임시 거주가 이재민 생활재건의 제약조건이 된다는 기존의 한계를 반복하고 있다는 점은 주목할 만하다.

4) 주택 신규 착공 상황

한편 피해 지역에서 자력으로 주택 재건이 가능한 세대는 이른 단계에서 주택 건설·구입을 하고 있다. 구체적으로 지진 발생 후 이와테현·미야기현·후쿠시마현의 주택 착공 호수 자료를 이용하여, 이러한 자력 재건이 가능한 집단의 실태에 대해 살펴보자. 다만 현재 수준의 자료이며, 분석이 대국적으로 되어 있기 때문에, 피해 지역의 보다 상세한 실태에 대해서는 다른 연구 성과를 참조하거나 향후 추가적인 자료 분석이 필요하다는 점을 덧붙여 둔다.

지진 이전의 3현의 주택 착공 호수를 2008~2011년 4년간 평균치로 나타내면, 이와테현에서 약 5500가구, 미야기현에서 약 1만 3000가구, 후쿠시마현에서 약 1만 가구에 달한다. 주택 소유, 임대주택별로 계산한 결과를 포함하여 지진 발생 후 자료를 정리한 것이 〈표 2-5〉이다.

각 현 모두 2012년도에 평년보다 1.5배 전후, 2013년도에는 그 이상 착공되

표 2-5 피해지역 3현 착공주택 호수의 추이

	착공주택 호수				평균을 100으로 한 경우				3년간 총증가 호수
	2008~2011 년도 평균	2012년도	2013년도	2014년도	2008~2011 년도 평균	2012년도	2013년도	2014년도	
이와테현	5,651	8,121	9,870	9,006	100	144	175	159	10,398
미야기현	12,867	21,177	25,746	24,476	100	165	200	190	31,720
후쿠시마현	9,950	12,421	15,954	14,221	100	125	160	143	14,140
합계	28,468	41,719	51,570	47,703	100	147	181	168	56,258
소유주택									
이와테현	3,306	4,522	5,176	4,433	100	137	157	134	4,215
미야기현	5,828	9,575	9,673	7,438	100	164	166	128	9,204
후쿠시마현	5,396	6,917	8,269	7,199	100	128	153	133	6,199
합계	14,530	21,014	23,118	19,070	100	145	159	131	19,617
임대									
이와테현	1,781	2,978	3,926	3,847	100	167	220	216	5,407
미야기현	4,745	7,527	12,516	12,356	100	159	264	260	18,166
후쿠시마현	3,333	4,529	6,752	5,713	100	136	203	171	6,994
합계	9,859	15,034	23,194	21,916	100	152	235	222	30,567

자료: 건설착공통계(建設着工統計) 참조하여 필자 작성.

어 지진 피해 이후의 경향이라고 해석할 수 있다. 평년 이상의 착공 호수를 누적하면, 이와테현에서 1만 400가구, 미야기현에서 3만 2000가구, 후쿠시마현에서 1만 4000가구 합계 약 5만 6000가구 증가분이 발생했는데, 이는 자력 재건 호수라고 할 수 있다. 증가 내역을 살펴보면 주택 소유의 착공 호수는 약 35%, 임대주택은 54%로 임대주택의 비율이 높아지고 있음을 알 수 있다. 보다 상세하게 살펴보면, 3현 모두 단독주택·주택 소유와 함께 연립주택 건설·임대주택, 공동주택·임대주택이 대폭 증가하고 있으며, 미야기현에서는 단독주택·분양주택이 급증하고 있다.

다만 이 결과는 일률적으로 현 내에서 일어나고 있는 현상이라고 할 수 없어, 기본적으로 지진 재해 후 국소적인 건설 동향의 결과로 파악할 필요가 있다. 예를 들어, 곤도·가라타니(近藤民代·柄谷由香, 2014) 연구에 의하면, 쓰나미 침수 지역 외에서도 자주적인 주거이전에 따른 신규 주택의 착공이 관찰되어 '인필(Infill)형' 재건의 양상이라고 판단할 수 있다고 지적했다. 즉 신규 주택 착공이 이루어진 한정된 지역에서 재해 후 주택 구성 비율이 크게 변화할 것으로 예상되고, 신규로 착공한 사람들 자신도 상당한 비율로 주택의 소유 형태나 가옥 형태를 변화시키고 있음을 고찰할 수 있다. 또한 현재 건설 특수와 관련된 외부 유입자, 단기·중기 거주자를 상정한 임대주택 수의 증가도 더해져, 특히 센다이 시내 시가지를 포함한 쓰나미 피해 지구 주변부의 지역 주택 환경에 커다란 변화를 주고 있는 것으로 해석된다.

5) 주택 재건의 한계

현재 피해지 상황은 사람들의 임시 주거생활이 '잠정 상황'이라는 틀 속에서 시간적 한계점에 몰려 있지만, 2011년에 경험한 격심한 파괴 수준에 대해 충분히 안전성을 갖는 도시·지역 공간으로 탈바꿈하는 정비까지는 더욱더 시간이 필요하다. 또한 공간 정비에서 사람들의 재건(인간 부흥), 지역 재건(지방 부흥)

까지의 전개 순서를 완전히 그리지 못한 불확실성이 존재하기 때문에, 이재민이 의식하는 일상성의 회복 스토리 및 공간, 지역사회의 회복 과정에 차이가 발생할 수 있음을 보여주고 있다. 과거 사례로 비추어볼 때, 3·11대지진 발생 직후부터 지적되어 왔으나 불행히도 근본적인 해결책을 얻지 못하고 결과적으로는 예상된 상황으로 내몰린 형국이라고 할 수 있다.

한계에 직면한 이재민 중 일부는 지역의 공간 재건을 기다리지 않고 개인별로 일상성의 회복 과정을 걷기 시작했다. 그것은 이재민의 생활재건 전체상을 파악하기 어렵게 할 뿐만 아니라, 심각한 피해지의 공간 재건 과정에도 영향을 미친다. 이때 말할 나위 없이, 피해를 입은 공간 정비의 규모 축소 문제가 발생할 것이다. 현재 토목 인프라의 정비가 실시되고 있지만, 5년이 경과하여 공사 완료를 눈앞에 둔 지금, 최종적인 마을의 완성형에 대한 조정 문제가 실제로 현재화되고 있다.

4. 주택 재건 과정의 도감도 및 전체 이미지

주거지 재건은 개개의 이재민이 주택을 포함한 삶의 터전을 다시 얻게 되는 과정으로 대규모 재해에는 공적 지원이 필요하게 된다. 과거 국내외 재해를 되돌아보면, 재해 부흥계획의 핵심이야말로 주택 부흥계획에 해당하는 경우가 적지 않다. 이에 3·11 동일본대지진의 주택 재건 과정을 개관하는 전체상에 대하여, 각 지자체가 입안한 부흥계획과 지금까지의 연구 성과 및 공적 발표 자료를 바탕으로 전체상에 대하여 고찰해 보자.

재해 발생 후, 주택 재건 과정은 일반적으로 피해 → 임시 주거 → 영구 주택의 3단계로 정리된다. 〈표 2-6〉은 재해 지자체의 주택 피해와 임시 주거의 주택 공급량 및 면적 사업 등 공적 주택공급 예정량(재해 공영주택과 택지)에 대해 시정촌별로 정리한 것이다. 다만 원자력 재해 피난에 대해서는 기초 지자체를

표 2-6 시정촌 피해와 공적 주택공급의 상황

		지진 직전 추계 세대	침수 피해	건물 피해			공적 지원의 주택 공급 수				사업에 의한 주택·택지 공급 예정 수			
			추정 침수 지역 세대 수	전파 동수	반파 동수	전파 세대율	가설 주택 수	임시 주거	합계	가설 공급율	공영주택 수	민간 주택 등 택지 수	합계	공적 정비율
이와테현	미야코시	24,332	7,209	2,767	1,331	11%	2,010	684	2,694	97%	793	706	1,499	54%
	오후나토시	14,729	6,957	2,789	1,148	19%	1,811	718	2,529	91%	801	631	1,432	51%
	쿠지시	15,208	2,553	65	213	0%	15	61	76	117%	11	15	26	40%
	리쿠젠타카타시	8,196	5,592	3,805	236	46%	2,168	175	2,343	62%	1,000	2,194	3,194	84%
	가마이시시	17,561	5,235	2,957	698	17%	3,164	693	3,857	130%	1,314	1,475	2,789	94%
	오쓰치초	6,348	4,614	3,092	625	49%	2,146	135	2,281	74%	980	1,666	2,646	86%
	야마다마치	7,182	4,175	2,762	405	38%	1,990	312	2,302	83%	777	1,244	2,021	73%
	이와이즈미초	4,710	431	177	23	4%	143	17	160	90%	51	59	110	62%
	다노하타무라	1,452	526	225	45	15%	186	30	216	96%	63	53	116	52%
	후다이무라	1,121	380	0	0	0%	0	0	0	0%	0	0	0	0%
	노다무라	1,674	1,069	311	168	19%	213	91	304	98%	100	177	277	89%
	히로노초	6,838	932	10	16	0%	5	0	5	50%	4	17	21	210%
	그 외 시정촌	396,697	0	147	1,698		133	1,545	1,678		27	0	27	
	현 합계	506,048	39,673	19,107	6,606	4%	13,984	4,461	18,445	97%	5,921	8,237	14,158	74%
미야기현	센다이시	455,958	10,385	30,034	109,609	7%	1,523	8,580	10,103	34%	3,179	717	3,896	13%
	이시노마키시	60,928	42,157	20,036	13,045	33%	7,297	6,568	13,865	69%	4,500	3,297	7,797	39%
	시오가마시	22,165	6,973	672	3,278	3%	206	399	605	90%	420	104	524	78%
	게센누마시	26,601	13,974	8,483	2,571	32%	3,504	1,678	5,182	61%	2,155	2,360	4,515	53%
	나토리시	26,433	3,974	2,801	1,129	11%	910	1,283	2,193	78%	716	301	1,017	36%
	타가죠시	24,733	6,648	1,746	3,730	7%	373	1,407	1,780	102%	532	75	607	35%
	이와누마시	16,003	2,337	736	1,606	5%	384	452	836	114%	210	171	381	52%
	히가시마쓰시마시	15,080	11,251	5,515	5,559	37%	1,753	1,299	3,052	55%	1,010	717	1,727	31%
	와타리초	11,442	4,196	2,389	1,150	21%	1,126	697	1,823	76%	477	200	677	28%
	야마모토마치	5,561	2,913	2,217	1,085	40%	1,030	760	1,790	81%	484	207	691	31%
	마쓰시마마치	5,492	1,477	221	1,785	4%		78	78	35%	52	8	60	27%
	시치가하마마치	6,568	2,751	674	649	10%	421	224	645	96%	212	591	803	119%
	리후초	11,536	192	56	901	0%		127	127	227%	25	0	25	45%
	오나가와초	3,852	3,155	2,924	349	76%	1,294	451	1,745	60%	918	855	1,773	61%
	미나미산리쿠초	5,362	4,375	3,143	178	59%	2,195	326	2,521	80%	738	863	1,601	51%
	그 외 시정촌	217,479	0	1,346	8,502		79	1,721	1,800		360	0	360	
	현 합계	915,193	116,758	82,993	155,126	9%	22,095	26,050	48,145	58%	15,988	10,466	26,454	32%

자료: 国土地理院報告, 消防庁報告, 各県資料를 참고로 필자 작성.

벗어난 공급이 중점 사항이라는 점과 주택 재건 계획이 확정적이지 않기 때문에 후쿠시마현은 분석에서 제외했다.

'이와테현 주택부흥 기본방침'에 따르면, 부흥 주택의 공급 계획으로, 우선 이재민을 위한 주택으로 긴급 가설주택을 약 1만 4000가구, '미나시 가설주택'을 약 4500가구 공급하고, 영구 주택으로 공영주택을 약 5000가구 공급, 그 외 자가(自家) 재건, 임대주택 등을 활용한 재건에 약 1만 3000가구를 계획하고 있다. 자력 재건의 가구 중, 약 8200가구의 택지는 구역(면적) 정비지구에서 공급하기로 계획되어 있다. 이 때문에 주택공급 전체를 통해 공적 공급 및 정비에 의한 비율이 임시 주거는 97%, 영구 주택 공급은 74%로 매우 높다. 전체 재건 예정 수의 재해 공영주택 비율은 약 30%이며, 이는 한신·아와지대지진 당시의 비율과 거의 동일하다.

미야기현은 현 관할 주택 부흥계획에서 목표 가구 수를 약 7만 2000호로 설정하고, 약 1만 5500가구를 공영주택으로 공급한다고 발표했다. 임시 주거 단계에서는 긴급 가설주택으로 2만 2095가구를 건설하고, 2만 5050세대가 '미나시 가설주택'을 활용하고 있다. 영구주택은 생활재건 지원금의 교부 상황에서 주택 재건이 필요한 세대수 약 8만 9000으로 예상하고 그중 주택 건설·구입에 2만 3600세대, 임대주택 입주에 1만 2114세대에 2014년 8월 시점에서 지원금을 교부 완료했다. 나머지는 공영주택에 약 1만 5000가구, 자력 재건의 전망으로 약 3만 9000가구로 산정하고 있다. 또한 면적 정비 사업에 따라 민간 주택 등 용지가 약 1만 1000가구 규모만큼 정비가 예정되어 있다. 구체적으로는 임시 주거의 공적 주택 비율이 약 58%, 영구주택 공급에서 약 32%로, 재해 공영주택 비율은 약 20%이다. 이와테현과 비교하면 전체적으로 공적 공급 비율이 낮아지고 있다.

미야기현과 이와테현의 차이점은 쓰나미 피해 지구에 인접한 기존 시가지의 존재 여부와 관련된 주택 공급력, 도시 지역의 민간 주택시장과 임대주택의 존재 등을 들 수 있다. 중심 시가지를 포함한 심각한 피해 시정촌이 대부분을 차지하고, 주변과 시가지 연계도 없는 이와테현의 부흥은 공적 지원을 중심으로 계획한 것이다. 한편 미야기현은 다소 내륙에 있는 도시 지역을 중심으로 격심 피해를 피한 지역에서 일상적 기능의 회복이 자력으로 재건 가능한 사람들 수용처로 일찍부터 기능하기 시작했다. 이는 결과적으로 공적 지원의 비율을 낮추고 있다고 평가할 수 있다.

그러나 시정촌 수준에서 이 비율은 상당히 불규칙하여 일부 시정촌에서는 상당히 큰 어려움이 있을 것으로 예상된다. 일본의 주택 재건 지원책은 숫자상으로 이재민과 직접 접하는 시정촌을 단위로 하고 있기 때문에, 관할 시정촌 내의 임시 주거 필요 수를 해당 지역에서 준비하는 것이 원칙이다. 같은 규모로 주택 멸실이 발생했던 한신·아와지대지진에서도 우선 많은 시정촌이 필요한 가설주택 수를 확보했다. 특히 토지 이용에 관해서 각각의 도시마다 원칙이 존재하여 각 도시에서 다양한 가설주택을 공급했다. 부족한 경우 인접한 지역이나 경우에 따라서는 인접 부현으로 전개하는데, 이렇게 임시 주거 권역이 피해지를 중심으로 확대되는 구조로 나타난다(越山健治, 2007). 임시 주거로 확대된 권역은 시간이 갈수록 귀환이 어려워지기 때문에, 공적인 주택공급 시나리오 및 지역 재건의 계획이 무너질 가능성이 있다. 다른 시정촌으로 이전을 염두에 두고 지자체 계획을 세우거나, 그것을 전제로 한 지역 재건 계획의 그림을 그리는 것은 어렵다. 설령 그것이 옳다고 하더라도, 도도부현 수준이 실행 주체가 되는 방안도 역시 제도적·방법적 대책 없이 실행하는 것은 어렵다. 3·11 재해 발생 후, 주택 재건과 지역 재건 과제가 제시한 가장 난해하면서 향후 발생할 수 있는 대지진의 경우에도 직면할 가능성이 높은 과제라고 할 수 있다.

5. 쓰나미 피해 지역의 부흥마을 조성 상황

쓰나미의 피해 지역 복구 과정에서 필요한 것은 무엇보다도, 피해를 입은 토지의 기반 정비와 방재 대책이라고 할 수 있다. 3·11 재해는 일본 재해 역사상 전쟁 재해 부흥에 버금가는 것으로, 대규모 도시계획사업이 전개되고 있다. 하지만 거기에는 (越山健治, 2011), 거기에는 수많은 과제가 존재한다. 특히 정비 방법을 둘러싼 법제적 차원의 과제가 연쇄적으로 다른 문제를 일으키고 있다.

쓰나미 피해의 광역성·격심성은 피해 지역의 피해와 형태의 다양성을 표면화하기 위한 것으로 이를 극복하기 위해서는, 작은 지역단위로 그것에 적합한 부흥계획이나 재건 계획이 필요하다. 그러나 그 실행 환경을 보자면 법·제도와 인적 자원 모두 정비되어 있지 않다. 재해 발생 시, 공간 정비 사업을 위해서는 막대한 비용이 들어가고, 극도로 낮은 빈도로 일어나는 일이며, 구체성·신속성을 요하는 계획이 요구되며, 사전 준비가 미비하고, 실행을 위한 관계자 조정에 시간이 소요된다. 이 때문에 국가가 가진 도시 정비와 방재 대책에 관한 기존 법 제도를 중심으로 실행할 수밖에 없다. 그 결과 지역성에 준한 공간 재건 계획을 책정하고 실시하는 것이 곤란해져 틀에 박힌 공간 정비가 될 것이라는 우려가 제기되고 있다(越山健治, 2015). 3·11 쓰나미는 어촌, 농촌, 도시부 등 지역성이 다양하기 때문에 여러 장해가 지역 재건에 미치는 영향이 막대할 것으로 예상된다.

3·11대지진 부흥의 피해지 공간 정비에 활용된 주된 방법은 ① 재해 위험구역을 지정하고, 마을 단위로 안전한 장소로 거주지를 이전시키는 '방재 집단이전 촉진사업', ② 어촌의 안전성을 높이기 위한 방재시설 등을 포함한 공간 정비를 실시하는 '어촌의 방재 기능강화사업', ③ 도시 정비에서 일반적인 방법으로 도로나 공원 등 인프라 정비와 토지 구획의 재구성을 실시하는 '토지구획정리사업', ④ 도시의 중심 기능을 가지는 시설과 함께 주택 배치를 거점으로 정비를 가능케 한 '쓰나미 부흥 거점 정비 사업'이다. 토지 소유와 관련된 사업은

주민의 합의 형성이나 새로운 토지조성 및 토지 기반 재정비에 시간을 필요로 한다. 그것은 〈표 2-2〉의 결과에서 알 수 있듯이 부흥마을 조성이 지연되는 주요인이다.

현재 대부분의 시정촌에서 이와 같은 사업이 진행되고 있지만, 작은 마을에서는 다양한 과제에 직면해 있다. 특히 부흥마을 조성의 실태에 거론되는 주요 과제 세 가지에 관해 살펴보기로 하자.

1) 안전과 재건의 괴리

쓰나미 피해지의 최대 부흥 목표는 '쓰나미 대책'이다. 3·11 쓰나미는 1000년에 한 번이라고 일컬어지는 규모임에도 불구하고 마을을 재건하는 과정에서는 그 대책을 마련한 공간 정비가 중요한 전제가 되어야 한다. 그러나 정비를 앞두고 쓰나미 방어 수준을 3·11 재해와 같은 수준으로 맞출지 아니면 발생 빈도를 고려한 수준으로 할지는 논의할 필요가 있었다. 이에 국가가 제방 등 해안 토목구조물의 정비에 지진 대책의 기준 설정으로 사용되었던 레벨 1, 레벨 2라는 개념을 지침으로 제시한 바 있다. 각 지자체가 정비하는 제방 높이(高)가 예상 쓰나미 시뮬레이션의 분석 결과에 근거한 지침을 바탕으로 결정되고, 또한 2단계 기준이기 때문에 토목 구조물의 높이나 강도뿐만 아니라 제방 후면의 지역 정비에도 영향을 미치게 되었다.

면적 정비를 실시하는 데 있어서, 재해 리스크를 2단계로 상정하여 거주지역을 계획하는 사업은 일본이 첫 번째 사례이다. 이 중간지역에 있는 리스크, 즉 100년에 한 번 정도로 빈도가 낮은(低頻度) 재해 피해는 방어가 가능하지만, 수백 년에 한 번 초저빈도로 발생하는 거대 재해 시 피해를 상정하고 설정에 대응할 수 있는 '지역 계획론'은 아마도 존재하기 어렵다. 지금까지는 지역의 생활이 우선이고, 주민들이 재해 허용 리스크에 관해 합의한 후, 계획에 따라 제방 등 재해 방지책의 설정이 실시되어 왔다. 3·11은 쓰나미 예상에 맞추어 제방 높이(高)가 결정되고, 그것이 지역계획의 제약조건이 된다고 하는 이른바 '거꾸로(역발상) 계획'이 되었다. 레벨 1 수준의 쓰나미에 대비한 것이 전제이기 때문에, 종전 이상의 제방고가 전제 조건인 지역계획이 출발 지점이 되어 주민과의 검토 개시가 논의되기 시작했다. 그 계획이 재해 이전의 생활환경을 크게 변화시켜, 재건 방법이 없어진다고 인식되기까지는 시간이 소요되고, 그렇기 때문에 한동안 시간이 지나고 나서야 행정과 주민이 대립하는 지역도 발생했다. 또한 애초부터 재건 후 변화에 관해 별다른 희망을 가지지 못하고, 자택의 현지 재건을 포기하고 이전을 희망하는 사람이 오히려 많이 있는 지역도 볼 수 있었다.

여기에는 방재에 관련된 본질적인 질문이 포함되어 있다고 볼 수 있다. '지역의 재해 리스크는 누가 결정하는 것인가'라는 논점이다. 안전한 환경 정비가 지자체의 책무이며, 특히 재해 발생 후라면 두 번 다시 재해를 일으키지 않는 마을 조성을 실행하려는 입장에 서 있는 것이 공공기관이다. 피해를 입은 주민들도 마찬가지 입장이겠지만, '재건' 및 '지속가능'이라는 과제가 합쳐지면 복잡해진다. 지역 재건에 필요한 시간이 거주하는 사람들로서 생활재건을 하는 데 소요되는 시간과 조율되지 않으면, 시간이 지나면서 이주민을 증가시키는 결과를 낳게 된다. 결과적으로, 계획 책정 시에 고려했던 지역 이미지를 형성할 수 없게 된다는 시간적인 문제와 충분한 인프라 정비로 재건된 지역에서 과연 과거와 동일한 수준의 생활이 가능한지, 또한 지역의 특징을 계속적으로 유지할 수 있는지 여부에 관한 지역성 연속 문제가 존재한다. 역사적으로 바다와 접해 있고, 그 환경에 적응한 삶의 방식을 형성하고 유지해 온 지역이 과연 현대적인 쓰나미 대책을 통해 계속 존재할 수 있는지, 이러한 의문이 피해 주민에게도 생겨나고 있는 것은 아닐까.

2) 합의 형성의 곤란

쓰나미 피해는 주민의 기존 계층을 막론하고, 바다에서의 거리, 표고에 따라 결정되는 침수심(浸水深)이 피해의 정도를 결정한다. 이때 재해 후 재건하는 능력도 이재민에 따라 다르며, 생활환경이나 가정 사정 역시 다르다. 연령 구성도 제각각이며, 생활 방식에 관한 향후 가치관도 다르다. 이는 지역의 재건 이미지를 논의할 때 여러 이해 대립이 발생되기 쉬우며, 또한 합의 형성도 이루기 어려운 구도를 보인다고 할 수 있다. 지역 재건에서 하지 않으면 안 되는 일은 매우 많지만, 목표나 추진 방식을 조율하기 위해서는 일정한 지식과 논의, 나아가 그것을 공유하기 위한 시간이 필요하다.

피해를 입은 재해지역 대부분은 '일상적인 마을 조성'이라는 활동으로 실시되었던 것이 아니라 관민 노하우가 없다는 점에서 한신·아와지대지진의 부흥 마을 조성과는 출발점이 다르다. 피해 지자체 및 주민이 익숙하지 않은 계획 마련에 착수하고, 의견 교환, 이해 조정 등 합의 형성 과제를 포함하여 모든 것이 드러나는 지역사회로서는 단기간에 실행해 나가는 것이 어렵고, 아울러 시간을 필요로 한다는 점이 그 배경이라고 할 수 있다. 이재민에게 속도감 있는 지원과 느긋하고 여유 있는 계획이 서로 보완(양립)되는 경우가 바람직하다는 점을 공감했을 것이다.

3) 시가지 정비 방법의 한계

공간을 정비하는 사업은 법적 근거에 따라, 국가로부터 보조금이 투입되는 구조로 되어 있다. 따라서 지역의 실정에 맞게 자유로운 계획을 실시할 수 있는 것이 아니라, 구체적인 사양을 포함한 규정, 공간적인 요건, 진행방식과 결정 등을 일정한 틀에 맞추어 실행해야 하는 것이다. 또한 이러한 사업은 대부분 공간의 재정비 혹은 개발을 염두에 둔 것이며, 소위 도시 정비의 한 방법이다. 성격이 다른 방재 집단이전 촉진사업에서도, 이전하는 곳의 주택군은 현 시점의 건축기준법 등을 준수한 '뉴타운형 주택단지'로 조성된다. 제대로 된 계획을 수립하지 못하면 다양성·지역성을 현저하게 잃게 되며, 지역별 선호를 딱 맞추려면 당사자의 수고가 필요하다.

과연 이러한 도시 정비 방법을 3·11 피해 지역에 적용할 수 있는가 하는 질문에 대한 답은, 적합하지는 않지만 실행은 가능할 것이라는 점이다. 3·11 피해지역을 재정비하고 도시형 도로망과 정연한 평면 택지가 펼쳐진 지역이 될 것으로 예상되나, 택지가 메워지면서 개발이 더 진전된다는 것은 생각하기 어렵다. 반대로 파악하면, 일본에서는 중산간지와 농촌, 어촌 등 도시 지역 이외의 면적 정비를 실행하는 계획적 수단을 갖고 있지 않다고 할 수 있다. 바로 재해가 발생하게 되면 '도시계획 사업 방법이 완성된 공간 이미지를 규정한다'라고 하는 까닭이다. 도호쿠 연안에 기계처럼 획일적인 계획적 주택가의 풍경이 연속적으로 존재하는 것은 피하고 싶지만, 현실적으로는 그 과정을 확실하게 걷고 있다.

6. 거주 공간과 지역: 남겨진 과제

동일본대지진 발생 이후 5년간의 부흥 과정에 대하여 주택 재건을 중심으로, 현재의 상황과 과제에 대해 고찰했다. 결론을 대신하여 분석 결과를 통해 얻은 시사점 및 향후 과제에 대하여 살펴보기로 하자.

1) '미나시 가설주택'의 철수 문제

3·11 재해 부흥에서 임시 주거 단계에서 조립식 가설주택보다도 많은 '대안(미나시) 가설주택'을 공급(제공)했지만, 새로운 지원책으로 다음 단계로의 이행

을 어렵게 하는 상황도 우려된다. '대체(미나시) 가설주택'에서 철수 전략은 이른바 가설주택을 철거하는 것이다. 지금까지 재해 사례에서도 원래 민간 임대주택의 경우, 계약기간이라는 공적 기관 측의 이유만으로 입주자에게 퇴거를 강요하는 대응으로 인해 문제가 나타나고 있다. 또한 '미나시 가설주택'은 조립식 가설주택단지에 비하면 입주자의 지역사회 재적응 상황이나 생활재건의 단계도 다양하다. 또한 그것이 잘 보이지 않기 때문에 조심스러운 대응이 필요하다. 결국은 입주자에 대한 단계적 이행의 도모가 요구된다. 그 방법 중 하나로는 거주하고 있는 임대주택을 그대로 공영주택으로 이행시키는 '미나시 공영주택'에 대해 고려할 수 있지만, 전체적 관리 및 세심한 지원책 준비의 고안, 실행이 과제로 대두된다.

2) 재해지의 실질적인 회복

피해지의 재건은 시간이 갈수록 원래 장소로 돌아와서 재해 부흥에 참여하는 사람이 적어진다. 특히 3·11 피해지는 새로운 산업기반·고용 기반을 확립하고, 새로운 생활환경의 정비가 불가결한 상황이다. 종래와는 다른 거주자를 받아들여야 겨우 어느 정도 지속가능한 사회 단위를 형성할 수 있는 심각한 상황에 있다. 도시지역은 주택 개발이라는 수단으로 해답을 자연스럽게 이끌어낼 수 있었겠지만, 동일본대지진이 발생한 지자체 대부분의 경우에는 그 방법이 통하지 않는다고 인식하고 있다.

즉, 지역 단위에서 단순한 복구가 아닌 새로운 사회 환경을 창출해야 하는 요구에 부응하기 위해서는 그 방법과 담당자, 계획 기술과 지식·지혜라는 자원의 부족 등 많은 문제에 봉착하고 있다. 적어도 지역계획 수준에서 더욱 중장기적인 인적·물적·지적 자원의 지원이 필요하다고 생각한다.

3) 광범위한 지역 부흥을 위한 광역 계획

시정촌 주체로 재해 후 지역계획을 책정하고 실행하는 원칙은 유지하고 싶으나, 그 실행을 위해서는 엄청난 자원의 지원이 필요하다. 특히 계획 실행과 관련된 지적(知的) 자원의 투입은 빠뜨릴 수 없는 요소이다. 광역피해가 발생한 경우야말로, 다양한 지역계획이 필요하다. 공간 정비의 방법을 재해 부흥 과정에서 전개 가능한 능력과 지식을 갖춘 인재가 준비되어 있고 투입할 수 있는 제도적 틀의 정비가 요구된다.

또한 한편으로 광역 재해가 발생할 경우 부흥을 고려하면서 지역 일체성과 공간 연속성을 고려한 계획은 중요한 논점이다. 또한 상위 주체에 의한 광역 지방 부흥계획과 같은 지자체의 전제가 되는 제약 계획이 필요할 것이다. 재해 발생 후, 사회는 이재민이 지자체의 테두리를 벗어나 움직이고, 물류·정보 역시 경계와 관계없이 유통되는 것이다. 도도부현 수준에 충분히 구상할 능력을 갖추게 한 다음, 어느 정도의 사업 실행의 권한을 부여하는 것도 필요할지도 모른다. 광역 거대 재해의 경우, 시정촌의 대책 및 그 조정·지원 기능만으로 유동적이며 광역적 재해 대응에 관해 창조성 대응(창조성)을 기대하는 것은 매우 곤란하다.

4) 원자력 재해로부터의 복구 및 부흥

이 글에서 충분히 분석하지 못한 점은 후쿠시마현의 원자력 재해 피해지에 관련된 사항이다. 대부분의 사람들이 물리적 손실에 의한 거주 이전뿐만 아니라, 정신적 안정성을 추구하여 재해지역을 벗어나거나, 피난 생활의 어려움 등도 귀향 이후 전개될 미래 이미지를 제대로 그려내지 못하게 했다. 결과적으로 지금까지의 주택 재건 지원책의 범위로는 수습되지 않는 많은 과제가 드러났다. 또한 '지역계획론'을 보더라도 피난처 지자체의 이중행정 시스템이나 지자체의 전면 지역 철수와 그 후의 복구 전략 등 전혀 상정이 이루어지지 않는 사태가 발생하여, 현재에도 그 문제에 직면하고 있다. 단순한 원자력 재해 복구 사례의 방법이 아니라, 광역피난론, 지자체 내에 대한 지자체 피난 체제의 바람직한 자세와 수용 방법, 피해지 주민을 위한 타 지자체의 새 주거지 건설이라는 '멀티 해저드' 구상도 실행 가능한 사안별로 정리하고, 해법을 고안하여 계속 실천해 나가는 일이 필요하다고 생각한다.

〈참고문헌〉

岩手県県土整備部建築住宅課, 「岩手県住宅復興の基本方針」, 2011.

国土交通省, 「東日本大震災における応急仮設住宅の建設事例」, 「東日本大震災における応急仮設住宅の建設に関する報告会資料」, 2011.

国土地理院, 「津波による浸水範囲の面積(概略値)について」, 2011.

越山健治, 「災害後の公的住宅供給による被災者の地理的移動に関する研究」, 『地域安全学会論文集』 No.9, 2007, 21-28頁.

越山健治, 「近年の災害復興と防災まちづくりの論点」(安全工学シンポジウム L-4), 日本学術会議, 2011.

越山健治, 「3.5.4 防災·開発思考を脱却した復興都市計画と実行環境整備」, (第2部調査報告本編 第3章防災の取り組みと減災への備え), 東日本大震災合同調査報告, 「都市計画編」, 2015年a.

越山健治, 「9.7 復興から得られた予防的教訓 広域地方計画の役割」, 「『国難』となる巨大災害に備える」, 『災害対策全書別冊』, ひょうご震災記念21世紀研究機構, ぎょうせい, 2015年b, 2018-221頁.

近藤民代·柄谷由香, 「東日本大震災の自主住宅移転再建にみる住宅復興と地域再生の課題 ― 持続可能な住宅復興のかたちを展望する」, 『2014年度住宅総合研究財団研究論文集』 No.41, 研究1307, 2014年.

消防庁, 「東北地方太平洋沖地震について」(第152報), 2015年.

総務省統計局, 「政府の統計窓口」. (https://www.e-stat.go.jp/SG1/estat/eStatTopPortal.do 2015年 10月 参照)

日本住宅会議, 「東日本大震災 住まいと生活の復興」, 『住宅白書 2011-2013』, 2013年.

日本都市計画学会, 「東日本大震災合同調査報告」, 『都市計画編』, 2015年.

福島県災害対策本部,「応急仮設住宅·借上げ住宅·公営住宅の進捗状況」, 2015年.
復興庁,「東日本大震災からの復興状況」, 平成24年 12月, 2012年.
復興庁,「東日本大震災からの復興の状況と最近の取組」, 平成25年 7月, 2013年.
復興庁,「東日本大震災から3年 復興の状況と最近の取組」, 平成26年 3月, 2014年.
復興庁,「東日本大震災からの復興の状況と最近の取組」, 平成26年 11月, 2014年.
復興庁,「東日本大震災からの復興の状況と最近の取組」, 平成27年 3月, 2015年.
復興庁, 「全国の避難者等の数」. (http://www.reconstruction.go.jp/topics/main-cat2/sub-cat2-1/hinanshasuu.html)
復興庁, 「住まいの工程表」. (http://www.reconstruction.go.jp/topics/main-cat1/sub-cat1-12/20130730105832.html)
復興庁, 「復興の現状と課題」. (http://www.reconstruction.go.jp/topics/main-cat1/sub-cat1-1/20130618174925.html)
宮城県土木部住宅課,「宮城県復興住宅計画」, 2011年.
米野史健, 「被災者に対する住宅供給の現状と課題」, (平成23年度建築研究所講演会資料) 2012年.
米野史健,「岩手県の借り上げ仮設住宅における被災世帯入居経緯と居住実態-県全域の入居世帯に対するアンケート調査より」,『都市住宅学』87号, 都市住宅学会, 2014年, 133-138頁.

제3장

라이프라인의 복구 및 부흥

교통을 중심으로

니시무라 히로시(西村弘)·아베 세이지(安部誠治)

1. 동일본대지진과 라이프라인의 복구

1) 현대 사회의 라이프라인

현대 사회에서 시민이 건강하게 문화적인 생활을 영위하기 위해서는 기본적인 생활 조건과 관련한 일련의 재화 및 서비스가 안정적으로 공급되어야 한다. 또한 기업의 경제활동과 다양한 사회조직이 전개하는 각종 활동을 유지하거나 지속하기 위해서도 필요 불가결한 조건이다. 시민 생활이나 경제·정치·문화 활동을 유지시켜 주는 필수적인 재화 및 서비스는 현대 사회에서는 네트워크상에서 구축되는 사회간접자본 설비를 경유해서 생산 및 공급되고 있다. 이러한 현대 사회에 필수적인 재화 및 서비스의 공급 체계가 바로 '라이프라인'이다.

라이프라인은 크게 아래와 같은 네 개의 유형으로 분류할 수 있다. 첫째, 공급 계열이다. 여기에는 전기, 도시가스, 수도가 포함된다. 둘째, 교통 계열이다. 도로, 철도, 항만, 공항 등의 교통시설 및 서비스를 말한다. 셋째, 전화, 전송, 우편 등의 통신 계열이다. 그리고 넷째 마지막으로 하수도와 같은 처리 계열이다. 이들을 정비하고 운영하는 것은 공영 및 민영 사업자들이다. 다만 국도 및 시정촌 도로 및 공항(특수회사 소유 제외), 항만과 같이 행정에 의하여 직접적으로 관리 및 운영되는 것들도 있다.

앞에서 기술한 바와 같이 라이프라인은 네트워크상의 서플라이체인을 가진 장치의 계열이다. 이 서플라이체인은 전선망이나 전화회선망과 같이 지상에 설치되어 있는 것도 있으며 가스관이나 수도관과 같이 지하에 매설되어 있는 것도 있다. 제조 설비는 물론이거니와 공급 설비가 훼손되면 재화 및 서비스의 공급은 곧바로 어려움을 겪게 된다.

라이프라인 시설을 훼손시키는 외부적 원인의 대표적인 것은 지진 및 태풍과 같은 자연재해이다. 특히 강한 지진이 발생하게 되면 라이프라인은 커다란 손상을 입게 된다. 지진에 의한 라이프라인의 훼손은 진도 5 이상부터 영향을 미치게 되며, 진도 7이 되면 대부분의 라이프라인은 파괴된다. 동일본대지진의 경우에는 지진과 더불어 거대한 쓰나미까지 덮쳐 피해 지역의 라이프라인은 철저히 파괴되었으며 시민 생활이나 경제 및 사회활동은 심각한 영향을 받게 되었다.

2) 동일본대지진과 라이프라인의 복구

2011년 3월 11일 발생한 매그니튜드 9.0의 대지진과 동반하여 발생한 쓰나미, 그 후 여진에 의하여 도호쿠 지방의 태평양에 면한 연안부를 중심으로 광범위에 걸쳐 대규모의 지진 및 쓰나미 피해가 발생했다. 이에 따른 인적 피해는 아직 최종적으로 확정되지는 않았으나, 도호쿠지방태평양연안지진 긴급재해대책본부의 집계에 따르면, 2015년 9월 9일 현재 사망 1만 5889명, 실종 2601명에 달한다.[1)] 이는 메이지시대 이후 일본의 근대사에 있어서 10만 명이

1) 内閣府, 「平成23年(2011年) 東北地方太平洋沖地震 (東日本大震災) について」, 2015年 9月 25日, 2頁.

넘는 이재민이 발생했던 1923년의 간토대지진 다음으로 큰 피해이다. 동일본 대지진에서 특히 인적, 물적 피해가 많이 발생한 곳은 이와테현, 미야기현, 후쿠시마현의 3현이었다. 그중에서도 총 사망자 수의 약 60%, 총 실종자 수의 약 50%를 차지하는 미야기현의 피해가 가장 심각했다.

라이프라인의 피해도 심각해서 대지진 발생 이후 3개월 후에 공표된 내각부의 추산에 의하면 피해 금액은 약 3조 5000억 엔으로 집계되었다. 내역을 살펴보면 라이프라인 시설(수도, 가스, 전기, 통신 및 방송 시설)이 약 1조 3000억 엔, 사회기반시설(하천, 도로, 항만, 하수도, 공항 등)이 약 2조 2000억 엔 규모이다. 또한 내각부의 라이프라인 정의는 반드시 일반적인 것을 지칭하지 않고, 사회기반시설 중에는 라이프라인으로 집계해야 할 항목들도 포함되어 있다. 따라서 여기에서는 양쪽 모두를 합한 금액을 라이프라인 피해액으로 설정했다.

가장 심각한 인적 피해를 입은 미야기현은 라이프라인 관련 피해 금액을 〈표 3-1〉과 같이 공표했다. 이에 따르면 미야기현의 라이프라인 피해 총액은 약 1조 1363억 엔에 달한다. 다만 여기에는 JR동일본사의 피해 금액 및 센다이 공항의 피해 금액이 포함되어 있지 않기 때문에 이를 포함시키면 실제 피해 금액은 더욱 증가할 것이다. 또한 1000억 엔이 넘는 피해가 발생한 항목은 도로 약 3940억 엔, 하수도 약 3717억 엔, 항만 약 1088억 엔이라는 통계치를 파악할 수 있다.

대지진 발생 이후 5년이 경과하고 있는 현재, 주요 라이프라인의 복구 상황을 개관해 보고자 한다. 우선 전기의 경우, 도호쿠 지방의 유일한 전력회사는 도호쿠전력이다. 3·11일 도호쿠전력 관할구역 내의 486만 가구에 정전이 발생했다. 그러나 1주일 후인 3월 18일까지 대부분이 복구되었으며, 3개월 후인 6월 18일까지 쓰나미에 의한 가옥 등 유출(流出) 지역 및 후쿠시마 제1원전사고에 의한 출입제한 구역을 제외하면 모든 지역에서 정전이 해소되었다. 도쿄전력의 관할 구역인 간토 권역의 피해 지역에서도 약 405만 가구에서 정전이 발생했으나 다음 날에는 대부분 지역에서, 그리고 3월 19일까지 모든 가구의

표 3-1 미야기현의 라이프라인 피해 금액(단위: 1,000엔)

라이프라인 계열	항목	피해 금액	비고
공급 계열	수도	83,481,403	공업용 수도는 포함하지 않음
	전기	70,800,000	
	도시가스	27,550,000	
교통 계열	철도	8,595,043	JR동일본사는 각 현별 피해 금액을 공표하지 않았기 때문에 포함하지 않음
	버스	1,318,000	
	낙도 항로	410,161	
	고속도로	12,420,000	
	기타 도로	394,044,000	국영 관할 도로 및 교량을 포함한 도로
	항만	108,797,000	
통신 계열	통신·방송	57,177,400	
처리 계열	하수도	371,690,000	

자료: 宮城県, 「東日本大震災による被害額」(2015년 9월 10일 현재)을 참고로 필자 작성.

정전이 해소되었다. 이와 같이 전력 복구는 빨랐으나, 다만 쓰나미에 의한 전원 상실로 혹심한 사고를 일으키고 만 도쿄전력의 후쿠시마 제1원자력발전소의 플랜트는 계속해서 수습에 어려움을 겪고 있다.

다음으로 도시가스의 경우에는 제조 설비 및 파이프 파손으로 인하여 8현 19지역에서 도시가스의 공급이 정지되었으며 복구 대상 가구 수는 이와테, 미야기, 후쿠시마 3현을 중심으로 약 40만 가구에 이른다. 1995년 발생한 한신·아와지대지진 때에는 84.5만 가구에서 가스 공급이 정지되었으나, 동일본대지진의 경우에는 약 반 정도의 피해가 발생했다. 도호쿠 지방의 연안부는 그다지 도시화가 진행된 곳이 아니어서 파이프망으로 공급되는 도시가스가 아니라 LP가스를 사용하는 소비자가 많았던 점이 이러한 차이를 보인 이유라고 생각된다.

수도는 12현 내 187개 시정촌의 약 160만 가구에서 단수(斷水)가 발생했다. 다만 이와테, 미야기, 후쿠시마 3현 및 광역 지역에 걸쳐 지반 액상화가 발생한 이바라키현 및 치바현을 제외하면 피해의 정도가 가벼웠기 때문에 지진 발생 후

2주 이내에 이들 5개현을 제외한 전 지역에서 단수가 해소되었다. 피해가 심각했던 지역에서도 전국 수도사업자들의 지원을 받아 3월 28일에는 단수 가구 수가 40만 가구로 줄었으며 대지진 발생 후 134일이 지난 7월 29일까지 쓰나미로 가옥이 유출된 지역을 제외한 전 지역에서 수도가 복구되었다.

통신(전화)의 경우에는 대지진 발생으로 인해 휴대전화 기지국의 붕괴 및 유실, 사입부(entrance: 휴대전화기지국용 전송로)의 절단, 정전에 의한 전원 상실 등에 의해 통신 회사의 12만 9000개 기지국에서 전파 송신이 중지되었다. 그러나 4월 말에는 거의 복구되었으며 휴대전화 통화권은 지진 발생 이전과 동등한 수준으로 회복되었다. 고정전화의 경우는 설비 파괴, 전신주 붕괴, 중계전송로 및 가공케이블 절단 등에 의하여 약 190만 회선의 서비스가 영향을 받았다. 이는 휴대전화와 마찬가지로 4월 말에는 후쿠시마 제1원전 주변의 출입금지 지역을 제외한 모든 지역의 서비스가 지진 발생 전과 같은 수준까지 복구되었다.

우편 사업의 경우에는 도호쿠 6현에 소재하고 있는 1932국의 직영 우체국 중 106국이, 그리고 간이우체국 648국 중 26국이 시설 파괴 등의 피해를 입었다. 지진 발생 3일 후인 3월 14일 시점에서는 그중 584국이 영업을 중지했다. 그 후 복구가 진행되어 8월 12일 현재의 영업정지국 수는 쓰나미 피해가 컸던 지역을 중심으로 이와테현의 전체 308국 중 25국, 미야기현 전체 363국 중 37국, 시마네현 전체 432국 중 29국까지 감소되어 우편 서비스의 수준은 택배를 포함하여 기본적으로는 지진 발생 이전의 수준으로 회복되었다. 다만 2015년 3월 2일 현재까지 일시적 패쇄가 이어지고 있는 직영 우체국은 이와테현 8국, 미야기현 17국, 후쿠시마현 21국으로 총 46국, 간이우체국은 이와테현 3국, 미야기현 5국, 후쿠시마현 6국으로 총 14국이다.[2)]

마지막으로 하수도의 경우에는 1도 11현에서 하수처리시설 48개소, 펌프 시설 78개소가 가동 정지 상태가 되었으며 피해를 입은 배수관의 총길이는 약

2) 日本郵政株式会社, 「東日本大震災の影響により, 一時閉鎖している郵便局 (2015年 10月13日時点)」, 2015年.

946km에 달했다. 특히 이와테, 미야기, 후쿠시마, 이바라키 등 4현의 피해가 컸으며 89개의 하수처리 및 펌프 시설과 하수관 846km에 달하는 피해를 입었다. 그 후 복구작업이 계속 진행된 결과 2011년 6월 6일 현재, 가동 정지 중인 처리장 시설 수는 18개소로 줄었다. 후쿠시마현 시설의 경우에는 원전사고의 영향으로 기타이즈미정화센터를 비롯한 10개 처리장의 피해 상황이 아직 확인되지 않고 있다. 하수도의 피해 금액은 앞서 기술한 바와 같이 미야기현만으로도 3700억 엔에 달한다. 하수도 피해가 컸던 이유는 도호쿠 지방의 처리장 대부분이 연안 지역에 집중되어 있었으며 또한 해발고도가 낮은 장소에 설치되어 있어서 쓰나미의 직격탄을 맞았기 때문이다.[3)]

교통 계열 라이프라인에 관한 복구 및 부흥 상황, 남은 과제에 대해서는 제2절에서 자세히 논하기로 한다.

2. 교통 인프라의 복구 및 부흥, 향후 과제

1) 교통 인프라 복구의 프로세스

피해 초기의 교통 인프라스트럭처의 피해 상황과 복구 현상 개요는 〈표 3-2〉와 같다. 간선교통의 피해는 광범위했지만 지진의 흔들림에 의한 피해는 비교적 경미하여 복구는 신속하게 이루어졌다. 그러나 연안 지역의 쓰나미 피해는 막대하여 도로, 철도, 항만의 복구가 아직 완료되지 못하고 있다(2015년 9월 1일 시점). 또한 원전사고 피해 지역의 복구는 단순한 지진복구와는 다른 요소를 포함하고 있어 문제를 복잡하게 하고 있다.

3) 이상의 라이프라인 복구 상황에 대해서는 다음의 필자 논문을 바탕으로 그 후의 사태 추이를 가미하여 기술했다. 安部誠治·西村弘, 「ライフラインの被害と復旧の課題」, 関西大学社会安全学部編, 『検証 東日本大震災』, ミネルヴァ書房, 2012年, 103-107頁.

표 3-2 교통 인프라스트럭처 등의 피해 및 복구 상황

	재난 당시 피해 상황	현재 상황(2015년 9월 1일 현재)
도로	고속도로 15노선, 직영국도 69구간, 보조국도 102구간, 현(縣)도로 등 540구간 재난으로 인해 통행금지	보조국도 1, 도도부현·각령시도 13개 구간 통행금지(원전 경계구역 제외)
철도	지진 발생 직후에는 6개 노선의 신칸센을 비롯하여 42사 177개 노선 운전 중지	여객 철도 1사, 4개 노선에서 운전 중지
버스	도호쿠 지방 주요 3현에서 219대 차량 파손(승합 62대·전세버스 157대) 및 사옥 등 115채 파손(완파 30채·일부 파손 85채) 발생	사업자 4사에서 일부 운휴
항공	센다이공항이 쓰나미로 사용 불가능	센다이공항 포함, 피해 지역 주변 13개 모든 공항 이용 가능
항만	14개 국제 거점 항만 및 중요 항만 등을 포함한 131 항만 시설 이용 불가능	124개소 복구 완료, 7개소 복구 중
낙도 항로	4개 항로에서 사용 선박이 육지 위로 올라가는 등의 피해와 안벽 파손 발생	전체 4사업자: 한시적(한정) 운항 재개

자료: 内閣府, 「インフラ等の被害・復旧状況(岩手県, 宮城県, 福島県中心)」, 平成23年7月14日現在(http://www.cao.go.jp/shien/2-shien/1-infra.html), 復興庁, 「復興の現状平成27年11月11日」(http://www.reconstruction.go.jp/topics/main-cat1/sub-cat1-1/20150310_genjyo.pdf), 国土交通省, 「東日本大震災(第129報) 概要版 平成27年9月1日」(http://www.mlit.go.jp/common/ 001102754.pdf)를 참고로 필자 작성.

신칸센 및 공항의 복구 관련해서는 제3절에서 다루고자 한다.

2) 도로 복구 및 부흥의 현재 상황과 과제

도로는 재난 발생 1개월 후 2011년 4월 고속도로 1노선, 직할국도 14구간, 보조국도 29구간, 도도부현도 221구간을 제외하고 통행금지가 해제되었다. 다음해 7월에는 보조국도 1구간, 도도부현도 47구간을 제외하고 모두 해제되었다. 이처럼 복구가 빨랐던 것은 한신·아와지대지진을 통해 얻은 교훈에서 교량의 내진 보강 대책을 마련해 놓았던 것이 큰 이유라고 할 수 있다. 아울러 교량 파손을 최소한으로 막을 수 있었던 점,[4] 재해 협정에 따라 지방 건설업 등

의 협력이 신속히 이루어졌다는 점, 재해 등의 사정을 감안한 긴급 수의계약으로 공사계약을 할 수 있었던 점 등이 신속한 복구의 배경이라고 할 수 있다.[5)] 지방 건설업자들은 공공사업의 감소로 경영이 어려워지고 있었으나 재해 시에는 중요한 역할을 맡았다고 할 수 있다.

하지만 이는 '원전 경계구역을 제외'한 수치로 국도 6호와 조반(常磐) 자동차도로의 통행금지 해제는 크게 늦어졌다. 국도 6호는 2014년 9월 15일에, 조반 자동차도로는 2015년 3월 1일에 전 노선의 개통이 가능했다. 다만 국도 6호 구간 내에서는 주정차가 불가능하며 일반 시민이 도로를 이용해서 경계구역으로 들어가기 위해서는 허가가 필요하다. 또한 방사선량이 높기 때문에 보행자나 이륜차 등의 통행은 여전히 규제 중이다(2015년 9월 23일 현재).

대부분의 도로가 복구되었다고는 하지만 피해 지역을 방문해서 보면 아직 복구되지 못한 채 통행이 금지된 시정촌 도로들도 남아 있다. 하지만 한편으로는 새로 만들어진 도로들도 많다. 그 이유는 부흥 교부금 사업에 있다고 하겠다. 이 사업은 심각한 피해를 입어 재해 복구만으로는 대응이 어려운 지역에서 시가지 재생 등을 일괄적으로 지원하기 위한 것이다. 총액 4조 엔 가까운 사업비가 예정되어 있으며 신청액을 웃도는 금액이 배분되고 있다. 그중에는 '부흥 마을 조성과 도로 정비의 일체화' 사업이 있다. 〈표 3-3〉은 주요 시정촌의 활용 사례 중에서 부흥 교부 금액과 도로 정비 사업을 발췌한 것으로 그 비율은 전체의 12% 정도이며 비율이 높은 시정촌에서는 23%에 이르는 곳도 있어 도로 사업비의 총액은 3192억 엔에 이른다.[6)] 시정촌에 따라서는 도로 신설을 우선

4) 다리가 무너지거나 상부 구조물이 떠내려간 교량은 국도 45호에서 9개, 기타 도로에서 12개 발생했다.

5) 東北地方整備局, 「道路の『啓開』が早い理由について」, 東北地方整備局, 「路の『復旧』が早くできた理由について」(http://www.thr.mlit.go.jp/Bumon/B00097/k00360/taiheiyouokijishinn/newindex.htm, 검색일: 2015.8.29).

6) 도로 사업의 통계는 50개 시정촌, 3910억 엔에 달한다(復興庁, 「復興の取組と関連諸制度」 2015年 6月 24日, 70頁).

표 3-3 부흥 교부금과 도로 정비(단위:억 엔)

	부흥 교부금	도로 정비*	비율		부흥 교부금	도로 정비*	비율
리쿠젠타카타시	1,858	131	7%	오나가와초	1,285	158	12%
가마이시시	1,545	95	6%	미나미산리쿠초	1,195	147	12%
야마다마치	1,182	112	9%	이와누마시	866	174	20%
오오쓰치초	1,029	48	5%	야마모토초	846	159	19%
미야코시	943	108	11%	와타리초	782	75	10%
오오후나토시	886	130	15%	이와키시	1,653	164	10%
이시노마키시	4,196	683	16%	소마시	699	74	11%
게센누마시	2,984	367	12%	미아미소마시	590	46	8%
센다이시	2,196	67	3%	신치마치	492	114	23%
히가시마쓰시마시	1,676	340	20%	총계	26,903	3,192	12%

* 정식 명칭은 '부흥마을 조성과 도로 정비 일체화'

자료: 復興庁, 『復興の取組と関連諸制度』, 2015年 6月 24日, p.74~76. 「主要 市町村におけるこれまでの復興交付金の活用事例」 참조 필자 작성.

적으로 서두르게 됨으로써 복구는 뒤로 미뤄지는 상황이 예상된다.

도로와 관련하여 지진 발생 후 고속도로의 존재 의의가 재조명되고 있다. 실제로 '고속도로'는 지진과 쓰나미의 피해를 거의 입지 않았으며 보조제방 혹은 2차 제방(二線堤)의 역할을 도맡은 곳도 있었으며 구원(예비) 도로 기능으로 작동하며 크게 도움이 되었다. 대규모 노면 붕괴가 발생했던 도호쿠 도로의 일부가 일주일 만에 복구된 사실은 세계를 놀라게 했다. 이러한 상황도 감안하여 '부흥 도로·부흥 지원 도로'라는 것이 2011년 제3차 보정예산에서 결정되었다. 이는 피해 지역의 조기 부흥을 목적으로 하여 네트워크화되어 있지 않았던 고규격 도로망의 결손 부분을 보완하는 도로로, 총길이는 570km가 될 예정이다.[7] 사업 기간 단축을 위해 지금까지 발주자가 해왔던 공사 착공까지의 업무

7) 산리쿠연안도로(산리쿠종단자동차도로, 산린쿠기타종단도로, 하치노헤·구지자동차도로)를 '부흥 도로'로, 미야코-모리오카횡단도로, 도호쿠횡단자동차도로 가마이시아키타선(가마이시~하나마키), 도호쿠중앙자동차도로(소마-후쿠시마)를 '부흥 지원 도로'로 지정.

중 사업 진척 관리 및 업무 공정관리, 현지 설명 등 다방면에서 적극적인 민간의 참여와 협력을 유도하여 정비 진척률은 착공 94%, 완료 39%로 통상의 도로 사업에 비해 매우 빠르게 진행되었다.

이상과 같이 도로의 복구 및 부흥사업은 가속도를 내며 지금도 진행 중에 있다. 문제는 이러한 도로를 어떻게 유용하게 활용할 것인가에 대한 교통정책이 마련되어 있지 않다는 것이다. "'산리쿠종단도로'가 만들어지면 고속버스로 지방과 대도시를 연결시키고 싶다"는 의견을 자주 듣는데 문제는 사전에 사업자와 협의가 이루어진 것이 아니라는 것이다. '일단 저질로 놓고 상황을 지켜보자'는 것이 일반적이다. 여러 사업에 쫓기다 보니 이런 점까지 신경 쓰지 못하고 있다는 것이 지방자치단체들의 실정이기도 하다.

3) 철도 복구 및 부흥에 관한 현황 과제

2015년 9월 현재까지 아직 복구되지 못한 곳은 앞으로 논할 동일본철도주식회사(JR동일본으로 축약)의 4개 노선 223km이며 JR의 센세키선과 이시노마키선, 제3섹터[8]인 산리쿠철도주식회사(이하, 산리쿠철도로 표기) 역시 장기간에 걸쳐 운행이 정지되어 있다. 각각 대조적인 복구 방식을 채택하고 있어 함께 고찰해 보고자 한다.

산리쿠철도는 일찌감치 현재 노선의 복구 방침을 밝혔으나 JR동일본 측은 복구에 대한 확약은 했지만 현 노선에 바로 시행하지는 않았다. 이는 결코 JR 측이 태만해서가 아니다. 중심 시가지와 행정기관의 이전이 검토되고 있으며 철도 복구를 위해서는 '마을 조성 방안과의 연계가 필요'하다고 판단했기 때문이다. 하지만 이에 대하여 '우선 원상복구가 중요'하다고 보는 비판도 있다. 철도가 복구되면 '거기서부터 인적, 물적 흐름과 정보의 교류가 발생'하기 때문이

8) (옮긴이) 행정과 민간이 공동출자하여 설립한 법인.

다(原武史, 2011: 60). 물론 일리는 있으나 가령 현재의 루트가 복구된다고 해도 그곳에서는 살지 않겠다고 결정할 경우 헛수고가 되고 만다. 또한 철도가 복구되면 역에는 사람들이 모이고 마을도 형성되겠지만 주민이 어디에 살고 싶은지 의사결정을 하지 않은 채로 뒷북치기식의 마을이 조성되고 만다. 이에 국토교통성은 각 노선별 구역에서 부흥조정회의를 개최하여 지자체의 부흥계획과 부합할 수 있도록 힘썼으며 마을 조성과 일체가 된 복구를 목표로 했다. 그러나 결과적으로 다양한 방식의 복구가 되었다는 것은 부정할 수 없다. 이하 이와 관련된 사례에 대해 상세히 살펴보자.

(1) 산리쿠철도(三陸鉄道)

산리쿠철도는 선로, 교각, 역사(驛舍)가 수없이 유실되어 적자 기업으로서 이를 복구하는 것이 쉽지는 않았다. 그러나 지진 발생 6일 후부터 운전을 재개한 산리쿠철도의 전면 복구는 현지 주민들과 지자체의 일치된 요구사항이었다. 2011년 제3차 보정 예산에서 제3섹터 철도의 복구 비용을 거의 전액 국비로 지원하기로 결정되어 늦게나마 복구 계획이 세워졌다. 그 결과 리아스선 남쪽이 2014년 4월 5일, 리아스선 북쪽은 다음 날인 6일 개통되어 모든 노선에서 운전이 재개되었다.

2014년도의 수송 인원은 약 69만 명으로 전년 대비 42% 증가했고 전년도 5117만 엔 적자를 기록했던 실적이 8683만 엔의 흑자로 크게 돌아섰다. 다만 경상손실은 1억 254만 엔으로 1994년도 이래 21년 연속 적자를 보이고 있다. 흑자로 돌아섰던 이유는 지자체가 운영비 조성금 등 각종 보조를 지원했기 때문이다. 수송 인원도 2009년도에는 약 90만 명으로 아직 지진 발생 전으로 회복되지는 않았다.[9] 운전 재개는 환영받는 일이었으나 다음의 JR야마다선 인수 과제도 남아 있어 향후의 전망은 낙관적이지 않다.

9) 산리쿠철도 홈페이지 기업 정보(http://www.sanrikutetsudou.com/?p=360) 참조.

(2) JR야마타선(山田線)

운휴 중인 JR야마타선의 미야코-가마이시 구간 55.4km는 산리쿠철도를 남북으로 분단하는 형태로 운행하는 노선이다. 2015년 3월 복구공사가 시작되어 2018년까지 전 노선의 복구를 목표로 하고 있으나 그 과정에는 많은 우여곡절이 있었다.

야마타선의 복구와 관련하여 JR동일본사는 뒤에 기술하는 게센누마선과 같은 BRT(Bus Rapid Transit: 버스고속운송시스템)로 임시 복구할 것을 선로 주변 4개 시와 마을에 제안했다.[10] 그러나 지역 지자체들은 이에 반발하고, 기존 철도로 복구해 줄 것을 요구했다. JR는 2013년 9월 제6회 '야마타선 부흥조정회의'에서도 재차 BRT로 복구할 것을 제안했으나 해당 지역들이 이를 다시 거부하여 BRT안은 단념해야 했다. 그러나 철도로 복구할 경우 210억 엔의 예산이 필요할 것으로 판단, JR는 원상복구에 필요한 140억 엔은 부담하겠으나 부흥 마을 조성 사업 등에 소요(증가)되는 70억 엔에 관해 국가와 지역이 지원해 줄 것을 요청했다. 하지만 국가는 '흑자 기업에 원조할 수는 없다'는 입장을 고수, 야마타선의 복구는 암초에 걸리고 말았다.

JR동일본 측은 다음 해 2014년 1월 제7회 '부흥조정회의'에서 야마타선의 불통 구간을 복구시킨 후 산리쿠철도에 이관한다는 의견을 제안했다. '산리쿠철도가 구지역에서 사카리역까지 직통 운행을 한다면 (지역맞춤형 시각표 편성 등) 편리성이 증대될 것이다'는 주장이다.[11] 이후에 산리쿠철도 및 해당 노선의 지

10) BRT는 일반적으로 버스전용선 및 전용도로를 주행하며 승강 시간을 단축시키기 위하여 차내에서는 요금 징수를 하지 않으며 연결 버스를 이용하여 대량 수송도 가능한 도시부의 선진적 버스시스템을 말한다. 브라질의 쿠리치바가 유명한데, 노면열차/서페이스 서브웨이(Surface Subway) 등으로도 불리며 세계 각지에서 이용되고 있다. 국토교통성은 '연결 버스, PTPS(공공차량우선시스템), 버스전용도로, 버스레인 등을 조합시킴으로써 신속성·정시성의 확보 및 수송 능력의 증개가 가능한 고차원의 기능을 갖춘 버스시스템'이라 정의하고 JR동일본도 이 정의를 사용하고 있으나 일부에서 버스전용도로를 사용하고 있는 이외에는 타당하지 않다. BRT라는 호칭은 양두구육과 같이 이름만 번지르르할 뿐 내실은 변변하지 못하다는 지적도 있다.

자체 사이에서 구체적인 조건 교섭이 진행되었다. 최종적으로 JR은 전 노선의 9할 이상을 고규격 레일로 교체하고 철도 침목은 산리쿠철도와 같은 콘크리트제를 사용하고, 차량을 포함하여 해당 노선을 지자체에 무상으로 양도했다. 또한 산리쿠철도에도 시설 정비 거점의 정비 및 인적 지원을 약속했다. 한편 연안 12개 시정촌에도 운영비 보조에 필요한 일시금으로 30억 엔을 부담하기로 함으로써 합의에 이르렀다. 증가분 복구 비용 70억 엔은 해당 지자체에서 부담하기로 하고 국가의 지원을 받기로 했다.[12)]

이와 같이 야마타선은 철도로 복구하기로 결정되었으나 JR동일본에서 분리되어 나온 상하 분리 방식의 제3섹터 철도가 운영하는 것으로 재출발하게 되었다. 그 결과 노선 주변 시와 마을에서는 고정자산세를 납부하지 않는 대신 운영비를 보조 부담하게 되었다. 그러나 앞으로의 전망은 밝지 않다. 산리쿠철도와 일체 이용만큼의 승객 증가는 예상되지만 운행 중지 구간의 지진 발생 직전 승객은 1일 700명으로 JR 발족 당시보다 40% 정도 감소되었다. 미야코시는 시의 새 청사를 미야코역으로 이전할 계획을 세우기도 했으나 해당 자치체에서 산리쿠철도의 존속 문제에 관해 향후 어떻게 이어나갈 것인가는 무거운 과제로 남아 있다.

(3) JR오오후나토선과 게센누마선

반드시 철도로 복구할 것을 희망했던 야마타선과는 달리 오오후나토선(사카리역-게센누마역 구간 43.7km)과 게센누마선(게센누마역-야나이즈역 구간 55.37km)은 BRT에 의한 임시 복구로 합의하고 게센누마선은 2012년 8월부터, 오오후나토선은 2013년 3월부터 운행을 개시했다.

BRT에 의한 임시 복구를 택한 이유는 무엇보다도 조기 운행 개시가 가능하

11) ≪日本経済新聞≫, 2014年 2月 1日.

12) JR동일본 야마타선(미야코·가마이시 구간)의 철도 복구에 관한 기본 합의서 및 각서 체결과 착공식'(https://www.JReast.co.jp/press/2014/20150205.pdf 검색일: 2015.8.3).

기 때문이다. 기초 철로의 원상 복구를 희망하는 의견들도 있었지만 이는 오랜 시간이 소요된다는 우려 때문에 조금이라도 빠른 운행 개시가 가능하고 일반 도로를 활용할 수 있는 BRT로 선정되었다. 어디까지나 '임시 복구'라고 하는 형태로 실현되었으며 BRT의 다른 장점으로 JR동일본 측은 ① 지진과 쓰나미가 발생해도 가능한 장소까지 자력 주행이 가능하여 피난이 용이 ② 마을 조성의 각 단계별 맞춤형의 유연한 대응 ③ 철도 부지를 활용함으로써 속달성/신속성과 정시성/명확성의 확보 ④ 운행 빈도의 조정으로 편리성 향상을 주장하고 있다.[13)]

이후 본격적인 복구 방식에 대하여 논의가 거듭되어 왔으나 야마타선과 마찬가지로 부흥마을 조성 사업 등과 맞물려 비용 증가 문제가 관건이었다. 게센누마선의 경우, 원상복구를 위해서는 300억 엔이 필요하지만 내륙 노선을 교체할 경우, 추가로 400억 엔이 필요하게 된다. 이 부담금을 JR동일본 측은 국가에 요청한 바 있다. 그러나 국가는 2015년 6월에 열린 제1회 '오오후나토선 노선 주변 지자체 수장 회의' 및 '게센누마선 노선 주변 지자체 수장 회의'에서 이를 거부했다. 이에 JR은 7월에 열린 제2회 수장회의에서 BRT 형태로 본격 복구할 것을 제안했다. 미나미산리쿠초는 그 자리에서 이를 받아들였으나 다른 지자체들은 태도를 결정하지 못하고 있었다.

미나미산리쿠초는 지진 발생 후 4년이 지나서야 부흥마을 조성 사업이 진행되는 과정에서 이를 수용했다. 왜냐하면 주변 토지의 비용이 오를 대로 올라 있고 하부에 위치한 노선을 그대로 두고 원상복구를 한다는 것은 불가능하기 때문이다. 또한 남아 있는 교량이나 역사 건물이 마을 조성에 저해 요인이 되기 때문이다. '임시 복구' 방식으로 처리한다기보다는 원래부터 '염원해 온 철도' 복구에 대한 희망도 강하지만,[14)] 현실적으로는 지진 발생 전의 이용 상황

13) JR동일본 '게센누마선·오오후나토선 BRT'(버스 고속 수송 시스템, https://www.JReast.co.jp/railway/train/BRT/system.html(검색일: 2015.8.31).

14) 게센누마는 국철 이용 시절 최후의 지방교통선이라 불리며 해당 지역들의 오랜 유치 운동

도 그다지 좋지 않았고 편리성도 결여되어 있었다. BRT는 현재의 이용 실태에 적합할 뿐만 아니라 운행 빈도수는 지진 발생 전의 1.5~3배에 이르러 편리성을 긍정적으로 평가하는 의견도 많다. 이러한 사정은 다른 지역도 마찬가지여서 'BRT 절대 반대' 입장은 아니었다. 미래의 마을 조성에도 이바지할 수 있도록 BRT의 지속성, 편리성, 발전성을 JR동일본 측에 어떻게 요청해야 할지를 고려하여 시기를 탐색하고 있다고 해도 좋을 것이다.[15)]

(4) JR센세키선, 이시노마키선

센세키선(다카기마치역-리쿠젠오노역 구간 10.5km)과 이시노마키선(우라슈쿠역-오나가와역 구간 2.3km)의 복구는 위의 철도 복구와는 달리 명확히 부흥을 의식한 복구라고 할 수 있다. 센세키선은 인구 100만 도시 센다이와 미야기현의 제2의 도시 이시노마키시를 연결하는 도시형 노선으로 이용자가 많은 출퇴근 시간에는 1시간에 9회 운행하고 있다. 또한 명승지인 마쓰시마 관광을 위한 가장 가까운 철도 노선이기도 하다. 2009년도 평균 통과인원은 1일 2만 2000명이었으며 지진 발생 후 센다이-이시노마키 구간을 버스로 약 2시간 걸려 운행했을 때도 1만 7000명을 수송했기에(2013년) 빠른 복구가 필요했다. JR동일본은 일부 노선을 500~600m 내륙 쪽으로 옮기고 도나역과 노비루역을 고지대로 이전하여 2015년 5월 30일 전 노선의 운행을 재개시켰다. 복구 비용은 당시 공표하지 않았으나 100억 엔 이상이 소요되었을 것이라고 알려져 있다.[16)] 또한 일부 도호쿠 본선(센다이-마쓰시마)을 이용하여 센다이-이시노마키를 연결하는 센세키-도호쿠라인이 새로 개통되었을 때, 지진 발생 이전보다 10분 단축되어 최단 52분이 되었다. 이는 현재 고속버스(1시간 20분)보다 빠르다. 더욱이 리쿠젠아카이(陸前赤井)-헤비타역 구간(이시노마키시)에는 '이시노마키 아유미

의 결과물이었다.

15) 2015년 8월 26일, 미나미산리쿠초, 게센누마시에서 청취한 내용임.

16) ≪日本経済新聞≫, 2015년 5월 25일.

노역'이 신설될 예정으로 역 주변은 방재 집단이전 지역으로서 이시노마키시가 정비하고 있다.

이시노마키선의 종점인 신오나가와역은 기존 역에서 200m 내륙 쪽으로 이동하여 주변 지역을 7~9m 높인 상태로 상업 시설 및 공공시설, 초·중학교가 집중될 예정이다. 이는 국가가 진행 중인 압축 도시(Compact City) 구상에 따른 것으로, 오나가와의 인구(약 7000명)가 지진 발생 이전보다 30% 정도 감소된 점을 감안했다. 특히 외부 인구를 불러 모으기 위하여 '어디서든 바다가 보이는', '살고 싶고 방문하고 싶고 자랑하고 싶은 풍경'이 있는 마을, '안전·안심·생활하기 쉬운', '중심부에 생활의 축을 집중시킨' 마을 조성을 목표로 하고 있다(오나가와마을부흥마을조성디자인회의, 2014). 신설된 역은 그 상징이 되고 있다.

(5) JR조반선

조반선의 복구는 앞서 설명한 노선들과는 그 성격이 완전히 다르다. 와타리-하마요시다역 구간(5.0km)은 2013년 3월 16일에, 다쓰타-히로노역 구간(8.5km)은 2014년 6월 1일에 운행이 재개되었으나 하마요시다-소마역 구간(22.6km)과 하라노마치(미나미소마시)-다쓰타(나라하마치) 구간(46.0km)은 아직 운휴 중이다. 그중 하마요시다-소마역 구간은 일부를 내륙 쪽으로 이설하고 2017년 봄에 운행 재개할 예정이지만 후쿠시마 제1원전사고의 영향을 보다 강하게 받은 하라노마치-다쓰타 구간의 운행 재개는 매우 어려운 상황이다.

이 구간은 2015년 1월부터 하루 두 번 왕복 편성으로 대행 버스가 운행하게 되었다. 승차 시간은 1시간 10분에서 25분 소요로 중간 8개 역은 정차하지 않는다. 당시 아베 수상이 향후 전 노선 복구를 약속했으나 시기는 아직 미정이다. JR동일본은 같은 구간의 복구를 위한 조사 및 설계 작업을 2015년도부터 본격화하여 하라노마치-오다카 구간은 2016년 봄까지, 오다카-나미에 구간은 늦어도 2년 후 개통, 도미오카-다쓰타 구간은 3년 이내에 개통할 것을 목표로 하고 있다. 그러나 방사선 피해가 가장 심각했던 나미에-도미오카 구간은 '방사성 오염 제거 및 비상 시 이용자의 안전 확보 방침을 완료한 후 개통한다'라고만 밝히고 명확한 시기를 밝히지는 않았다. JR은 2015년 8월부터 방사선 피폭도가 높은 요노모리-후타바 구간의 6개소에서 시험적으로 오염 제거를 실시하고 있다. 이 시험적 오염 제거 과정은 선로를 들어내고 철로 주변 자갈을 거둬내고 10cm 정도 흙을 파내어 오염을 제거하고 난 후 선로를 다시 까는 방식으로 진행된다. 향후 그 효과를 지켜본 후 복구를 위한 목표를 세울 예정이라고 한다.17)

주지하다시피 복구는 지연되고 있는 상황이어서 주거지로의 귀환이 어렵고 거주제한과 같은 피난 지시 구역이 광범위하게 존재하는 현재 상황에서 철도 복구만을 서두른다고 해도 그 노력이 빛을 발하기는 어렵다. 지역재생의 확실한 전망이 필요하다.

4) 지역 교통의 재생 현황 및 과제

재해지역의 교통 피해는 거의 복구된 것으로 판단된다. 하지만 철도는 멈춰 섰고, 자가용차들은 떠내려갔으며 주택은 소멸되었다. 지진 발생 후 가설주택에 사는 이재민들의 생활 교통수단 확보와 시시각각 변화하는 부흥마을 조성 사업에 발맞춘 교통의 확충이 새로운 과제로 떠올랐다. 재해지역에서는 이에 따라 버스 수송의 비중이 커지고 있다.18)

국토교통성은 2011년에 '지역 공공교통 확보·유지개선 사업'을 발족시키고, 재해지역 지원사업의 일환으로 독립하여 포함시켰다. '재난 피해 지역 연결 간선 계통 확보 유지 사업'과 '특정 재난 피해 지역 공공교통 조사 사업(이하, 조사

17) 2015년 8월 24일, 국토교통성 도호쿠운수국 제공 자료 및 인터뷰.

18) 도호쿠 6현의 버스 수송 추이를 2010년도와 2013년도를 비교하면 아오모리, 아키타, 야마가타에서 각각 4% 증가, 0%, 10% 감소한 데 반하여, 이와테, 미야기, 후쿠시마에서는 각각 14%, 9%, 5% 증가했다(도호쿠운수국, 「승합 버스 소송 인원 추이」)(http://wwwtb.mlit.go.jp/tohoku/zudemiru/zu-index.html#ryokaku, 검색일: 2015.9.10).

사업으로 약칭)'을 전개했다. 전자는 재해지역에서 복수 지역에 걸친 간선교통계 관련 사업을 대상으로 한 운행 보조 시스템이다. 일반적으로 '1일 계획 운행 횟수가 3회 이상인 경우', '수송량이 15명~150명/일에 해당하는 경우'라는 단서 조건이 있지만 재해지역 3현에는 요건을 완화하여 적용하여 사실상 적자일 경우 무조건으로 수지 차액의 절반을 보조하고 있다. 또한 많은 차량이 쓰나미로 유실되었기 때문에 버스 차량 보조도 탄력적으로 적용하여 감가상각비 보조와 더불어 차량 구입(중고차 포함)과 관련된 보조금이 지급되고 있다. 2014년도 재해 3현에 대한 운행 보조금은 약 8억 7000만 엔, 차량 보조금은 7800만 엔으로 도호쿠 6현 내에서 각각 73%, 69%를 차지하고 있다. 지진 발생 전인 2010년도에는 3억 4000만 엔(52%), 2100만 엔(41%)에 비하면 금액과 비율 모두가 증가한 수치이다.[19)]

후자의 조사 사업은 주로 지역 내 피난소 및 가설주택, 잔존 집락과 병원, 상점, 공적 기관 등을 연결하여 일상생활의 이동 확보를 목적으로 하는 지역 내 수송을 대상으로 하고 있다. 당시 특정 재해 시정촌으로 지정된 곳은 재해지역 3현 중 39개 시정촌으로 2014년도에는 32개 시정촌의 220개 노선에 대한 조사 사업이 실시되었다.[20)] 경유하는 가설주택 등의 숫자에 따라 상한액을 두고 정액 보조를 하고 있다. 유상 운행의 경우에는 30개소 미만은 3500만 엔, 60개소 미만은 4500만 엔, 60개소 이상은 6000만 엔으로 규정하고 있다. 무상 운행의 경우에는 일률적으로 2500만 엔을 상한으로 정했다. 이때 보조금은 운행 경비는 물론 차량 구입 및 PR 비용, 계획 책정 등을 위해서도 사용할 수 있다. 운행 형태는 지역의 실정에 따라 운용 가능하여 버스(마이크로버스 포함)나 택시는 물론, 정규노선이나 '개인별 수요(demand) 선회 노선[21)]'도 가능하다. 운임도 별도로 정할 수 있으며 노선과 운행 시간표도 상황에 맞춰 변경 가능하다. 또한

19) 도호쿠운수국 제공 자료 및 동일 자료로 니시무라 산정.
20) 소수이기는 하나 피해 정도가 적고 기존의 공공 교통 서비스로 충분하다는 지자체도 있다.
21) (옮긴이) 기본 노선 외에도 이용객의 호출에 따라 일정 지역을 운행하는 시스템.

보조금 신청도 지자체 사업자 협의회뿐만 아니라 사업에 관여한 운행 사업자가 직접 신청하여 교부받을 수도 있다. 지금까지 없었던 매우 유연하고 탄력적인 보조 사업이라고 할 수 있을 것이다.

그러나 여전히 해당 지자체에서는 불만을 토로하기도 한다. '보조 금액의 상한은 피해 정도와 부흥 진행 속도에 따라 달라야 한다', '운행 경비에 충당하는데 그치고 있다'는 보조금에 대한 불만과 '몇 곳의 가설주택을 경유하는지가 아니라 주택 호수에 따라 지급되어야 한다', '버스 구입비는 별도 지급' 등과 같이 결정방법 및 사용처에 대한 개선 요구들도 나왔다. 하지만 무엇보다 큰 불만은 조사 사업의 기한이 끝났다는 것이다. 당초에는 2011년에서 2013년까지 3년간이었으나 이후 2년이 연장되어 2015년도까지 연장되었다. 하지만 보조가 끊겼다고 해서 주민들이 현재 이용하고 있는 공공 교통 서비스를 당장 멈출 수도 없다. 조사 사업 종료 후 실시된 조사에 따르면 '기존 보조 사업으로 이행 또는 활용' 희망이 14개 지자체(35%)로 가장 많았으며 '지자체 단독 비용으로 운행을 계속'은 11개 지자체(27%)가 그 뒤를 이었다(国土交通省東北運輸局, 2014).

현재 가설주택에는 가장 인구가 많았던 때에 비해 70% 정도의 주민들이 살고 있다. 향후 완공, 입주 예정인 재해 공영주택 및 방재 집단 이전지에서도 새로운 교통에 대한 수요가 발생하게 될 것이다. 생활재건을 위해서는 교통수단의 확보는 반드시 필요하지만 조사 사업은 이를 지원할 안정적이고 지속적인 제도로 평가하기는 이르다. 도호쿠운수국도 해당 지역 지자체도 부흥계획과 연동된 교통계획을 세우고 있는 가운데, 통상적인 교통사업에 의한 대체가 될 수 있도록 노력하는 것이 중요하다는 주장들이 나오고 있다. 다만 '그렇다면 어떻게 할 것인가'가 어려운 과제이다. 현재로서는 사업 지속 혹은 격변 완화 조치를 강구하면서 지역 교통 전체에 대한 정책을 입안하여 지역 교통수단의 안정적인 확보를 도모해야 할 것이다.

3. 신칸센과 공항

1) 신칸센

정해진 궤도 위를 주행하는 철도의 경우 지진과 쓰나미, 호우, 강풍, 적설량 등 자연재해는 큰 위협 요소이다. 도호쿠지방태평양연안지진으로 인해 연안부 철도노선이 엄청난 피해를 입은 내역은 앞서 기술한 바와 같다. 그중에서도 지진의 경우, 구조물을 파손시키고 열차를 탈선 전복시킴으로 중대한 피해를 발생시킨다. 특히 고속으로 주행하는 신칸센을 지진이 직격할 경우 사고 및 피해 리스크는 매우 커진다.

1995년 1월 효고현 남부 지진으로 인해 산요 신칸센은 고가 및 교량 8곳이 파손되었고 신오사카-히메지 구간은 81일간 통행이 불가능했다. 그런데 다행히도 지진 발생 시각이 첫차 운행 직전인 오전 5시 46분이었다는 것이다. 만일 당시 지진이 신칸센 영업시간 중에 발생했다면 경우에 따라서는 탈선한 차량이 고가교에서 추락하거나 터널 측벽에 충돌하는 등 대참사가 발생했을 가능성이 있다.

예를 들어 2004년 10월 니가타현의 경우, 지진 진동으로 인해 주행 중의 10량 편성 신칸센이 탈선하는 사고가 발생하고 말았다. 반세기를 넘는 일본의 신칸센 역사에서 영업 운전 중에 열차가 탈선한 것은 처음 있는 일이었다. 탈선한 것은 10량 중 8량이었으나 다행히도 철로를 크게 이탈하지는 않았으며 탈선 차량도 제설을 위해 만들어놓은 도랑에 빠져 활주했기에 전복되거나 고가교에서 전락하는 위기는 면할 수 있었다. 이 사고가 경미하게 끝났던 것은 '조기 지진 감지 시스템'이 제대로 작동하여 지진의 주요 파동이 닥치기 전에 속도를 줄일 수 있었고, 또한 조에쓰 신칸센 특유의 대설 대책으로 철로 부분에 제설 도랑이 정비되어 있었기 때문이었다.

신칸센의 자연재해 대책 중 가장 중시되고 있는 것은 지진 대책이다. 그 핵심은 다음 세 가지이다.

첫째, 고가교 및 교량 등 구조물의 내진 보강이다.

신칸센 구조물의 대부분은 고가교와 터널 그리고 철도이다. 이 때문에 신칸센의 안전 확보에 구조물을 지진으로부터 방어하는 것은 매우 중요하다. 1964년의 도카이도 신칸센 개업 이래 국철은 '설계기술 표준(기준)'에 의거하여 구조물의 내진 대책에 노력해 왔다. 이 설계기술 기준은 1978년 미야기현 연안 지진 등을 계기로 개선되었으며 내진성 강화가 추진되어 왔다.

1987년에 국철이 분할·민영화되고 신칸센의 관리·운영은 JR 지역 운영별 회사에 위임되었다. 이후에도 예를 들어 효고현 남부 지진과 니가타현 지진 등이 발생했을 때 신칸센의 구조물에 피해가 발생했고 이에 운수성(현 국토교통성)은 그때마다 내진 보강 가이드라인을 책정하고 JR 각사는 이에 의거하여 계획적으로 구조물의 내진 보강에 힘써왔다.

둘째, '조기 지진 감지 시스템'이다.

지진이 발생했을 때 탈선 및 전복되는 사고를 막기 위해서는 조속히 열차를 감속·정지시키는 것이 중요하다. 이를 위한 대표적인 시스템이 열차를 긴급정지 시키는 조기 지진 감지 시스템이다. 이는 해안 및 신칸센의 연안에 설치된 지진계에 의해 지진의 초기 미동(P파)을 재빨리 감지하여 열차의 전력 공급을 차단하고 주요 진동(S파)이 도달하기 전에 열차를 정지 혹은 감속시키는 역할을 한다.

이는 뛰어난 시스템이지만 아직까지는 과제를 안고 있다. 즉 진원지가 멀리 떨어져 있으면 있을수록 효력을 발휘하는 시스템으로 효고현 남부 지진과 같이 내륙직하지진에 대해서는 그다지 유효하지 못하다는 점이다. 때문에 설령 이 시스템이 작동해도 신칸센은 구조물이 심하게 흔들리는 중에도 계속 달리게 되므로 열차의 탈선 및 전복의 위험성이 여전히 남아 있다.

셋째, 차량의 탈선 및 일탈 대책이다.

조기 지진 감지 시스템에도 한계가 있다는 점에서 최근 추진되고 있는 것이

'탈선방지 가드' 및 '일탈방지 가드'의 설치이다. 전자는 지진이 발생했을 경우에 차량의 탈선을 막는 구조로 선로 내측에 설치함으로써 차량이 탈선했을 경우에도 차량 바퀴가 이 장치로 인해 선로에서 크게 이탈하지 않도록 막아주는 구조이다. 이 외에도 JR동일본사는 신칸센 모든 열차의 대차(台車)에 차량이 탈선해도 바퀴가 한계치로 상정한 폭 이상으로 이동하지 않도록 방지해 주는 역L자형 'L형 탈선 방지 가드(guard)'를 정비하고 있다. 또한 JR도카이와 JR서일본, JR규슈도 차량에 같은 역할을 하는 '일탈 방지 스토퍼' 부착이 추진되고 있다.

주지하는 바와 같이 동일본대지진의 재해 구간에는 도호쿠 신칸센이 달리고 있다. 대지진이 발생했을 당시 27개의 열차가 운행 중에 있었으나 모두 긴급정지에 성공했다. 다만 센다이역 부근을 달리고 있던 회송열차가 탈선했다. 전신주가 기울고 가선이 끊기는 등 구조물의 피해가 발생하기는 했으나, 고가교 등에는 심각한 피해가 없었고 49일 뒤에는 모든 노선의 운행이 재개되었다. 효고현 남부 지진 발생 당시 산요 신칸센의 경우와 비교하면 매우 빠른 회복이었다. 지진의 진원지가 태평양 연안이라는 점도 영향을 미쳤으나 효고현 남부 지진 당시보다 내진 보강이 더 진행되어 있어 시설 피해가 경미했기 때문에 운행의 조기 재개로 이어질 수 있었던 것이다. 신칸센의 조기 영업 재개로 인해 피해 지역과 수도권 등과의 교류가 용이해져 이는 결과적으로 복구 활동에도 크게 기여했다.

일본에서는 난카이트로프 거대지진과 수도직하지진이 가까운 미래에 발생할 수도 있다는 점을 우려하고 있다. 도카이도 신칸센은 일부를 제외하고 또한 산요 신칸센도 내륙부를 주행하고 있기 때문에 이러한 거대지진이 발생한다고 해도 쓰나미로 인해 큰 피해를 입는 일은 적지만 수도직하지진이나 도카이 지진의 직격타를 받는 도카이도 신칸센과 도호쿠 신칸센은 지진 진동에 의하여 커다란 피해를 입게 될 것이다. 지진 피해를 줄이기 위해서 하드 제어 및 소프트 양면에서 신칸센의 감재 대책 추진이 필요하다.

2) 공항

공항의 기본 시설인 활주로는 수백 톤 무게의 대형 여객기가 이착륙하더라도 견딜 수 있도록 매우 튼튼하게 설계되어 있다. 즉 아스팔트 포장의 경우 최하층에 포장의 기초가 되는 노상, 그 위에 노반을 깔고 이를 기반으로 두께 2~3m가 되는 아스팔트 기층과 아스팔트 표층이 깔려 있다.[22] 활주로는 이러한 구조로 되어 있기 때문에 거대지진이 발생한다고 해도 활주로가 파손될 가능성은 적다. 또한 활주로 정도는 아니지만 공항 빌딩 역시 내진성을 고려하여 설계되고 건설되었다. 때문에 1995년 효고현 남부 지진 발생 당시 이타미공항과 간사이국제공항은 거의 피해를 입지 않았으며 2004년 니가타현 예를 들어, 당시 니가타공항의 피해 역시 경미했다. 또한 2007년 이후에는 '지진에 강한 공항 검토위원회'의 보고를 바탕으로 활주로 및 유도로의 내진성 향상 및 액상화 대책이 마련되었다.

주지하는 바와 같이 동일본대지진의 주요 피해지였던 이와테, 미야기, 후쿠시마 3현에는 정기 항공편이 취항하는 하나마키공항, 센다이공항, 후쿠시마공항 등 3개의 공용(공공시설) 공항이 있다. 이들 세 공항은 도호쿠지방태평양연안지진의 진동으로 인한 큰 피해는 거의 없었다. 그러나 해안 가까이에 입지하는 센다이공항은 지진으로 인해 발생한 거대 쓰나미에 의해 공항 빌딩이 파괴까지는 되지 않았지만 다음과 같은 막대한 피해를 입었다.

즉 공항 대지 전체에 침수 깊이 3~4미터의 쓰나미가 밀려와 공항 주위의 울타리가 쓰러지고 활주로 등에 토사, 쓰레기, 자동차 등이 덮였다. 또한 비상용 발전설비가 수몰되어 외부 전원과 내부 전원도 끊기고 말았다. 공항까지 이어진 철도와 도로의 터널도 수몰되어 공항에 접근이 곤란한 상황이었다.[23]

22) 上浜暉男·左中規夫, 『ウォーターフロント＆エアフロント－港湾·空港の新しい建設技術－』, 山海堂, 1994年.

23) 須藤渉, 「東日本大震災と仙台空港の復旧」, 『予防時報』, (日本損害保険協会), 249号,

동일본대지진을 경험하고 나서야 공항이 쓰나미에 취약하다는 점을 실감하게 되었다. 이에 국토교통성은 2011년 10월에 '공항 쓰나미 대책 방침'을 제정했다.[24] 국토교통성은 전국의 공항 중에서도 특히 침수 리스크가 있다고 판단하고 있었던 곳은 태평양 측 연안부에 입지한 센다이공항, 도쿄국제공항, 주부(中部) 공항, 간사이국제공항, 고치(高知)공항, 오이타(大分)공항, 미야자키공항 등 7개 시설이다. '공항 쓰나미 대책 방침'은 ① 인명 보호를 위한 긴급 피난 체제를 구축할 것, ② 쓰나미의 엄습 후 조속한 공항 기능 회복을 위한 조기 복구 대책을 강구할 것이라는 두 안이 중심이 되고 있다. 이 방침을 바탕으로 위의 7개 공항은 이미 '쓰나미 긴급 피난계획 실시안'을 갖춘 상태이다.

또한 2014년 11월에는 국토교통성 내에 '난카이트로프 지진 등 광역적 재해를 상정한 공항시설 재해대책 검토위원회'가 설치되어 5개월 후인 2015년 3월에 쓰나미 대책을 포함한 공항의 재해 대책에 관한 새로운 방향성이 확립되었다. 동일본대지진 발생 당시에 쓰나미 피해를 입은 센다이공항은 관계자들의 노력으로 지진 발생 4일 후인 3월 15일부터 자위대 및 미군에 의한 구급 구명 헬리콥터와 긴급 물자를 공수하는 수송기의 이착륙이 가능했다. 또한 4월 13일부터는 도쿄와 오사카를 연결하는 임시 여객편이 운항을 개시하여 피해 지역의 긴급구조(救援) 및 복구를 위한 중요한 역할을 담당했다.[25] 이와 같이 공항은 대재해가 발생했을 경우에 구급 구명 헬리콥터의 이착륙장이자 긴급 물자 및 인원들의 수송 거점으로서의 역할을 해낼 수 있다. 위원회 설치와 새로운 재해 대책 책정을 마련하는 것은 재해 시에 공항이 항공 네트워크 유지뿐만 아니라 긴급 수송의 거점으로서의 역할을 할 수 있도록 하기 위함이다.

2012年, 19頁.

24) 국토교통성(国土交通省) 홈페이지(http://www.mlit.go.jp/common/000170137.pdf) (검색일: 2015.9.10).

25) 須藤涉, 「東日本大震災と仙台空港の復旧」, 『予防時報』, (日本損害保険協会), 249号, 2012年, 20-21頁.

4. 동일본대지진이 남긴 과제와 교훈

1) 복구·부흥정책의 배경과 남겨진 과제

도로, 철도, 지역 교통, 신칸센, 공항과 피해 지역의 재생을 위한 교통 인프라스트럭처의 복구 상황에 대한 개관을 해보았다. 도로는 조속히 복구되었으며 신규 도로의 건설도 착실히 진행되고 있다. 철도 역시 2015년 9월 시점에 BRT 설치를 통한 본격적 복구와 조반선 문제는 아직 마무리되지 않았으나 해결의 방향성은 마련되고 있는 상황이다. 지역 교통의 재생만으로는 한정적인 대응에 불과하며 장래의 전망을 계획하기 어렵다. 하지만 이는 일면에 불과할 뿐이다. 표면적인 복구보다 먼저 우리가 주시해야 할 점은 재해지역의 미래 생활과 교통에 관해서이다.

충족되어야 할 교통 수요라는 측면에서 교통 인프라스트럭처의 복구 및 부흥을 굳이 평가하자면, 도로건설은 용이하고 철도는 기업의 채산성이 장벽이 되는 등 지역 교통에는 원리나 원칙이 없었다. 이는 지금까지 일본 교통정책의 있는 그대로의 모습을 그대로 반영한 것이라 할 수 있다. 하지만 향후 인구 감소라는 국면에서의 교통 문제에 주의를 기울여야 하는 상황이다. 그럼에도 불구하고 이를 의식하지 않은 것은 아니었으나 철도가 불필요하다는 의견은 있어도 도로가 과잉 상태라고 비판하는 의견은 들리지 않았다. 복구 및 부흥 과제와 향후의 교통정책이라고 하는 문제는 별도로 분리해서 생각해야 할 문제일지도 모르지만 미래에 화근을 남긴 것은 옳지 않다고 생각한다.[26]

지역 교통과 관련하여 획기적인 보조 정책이 채택되었으나 어디까지나 복구 및 부흥을 위한 일시적 성격의 정책에 불과했다. 그러나 재해지역에서 가장 필요로 하고 있는 교통정책은 지속적이고 안정적이며 또한 유연한 대응이 가

26) 부흥 자체가 이재민들을 재차 힘들게 만드는 현상에 대하여 시오자키(塩崎賢明, 2014)는 '부흥 재해'라고 부른다.

능한 교통을 확보할 수 있는지이다. 이는 일본의 미래 지역 교통정책에 대한 과제이기도 하다. 2013년에 제정된 교통정책기본법은 "교통에 대한 기본적인 수요가 적절히 충족되는 것이 중요"하다고 하는 기본적 인식을 담고 있다. 하지만 그 충족되어야 할 '기본적 수요'란 무엇이며, 어떻게 보장되어야 하는가에 대해서는 명확하지 않다. 이는 또한 "도호쿠 피해 지역의 모습은 미래의 일본이다"라고 일컬어지기도 하듯이 우리 모두와 관련된 문제이기도 하다.

2) 교통 분야에서 동일본대지진이 주는 교훈

동일본대지진은 새삼 쓰나미의 공포를 일깨워 주었고 각종 대책들이 충분하지 못했다는 점을 깨닫게 해주었다. 논해야 할 것은 많으나 여기서는 기업의 물류정책, 교통 관련 기업의 지진 대응, 재해 발생 시 자동차를 이용한 피난에 한정하여 논하고자 한다.

지진 발생 후 기업은 비상시의 물류 유통 문제가 중요하다고 의식하고 거래처에도 사업지속계획(BCP) 책정을 요구했다. 하지만 아직 많은 기업들은 트레이드오프를 인식하기 위한 리스크의 정량 평가('재해 발생 확률·피해 정도')를 실시할 정도까지는 아니었다. 우선은 생산 및 물류 거점의 분산 가능성 검토, 재해 시 대체 및 협력관계 구축, 헤저드 인식 등의 수준에 머물고 있다(長田哲平·矢野裕児, 2014). 연안 지역에서 신규 건설되는 물류창고의 경우 특히 1층에 설치되어있는 곳은 임대하려는 업체가 줄어들었다고 한다.[27]

교통 관련 기업도 JR 각사 및 도쿄메트로 등에서 수도직하지진, 난카이트로프 지진, 각종 수해 등에 대한 대책을 내놓고 있으며 독자적인 쓰나미 피난 지도를 작성하거나 각종 피해를 상정하여 일률적이지 않은 훈련을 실시하고 있다. 앞에서 기술한 바와 같이 국토교통성도 센다이공항의 피해를 참고하여 공

27) 2015년 2월 6일, 일본물류학회 중부부회 주최 '프로로지스 파크 가스가이(Prologis Park Kasugai) 견학회에서 청취한 내용.

항 대책을 강화하고 있다.

동일본대지진에서는 자동차로 피난하는 대열이 크게 정체되면서 쓰나미에 휩쓸리게 된 사례가 많이 보고되었다. '자동차 사회를 덮친 최초의 대형 쓰나미 피해'로도 인식되며 향후의 대응이 많은 관심을 보였으며 문제시되고 있다. 그러나 이재민들도 다양하고 지형적 특성도 상이하여 일률적인 자동차 피난 금지는 현실적이지 못하다. 도보 피난을 원칙으로 삼으면서도 어쩔 수 없는 지역에서는 어떻게 차량을 이용할지에 대한 바람직한 피난 방법에 대한 검토가 국가와 지방 지자체에서 추진되고 있으며 훈련을 실시하고 있다.[28]

어떠한 방법을 쓰더라도 '천 년에 한 번' 닥칠 수준의 재해라면 무슨 수(구조물)를 써도 막을 수는 없다. 우선은 발생 확률이 높은 재해에 대하여 방재뿐만 아니라 감재라는 대응도 포함하여 준비하는 것이 중요하다.

〈참고문헌〉

安部誠治·西村弘, 「ライフラインの被害と復旧の課題」, 関西大学社会安全学部編, 『検証 東日本大震災』, ミネルヴァ書房, 2012年.

上浜暉男·左中規夫, 『ウォーターフロント&エアフロント—港湾·空港の新しい建設技術—』, 山海堂, 1994年.

女川町復興まちづくりデザイン会議, 『女川町まちづくりデザインのあらまし 第2版』, 2014年 11月. (http://www.town.onagawa.miyagi.jp/hukkou/pdf/20141114_machi_design.pdf, 2015年8月31日アクセス)

熊本義寛, 「沿岸被災線区の復旧状況」, 『JRガゼット』, 2015年 3月.

警察庁, 「平成23年(2011年)東北地方太平洋沖地震の被害状況と警察措置」, 2015年 9月 10日. (https://www.npa.go.jp/archive/keibi/biki/higaijokyo.pdf, 2015年 9月 25日 アクセス)

国土交通省, 「東日本大震災 (第129報) 概要版 平成27年 9月 1日」. (http://www.mlit.go. jp/common/001102754.pdf, 2015年 9月 23日 アクセス)

28) 마을의 거의 절반이 평야인 미야기현 야마모토초에서는 자동차에 의한 피난 계획을 구상할 필요가 있었기에, 2013년부터 관련 대피 훈련을 시작했다.

国土交通省東北運輸局,「被災地における持続可能な地域公共交通の確保に関する調査」, 2014年 3月. (http://wwwtb.mlit.go.jp/tohoku/ks/new%20page/ks-tyousa25-2%20honbun.pdf,2015/09/01アクセス)

塩崎賢明,『復興〈災害〉』, 岩波書店, 2014年.

須藤涉,「東日本大震災と仙台空港の復旧」,『予防時報』, (日本損害保険協会), 249号, 2012年.

内閣府,「インフラ等の被害·復旧状況(岩手県, 宮城県, 福島県中心) 平成27年 7月 14日 現在」2011年. (http://www.cao.go.jp/shien/2-shien/1-infra.html, 2015年 8月 29日 アクセス)

内閣府同·東北地方太平洋沖地震緊急災害対策本部,「平成23年(2011年) 東北地方太平洋沖地震 (東日本大震災) について」. (http://www.bousai.go.jp/2011daishinsai/pdf/torimatome20150909.pdf, 2015年 9月 25日 アクセス)

長田哲平·矢野裕児「企業アンケートからみた物流, ロジスティクスにおける災害対応に対する一考察」,『日本物流学会誌』第22号, 2014年.

日本郵政株式会社,「東日本大震災の影響により, 一時閉鎖している郵便局(2015年 10月 13日時点)」(http://www.post.japanpost.jp/notification/productinformation/2015/0302_02_01.pdf, 2015年 9月 25日 アクセス)

原武史,『震災と鉄道』, 朝日新聞出版, 2011年.

復興庁, 「復興の現状 平成27年 11月 11日」 2015年. (http://www.reconstruction.go.jp/topics/main-cat1/sub-cat1-1/20150310_genjyo.pdf, 2015年 12月 26日アクセス)

復興庁,「復興の取組と関連諸制度」2015年 11月 11日. (http://www.reconstruction. go.jp/topics/main-cat7/sub-cat7-1/20150624_sankoushiryou3.pdf, 2015年 9月 23日 アクセス)

宮城県, 「東日本大震災による被害額(平成27年)」. (http://www.pref.miyagi.jp/uploaded/attachment/326529.pdf, 2015年 9月 25日 アクセス)

제4장

동일본대지진으로 인한 피해 주민들의 건강 지원활동

다카토리게 토시오(高鳥毛敏雄)

1. 광역-복합 재해 시의 건강지원 체제 구축을 위한 전제조건

재해가 발생했을 때 구출, 구조, 구급 이송 관련 체제는 이전부터 실시되고 있었지만, 1995년 1월 17일 발생한 한신·아와지대지진 이후에야 비로소 초(超)응급성(急性期) 의료 제공 체제의 정비는 물론 중·장기간 피난소 및 응급가설주택에서 생활하는 이재민들에 대한 건강 지원활동 체제를 정비하는 계기가 되었다(多田羅浩三·高鳥毛敏雄ほか, 「災害時地域保健活動マニュアルの作成に関する研究報告書」, 1996.) 재해 발생 후 이재민들의 건강 지원활동이 진행되지 않고, 피난 생활 및 생활환경의 악화 등에 의해 재해 관련사가 발생하게 되면서 재해 대책 중에서 재해 관련사를 방지하기 위한 지원활동이 중요하다는 것이 부각되었다. 대규모 재해 발생 시, 현재와 같은 이재민들에 대한 건강 지원활동이 상시로 진행될 수 있게 된 계기는 1995년 1월 17일에 발생한 한신·아와지대지진이었다. 한신·아와지대지진은 일본의 재해 대책 중에서 이재민의 구명·구급과 함께 건강 지원활동이 자리 잡게 되었고, 건강 지원활동을 조직화하는 계기가 되었다. 각 시정촌이 주민의 건강 지원활동의 실시 주체로 자리

잡으면서 시정촌의 보건사가 증가되고 지역보건체계의 기반이 정비되었다는 점이 아울러 작용한 것으로 보인다.

한신·아와지대지진은 전국 지자체에서 보건사들이 조직적으로 응원, 파견되어 지진 피해 주민들의 건강 지원활동에 나선 최초의 재해였다. 그 후부터 대규모 재해 발생 시에는 전국에서 보건사의 파견과 지원활동이 시작되었으며,[1] 또한 한신·아와지대지진이 계기가 되어 광역적인 재해 발생 시의 구명·구급체제가 정비되었던 것이다(厚生省健康政策局計画課·指導課監修, 1996: 48~87).

동일본대지진은 한신·아와지대지진 후에 확립된 재해 시의 보건 및 의료 활동이 모두 동원된 피해 주민들에 대한 지원활동의 시험대라고 할 수 있다. 이로서 지금까지 구축되어 온 건강 지원체제의 미비점과 문제점이 표면화된 재해이기도 했다.

광역 재해의 특징을 띤 동일본대지진은 지진, 쓰나미, 원자력 재해가 중첩된 복합 재해로 한신·아와지대지진과는 달리 지방에서 발생한 재해였다는 점 등 동일본대지진 발생 시의 공중위생 활동을 검증하는 과정에서 도난카이지진과 수도직하지진에는 향후 발생할 것으로 상정하고 있는 대응이 불가능하다는 점에 관해서는 무엇보다도 기정사실이라는 인식하에 현재 대규모 재해에 대비한 새로운 건강 지원체제의 구축이 진행되고 있다(坂本, 2013).

2. 한신·아와지대지진 이후에 확립된 재해 시의 건강 지원활동

1) 전국 지자체 보건사 파견 체제의 확립

'지역보건법'이 1994년 7월 '보건소법'으로 개정되어, 1997년 4월에 전면적

1) 多田羅浩三, 高鳥毛敏雄他, 1996: 1-156. 체제하에서 구축된 재해 시 지원체제의 시정(개선)이 절실해졌다.

으로 시행되었다. 한신·아와지대지진은 전후 일본의 지역보건체제가 대폭 개편되는 시기와 겹쳐 발생했다. 1994년 7월에 보건소법이 개정되어 지역보건법이 성립하여 1997년 4월에 전면적으로 시행될 예정이었다. 고베시의 보건소는 현재 1개소로 되어 있으나 한신·아와지대지진 발생 시 재난 발생지에는 각 구에 1곳씩 총 9곳의 보건소가 있었다. 이는 고베시가 각 구에 보건소를 설치하여 시민들에 대한 보건 및 복지 등 다양한 서비스의 거점을 제공한다는 취지였다. 그러나 한신·아와지대지진에 의해 발생한 다수의 이재민들에 대한 건강 지원은 해당 지역의 보건사만으로는 감당할 수 있는 규모가 아니었다. 지진 발생 후 10일째가 되던 1995년 1월 26일 후생성 건강정책국 계획과 보건지도관은 전국 도도부현의 보건사 소관 부서에 보건사 파견을 요청했다. 지진 후 15일째에 접어들어 전국의 지자체에서 파견된 보건사들이 재해지역으로 총 9732명이 파견되었다(地震災害時における効果的保健活動の支援体制のあり方に関する検討会, 2007a). 고베시 각 구의 보건소가 거점이 되어 전국에서 파견된 의료팀, 보건사팀이 피난소에서 의료 구호 활동 및 순회 상담 등 건강 지원활동이 시작되었다. 한신·아와지대지진 이후 재해 시 보건사들의 지원(응원) 및 파견에 대한 지침이 정비되었다(多田羅浩三·高鳥毛敏雄, 他, 1995). 재해에 의해 피해를 입은 시정촌은 혼란에 빠져 지원자들을 받아들일 체제를 정비하지 못하게 되는 경우도 있다. 이 때문에 시정촌을 대신하여 도도부현이 지원 체제를 정비하게 된 것이다. 도도부현은 관할 내의 지자체에 우선 지원을 요청하고 이것으로도 대응이 어렵다고 판단되면 도도부현 관할 외에 있는 지자체에 파견을 요청하게 된다. 2004년에 발생한 니가타현 주에쓰오키지진 발생 시에는 파견 요청 판단 및 현 외로부터의 보건사 파견이 한신·아와지대지진과 비교할 때 조기에 이루어졌다. 또한 재해 시에 보건사가 맡아야 할 건강 지원활동 내용에 대한 매뉴얼이 작성되어 있다(地震災害時における効果的な保健活動の支援体制のあり方に関する検討会, 2007b). 피난소, 가설주택을 순회하며 이재민들에 대한 건강 상담 및 건강관리와 더불어 이재민 특유의 피난 생활에 따른 2차적 건강 문제

로 이코노믹증후군, 노로바이러스 대응, 열사병 방지, 폐용증후군 예방, 고독사 대책, 심적 외상 후 스트레스 장해(PTSD: Post Traumatic Stress Disorder) 등에 대한 대응 등이 기재되어 있다(全国保健師長会, 2013).

2) 피해 주민들의 심리적 상처 치유를 위한 체제 구축

재해를 당한 주민들의 심적 외상 후 스트레스장애(PTSD)에 대한 대응의 필요성이 인식되기 시작한 것은 최근의 일이다(野田正彰, 1994). 운젠후겐다케(雲仙普賢岳) 화산 재해, 1993년 홋카이도 남서쪽 연안 지진에 의한 오쿠시리토(奥尻島) 쓰나미 재해 당시 이재민의 PTSD 대응이 절실한 상황이었다(野田正彰, 1994). 그러나 재해 시의 마음 치유에 관한 문제를 인식하는 계기가 된 것이 바로 한신·아와지대지진이었다(中井, 1995). 또한 한신·아와지대지진의 피해지였던 한신 지역은 전국적으로 볼 때 정신과 진료소가 많은 지역으로 요양, 병원, 입원치료가 아닌 가택 요양(자택) 생활하는 정신질환 환자가 많이 거주하고 있었다. 대지진으로 인해 진료소가 큰 피해를 입어 피난소나 자택에서 고립된 정신질환 환자에 대한 의료 제공을 위해 정신과 의료를 어떤 방법으로든 보완할 필요성이 있었다. 피해 지역 정신과의사들의 요청에 따라 재해지 안팎으로 많은 정신과 관계자들이 집결했다. 보건소를 거점으로 이재민들에 대한 정신의료 지원활동을 전개했다. 피해 지역의 10개 보건소에 '정신과 구호소'가 설치되었으며 이 정신과 구호소는 재해를 입은 정신질환 환자의 의료지원에 커다란 역할을 담당했다(中井久夫 編, 1995). 그 후 피난소에서 가설주택으로 이재민들이 옮겨가면서 재해의 충격과 혼란으로 인해 이재민들 중에서 PTSD 환자가 발생하는 등 정신건강 문제가 현저해졌고 재해 시 특유의 정신적인 치유에 대한 대응이 필요하게 되었다. 기존의 보건소와 의료기관에서는 전문인력을 통한 전문적인 대응이 어렵기 때문에 '마음치유 센터'가 설치되어 임상심리사, 정신보건 복지상담원, 간호사 등 약 40명이 배치되었다. 그 후 효고현은 2004

년 심리적 상처 치유에 관한 다양한 기능을 가진 전국 최초의 거점시설로서 효고현 마음치유센터를 개설하기에 이르렀다(福井貴子ほか, 2015).

3) 재해 시 구명·구급의료의 피해 지역 지원 체제 정비

시정촌에는 1975년 1월부터 구급 업무 실시가 의무화되었다. 그러나 구급 이송뿐으로 대재해 시 피해 주민들을 구명할 수 있는 구급의료에 대응할 수 있는 수준으로 다 허가하기는 어렵다. 한신·아와지대지진 발생 직후 피해 지역의 의료 기능이 소실되고 도로가 끊기면서 다수의 부상자가 일시에 발생했다는 점에 주목할 필요가 있다. 광역적 구명·구급의료 체제가 정비되어 있었다면 더 많은 생명을 구할 수 있었을 것으로 생각된다(武下浩, 奥秋晟, 小林国男, 相川直樹 編集, 1996). 이 쓰라린 경험을 통해 한신·아와지대지진 직후부터 재해 시의 구명·구급의료 체제 구축이 진행되었다.

(1) 재해 거점병원의 정비

한신·아와지대지진 발생 후 1995년 4월에 피해 지역의 의료기관, 의사회 관련 단체, 구급의료, 건축, 기기 설비, 정보통신, 의약품 전문가 등에 의한 '한신·아와지대지진 재해 의료 체제에 관한 연구회'(후생과학연구비보조금에 의한 연구)가 개설되었으며, 관련 보고서가 작성되었다(災害医療体制のあり方に関す検討会, 2001). 이 보고서에서 주목할 만한 점은 특히 환자의 광역 이송 및 응급용 기자재의 대여, 의료 구호팀 파견 등 일련의 프로세스에 대응 가능한 '재해 의료지원 거점병원'을 정비할 필요가 있다는 지적이다. '재해 시 초기 구급의료 체제의 충실화에 대하여'(1996년 5월 10일 건정발 제451호 건강정책국장 통지)가 마련되었다. 이를 바탕으로 도도부현 내 및 인근 현에서 재해가 발생했을 경우, 시정촌 내에서 피해 주민들에 대한 적절한 의료 확보를 위해서 도도부현 지사의 요청에 의해 부상자 수용 체제 및 의료 구호팀 파견 등을 실시하는 체제가 정비되기 시작했다.

재해 거점병원은 재해 시 ① 중증 구급 환자의 구명의료를 실시하기 위한 고도의 진료 기능, ② 부상자 수용 및 반출을 위한 광역 이송 대응 기능, ③ 자기완결형 의료구호팀 파견 기능, ④ 지역 의료기관으로 응급용 의료 기자재 대여 기능이 갖추어져 있어야 하며 도도부현에 의해 지정된 병원이다. 도도부현에 기간거점병원을 한 곳 지정하고 2차 의료권역별로 지역거점병원을 한 곳 지정하도록 되어 있다. 재해 거점병원에는 헬리콥터 이착륙장이 필수 조건이다. 또한 기간거점병원에는 구명·구급의료 인재의 훈련 및 연수 기능이 요구되며 연수 시설이 정비되어 있다.

(2) 재해의료파견팀(DMAT) 창설

한신·아와지대지진의 피해 지역에서는 많은 의료기관들이 기능을 상실하여 '의료 공백'이 생겼다. 2001년도에 마련된 '일본 재해 파견 의료팀의 표준화에 관한 연구보고서'를 바탕으로 '재해의료파견팀(DMAT: Disaster Medical Assistance Team)'이 개설되기 시작했다(辺見弘, 2002). '재해의료파견팀'은 의사, 간호사, 업무 조정원[구급구명사·약제사·임상공학기사·임상검사기사·이학요법사·작업요법사·방사선기사·사회복지사·코메디컬스태프(co-medical)·사무원 등] 등으로 구성되어 있다. 재해지역에서 팀이 되어 구명·구급의료 활동을 펼치는 것을 상정한 의료팀이다. 재해 시 파견 의료팀에는 도도부현 DMAT과 일본 DMAT이 창설되었다. 도도부현 DMAT은 지역 내 재해 발생 시에 현장에서 의료 활동을 실시하며 2004년 도쿄 DMAT 발족으로 시작되었다. 일본 DMAT은 후생노동성에 의해 2005년 4월에 발족했다. 대규모 재해 시 전국에 파견되어 광역 의료 이송 및 임시의료거점(SCU: Staging Care Unit)·병원 지원·지역 내 이송·현장 활동 등의 주요 활동을 하게 된다.

(3) 재해의료파견팀과 의료지원팀의 연계 체제 확립

동일본대지진에서는 지진 발생 직후부터 다수의 DMAT이 피해 지역에 집결했다. 그러나 쓰나미 재해였기 때문에 지진 재해 때처럼 외상 병자들에 대한 구명의료 활약 기회(수요)는 적은 상황이었다. 또한 대규모 재해로 통신 상태가 불량하여 파견 조정을 위한 본부가 충분히 기능하지 못했기 때문에, 조치가 필요한 환자가 어디에 있는지조차 정보 입수가 어려웠을 것이다. DMAT 활동이 많은 과제를 안고 있다는 점이 드러난 것이다. DMAT은 재해 발생 초기만을 위한 응급 활동에 특화된 팀으로 만들어졌기 때문에 만성질환을 가진 채 피난 생활을 계속하며, 증상이 악화된 환자들을 위한 적절한 대응이 이루어지지 못한 채 퇴각했다. 이 때문에 사망하게 된 사례도 있었다고 보고되고 있다. DMAT에 관해서는 재해 초기의 의료활동뿐만 아니라 DMAT 후속 의료 구호 활동과의 연계(연동)성을 도모하는 것이 검토 과제로 남았다.

이에 2013년 9월 4일에 일본 DMAT 활동 요령의 일부 개정을 실시했다. 재해 시 우선 전문적인 훈련을 받은 DMAT 의료팀이 가급적 신속하게 피해 지역에 들어가 피해 지역의 의료 수요를 파악하고 피해 지역의 초동 의료 체제를 확립하고자 했다. 그 후에 피해 지역에서의 급성기(急性期) 의료 체계를 확립한다. 그 위에서 피해지역에 긴급 치료 및 병원 지원을 실시한다. 지역에서 발생한 많은 부상자들을 피해 지역 밖의 적절한 의료기관으로 이송한다. 피해 지역에는 일반 의료를 담당할 지원팀으로 파견된 '일본의사회 재해의료팀(JMAT: Japan Medical Association Team)'을 비롯하여 대학병원, 일본적십자사, 국립병원기구, 일본병원회, 전일본병원협회, 일본치과의사회, 일본약제사회, 일본간호협회 등의 의료 관련 단체에서 파견된 다수의 의료팀이 있기 때문에 DMAT은 이들 의료 구호팀과 유기적 연계를 통하여 재해지역에서의 의료 구호 활동을 전개한다.

(4) 재해 시 구급 이송 헬리콥터의 활용 촉진

한신·아와지대지진에서는 많은 사상자가 나왔다. 재해지역의 의료기관은 거의 기능하지 못했고, 특히 도로도 막혀 구급차 반송이 불가능한 상황이었다. 그럼에도 불구하고, 지진 후 헬리콥터를 이용해 후방 병원으로 이송된 환자 수는 당일 1대, 다음 날 2대가 운행하여 1명씩 이송했을 뿐이었다. 자위대의 헬리콥터가 운행한 것은 3일째 저녁이 되어서였다(杉本侃, 1996). 대재해의 구급의료에서 최초 48시간이 가장 중요한 시간임에도 불구하고 구급 이송 시스템이 제 기능을 하지 못했다는 것이 확연히 드러났다. 이런 반성에서 재해 시 헬리콥터에 의한 환자 이송 체제 정비가 시작되었다.

소방청은 헬리콥터에 의한 구급 환자 이송을 시스템화하기 위해 1998년 3월 '구급대 편성 및 장비 기준'에 구급 이송 수단으로써 헬리콥터를 추가했다. 소방청은 '헬리콥터에 의한 구급 시스템 추진에 관한 검토위원회'를 창설했다. 헬리콥터의 구체적인 출동 기준 가이드라인을 만들고 소방 방재 헬리콥터에 의한 구급 출동 촉진을 꾀했다. 후생성은 1999년 10월에 닥터 헬리콥터 시행 사업을 시작하여 2007년 6월에 '구급의료용 헬리콥터를 이용한 구급의료 확보에 관한 특별조치법'(닥터 헬리콥터법)을 만들었다. 도도부현 구급의료 정책의 일환으로서 의사 및 간호사 또는 구급구명사를 탑승시킨 헬리콥터의 닥터 헬리콥터 도입 촉진을 추진하고 있다. 재해 발생 시에는 닥터 헬리콥터의 운용 규정에 의거하여 필요에 따라 DMAT의 활동을 지원할 수 있도록 했다.

3. 재해 시 건강 지원활동의 지역보건체계와 지자체의 현상과 과제

1) 피해 주민 지원을 위한 지역보건체계의 확립

일본의 경우, 지역보건법 시행을 계기로 주민에 대한 '건강지원활동'의 실시 주체는 시정촌이다. 원래 보건사의 대다수는 보건소에 소속되어 있었으나, 1980년대 들어서 시정촌에 보건사가 배치되기 시작했다.[2] 원래 보건사의 대다수는 보건소에 소속되어 있었고 시정촌에는 보건사가 적었다. 게다가 지역의 보건사들 대부분은 국민건강보험조합에 소속되어 있었다. 1983년에 노인보건법이 1997년에 지역보건법이 시행되어 시정촌을 주체로 한 보건체계의 기반이 강화되는 방향으로 전환되었다. 현재 전국 행정보건사의 85%는 시구정촌에 배치되기에 이르렀다. 후생노동성의 2014년도 보건사 활동 영역 조사(영역 조사)에 따르면[3] 지자체의 상근보건사 수는 3만 2896명으로, 구체적으로는 도도부현 4941명, 시구정촌 2만 7955명(보건소 및 설치 지자체 1만 9513명)이다. 지역보건법 제3조에는 시 지자체(특별구를 포함)는 해당 시정촌이 실시하는 지역보건 대책이 원활히 실시될 수 있도록 필요한 시설의 정비, 인력 확보 및 자질 향상 등을 위해 노력해야 한다고 되어 있다. 도도부현 및 국가는 시정촌이 그러한 책무를 충분히 다할 수 있도록 필요한 기술적 및 재정적 원조를 실시하도록 규정하고 있다.

2) 지역보건 대책 추진의 기본 지침 작성과 일부 개정

지역보건법에 따라 후생노동장관은 지역보건 대책의 추진과 관련한 기본적 지침(이하 기본 지침)을 표명해야 한다. 1994년 12월 1일에 최초로 발표한 '기본 지침'에는 재해 시 공중위생 활동에 대해서는 기재하지 않고 있다. 한신·아와지대지진 등 지역 주민의 생명이나 건강 안전에 영향을 미치는 사태가 빈발함에 따라 2000년 3월 31일 '기본 지침'이 일부 개정되어 지역보건 업무의 일환으

---

2) (옮긴이) 시정촌에는 보건사가 적었으며, 게다가 지역의 보건사들 대부분은 국민건강보험조합에 소속되어 있었다.

3) 宮崎益輝·幸田雅治編著, 『市町村合併による防災力空洞化ー東日本大震災で露呈した弊害』(ミネルヴァ書房, 2013).

로 '건강 위기관리 체제'의 확보가 추가되었다. 보건소는 ① 건강 위기 발생에 대비하여 평소 지역보건의료 관리기관으로서 지역의료의 제공 상황을 파악하고 관련 기관 및 단체와의 조정을 맡으며 지역 의료 제공 체제의 확보에 힘쓴다. 특히 보건의료 정보의 집약 및 그에 기반한 대응 방책의 종합적인 조정을 실시하는 체제를 확보한다. ② 건강 위기 발생 시에는 건강 피해자의 생명에 관한 정보 수집 및 제공, 건강 피해자에 대한 적절한 보건의료의 확보를 위한 지원 조치, 관계 기관 간의 연계 활동을 위한 종합 조정 등에 힘쓴다. ③ 건강 위기 발생 후에는 건강 위기 발생 시의 대응 및 결과에 대하여 과학적 근거를 바탕으로 평가, 공표하여 그 성과를 장래의 시책에 반영시킬 것이 요구되고 있다(高鳥毛敏雄, 2012: 10~11). 동일본대지진 후 2012년 7월에 기본 지침의 일부가 개정되었다. 그중에서도 지역에서의 건강 위기관리 체제 확보라는 항목이 추가되었다. 도도부현 및 시정촌은 대규모 재해를 상정하여 피해 지역 외의 지자체 및 국가와 연계하여 정보 수집 체제 및 보건활동의 전체적 조정기능, 응급 구조 등 체제를 구축해야 하며, 국가는 광역적인 재해보건 활동에 필요한 인재 육성 지원 및 보건사 등과 관련하여 신속한 파견 알선과 조정을 실시하는 시스템을 구축할 것이 기재되어 있다.

3) 동일본대지진에서 나타난 시정촌 합병의 영향

1994년에 지방자치법이 개정되어 2000년 4월에 '지방분권일괄법'이 시행되었다. 시정촌이 '지역보건법' 등 관련법에 따라 주민의 건강, 복지, 간병 등 대인 서비스를 종합적으로 담당하는 존재가 되었다. 시정촌 단위를 기초자치단체로 규정함으로써 더욱더 기반을 강화하기 위하여 시정촌 합병은 1999년 이후 적극적으로 전개되었다. 2004년에 '시정촌합병 특례에 관한 법률'을 시행하여 국가와 도도부현이 적극적으로 관여하여 시정촌 합병을 주도했다. 그 결과 1999년 3월 말 3232개였던 시정촌 수가 2014년 4월에는 1718개로 거의 50%나

감소되었다. 동일본대지진으로 피해를 입은 도호쿠 지방의 태평양 연안부에 위치한 많은 시정촌들도 대합병이 실시되고 있다. 실제 진척 상황은 부진했지만 구체적으로 살펴보자면, 미야기현 이시노마키시(石巻市)의 경우, 2005년 4월 1일에 모노우군(桃生郡)의 모노우초(桃生町), 카난초(河南町), 카호쿠초(河北町), 키타가미마치(北上町), 오가츠초(雄勝町), 오시카군(牡鹿郡)의 오시카초(牡鹿町)와 이시노마키시가 합병되어 신이시노마키시가 탄생했다. 후쿠시마 제1원자력발전소 사고의 영향을 받은 후쿠시마현 미나미소마시(南相馬市)는 2006년 1월 1일 오다카마치(小高町), 카시마마치(鹿島町), 하라마치시(原町市)의 한 곳의 시(市)와 두 곳의 정(町)이 합병하여 성립된 새로운 도시이다. 시정촌의 대합병이 이루어진 후 얼마 되지 않아 동일본대지진이 발생하자 시정촌의 이재민 지원에 커다란 영향이 있었다고 보고되었다(多田羅浩三, 高鳥毛敏雄, 近藤健文編, 2002). 후쿠시마현 미나미소마시는 후쿠시마 제1원자력발전소의 반경 20km 권내를 경계구역, 반경 20~30km 권내는 긴급 시 피난 준비 구역(계획적 피난 구역)으로 설정되어 피난이 권고되었다. 미나미소마시의 가시마구(鹿島区)는 반경 30km 이상의 구역이었다. 미나미소마시청은 긴급 시 피난 준비 구역에 있었으나 재해 발생 후에도 시청은 이전하지 않고 시의 기능이 유지되었다(村嶋幸子, 鈴木るり子, 岡本玲子編集, 2012). 합병이 없었다면 계획 구역의 옛 오다카마치(小高町) 피난주민들은 후타바군(双葉郡)의 다른 마을들처럼 주민도 관공서도 다른 시정촌으로 피난했어야 했다. 미나미소마시 가시마구는 쓰나미에 의한 심각한 피해를 입었으나 오다카구(小高区)의 원전 사고에 의한 이재민들의 피난처가 되었기 때문에 가시마구의 지진 및 쓰나미 피해 주민들에 대한 대응이 지연되었다고 비판하는 목소리도 높았다.

4) 동일본대지진 피해 지역 보건소 체제의 대응 현황

한신·아와지대지진 이후 보건소 수는 전국적으로 대폭 감소하고 있다. 재해 시에 건강 위기관리의 거점으로서 기능하기 어려울 정도의 인원 체제가 되고 말았다. 동일본대지진이 발생한 이와테현, 미야기현, 후쿠시마현에서는 보건소가 감소되고 관할구역이 광역화되고 있다. 보건소 의사는 전국적으로 감소 추세로 도호쿠지방에서는 보건소별로 1명의 의사를 확보하는 것도 어려웠으며, 이와테현의 피해 지역 보건소 중에는 소장(의사)이 겸직하는 곳도 있었다. 현의 보건소와 현의 복지사무소를 보건복지사무소가 통합하는 과정에서 보건소 기능이 약화되었다. 이와테현의 보건소 수는 1997년 15곳에서 10곳으로 줄었다. 미야기현의 보건소 수는 1997년 9곳에서 7곳이 되었다. 후쿠시마현의 보건소 수는 1994년 18곳에서 16곳으로 감소했고 이후에도 후쿠시마현의 보건소 통폐합은 진척되어 16곳에서 7곳으로 줄었다. 1999년에는 '이와키시'가 중핵시(中核市)가 되어 현의 보건소는 6곳이 되었다.

후쿠시마 제1원자력발전소 사고가 발생했을 때는 후쿠시마현의 연안 지역 12개 시정촌은 후쿠시마현 소소(相双)보건소 1곳이 관할하고 있었다. 게다가 보건소 의사는 소장 1명뿐이었다. 원전 재해를 당한 후쿠시마현 후타바군의 피해 주민 상당수가 당초에는 중핵시였던 코오리야마시(郡山市)에 집중되면서 문제가 되었고 그 후에는 아이즈(会津)지방으로 피난해 있던 후타바군 주민들이 중핵시인 이와키시로 이동하여 가설주택에서 생활하게 되었다. 그러나 중핵시인 이와키시만으로 이재민들의 건강 지원활동에 대응할 수 없었기 때문에 후쿠시마현 소소보건소의 출장소가 설치되고 현의 직원이 이재민들을 지원하는 체제가 되었다. 지방분권화 흐름 속에서 도도부현의 보건소 숫자가 감소되고 있어 광역 재해가 발생했을 경우 피해 주민들의 건강 지원에 시정촌 중심으로는 대응하기 곤란했다. 대규모 광역 재해 발생 시에는 도도부현 및 후생노동성 등의 지원 체제 또는 간사이 광역 연합과 같은 도도부현의 광역 연합에 의한 지원체제의 정비 촉진을 어떻게 가능케 할 것인가가 과제이다.

4. 재해 시 공중위생 생활자원팀의 조직화: 현황 및 과제

동일본대지진 당시 재해 시에 파견된 직원은 보건사뿐만 아니라 영양사, 정신보건복지사, 치과위생사 등 다양한 직종으로 확대되었다. 또한 피해 지역 지자체와 보건소가 기능을 잃었을 경우에도 자원팀만으로도 자율적으로 피해 지역에 대한 지원이 공중위생지원팀의 조직화 및 파견 체제의 정비가 필요했으며 구체화되어 진행되고 있다.[4)]

1) 대규모 재해에 대비한 재해 시의 건강 위기관리지원팀

동일본대지진에서는 피난소 및 구호소 활동을 실시한 주체는 시정촌 등 지자체였으나 재해 당시 오히려 지자체 자체가 기능을 잃은 곳도 많았다. 또한 원자력 재해지역에서는 건강 지원을 위한 응원 및 파견자들이 현지에 들어가지 못함으로써 이재민들의 건강 지원활동은 지역에 따라 큰 차가 발생했다. 이에 대한 반성을 발판으로 '재해 시의 건강 지원시스템' 구축이 추진되었다. 2011년 7월에 『동일본대지진 당시의 보건사, 의사, 관리 영양사 등의 파견 상황 조사: 피해 지역 지원의 교훈 및 재해지역의 과제 등에 대한 조사보고서』가 발행되었고 또한 2012년 3월에 『전국의 지자체 등의 동일본대지진 피해 지역 보건의료복지 지원실태조사 보고서』(坂元昇, 2013: 390~404)가 발행되었다. 동일본대지진 당시 피해 지역에 대한 보건 지원이 효율적이고 효과적으로 실시되었던 것으로 평가하기 어렵다는 점, 장기적 전망에서 이재민 지원이 이루어지지

4) 東北大学大学院医学系研究科地域ケアシステム看護学分野(2013)「平成24年度　3·11宮城県災害時保健活動の連携検証事業報告書 東日本大震災の体験を今に, 未来につなぐ」; 坂元昇(2012)「平成23年度地域保健総合推進事業　東日本大震災被災市町村への中長期的公衆衛生支援のあり方に関する提言」『全国の自治体等による東日本大震災被災地への保健医療福祉支援実態調査報告書』日本公衆衛生協会(http://www.jpha.or.jp/sub/pdf/menu04_2_07_00.pdf, 검색일: 2015.9.22).

않았다는 점, 피해 시정촌에 따라 지원활동에 격차가 있었다는 점 등의 여러 문제점이 드러났다.

2011년 5월에 공중위생 관계자들이 기존 전문 분야의 범위를 넘어선 지역 부흥을 위한 공헌, 미래를 대비한 공중위생 활동을 할 수 있도록 '재해 지원 퍼블릭 헬스 포럼(Public Health Forum)'이 발족되었다. 그러한 실적을 바탕으로 후생노동 과학 연구비 보조금을 통하여 '대규모 지진에 대해 지역보건기반 정비실천 관련 연구반', '재해 시 공중위생 활동 지원조직 창설 관련 연구반'이 창설되었다. 이들 연구반의 최종보고서에는 재해 시 건강 위기관리팀(DHEAT: Disaster Health Emergency Assistance Team)의 창설이 필요하다는 제언이 첨부되었다(大分県福祉保健部, 2012). 이 DHEAT의 구성과 관련하여 〈전국 위생부장회 재해 시 보건의료 활동 표준화 검토위원회〉에서 구체적 방안 마련이 진행되고 있다.

2) 지방 지자체의 공중위생팀

도도부현 중에는 재해 시 공중위생지원팀을 이미 창설한 곳이 있다. 오이타현은 2012년 4월 '오이타현 재해 시 공중위생대책팀 설치 요강'을 작성하여 현내의 피해 지역에 대한 파견지원을 실시하고 있다(広島県健康福祉局, 2012). 히로시마현은 2012년에 재해 발생 시 공중위생 활동 매뉴얼[5])을 작성하여 2013년 2월 '재해발생시공중위생팀'을 설치했다.[6]) 히로시마현은 2012년에 재해 발생 시 '공중위생 활동 매뉴얼'을 작성하여 2013년 2월 재해 당시 '공중위생팀'을 설치한 바 있다. 오이타현의 '공중위생팀'은 지자체의 직원만으로 구성되었으

5) 広島県健康福祉局, 「広島県災害時公衆衛生チーム設置について」(2013)(https://www.pref.hiroshima.lg.jp/uploaded/attachment/86245.pdf, 검색일: 2015.9.22).

6) 広島県健康福祉局健康福祉総務課·健康対策課, 「平成26年広島県大雨災害への被災者支援について資料提供」(2014)(http://www.hiroyaku.or.jp/saigai2014/20140823DPAT.pdf, 검색일: 2015.9.22).

나 히로시마현의 경우는 민간의 기능 단체도 소속(포함)되어 있다. 주목할 만한 활동으로는 2014년 8월 21일에 발생한 히로시마현 홍수로 인한 산사태 재해 당시 '히로시마현 공중위생팀'이 이재민의 지원활동을 수행한 바 있다(兵庫県こころのケアチーム, 2015).

3) 재해 파견 정신의료팀(DPAT: Disaster Psychiatric Assistance Team)

한신·아와지대지진 발생 이후, 대규모의 재해 및 사고 후에 이재민들에 대한 '마음 치유'를 실시하게 되었다. 동일본대지진 발생 시 2011년 12월부터 2012년 3월에 걸쳐 미야기, 후쿠시마, 이와테 등 재해 3현에는 '마음치유센터'가 연이어 개설되었다. 동일본대지진 당시 이재민들에 대해 충분한 정신적 치유 매커니즘이 작동하지 못했다는 반성에서 기존의 '마음치유팀'을 발전시켜 재해 파견 정신의료팀(DPAT:Disaster Psychiatric Assistance Team)을 창설할 것을 촉구했다. 이를 위하여 2013년 후생노동성은 각 도도부현 등에 통지했다. 재해 발생 직후부터 효율적으로 정신적 치유 활동을 추진하기 위해서 구체적인 활동 요령을 제시하고 도도부현 등의 지역 사정에 맞춘 DPAT 운용 체제를 정비하도록 했다. 효고현은 1995년 이후 '효고 DPAT' 활동 매뉴얼을 작성하여 DPAT을 조직, 운용 체제 및 기본적 준비 자세, 활동 내용 등을 제시 한 바 있다(公益社団法人日本栄養士会, 2014).

4) 일본영양사협회의 재해지원팀

한신·아와지대지진 당시에는 피난 생활이 장기화됨에 따라 식생활 및 영양을 고려해야 할 영유아, 고령자, 장애인 등 재해 시 반드시 보호가 필요한 대상들과 당뇨병 및 신장병환자들에 대한 대응에 문제가 부각되었다. 또한 이재민 생활이 장기화되면서 식생활상의 문제점(비타민 및 미네랄 부족, 섬유질 부족, 고

염분 식사 등)에 대응하기 위해서는, 관리 영양사 및 영양사들에 의한 순회 상담 활동이 필요하다는 점이 인식되기 시작했다. 동일본대지진에서는 '일본영양사협회(日本栄養士会)'가 매개가 되어 전국의 관리 영양사 및 영양사들로 이루어진 자원봉사자들을 모집했다. 자원봉사자들의 대표적인 활동은 다음과 같다. 약 1600명이 피해 지역에 파견되어 영양과 식생활 면에서 지원활동을 실시했다. 피난소 및 시설에서의 지원 및 재택 주거자 방문 등 폭넓은 활동이 이루어졌다. 일본영양사회는 재해가 발생했을 때 이러한 활동 경험을 바탕으로 신속하게 지원활동에 나설 수 있도록 기동성을 높인 관리 영양사 및 영양사팀으로서 '일본영양사회 재해지원팀(JDA-DAT)'을 창설했다(岩手県保健福祉部地域福祉課, 2014).

5) 재해파견 간병팀

한신·아와지대지진에서는 건강한 사람들과 똑같이 피난소에서 생활하는 것이 불가능한 장애인 및 고령자, 임산부에 대한 대응이 큰 과제가 되었다. 휠체어 이용자용 화장실이 완비되어 있지 않은 피난소 혹은, 밀집된 피난소에서는 생활할 수 없는 정신질환 환자도 있다. 이에 1996년에 재해 약자들에 대한 지원책으로서 '복지형 피난소'에 대한 개념이 정립되기 시작했다. 고령화가 진행됨에 따라 간병을 필요로 하는 환자들이 증대되어 간병 종사자, 간병 시설이 증가하여 간병 보험서비스를 받고 있는 간병 대상자 수가 증가하고 있다. 재해 시에는 케어(개호)를 필요로 하는 사람들에게 생활지원뿐만 아니라 재택 간병 서비스를 이용하고 있는 사람들, 간병 시설 입소자 및 이들을 돌보는 시설 직원 지원이 중요한 과제로 인식되고 있다.

동일본대지진 발생 후 후생노동성은 2012년 4월에 '간병 직원 등의 긴급구호파견 체제(재해파견간병팀)'에 관한 정비를 촉진하도록 통지하고, 재해지역 지원이 가능한 '재해파견개호(복지)팀'의 설치를 요청하고 있다. '재해파견개호팀'은 사회복지사 및 간병복지사, 간호사, 이학요법사(理學療法士) 등 간병 스태프들로 구성된다. 재해가 발생하게 되면 리프트 버스를 동원하여 피해지역의 복지시설 및 피난소 간병 활동, 피해지의 수요에 맞추어 교대하고 중장기에 걸쳐 재해지역의 간병 활동을 지원하는 업무를 담당하는 구조이다.

이와테현은 2014년 3월 26일, 대규모 재해 시 피난소 등에서 재해 약자 대상 복지 및 간병 수요 파악 및 응급지원 담당 '재해 파견 복지팀'(DCAT: Disaster Care Assistance Team)은 최대 27개 팀을 파견할 수 있는 체제를 갖추었다고 공표했다(内閣府·総務省·厚生労働省, 2006). 이와테현은 사회복지사, 간병복지사, 정신보건복지사 등 복지전문직에서 연수를 받은 사람을 등록하게 한다. 이후 재해구조법을 적용할 정도의 대규모 재해 발생 시 4~6명 정도로 팀을 편성하여 재해 파견 복지팀의 일원으로 피난소 등에서 활동할 수 있는 체제를 정비하고 있다.

6) 재해 약자들의 피난 지원시스템 확립

동일본대지진에서 재해지의 사망자 수 중 65세 이상 고령자 수는 약 60%이며 장애인의 사망률은 피해 주민 전체 사망률의 약 2배였다. 당시 재해 약자뿐만 아니라 소방 직원 및 소방단원, 민생 위원 등 지원자들도 다수 희생되었다(内閣府, 2013a). 한신·아와지대지진을 경험하며 고령자, 장애인 등의 재해 약자들에 대한 피난 지원 및 피난소 생활지원을 과제로 인식하고 '재해 약자들의 피난 지원 가이드라인'을 작성하여 지자체가 주도적으로 재해 약자 명부 작성 및 피난 지원계획 책정 등을 촉구하고 있다(内閣府·総務省·厚生労働省, 2006).

그러나 동일본대지진에서는 재해 약자들에게 피난 정보가 제대로 전달되지 못했다는 점, 행정적 안부 확인이 원활하게 진행되지 못했다는 점 등의 여러 문제점이 지적되었다. 2013년 3월에 '재해 약자 피난 지원에 관한 검토회 보고서'[内閣府(防災担当), 2013a]가 제출되었고 2013년 6월에 '재해대책기본법'의 일부가 개정되어 배려 필요자 및 내용은 다음과 같다. 고령자, 장애인, 영유아 등의 방재 시책에 있어서 특별한 배려가 필요한 사람들 중에서 재해 발생 시 피난 등에 있어서 특별한 지원이 필요한 사람들의 명부 작성이다. 피난 행동 지원 필요자 명부의 작성 및 활용과 관련한 구체적 수순 등을 포함한 '피난 행동 지원 필요자들의 피난 행동 지원에 관한 대처 지침[内閣府(防災担当), 2013b]'이 제시되었다. 이는 2006년의 '재해 시 지원 필요자의 피난 지원 가이드라인'을 전면적으로 개정한 것이다. 각 시정촌은 이러한 지침을 활용하여 피난 행동 지원 필요자들에 대한 지원 체계 정비가 요구된다.

7) 재해 시 재해지역에서의 감염 증감 시 감염증 대책 지원팀

대규모 재해 발생 시에는 생활환경의 악화로 예를 들어, 피난소의 공동 생활 환경에 더하여 다수의 지원자들이 출입하기 때문에 감염증 유행이 발생하기 쉽다. 피난소의 양호한 생활환경 확보가 감염증 예방 대책의 기반이 된다(押谷仁, 神垣太郎, 2013: 364~373). 한신·아와지대지진 발생 후 감염증에 관한 법률인 '전염병예방법'이 폐지되고 1998년 10월 2일에 '감염증 예방 및 감염증 환자에 대한 의료에 관한 법률(통칭 감염증법)'이 성립되었다. 동일본대지진 발생 후 국립 감염증연구소와 지자체의 감염증 부서가 연계하여 피난소에서의 감염증 서베일런스(감시) 시스템을 일부 지역에서 가동했다.

동일본대지진에서는 후쿠시마현 고오리야마시의 피난소 '빅팔레트후쿠시마(BIG PALETTE FUKUSHIMA)'에서 2011년 4월 초순에 노로바이러스에 의한 구토 및 설사 증세가 집단으로 발병했다. 청취 및 관찰조사 결과, 유행 초기에 각 층은 과밀 상태였고 오물 및 오염물 처리가 제대로 이루어지지 못했으며 또한 손 씻기가 충분히 엄수되지 못한 점, 생활용수 대부분이 공용화장실 수도를 생활 수도로 이용했던 점, 초기에 화장실 청소가 충분하지 못했던 점, 건조한 카펫과 모포에서 분진이 발생하기 쉬운 상태였다는 점, 환기 설비가 부족하여 효

율적인 환기가 이루어지지 않았던 점 등이 지적되었다(国立感染症研究所, 2011). 또한 동일본대지진 이후 2011년 3월~2012년 3월 기간에 이와테현과 미야기현 등 의료기관에서 재난으로 인한 파상풍 증상 사례 10건이 신고되었다(国立感染症研究所, 2012). 재해 시 대규모피난소에서는 감염증 유행 예방과 감염병 유행 조기 파악 체제를 정비할 것, 또한 감염증 유행 시에는 이에 대한 대책 마련 지원팀 파견이 필요하다(アドホック委員会, 2014).

8) 원자력 재해 시의 원자력 재해의료파견팀

도쿄전력 후쿠시마 제1원자력발전소 사고 발생 시 방사능물질이 광범위하게 확산되어 지정 병원도 피해를 입는 등 상정되었던 피폭 의료 체제가 제 기능을 하지 못하게 되는 상황에 빠졌다. '원자력규제위원회'는 2012년 11월 15일 '긴급 피폭 의료 관련 검토팀'을 구성했고 2015년 4월 24일부터 '원자력 재해 시 의료 체제 관련 검토팀'에서 업무를 시작했다(原子力規制庁, 2015). '대량피폭의료지원센터', '원자력재해의료 종합지원센터'를 설치하고, 지역별로 피폭의료의 중점치료를 담당할 '원자력재해거점병원'을 1~3개 곳에 설치할 것을 제안하고 있다. '원자력 재해 거점병원'은 원자력 재해 발생 시 오염 유무와 상관없이 부상자 등을 치료하고 피폭되었을 경우에는 적절한 진료를 하는 의료기관이다. 사고 시 현지 의료 담당이 '원자력 재해의료파견팀'을 거점병원에 파견하기로 했다. '고도의 피폭 의료지원 센터', '원자력 재해 의료·종합 지원 센터'를 설치하는 안도 검토되고 있다. '원자력 재해 의료·종합 지원 센터'는 거점병원에 대한 지원 및 관련 의료기관과의 네트워크를 구축함과 동시에 원자력 재해 발생 시에는 원자력 재해의료파견팀 파견 조정 등의 역할을 담당한다. '원자력 재해 파견팀'은 거점병원에 소속되어 원자력 재해가 발생한 도부현 등 지역 구급의료를 실시하는 팀이다. 원자력 재해 발생 시에는 '원자력 재해 의료조정관'을 두어 환자들의 오염 및 추정 피폭 방사선량을 근거로 적절하고 신속하게 수송 여부와 수송 병원을 지시하도록 하고 있다.

원자력 재해 발생 시 피난 지역에서 벗어날 경우, 검사 및 제염 등의 구체화에 관해서 후쿠시마 원전사고 당시 혼란을 초래한 바 있어서 기존의 '체표면 오염 스크리닝' 및 '제염'을 대신할 수 있는 대응 방안을 제시하고 있다. 자가용 차 및 버스 등 차량을 이용하여 피난하는 주민 등에 대한 검사는 승차한 사람들에 대한 검사 대용 방안으로 우선 차량 검사를 실시하여 차량 수치가 OIL(Operational Intervention Level: 운용상의 개입 레벨) 4 이상일 경우에는 승차 인원 중 대표자(같은 방식의 피난 행동을 한 집단 중 1명)를 검사한다. 가령, 대표자 검사 수치가 OIL 4 이상이 될 경우에는 전원 검사를 실시한다. 후쿠시마 제1원자력발전소 사고에서는 위험 지역에서 피난한 이재민들에 대한 체표면 오염 스크리닝 실시로 인해 피난 경로가 길어져 피난 도중에 사망한 사람들도 발생했던 점을 교훈으로 삼아 이에 대한 개선이 추진되고 있다.

9) 재해 시 공중위생 활동에 관한 위기관리팀의 매니지먼트

동일본대지진 후에 재해 시 지원을 맡은 분야별로 다양한 팀이 등장하고 있다. 그러나 건강 지원 및 건강관리에 관한 지역의 조정 기관 역할을 하는 보건소에 대한 기대감이 높아지고 있다. 건강 위기관리 활동을 실시하기 위해서는 명령 계통을 재정립(명료화)하고, 재해 발생 시 대응 시스템을 표준화시킬 필요가 있다. 이를 위해 후생노동성 연구 조직으로서 '지역 건강 안전·위기관리시스템 기능 평가 및 질적 개선에 관한 연구반'이 설치되어 일본판 표준 보건소 ISC/ IAP/AC를 정비하여 재해 발생 시에 보건소가 초동대응 및 관계 각 조직·기관과 연계한 활동의 표준화를 시행하는 것이 검토되고 있다(厚生労働科学研究費補助金, 2013). 이는 미국 연방긴급사태관리청(FEMA: Federal Emergency Management Agency)에서 이용하고 있는 ICS(Incident Command System)를 참고하여 작성된 일본판 시스템이다. 일본형 표준 ICS(자연재해)는 미국에서 이용되고 있는 ICS의 기본구조인 지휘·조정(command), 대응(operation), 로지스틱스(logistics: 병참), 기획(planning), 총무(admin/finance)에 관한 기본적 골격을 도입했다. 일본에서 보건소는 로지스틱스, 기획, 총무 부분에 대해서는 지자체의 주관 부서 등의 지원을 받을 수 있기 때문에 지휘·조정 및 대응 시스템의 기능 강화를 중시한 것이라고 볼 수 있다. 또한 후생노동성의 DHEAT, 위기관리 조정 시스템에 재해 시 연구원의 검토 내용을 참고로 실제 운용 가능한 체제정비를 목표로 하고 있다.

5. 후쿠시마 원전(제1원자력발전소)사고 피해 지역: 현황

1) 후쿠시마 제1원자력발전소 사고 전 상정한 원자력 재해 시 건강 지원체제

일본은 1999년 9월 30일에 발생한 (주) JCO 우라늄 가공 공장 임계 사고 당시 원자력 재해 발생에 준하는 건강 지원활동을 경험한 바 있다. 이때의 경험을 바탕으로 원자력 재해의 위험성이 있을 경우 보건소는 원자력 재해 발생 시 법정 계획 및 원자력안전위원회가 작성한 방재 지침 등에 의거하여 연락 조정 및 피폭자에 대한 구호 활동이나 상담 등에 대응하도록 규정하고 있다. 또한 피난소는 시정촌이 주도하여 설치하며 의료 구호소 설치는 도도부현이 보건소와 협력하여 설치하는 것으로 되어 있다. 필요에 따라서 주변 주민 등을 대상으로 방사능 오염 파악 및 스크리닝 간이 측정, 안정 요오드제를 예방 차원에서 복용하도록 지도해야 한다(緖方剛, 2012: 951~956). 그러나 원전사고 정보 전달의 문제도 있었으며, 예상치 못한 노심용융(爐心鎔融: meltdown) 사태까지 발생했기 때문에 실제로는 원전사고 이재민들에 대한 적절한 대응이 이루어지지 못했다.

2) 후쿠시마 원전사고 발생 시 건강 지원활동의 현실

원자력발전소 사고가 발생했을 때 현지에 대책본부 주관으로 긴급사태 응급 대책 거점시설을 설치하려는 계획도 방사능 오염 때문에 사용하지 못하게 되었다. 또한 긴급 피난 주민들에 대한 방사능 오염 스크리닝도 충분히 실시하지 못했다. 피폭 의료를 담당한 후쿠시마 현립 오오노병원(大野病院)의 의료종사자들도 피난해야 했다. 후쿠시마 제1원자력발전소 사고 피해 지역의 주민들에 대한 보건사의 지원 및 파견 등의 건강 지원활동이 수개월 동안 거의 기능하지 못했다. 피해 주민들에 대한 지원을 맡고 있는 현지 보건 및 의료 관계자들도 피난해야 할 상황으로, 피해 지역에서는 주민들에 대한 건강 지원활동이 이루어지지 못했다. 그뿐만 아니라 구급의료도 제한되어 현지에 남은 보건의료자는 피난하지 못하고 외부의 지원도 이루어지지 않는 상황에서 고립되어 업무를 수행할 수밖에 없었다(笹原賢司·草野文子·高鳥毛敏雄, 2012: 966~973). 자연재해 시의 긴급구호 파견 체제와는 전혀 다른 상황이 발생한 것이다. 원전사고에 따른 피해 주민들은 자연재해의 경우와는 달리 귀가할 수 있는 거처가 없어졌고, 생활 복구에 대한 계획도 세울 수 없는 상황에 처함으로써 시간이 지남에 따라 거주지를 떠나 생활재건을 하는 사람들이 늘고 있다. 이재민들에 대한 건강 지원을 언제까지 계속할 필요가 있는지에 대한 계획도 세우기 어려운 상황이다.

원전사고에 의한 재해 시 피난 구역의 지정 지역에서는 현지 보건사만으로 대응하도록 되어 있었기 때문에 미나미소마시의 경우 보건사 몇 명이 자원봉사자로 지원에 나서 일시적인 지원이 이루어질 수밖에 없는 비정상적인 사태가 되었다(高鳥毛, 2013). 원자력 재해지역 주민들에 대한 건강 지원체제는 아직도 명확한 기준이 없는 상황이다. 원자력 재해 발생 시에 건강 지원에 나서는 직원들의 활동 등과 관련하여 후쿠시마 원전사고를 계기로 심도 있는 논의가 이루어져야 할 것이다.

3) 후쿠시마현 미나미소마시 피해 주민들에 대한 건강 지원체제

미나미소마시 가시마구에는 '경계구역'에서 피난 온 주민들을 위한 응급가설주택이 설치되어 있으며 현재도 많은 주민들이 생활하고 있다. 재해 발생 5년째를 맞는 현재에도 많은 이들이 긴급가설주택에서 생활하고 있다. 미나미소마시는 '피난지시 해제 준비 구역', '거주제한 구역', '귀환 곤란 구역'이라는 세 개의 구역으로 분할되어 있다. 점차 제염이 제대로 이루어진 곳은 주민의 출입 등이 일부 완화된 구역도 있다. 또한 3·11 당시 경계구역이었지만 오염을 제거하고 지정 해제가 예정된 경우도 있었다. 그러나 제염 후 자택 복귀가 진행됨에 따라 방사선에 의한 건강 상담 체제 강화가 필요하게 되었다(大平洋子, 2012: 961~965). 미나미소마시에서는 시청의 건강 지원과에 새로 방사선 건강조사 담당 과장이 배치되었다. 기존에 경계구역에서 피난 온 이재민들이 생활하는 응급 가설주택이 건설되어 있는 가고시마구(청사)에 있던 방사선 건강 담당계가 본청에도 설치되는 체제가 된 것이다. 방사선 상담원을 새로 고용하고 가시마구, 하라마치구, 오다카구에 배치했다. 방사선 상담원은 전문성이 높은 직원을 채용할 계획이었으나 그와 같은 인재를 확보하기가 어려워 공모를 통한 일반인을 채용했다. 정신적 치유와 관련하여 '일반 사단법인 후쿠시마현 정신보건복지협회'는 후쿠시마현에서 사업을 위탁받아 '후쿠시마 마음치유센터'를 설치했다. 미나미소마시는 소마호부(相馬方部)센터 출장소가 담당하고 있었다. 피해 주민들의 피해 상황과 그 후의 생활 고충에 대한 상담 및 종합적인 정신적 치유는 응급 가설주택에 배치되어 있는 생활지도원(사회복지협의회 비상근직원)이 창구가 되어 정신과 의사 등 전문 직원이 대응하고 있다. 재해 발생 시부터 방사선 영향에 따른 건강 상담 및 지원활동 업무가 증가되어 소마시 직원만으로 한계가 있어 보건사 등 전문 직원의 대응 및 파견이 필요한 상황이 되었다.

6. 결론: 고령사회에 대비한 건강 지원체제의 과제

1) 건강 지원활동을 뒷받침하는 제도 정비 및 사회자원의 증가

일본의 재해 발생 시 이재민들에 대한 건강 지원활동은 1995년에 발생한 한신·아와지대지진이 계기(기점)라 할 수 있다. 그 당시는 재해 시의 의료 활동만이 건강 지원활동으로 전개되고 있었다. 한신·아와지대지진 후 시간이 경과됨에 따라 이재민, 가설주택 생활자에 대한 중장기적 보건, 의료, 복지, 간병 서비스 제공이 중요 과제로 인식되게 되었다. 한신·아와지대지진 발생 시기는 전국적으로 시정촌 보건서비스 제공 체제가 강화된 지 10년이 지난 시기였다. 시정촌의 보건사가 증가하고 영양사 등의 직원도 고용되었다. 동일본대지진은 한신·아와지대지진을 통해 얻은 경험과 체제 정비 덕분에 이후 재해 시의 보건의료 활동 축적뿐만 아니라 지역보건법, 간병보험법 등 사회제도의 기반이 강화되었다. 아울러 재해 시의 새로운 건강 지원활동 전개를 창출하는 계기가 되는 재해였다. 한신·아와지대지진 후 감염증 대책과 관련해서는 1999년 감염법 제정을 계기로 의료서비스 제공 체제에 대해서는 의료법이 수차례 개정(1985, 1992, 1997, 2000, 2006, 2014)되어 지역의료, 구급의료 시스템 정비가 추진되었다. 전후 오래된 병원의 재건 시기 및 기능 강화와 맞물리면서 새로운 지역의료 시스템 구축이 진행되고 있다. 특히 3·11 이후 의료·보건·복지·개호 등과 관련한 민간 조직 단체들의 다양한 활동이 활발하게 전개되고 있다.

2) 동일본대지진에서 나타난 건강 지원의 새로운 형태

동일본대지진 발생 후, 과거 대재해 발생 시에는 볼 수 없었던 의료, 보건, 복지, 간병 등 다양한 직종 및 조직, 단체들이 피재지에 들어가 폭넓은 활동을 펼쳤다. 행정조직에 소속된 직원들에 의한 건강 지원활동뿐만 아니라 민간단체 및 민간 조직에 의한 건강 지원활동이 두드러졌다. 동일본대지진에서 대응이 필요했던 과제들을 살펴보면, 지금까지의 지원은 재난을 당한 지자체 및 단체가 중심이 되어 전개하는 것이 전제였지만 이것만으로는 현지의 피해 주민들에 대한 지원활동 전개가 불가능했다. 그 결과 피재 지자체의 기능이 상실된 경우에도 피해 주민들의 건강 지원이 가능한 팀을 창설하거나 체제를 구축하는 움직임이 활발해지고 있다.

동일본대지진을 계기로 건강 지원활동은 입체적이고 포괄적인 것으로 변모하고 있다. 한신·아와지대지진 이후 선행되어 정비된 재해 발생 시 의료지원팀(DMAT)의 활동 형태를 참고로 하여 재해 시 공중위생 활동 지원팀의 조직화와 제도화가 추진되고 있다. 자연재해 발생 시 재해지역에서의 건강 지원활동은 한신·아와지대지진, 동일본대지진에서 착실히 발전되어 왔다. 그러나 원자력 재해 시 건강 지원활동에 대해서는 아직까지는 모색 단계에 머무르고 있다. 원자력발전소 사고 후에도 자치체의 기능이 유지되고 있는 유일한 지자체인 미나미소마시의 원전사고 피난 생활자들의 건강 지원활동 상황을 주시하고 있다. 재해 발생 후 5년이 지나도록 지역의료의 재생, 방사능 영향에 대한 건강상담, 자택 재건이 이루어지지 않고 있는 경계구역의 이재민들에 대한 대응 등 원자력 재해에 의한 건강 지원 계획조차 보이지 않는 상황이 이어지고 있다(安村誠司編, 2014).

재해 시의 건강 지원활동은 일상적인 건강 지원활동의 기반 위에 성립되는 것이다. 따라서 행정 분야의 건강 지원과 관련된 직원들뿐만 아니라 지역의 의료기관 및 전문직 단체와의 연계 체제를 평소부터 구축해 둘 필요가 있다. 재해지역에서 보건, 복지, 의료, 간병과 관련된 관계자들이 연계 지원이 불가능한 상황에 처할 수 있다는 점을 동일본대지진에서 경험했다. 일본은 초고령사회가 되어가고 있다. 이 때문에 전국의 시정촌에서 지역 포괄 케어 시스템의 구축이 시급한 상황이다. 지역 포괄 케어 시스템은 재해 시 건강 지원활동에 기여할 수 있는 지역 포괄 케어 시스템을 구축함에 있어서 평소 구호 필요 대상자, 지원 필요 대상자 시스템과만 연계할 것이 아니라 재해 시에도 통용되는 보건, 의료, 간병 관련 기관과의 연계 체제를 강화시키고 발전시켜 나갈 필요가 있다.

2013년 6월 '재해기본법'의 일부를 개정하여 고령자, 장애인, 유아 등 방재대책에 관한 특별한 배려가 필요한 니즈(배려수요자)를 점검하고, 재해 발생 시의 피난 등에 특별 지원을 요하는 리스트(피난 행정 지원 필요자 명부) 작성을 의무화하도록 규정했다. 또한 개정 후 피난 행동 지원 필요자 명부의 작성 및 활동에 관한 구체적 프로세스를 포함한 '피난 행동 지원 필요자의 피난 행동 지원에 관한 지침'(2013년 8월)이 제정·공표되었다. 과연 앞으로 새롭게 마련한 건강 지원 제도 혹은 시스템이 효과를 발휘할 수 있도록 생태계를 어떻게 만들어 갈 것인가가 주어진 과제라 할 수 있다.

〈참고문헌〉

アドホック委員会·被災地における感染対策に関する検討委員会, 「大規模自然災害の被災地における感染制御マネージメントの手引き」, 日本環境感染学会, 2014年.

岩手県保健福祉部地域福祉課, 「岩手県災害派遣福祉チームの設償について」, 県政記者クラブ報道資料, 2014年.

大分県福祉保健部, 「大分県災害時公衆衛生対策チーム設置要綱」, 2012年.

大平洋子, 「福島第一原子力発電所周辺自治体住民に対する保健サービスの現状と課題」, 『公衆衛生』第76巻 第12号, 2012年, 961-965頁.

緒方剛, 「原子力災害における保健所の役割」, 『公衆衛生』第76巻 第12号, 2012年, 951-956頁.

押谷仁·神垣太郎, 「大規模災害において想定される保健医療福祉の課題—感染症の観点から」, 『保健医療科学』第62巻 第4号, 2013年, 364-373頁.

原子力規制庁, 「原子力災害医療体制等について」, 原子力災害時の医療休制の在り方に関する検討チーム 第4回 会議演料, 2015年.

公益社団法人日本栄養士会, 「日本栄養士災害支援チーム活動マニュアル」, 2014年.

厚生省健康政策局計画課·指祁課監修, 『災害時の地域保健医療活動』, 新企画出版, 1996年.

厚生労働科学研究費補助金, 「地域健康安全·危機管理システムの機能評価及び質の改善に関する研究」, (主任研究者: 多田羅浩三), 2013年.
厚生労働省健康局がん対策·健康増進課保健指尊室, 「平成26年度保健師活動領域調査(領域調査)の結果について」, 2014年.
国立感染症研究所, 「福島県郡山市の避難所における嘔吐·下痢症集団発生事例」, 『IASR(病原微生物検出情報)』第32巻別冊, 2011年, 8-9頁.
国立感染症研究所·厚生労働省, 「東日本大震災に関連した破傷風」, 『感染症週報』第14巻 第44号 2012年, 12-16頁.
災害医療体制のあり方に関する検討会, 「災害医療体制の在り方に関する検討会報告書」, 2001年.
坂元昇, 「平成23年度地域保健総合推進事業東日本大震災被災市町村への中長期的公衆衛生支援のあり方に関する提言全国の自治体等による東日本大廣災被災地への保健医療福祉支援実態調査報告書」, 日本公衆衛生協会, 2012年.
坂元昇, 「大規模災害における広域(都道府県)支援体制ー東日本大震災の自治体による保健医療福祉支援の実態と今後の巨大地震に備えた効率的·効果的支援のあり方について」, 『保健医療科学』, 第62巻 第4号, 2013年, 390-404頁.
笹原賢司·草野文子·高鳥毛敏雄, 「原子力発電所災害と保健所活動ー国内初の原発事故経験から教訓を学ぶ」, 『公衆衛生』第76巻 第12号, 2012年, 966-973頁.
地震災害時における効果的な保健活動の支援体制のあり方に関する検討会, 「地震災害時における効果的な保健活動の支援体制のあり方に関する検討会報告書」, 日本公衆衛生協会, 2007年a.
地震災害時における効果的な保健活動の支援体制のあり方に関する検討会, 「地震災害時における派遣保健師の受け入れ指針」, 日本公衆衛生協会, 2007年b.
杉本侃, 『救急医療と市民生活ー阪神淡路大震災とサリン事件に学ぶ』, へるす出版, 1996年.
全国保健師長会, 「大規模災害における保健師の活動マニュアル」, 日本公衆衛生協会, 2013年.
高鳥毛敏雄, 「原子力発電所災害と南祖馬市における健康支援活動」, 『社会安全学研究』第2巻 2012年, 10-11頁.
高鳥毛敏雄 「原発事故避難区域への保健師派述に関する実践活動と課題の検討」, 『社会安全学研究』第3巻, 2013年, 85-98頁.
武下浩·奥秋晟·小林国男·相川直樹 編, 『大震災における救急災害医療阪神·淡路大震災から何を学ぶか』, へるす出版, 1996年.
多田羅浩三·高鳥毛敏雄ほか, 「大疫災下における公衆衛生活動」, 大阪大学医学部公衆衛生学教室, 1995年.
多田羅浩三·高鳥毛敏雄ほか, 「災害時地域保健活動マニュアルの作成に関する研究報告書」, 1996年.
多田羅浩三·高鳥毛敏雄·近藤健文編, 『地域における健康危機管理の推進テロ対策の具体化に向けて』, 新企画出版, 2002年.
内閣府(防災担当), 「災害時要援護者の避難支援に関する検討会報告書」, 2013年a.
内閣府(防災担当), 「避難行動要支援者の避難行動支援に関する取り組み指針」, 2013年b.
内閣府·総務省·厚生労働省, 災害時要援詭者の避難対策に関する検討会, 「災害時要援設者の避難支援ガイドライン」, 2006年.
中井久夫編,『1995年 1月・神戸「阪神大震災」下の精神科医たち』, みすず書房, 1995年.
野田正彰,『災害救援の文化を創る一奥尻・島原で』, 岩波ブックレット NO.360. 岩波書店, 1994年.
兵脂県こころのケアチーム,「ひょうごDPAT」, 活動マニュアル ver 1.0. 2015年 3月.
広島県健康福祉局,『広島県災害時公衆衛生活動マニュアル』, 2012年.
福井貴子ほか, 「災害時こころのケア活動に関する包括的検討と今後の展望に関する研究」, (兵庫県こころのケアセンター研究報告書平成26年度版) 2015年.
辺見弘,「日本における災害派遣医療チーム(DMAT)の標準化に関する研究報告書」, 2002年.
室崎益輝・幸田雅治編,「市町村合併による防災力空洞化一東日本大震災で露呈した弊害」, ミネルヴァ書房, 2013年.
村嶋幸代・鈴木るり子・岡本玲子編,『大槌町保健師による全戸家庭訪問と被災地復興』, 明石書店, 2012年.
安村誠司編,『原子力災害の公衆衛生一福島からの発信』, 南山堂, 2014年.

제2부

동일본대지진의 교훈과 새로운 거대 재해

제5장

동일본대지진 후의 지진학과 지진 방재

하야시 요시나리(林能成)

1. 도호쿠지방태평양연안지진이 지진학에 끼친 충격

동일본대지진 재난을 발생시킨 도호쿠지방태평양연안지진은 1875년에 시작된 일본의 지진 관측사상 가장 큰, 매그니튜드 9(M9)라고 하는 초대형 지진이었다. 3·11 대재해를 촉발한 엄청난 지진은 세계적으로도 기록적으로 큰 규모로 20세기 이후 발생한 M9를 넘는 지진은 3·11대지진을 포함해도 5건에 불과하다. 캄차카지진(1952년 M9.0), 칠레지진(1960년 M9.5), 알래스카지진(1964년 M9.2)과 같은 초대형 지진이 1950년대부터 1960년대에 연속해서 발생한 뒤에는 수마트라-안다만지진(2004년, M9.1) 발생까지 약 40년간 M9를 넘는 지진은 발생하지 않았다. 그리고 2011년에 도호쿠지방태평양연안지진이 발생한 것이다.

이와 같이 20세기 후반에 40년간 '초대형 지진 공백 기간'이 있었으며 20세기에 발생한 M9를 넘는 3건의 지진은 모두 일본에서 멀리 떨어진 곳에서 발생한 지진이다. 이 때문에 동일본대지진 전에는 이 정도 규모의 지진이 일본 근해에서 발생할 것이라는 예상은 지진연구자들 중에서도 극히 소수에 불과했다.

그러나 도호쿠지방태평양연안지진 이전에 일본 주변에서의 초대형 지진 발생 가능성에 관해 검토할 기회가 없었던 것은 아니다. 2004년 수마트라-안다만지진은 40년 만에 발생한 M9를 넘는 거대지진이었으며 발생 장소가 인도양이었다는 점도 주목받았다. 왜냐하면 그 전까지 M9를 넘는 거대지진이 발생한 것은 태평양 연안에 한정되어 있었기 때문이다. 규모가 조금 작은 M8.5급의 지진까지 대상을 확대해 보아도 M8.6 티벳(Assam Tibet)지진(1950년)을 제외하면 다른 지진들은 모두 태평양을 둘러싼 지역에서 발생했다.

초대형 지진은 칠레와 알래스카 등 태평양을 둘러싼 영역 중에서도 특정 지역에서 발생한다고 하는 특징을 처음으로 설명한 것은 우에다·가나모리(Uyeda and Kanamori, 1979)이다. 이들이 제안한 가설은 1960년대 말부터 지구과학의 다양한 분야에 커다란 영향을 미친 판상구조론(plate tectonics)에 의거한 것으로 판의 섭입대(subduction zone) 중에는 거대지진이 발생하기 쉬운 장소와 발생하기 어려운 장소가 있으며 이는 섭입 해양 판의 연령 등과 긴밀한 관계가 있다고 주장한다. 예를 들어, 칠레 연안은 거대지진이 발생하는 전형적인 장소라고 지적하고 있는 이 가설은 전 세계 지구과학자들이 인정하고 있으며 많은 교과서에도 게재되고 있다.

하지만 지구과학에서는 가설 검증에 시간이 걸린다. 실험을 통해 알게 되는 결과에 한정되어 가설을 검증하기 위해서는 실제로 발생한 사례를 논증할 수 있는 확실한 과거의 증거와 그러한 현상이 일어났을 때 관측된 데이터가 필요하다. 특히 후자(관측 자료)가 중요한데 다만, 그러한 현상이 발생하기까지 기다릴 수밖에 없다. 기다리던 현상이 발생하여 관측 데이터를 얻었다고 해도 준비하고 있던 가설로 잘 설명하기 어려운 사례도 있다. 그럴 경우에는 가설의 재구축 및 대폭적인 수정이 필요하게 되는 경우도 적지 않다.

거대지진의 발생 조건에 대한 가설이 발표된 후 약 25년이 지난 후 2004년에 인도양에서 M9.1이라고 하는 초대형 지진이 발생했다. 이 지진이 발생한 장소는 판 섭입 경계이기는 했으나 이전까지의 가설로는 설명하기 어려운 부분들이 있었다. 이 수마트라-안다만지진 발생 이후 역사상 초대형 지진이 발생한 기록이 없던 장소에서도 발생 가능성을 검토하는 연구자들이 나타나기 시작했다. 그럼에도 그러한 움직임이 일본의 방재 행정을 움직이지는 못했다.

계측기기를 사용한 지진 관측의 역사는 겨우 150년 정도이다. 고문서 등에 남아 있는 지진 피해 기록도 가장 오래된 것이 수천 년에 불과하여, 역사 사료가 많이 남아 있고 지진 활동이 활발한 일본조차도 지진 역사는 1500년을 거슬러 올라가는 것이 한계이다. 초대형 지진의 발생 간격과 비교할 때 현재의 인류가 보유하고 있는 지진 기록은 짧은 기간에 불과하며, 현재로서는 이론적 가능성을 꾸준히 연구하여 미래의 거대지진을 예측하고 재해에 대비해야 한다. 그리고 향후 발생할 초대형 지진에 관계되는 관측 데이터를 가능한 한 많이 확보하여 그 이후의 거대지진에 대비하는 사람들이 활용하는 것 역시 중요하다고 하겠다.

동일본대지진은 1만 9000명이 넘는 사망자와 실종자들을 비롯한 미증유의 피해를 초래했다. 피해가 확대된 배경에는 사회적 요인도 함께 작용한 점을 무시할 수 없으나 지진 그 자체가 매우 거대했다는 것이 가장 큰 요인이다. 지진 그 자체에 초점을 두고 우선 지진 발생 직후부터 실시된 연구를 통해 밝혀진 3·11대지진의 특징과 재해를 확대시킨 요인을 살펴보고자 한다. 이를 바탕으로 지진 발생 후에 시도된 새로운 대책들 중 지진 그 자체와 밀접하게 관계있는 피해 상정을 위한 진원 모델의 변화, 지진 관측의 강화라고 하는 두 가지 점에 대하여 논하고자 한다.

2. 도호쿠지방태평양연안지진의 지진학적 특징

1) 진원 단층의 확대

도호쿠지방태평양연안지진의 '진원 구역'은 남북 방향으로 350~500km 정도, 동서 방향으로 150~200km 정도로 꽤 넓다. 이 지진의 '진원(震源)'은 미야기현 오시카 반도 연안이지만 진원이란 단층의 파괴가 시작된 지점에 불과할 뿐 지진 전체를 대표하는 것은 아니다. 지진파와 쓰나미는 진원이라는 한 '지점'에서 방출된 것이 아니라 진원 구역의 넓은 범위에서 나오고 있는 것이다. 따라서 진원만을 간략하게 나타낸 지도는 재해 상황을 오인하게 만들 위험성이 있다. 이와테현 연안 및 후쿠시마현 연안의 거대 쓰나미는 각 현의 앞바다에서도 단층이 크게 어긋나면서 쓰나미가 발생했기 때문이다. 한편 이바리기현과 도치기현의 강한 지진 진동은 진원 구역의 남단 부근에서 강한 지진동이 방출된 점을 그 원인으로 지목한다. 그럼에도 '진원'이라고 하는 지점에 대한 정보가 널리 쓰이는 것은 지진파가 관측된 직후에 간단한 계산이 필요하기 때문이다. 진원 구역의 확대 및 쓰나미의 발생 지점이 된 영역을 특정 짓기 위해서는 다수의 관측점에서 얻어진 지진파형(波形)에 대해 조금은 복잡한 절차를 걸쳐 해석할 필요가 있다.

단층의 어긋난 정도(양)는 전 세계에서 관측된 지진파형 및 일본 열도에 1000곳 이상 설치된 세계위성항법시스템(GNSS: Global Navigation Satellite System, 혹은 GPS) 관측점에서 계측된 지면의 변형(지각변동)을 통해 얻을 수 있다(Ide et al., 2011 및 Ozawa et al., 2011 등). 그 결과 많은 관측 데이터를 모순 없이 설명하기 위해서는 미야기현 앞바다의 경우 25~50m에 이르는 단층이 어긋났다고 보아야 할 것이다. 지진 발생 전부터 도호쿠대학 및 해상보안청 해양정보부에 의해 도호쿠 지방의 해저에서 전개되고 있던 '해저 지각변동 관측 장치'를 통한 조사에서도 지진 후에 수평 방향의 커다란 변위가 관측되었다. 이는 수십 미터에 이르는 단층의 변위가 실제로 발생했다는 점을 확인해 준다(Ito et al., 2011 및 Sato et al., 2011 등). 이렇게 크게 어긋난 단층이 관측된 것은 세계 최초로서, 도호쿠지방태평양연안지진에 의한 쓰나미가 거대화된 최대의 원인이라고 할 수 있다. 이러한 메커니즘에 대해서는 다양한 가설이 제시되고 있으며 관련 연구가 진행되고 있다. 1896년 메이지산리쿠 쓰나미, 1946년 알류샨 열도 지진,

1992년 니카라과 지진, 지진의 진동에 비해 극단적으로 쓰나미가 컸던 '쓰나미 지진'이라고 하는 특별한 지진의 존재가 알려지게 되면서 이러한 단층 변위와의 관련성을 지적하는 연구자도 많다.

2) 강진동

'강진계'라는 강진동(強震動)을 기록할 수 있는 지진계의 기록에 의하면 인간의 신체에 느껴지며 또한 일반적인 높이의 건물에 커다란 영향을 끼치는 주기의 지진파는 단층면 상의 약 5곳 정도에서 특히 강하게 방출된다는 점이 밝혀졌다(Kurahashi and Irikura, 2011 등). 미야기현 주변에서 촬영된 지진 당시 동영상에는 어느 곳이건 1분 정도의 시간차를 두고 매우 강한 진동이 2회 기록되었는데 이 강진동은 단층면상의 특별한 2곳에서 시간차를 두고 방출된 것이었다. 후쿠시마현과 이와테현에서 기록된 동영상에는 강진동이 2회 발생하는 특징은 보이지 않았으나 이 2회의 강진동은 미야기현 주변의 지하에서 방출되어 이와테현과 후쿠시마현과 같은 원격지까지 도달하는 사이에 감쇠되었다는 것을 알 수 있다.

이와 같이 강진동의 에너지가 방출되는 곳을 동일본대지진 이전에는 어스패러티(asperity)라고 불렀다. 그러나 연구자에 따라 사용하는 의미가 다르거나 정의가 불명확하여 동일본대지진 이후에는 강진동 생성 구역(SMGA)이라는 이름으로 불리고 있다.

효고현 남부 지진 당시 피해가 컸던 지역에서 관측된 바로는 주기 1초 정도의 지진파가 많이 발생하여 킬러 펄스(killer pulse)라는 이름이 붙여졌다. 이 주기는 목조 건물에 큰 피해를 주었으며 한신·아와지대지진 당시 건물 피해의 주된 원인이었다고 여겨진다. 도호쿠지방태평양연안지진에서 관측된 지진파의 경우 이 주기 1초의 성분은 그다지 강력하지 않았으며 그보다 주기가 짧은 잔주기 영상을 보였는데, 진동이 많았다는 것이 밝혀졌다. 동일본대지진과 한신·아와지대지진 당시 건물 피해는 매우 달랐는데, 동일본대지진의 경우에는 목조건물 파괴가 비교적 적었다. 그 주된 요인은 지진동의 성질이 다르기 때문이라고 볼 수 있다(東日本大震災合同調査報告書編集委員会, 2014).

3) 복수 단층의 연동

앞서 기술한 바와 같이 도호쿠지방태평양연안지진의 진원 구역은 매우 광범위했으며 대부분의 사람들은 이러한 대규모 지진이 발생하리라고는 예상하지 못했다. 그러나 이 단층 지역의 일부 영역에서는 과거 반복적으로 지진이 발생했으며 '미야기현 연안 지진'이라는 명칭으로 그 존재가 널리 알려져 있었다. 미야기현 연안 지진은 정부의 지진조사연구추진본부의 장기 예측에 따르면 30년 이내에 발생할 확률이 99%로 일본에서 가장 발생 확률이 높은 지진으로 인식되고 있었다(地震調査研究推進本部, 2000). 미야기현 연안 지진의 예상 지진 규모는 M7.5, 주위의 영역과 연동해도 M8로 알려져 있어 이는 실제로 발생한 M9 도호쿠지방태평양연안지진의 1/30 정도로 소규모에 불과하다. 현실에서는 예상했던 범위를 훨씬 넘어 후쿠시마 연안 및 이바라키 연안의 일부 영역까지 연동하여 단층이 움직였다. 더욱이 해구에 가까운 영역에서 지진파는 그다지 강력하지 않으나 쓰나미의 원인이라 할 수 있는 지각변동은 특수한 성질의 대규모 단층운동이 연동해서 발생했다.

복수 단층의 연동은 도카이지진과 난카이지진이 연동하여 대형 지진이 발생했던 1707년 호에이지진과 20세기 초에 남미 에콰도르 연안 등지에서도 발생했을 것으로 보여 지진학의 중요한 연구과제 중 하나로 인식되고 있다. 1세대 이전의 슈퍼컴퓨터 '지구 시뮬레이터' 시대에 시작된 국가 프로젝트로서의 시뮬레이션 연구도 추진되어 같은 단층대에서도 연동하는 경우와 그렇지 않은 경우가 있다는 것이 재현될 수 있게 되었다. 하지만 시뮬레이션 연구는 최초에 가정한 수치의 조합에 따라 결과가 크게 좌우되기 때문에 현실 방재 상황에 적용할 경우 다양한 결과를 어떻게 다룰 것인지 고심하게 될 것이다.

4) 지진 예측

지진 후 해석을 통해 지진 예측에 관한 몇 가지 흥미로운 관측 결과가 발견되었다. 본진 2일 전인 3월 9일 발생한 M7.3 지진 이후, 본진이 관측되기까지 관측된 지진군은 상대적으로 규모가 큰 지진이 많았다. 이는 지진 활동의 특징을 나타내는 구텐베르크-리히터 법칙에서 b값이라고 불리는 파라미터가 작다는 것을 의미한다. 과거 발생한 대지진 중에는 현저한 전조 활동을 동반한 지진이 있으며, 그 전조군은 b값이 작은 경우가 많다. 이와 같은 특징에서 3월 9일 이후의 지진 활동에 주목하고 있는 연구자도 있다(尾池, 2011).

또한 GNSS(범지구 위성 항법 시스템) 관측에 의하면 본진 발생 60~40분 전에 진원 구역 상공의 전리층에서 전자수가 상승한다는 이상 현상이 관측되고 있다(Heki, 2011). 이 현상의 메커니즘은 아직 규명되지 못했으나 M8.5를 넘는 다른 많은 지진들에서도 비슷한 현상이 관측되고 있어 주목을 모으고 있다.

장기적인 관측 데이터를 볼 때 GNSS(GPS)에 의한 도호쿠 지방의 지각 변동 관측 데이터는 지하의 판이 서로 굳게 고착하여 지진을 일으키는 변형 요인으로 집적시키고 있음을 시사하는 내용(의미)이다. 이 관측 사실의 해석과 관련하여 이러한 고착이 가끔 천천히 느슨해지면서 지진을 일으키지 않고 천천히 미끄러진다고 보는 연구자도 존재한다(川崎一朗, 2006: 85). GNSS에 의한 관측 데이터의 축적은 20년 정도로 이는 지진의 발생 간격을 볼 때 비교적 짧은 기간이다. 이러한 데이터는 다양한 해석이 가능하다.

이러한 지진 예측은 이른바 후일 예측이라고 불리며, 지진 발생 전 경고 목적의 정보는 제공하지는 못했다. 일본의 지진 예고 체제에서는 스루가만(이즈반도 남단 해역_ 옮긴이)을 특별한 체제로 관측 및 감시하여 경보를 발령하기 위한 법률(대규모 지진대책특별조치법)이 마련되어 있다. 도호쿠 연안에서는 설령 이러한 이상 현상을 사전에 감지했다고 해도 이를 전달하기 위한 체제가 정비되어 있지 않았다. 지진 예측과 관련하여 언젠가 실용적인 확률로 사전에 경보를 발령하는 날이 올지도 모르겠지만 현시점에서는 지진 발생 이후에도 전조적 이상 현상을 발견하지 못하는 경우가 많다. 1970년대부터 1980년대에 걸친 시기는 관측하면 전조 현상을 알 수 있을 것이라는 기대감을 바탕으로 법률 제정 등 다양한 노력이 있었다. 그러나 그 후 전조 현상의 감지도 예측에 대한 연구도 시들해졌다. "지진을 예측할 수 있다면 사전 방재 대책은 불필요"하다는 낙관적 사고가 시민들 사이에 확산되고 있다는 의견도 있으며, 지진 예측 연구에 대한 평가는 동일본대지진 이후 한층 엄격해지고 있다.

3. 피해 상정을 위한 진원 모델의 변화

1) 피해 상정의 표준적인 절차

동일본대지진으로 막대한 피해를 입은 후 5년간 전국에서 지진 및 쓰나미 피해 상정에 대한 재검토가 이루어졌다. 피해 상정은 방재 대책을 정량적으로 추진하는 데 있어서 기초 자료가 되므로 국가 도도부현, 시정촌 대책을 추진하는 단위의 크기 및 수준에 따라 몇 개의 단계로 나누어 실시되었다.

피해 상정은 다음과 같은 절차를 걸쳐 실시하는 것이 표준적이다. 우선 지구과학적 지식을 바탕으로 발생이 예상되는 지진의 진원 단층 모델을 상정한다. 활단층이 진원 단층이 되는 내륙직하지진이라면 활단층의 위치에 진원 단층을 상정하고 단층의 길이에 따라 매그니튜드를 추정하여 진원 모델을 설정한다. 해구형 지진의 절차도 동일하다. 가라앉는 판 경계의 형상을 조사하여 추정 단층면 및 크기(매그니튜드) 파라미터(변수)로 단층모델을 설정한다. 이후 단층면상에 크게 미끄러지는 곳과 강한 지진파가 발생하는 장소를 설정하여 불균질성을 가진 진원 단층모델을 상정하는 경우가 많다.

진원 모델을 결정한 후에는 지진파와 쓰나미가 전달되는 프로세스를 물리적인 방정식에 따라 계산하고 각 장소에서 관측된 지진동(지진 진동의 크기≒진도)과 쓰나미 높이를 구한다. 그리고 계산된 각지의 진동과 쓰나미 높이에 근거하여 다음의 다양한 요소를 고려한다. 예를 들어 건물 등 구조물의 피해를 추정한 후 화재의 발생, 연소, 수도, 전기, 도로 등의 피해 발생, 나아가 인적 피해인 부상자 수 및 사망자 수 등 건물의 피해율을 근거로 계산한다. 각 요인은 복합적 관계를 맺고 있어 과거의 데이터 등을 바탕으로 만들어진 적절한 수식을 이용하여 '피해 시뮬레이션'이 이루어진다.

도호쿠지방태평양연안지진에서는 앞에서 기술한 바와 같이 해구를 따라 수십 미터에 이르는 거대한 지각변동(슬라이딩)이 발생할 수 있다는 '해구형 거대지진의 진원 단층'에 대한 새로운 의견이 제시되었다. 향후의 지진 대책을 위해서는 최신의 지식을 반영하여 최대 레벨의 지진까지도 고려한 피해 상정이 요구된다.

2) 상정 지진의 레벨 설정

동일본대지진 이후에 실시된 피해 상정의 특징은 레벨 1, 레벨 2와 같이 2단계의 피해를 상정하고 그 결과를 공표한 지자체가 많았다는 것이다. 3·11 이전에는 상정된 지진 중에서 발생의 영향도 및 절박성을 감안하여 하나의 지진을 선정하여 그 피해 상정 결과를 공표하는 지자체가 많았다. 공표된 결과는 진도 분포 및 침수 구역을 지도상에 표시한 '해저드 맵'에 기입하여 시정촌 단위의 사망자 수, 피해 건물 수와 같은 통계를 수치화하는 경우도 있다.

2단계의 피해 상정이 실시된 배경은 동일본대지진 재해를 유발한 지진 발생 전에 상정했던 지진보다 훨씬 크고 예상 피해 규모를 웃도는 재해였다는 사실이다. 하나의 예견되는 지진에 대해서 규모(매그니튜드)가 다른 두 가지의 지진을 상정해 실시하는 것이 일반화되었다.

레벨 1, 레벨 2와 같이 2단계로 해저드를 평가하고 방재 대책을 추진하는 방법은 한신·아와지대지진 이후 토목 및 건축 분야에서 매우 빠르게 침투되었다. 한신·아와지대지진에서는 다리와 건물 등의 구조물이 강한 지진동에 견디지 못하고 붕괴되어 많은 피해가 발생했다. 이러한 경험을 바탕으로 상정해야 하는 지진동 레벨로서 레벨 1, 레벨 2가 설정되었다. 레벨 1은 그렇게 큰 지진동이 아니며 구조물의 내구성 한계치 기간 중에 한 번 이상은 지진이 발생할 가능성이 높은 지진동으로 설정되었으며 이 정도 수준의 지진동에 대해서는 '거의 피해 없이' 구조물이 버틸 수 있는 것을 목표로 설계해야 한다. 즉 레벨 1의 지진동이 발생해도 '큰 보수 없이 계속 사용'할 수 있다.

레벨 2는 레벨 1을 넘는 강한 지진동으로 최대급의 규모이다. 이 지진동이 발생한 경우에는 구조물이 파괴되어 재이용이 불가능한 상황은 감안하지만 인명 피해가 생기지 않도록 설계하는 것을 목표로 하고 있다. 어느 정도의 지진동까지는 아무 피해 없이 버틸 수 있지만 이를 조금이라도 넘게 되면 어떤 일이 생길지 알 수 없는 구조물이어서는 안 된다. 또한 파괴되기 시작한 시점에서 완전히 파괴되기까지 '끈기 있게 버틸 수 있는 힘'이 작용할 수 있도록 이 2단계의 레벨 설정은 규모가 큰 레벨 2의 지진동에서도 '간단히는 죽지 않는다'고 하는 점이 강조되며, 많은 시민들이 받아들이기 쉬운 내용이었다.

동일본대지진 후에 추진된 해구형 거대지진 대책에 있어서도 레벨 1, 레벨 2 개념이 도입되었으나, 시민들이 받아들이는 수준에는 커다란 차이가 있었다. 동일본대지진 후에 주로 쓰나미 대책으로 도입된 레벨 1, 레벨 2는 상응(相應)하는 지진의 진원 모델이었다. 레벨 1은 '발생 빈도가 높은 쓰나미'로 과거 수백 년 이내에 발생한 기록이 있는 대지진을 모델화한 것이다. 이른바 '과거 최대'의 지진에 상당한다. 레벨 2는 '최대급 쓰나미'로 동일본대지진 재해를 일으킨 도호쿠지방태평양연안지진과 같이 역사 기록에는 명확한 발생 증거는 없지만 지진 발생의 물리적 상황을 고려하여 발생 가능한 최대급 초거대지진을 모델화한 것이다.

그러나 지진 발생의 물리적 상황에 대해서는 현재까지도 해명하지 못한 점이 많다. 해구축을 따라 진원 단층이 얕은 부분이 극단적으로 크게 움직이면서 거대 쓰나미의 원인이 될 가능성이 있다. 2004년 인도양에서 거대 쓰나미를 발생시킨 수마트라-안다만 지진을 경험한 후 가능성이 제시된 바 있다. 그러나 해저 지각 변동 관측 시스템 등을 통해 실제로 관측된 것은 도호쿠지방태평양연안지진이 처음이었다. 다만 어떠한 장소에서 어떠한 조건에서 단층이 극단적으로 크게 움직이는지 명확하다고는 할 수 없다. 몇 개의 '작업가설'이 제시되는 단계이다.

이와 같이 이제 막 발견된 특징을 조금은 무리하게 유형화(이론화)하여 진원 단층 모델을 구축하고 도호쿠지방태평양연안지진에 필적하는 M9 수준이라는 크기를 고려한 결과, 난카이트로프에서의 레벨 2 진원 단층모델이 구축되었다. 그리고 이 단층모델에서 계산된 쓰나미 파고는 장소에 따라 매우 높았다. 예를 들어 난카이트로프에 대한 일본 내각부(국가 수준의 피해 상정)의 계산 결과에 따르면 고치현 구로시오초에서 최대 34m, 시즈오카현 시모다시에서 최대 33m 등 10층 건물보다도 높았다.

쓰나미 발생 빈도는 지진보다 현저히 낮아서 '발생 빈도가 높은 쓰나미'에 해당하는 레벨 1의 경우에도 100년 이상이 되는 기간 동안 한 번 발생할 정도의 낮은 빈도이다. 건물이나 다리 등 구조물의 설계수명이 30~75년 정도이므로 레벨 1 쓰나미 발생을 상정하고 있는 기간보다도 훨씬 길다. 이는 판 경계에서 발생하는 매그니튜드 8을 넘는 지진의 발생 간격이 100년 혹은 그 이상이 많기 때문이다.

3) 레벨 2의 상정 및 활동 방안

동일본대지진 이후에 이루어진 피해 상정에서는 레벨 1의 경우에도 상당히 높은 쓰나미 높이를 상정한 예가 많았으며 레벨 2의 결과는 상상할 수 없을 정도로 높은 경우도 있었다. 앞서 기술한 구로시오초의 34m 등이 그러한 예로 종종 보도에 인용되기도 한다. 시즈오카현 시모다시가 시청 청사를 지대가 높은 곳으로 이전하기로 결정하는 등 여러 움직임도 있었지만 '더 이상 도망갈 수 있는 레벨이 아니다'라며 포기의 심정으로 피해 상정 결과를 받아들이는 사람들도 적지 않았다. 대부분의 지자체가 레벨 1에서도 동일본대지진 이전에 상정한 쓰나미보다 훨씬 높아, 레벨 1, 레벨 2라고 하는 시스템의 도입으로 교량 등의 내진화가 진행된 한신·아와지대지진 이후와는 다른 양상을 보이고 있다.

지진과 쓰나미 대책을 추진하는 경우, 건물과 교량 등을 신설 혹은 보강하는 기술자는 반드시 고려해야 하는 지진의 진동 크기와 쓰나미의 높이 등 주어진 조건하에서 최선의 설계를 모색한다. 한신·아와지대지진 이후 레벨 1, 레벨 2로 규정된 것이 이 지진동이며 구조설계를 맡은 기술자는 관련 조건(정보)에 직접 활용(access)할 수 있었다. 지진동을 결정하는 배경으로는 어떤 진원 단층을 고려할 것인가 혹은 진원단층상에서 뒤틀린 불균질성을 어떻게 평가할 것인가라는 지구과학적인 조건도 고려하게 된다. 하지만 이러한 프로세스는 일부 전문가들이 결정하는 사항으로 많은 기술자나 일반 시민들이 걱정할 일은 아니다. 건물과 다리를 만들기 위한 직접적인 정보로서 지진동의 크기가 레벨 1, 레벨 2에 관한 조건을 주고 이를 극복하기 위해 기술자들이 연구를 하게 된다. 그 성과는 내진성이 높은 건물과 내진성을 향상시키는 보강 공법과 같은 형태로 나타나며 행정 및 시민들은 비용을 지불하는 것으로 내진성이 높은 건물과 구조물을 설비할 수 있다. 한번 확보하게 되면 그 후에는 지진이 발생했을 때 특별한 행동을 하지 않아도 '내진'의 혜택을 누릴 수 있게 된다.

쓰나미 대책을 위해 필요한 상정할 수 있는 외부의 힘은 연안부 각 지점에서 쓰나미의 최대 높이 및 시계열적 쓰나미의 형태로 레벨 1, 레벨 2에 대응하는 지진을 상정하여 계산한 결과를 입수할 수 있다. 이러한 점에서는 한신·아와지대지진 이후의 지진이든 동일본대지진 이후의 쓰나미든 기술자가 설계하기 위한 조건이 주어진다는 점에서 큰 차이는 없다. 하지만 쓰나미의 경우에는 '어떠한 진원을 상정하여 레벨 1, 레벨 2의 쓰나미를 계산했는가'에 대하여 상세한 정보가 동시에 공개되어 왔다. 예를 들면 중앙방재회의가 제시한 난카이트로프 거대지진의 쓰나미 단층모델(레벨 2에 상응)은 11개 경우의 서로 다른 단층을 상정하여 그 결과를 계산했다. '난카이트로프 거대지진'에 대한 계산 결과가 11개나 제시되고 있으나 너무나 복잡하다. 계획 결과를 바탕으로 방재 대책을 추진하는 도도부현은 11개의 시뮬레이션 중에서 현 별로 영향이 큰 세 가지 정도를 채택했다. 연안에 위치한 계산지점에서 그중 최대치를 골라 쓰나미 높이로 상정하는 방안이 실시되었다. 이러한 공개된 프로세스를 바탕으로 쓰나미를 상정하기 때문에 기술자도 시민도 필연적으로 진원 모델에 큰 차이가 있다는 점을 의식하게 된다. 레벨 2의 쓰나미라고 해도 단층모델을 조금 바꾼다면 더 높은 쓰나미가 덮쳐올 가능성이 있을 것이다. 혹은 복수의 단층모델 중에는 쓰나미의 높이가 그다지 높지 않을 경우도 있을 것이라는 예측 등 진원 레벨의 다양성에 주의를 기울에게 되고 만다. 쓰나미 대책에서 레벨 1, 레벨 2는 단층모델의 차이로 인식하고 이는 기술자, 행정 담당자, 시민들이 지나치게 단층모델에 주목하게 되는 결과로 이어졌다. 방재에 있어 중요한 쓰나미의 높이와 유속을 구체적으로 이미지화하고 각각의 현장에서 유효적 쓰나미 대책을 세우는 것과는 다른 방향으로 시간을 소비하게 되었던 것이다.

또한 쓰나미 대책 레벨 2에 대응하기 위한 '버티는 힘 상향 대책'의 내용으로는 방파제 등 구조물이 무너지지 않을 것, 피난을 위한 시간을 버는 것, 피난 설비를 증설할 것 등이다. 이들 대책에 따르면 지진이 발생했을 때는 피난을 해야 하며 대책이 완료된다고 하더라도 재난 대책(피난 등)을 마쳤다고 하더라도 계속해서 쓰나미를 의식해야 한다. 즉 쓰나미 대책이 진행되어도 지진이 발생하면 시민들이 능동적으로 피난해야 하는 상황은 계속된다는 점이다. 투자를 해서 대책을 세웠다고 하더라도 피난해야 한다는 사실에는 변함이 없다. 따라서 쓰나미 대책을 세워도 세우지 않아도 별 차이가 없다고 생각하는 사람들이

나올 수밖에 없다.

쓰나미 대책 레벨 1, 레벨 2는 지진 규모의 차이로 정의되었고 이와 관련된 정보는 많은 시민들에게 알려졌다. 레벨 2라고 하는 지극히 거대한 지진이 더 이상 '상정 외'가 아니라는 점에 뜻을 같이하게 된 것은 커다란 진척이라 하겠다. 그러나 레벨 2 지진으로 발생이 예상되는 피해에 대한 대비책을 추진하기 위해서는 막대한 자금이 필요하다. 아울러 장기간의 시간이 소요되는 공사가 설령 완공된다 해도 거대한 구조물에 둘러싸인 마을에서 생활해야 하는 것이다. 레벨 2 지진에 대한 대책을 실현하기 위해서는 시민들의 이해와 합의 형성이 불가결하다. 때문에 지진의 발생 간격을 고려한다면 장기 계획을 세우고 지속적으로 대처해 나가는 자세가 중요하다.

4. 해저지진 관측 강화 및 그 의의

1) 해역에서의 지진 관측의 중요성

동일본대지진 이후에 해역에서의 지진 및 쓰나미 관측 강화는 급속히 진전된 지진 관련 시책 중 하나이다.

일본 부근에서 발생하는 대지진의 대부분은 도호쿠지방태평양연안지진과 같이 해역에서 일어나고 있다. 따라서 지진 및 쓰나미를 가능한 한 빨리 감지하기 위해서는 해역에 관측망을 전개하는 것이 유효하다. 해역 관측망이 구비된다면 긴급 지진 속보에 관해서도 경보를 빨리 내보낼 수 있는 가능성이 그만큼 개선된다. 쓰나미 경보와 관련해서도 신뢰성이 높은 경보를 지금까지보다 빨리 내보낼 가능성이 높아진다.

또한 해역에서의 지진 관측 장소는 해면 위가 아니라 해저이다. 해면은 파랑(파랑주의보) 등 기상 조건의 영향을 받기 쉬어 지진 관측에는 맞지 않다. 또 해수 안에서는 지진파가 전달되는 속도가 늦으며 특히 S파는 해수 내에서는 전파되지 않는다는 물리적 제한도 있다. 더욱이 전파는 수중에서 전달되지 않기 때문에 수중에서는 무선을 사용한 데이터 전송이 불가능하다고 하는 약점도 있다. 대량 데이터를 리얼타임으로 고속 전송하기 위해서는 데이터 전송을 위한 케이블을 해저 각 관측점까지 연결할 필요가 있다.

해저지진계와 더불어 '수압계'를 설치하면 해수면 높이의 변화를 기록할 수 있기 때문에 쓰나미계로 이용할 수 있다. 20세기 말경부터 일본 국내에 설치된 해저지진 관측망으로 이 쓰나미계가 설치되어 있다. 동일본대지진에서도 가마이시 연안에 설치된 '도쿄대지진연구소(東京大学地震研究所)' 해저 쓰나미계가 지진 직후부터 쓰나미의 형태에 관해 지진 12분 후부터는 매우 특이한 형태를 보였다(佐竹, 2011: 77~79).

동일본대지진 발생 후 해역에서의 지진 관측 및 쓰나미 관측이 불충분하다는 인식을 같이했으며 또한 가마이시 연안에서의 쓰나미 관측 예와 같이 해역 리얼타임 관측 데이터를 방재에 활용할 가능성이 명확해졌기 때문이다. 대규모의 해저지진계와 쓰나미계 네트워크 정비가 시작되었다. 일본 주변에서 관측망 설치 후보 해역은 몇 곳 있지만 도호쿠지방태평양연안지진이 발생한 일본해 연안을 따라 정비를 추진했으며 2011년부터 설치 공사가 진행되고 있다.

2) 일본 해구 해저지진 쓰나미 관측망

이미 한 번 대지진이 발생한 같은 장소에서 한 번 더 대지진이 발생할 확률은 수십 년, 수백 년, 수천 년 이후가 될 것으로 보인다. 그렇게 되면 대지진이 발생한 직후에 같은 장소에 관측망을 전개하는 것은 불필요한 것처럼 생각되지만 인접한 장소에서 대지진이 발생할 가능성이 높기 때문에 상정 지진을 타깃으로 하는 것은 충분히 이치에 맞는다고 판단된다.

도호쿠지방태평양연안지진의 진원 지역보다 동쪽에 있는 태평양판 내에서는 본진에 의해 판 사이의 뒤틀림이 해소되어 태평양판 내부에 활동하고 있던 압축력이 약해졌다. 이러한 곳에서는 판 그 자체를 깨는 '정단층' 지진이 발생하기 쉽다. 이러한 타입의 지진은 '아우터 라이즈(outer rise) 지진'이라고도 불리며 판 경계의 거대지진과 아우터 라이즈 지진이 연속 발생하는 예가 이미 알려져 있다. 발생 시기를 예상하기는 어려우며 본진 발생 직후부터 수십 년 후까지 제각각이지만 M8급의 아우터 라이즈 지진의 발생 확률이 도호쿠 지방의 태평양 측 지역에서 본진 이전보다도 높아졌다는 것은 틀림없는 사실이다.

도호쿠지방태평양연안지진으로 대지진이 발생하기 쉬워진 곳은 또 있다. 본진의 진원 단층으로 인접한 판 경계면으로, 남쪽 인접 지역인 이바라키현에서 치바현 먼바다 태평양 연안 해역과 북쪽 인접 지역인 이와테현 북부에서 아오모리현에 걸친 태평양 연안 해역이 이에 해당한다. 이러한 도호쿠지방태평양연안지진이 발생하기 이전보다도 지진이 발생하기 쉬운 지역으로 유의해야 할 상황이 되었다.

진행 중인 프로젝트는 문부과학성에 의한 '일본 해구 해저지진 쓰나미 관측망 정비 사업'으로서 2011년에 시작되어 전체 관측점 150점으로 이루어진 관측망을 홋카이도 연안부터 보소반도 먼바다 해역까지 전개하고 있다. 관측망은 지리적으로 구분된 6개의 서브시스템으로 구성되어 있다. 각 서브시스템은 하나의 해저 광케이블을 한 획의 선처럼 해저에 부설했으며 약 20~30km마다 지진계 등이 들어 있는 관측 장치가 평균 25개 접속되어 있다. 케이블의 양 끝은 각각 다른 육지쪽으로 올려져 네트워크 회선 및 전원공급 장치에 접속된다. 시스템 전체의 해저 광케이블의 총길이는 약 5700km에 이른다.

육지 위의 지국은 다음 6곳에 설치되어 있다. ① 치바현 미나미보소시(南房総市), ② 이바라키현 가시마시(鹿嶋市), ③ 미야기현 와타리초(亘理町), ④ 이와테현 미야코시(宮古市), ⑤ 아오모리현 하치노헤시(八戸市), ⑥ 홋카이도 하마나카초(浜中町). 각 서브시스템은 ①과 ②, ②와③과 같이 인접한 지상국 사이를 연결하여 구성되어 있다. 또한 ①과 ⑥을 연결하는 관측망은 일본 해구보다도 동쪽 해역을 직선으로 연결하는 루트를 구성하는 서브시스템이다.

해저지진계는 설치 후에 고장이 나면 수리가 매우 어렵다. 심해에 가라앉아 있는 해저지진계를 수리하기 위해서는 특별한 배를 수배해 케이블을 인양하여 지진계를 회수하고 수리 혹은 교체하여 재투입해야 하는데, 이를 위해서는 막대한 비용이 들기 때문이다. 일본 해구·해저지진 쓰나미 관측망은 몇 가지 대응책(고안)이 마련되어 있어 장기간 안정된 관측이 가능할 것이다.

각 관측점은 양 끝의 육지 위 지국에서 전력 공급을 받으며 동시에 양쪽에서 데이터를 송신하는 기능을 가지고 있다. 이러한 시스템 구성을 통하여 케이블 절단 및 정전 등의 원인으로 인한 관측 불능의 가능성을 줄이고 있다. 또한 지상국은 쓰나미 재해에 대비하여 비교적 해발 고도가 높은 장소를 선정하여 설치했다. 광해저케이블을 어업작업 등으로부터 물리적으로 보호하기 위해서 수심 20m 정도보다 낮은 곳에는 다이버들이 보호관을 부착하여 해저 퇴적물 안에 매설했고 이보다 깊은 곳에는 수심 1500m까지는 리모트컨트롤 조작 기계를 사용하여 케이블을 매몰했다.

이 관측망에는 세 가지 역할이 있다. 첫째, 고도의 쓰나미를 즉시 예측할 수 있는 고정밀도 기능이다. 표준적인 쓰나미 경보는 전파 속도가 빠른 지진파 데이터를 분석하여 지진에 비해 전달 속도가 늦은 쓰나미보다 빨리 경보를 내보내는 것이다. 이 시스템의 운용이 시작된다면 쓰나미 자체를 파원역(波源域)[1]에서 감지할 수 있으므로 지진에서 쓰나미를 추측하는 부분의 역할이 적어져 경보의 정도가 향상될 것이다. 또한 '쓰나미를 관측했다'고 하는 직접적인 정보를 얻을 수 있으므로 시민들에 대한 정보 전달 방법을 고안하여 피난율을 향상시킨다는 효과도 기대할 수 있다. 둘째는 지진의 조기 감지에 의한 긴급 지진 속보의 고도화 및 고속화 역할에 유용하다. 진원에 가까운 영역에 지진계가 설치되므로 지금까지보다 빨리 지진파를 감지할 수 있게 된다. 셋째, 거대지진

1) (옮긴이) 쓰나미의 발생 원인이 되는 지각 변동이 일어난 영역

발생 프로세스에 대한 지리적인 연구의 진전이다. 거대지진이 발생한 지 채 몇 년이 경과되지 않은 진원 구역 바로 위에 이 정도로 조밀한 해저지진 관측망이 전개된 사례는 없었으며 이번이 처음이다. 여전히 계속되고 있는 여진의 관측을 통해 본진 진원 구역의 상세한 지진파 속도 구조(=암석의 물리적인 성질) 및 판 간 고착 상황의 변화와 같은 지진 발생 메커니즘을 규명할 수 있는 연구로 이어지고 학문적 진원을 기대한다.

또한 대지진의 발생이 우려되고 있는 '난카이트로프'에서는 다른 타입의 해저지진 관측망 정비가 추진되고 있다. 해양 연구개발 기구에 의한 DONET이라고 불리는 시스템으로, 2006년부터 기이(紀伊) 반도 연안에 관측망 정비가 시작되어 2011년에 완성, 관측이 시작되었다. 그 후 시코쿠 지방의 무로토자키(室戸岬) 연안에도 비슷한 관측망을 구축하기로 결정되어 현재 DONET2 정비가 추진되고 있다.

3) 거대 재해와 지진 관측망의 정비

'일본 해구 해저지진 쓰나미 관측망'은 당초 예산 323억 엔이라고 하는 거액을 쏟아 붓는 대형 프로젝트이다. 평소라면 지진 및 방재 분야에서 이와 같은 거대 프로젝트가 만들어질 가능성은 매우 희박한 상황에서도 동일본대지진의 심각한 피해를 경험하고 교훈으로 삼아 시작된 프로젝트라고 할 수 있다. 재해를 계기로 관측망이 확대되는 경우는 지금까지도 종종 있었으며 일본의 지진 관측망은 피해 지진을 계기로 정비되어 왔다고 해도 과언이 아니다.

현재 일본에서 정상적으로 운용되고 있는 지진 관측점은 약 5000곳이 넘는다. 이는 세계에서도 유수의 고밀도 지진 관측망이다. 일본의 지진 관측점 분포 지도를 보면 평야지대에서는 이미 빈틈이 보이지 않을 정도로 빽빽하게 지진계가 늘어서 있는 상태이다. 산악지대와 바다가 공백 지역으로 남아 있을 뿐으로 일본 해구 해저지진 쓰나미 관측망의 정비는 지금까지의 일본이 지진 관측이 추구해 온 기본적인 틀에서 공백으로 남아 있는 지역을 메우는 프로세스라고 할 수 있다. 광케이블식 해저지진계라는 시스템도 1990년대에 시즈오카현 이즈반도 동쪽 연안에 설치된 소규모 시스템에서 시작하여 단계적으로 큰 규모로 발전되어 온 안정된 시스템이다. 주지하다시피 돌연 실적도 없이 대형 프로젝트가 시작된 것이 아니다.

대형 재해를 계기로 국가 프로젝트로서 지진 관측망이 정비되어 왔기 때문에 지진 관측점은 불과 몇 년이라는 단기간 내에 급증하는 경향이 있다. 예를 들면 현재 기상청의 시스템으로서 운용되고 있는 '쓰나미 지진 조기 감지망'은 1993년 홋카이도 남서부 연안 지진 발생 후 계획이 구체화되었다. 그리고 1994년부터 1996년에 걸쳐 약 180개 지점을 전국에 설치했으며 데이터 처리와 같은 중추 기능을 갖춘 기상청 본청과 상시 접속 회선으로 연결하는 근대적인 지진 관측망으로서 완성되었다. 그 이전 기상청의 지진 관측점은 시가지에 있는 기상대 및 측후소에 설치되어 있었기 때문에 인간의 활동에 기인하는 인공적인 노이즈가 크다고 하는 약점이 있었다. 쓰나미 지진 감시망이 정비됨으로써, 지진 관측점은 시가지를 벗어났다. 결과적으로 인식적 노이즈가 적은 고품질의 지진 관측 기록이 중앙 기록장치에 집중적으로 나타나게 되었다.

자릿수가 하나 더 많아져 일본 전국 1000개 지점 수준의 지진 관측망이 정비된 것은 1995년 오사카 한신대지진 충격 이후이다. 한신·아와지대지진에서는 매우 강한 진동으로 인해 많은 건물이 붕괴되는 피해가 발생했으나 이 강진동이 어떠한 특징을 가진 흔들림이었는지를 기록한 지진파형은 매우 적었다. 강진동을 기록할 수 있는 지진계를 '강진계'라고 하는데 당시의 공적인 강진계는 기상대와 측후소에 설치되어 있는 정도로 이는 전국에서 100곳 정도밖에 되지 않았다. 철도 회사, 전력회사, 가스 회사 등이 설비 감시를 위해 설치한 것은 있었지만 설치 장소는 각 기관이 필요로 하는 장소에 한정되어 있었다. 이에 강진동의 실제 관측 기록 측정의 중요성이 강력히 인식되었으며 K-NET라고 불리는 무인 강진 관측망이 '방재과학기술연구소'에 의해 전국 약 1000개 지점에 설치되었다.

또한 지진 직후의 진도 정보는 행정기관의 초동체제를 결정하는 중요한 정보가 되기 때문에 전국의 시정촌이 소방청의 지원을 받아 강진계의 일종인 진도계를 정비했다. 모든 시정촌은 1대 이상의 진도계를 설치하였으며 그 대부분은 파형을 수록할 수 있는 기능을 갖추고 있기 때문에 실질적으로는 2005~2006년에 걸쳐 시행된 시정촌 대합병 이전의 시정촌에 강진계가 하나 이상 설치된 셈이다. 또한 기상청도 강진 관측점을 기상대와 측후소 이외에도 증설하기로 하면서 1995년부터 수년에 걸쳐 강진 관측점이 극적으로 증가하여 그 수가 전국적으로 4000곳 이상에 이르렀다.

인체에는 느껴지지 않는 작은 지진을 관측하기 위한 고감도 지진계도 오사카한신대지진을 계기로 정비되기 시작했다. 그 전까지는 대학에 설치된 연구센터를 중심으로 지역 수준의 관측에 불과했던 극소 지진 관측과 관련하여 방재과학기술연구소가 Hi-net으로 불리는 표준화된 관측망을 정비하여 오키나와 및 외딴 섬을 제외한 전국 약 800곳에 관측점을 정비했다. 이 데이터는 관련 연구는 물론이고 기상청의 긴급 지진 속보를 비롯한 지진 관측 처리에도 리얼타임으로 사용되고 있다.

한신·아와지대지진 발생 후에 정비된 Hi-net, K-NET 관측 데이터는 인터넷을 통해 일반에 공개됨으로써 데이터 이용 체제가 새롭게 개선되었다는 점도 특징 중 하나이다. 통일된 성능을 가진 지진계에서 진동파형 데이터를 기록하고 이는 통일된 포맷으로 보존되고 있다. 그리고 데이터는 간단한 이용자 등록만으로 인터넷을 통해 일본은 물론 전 세계의 연구자들이 자유로이 이용할 수 있게 되었다. 이 새로운 데이터를 사용함으로써 '심부(深部) 저주파지진'이라고 하는 대지진의 발생 과정과 밀접하게 관련되어 있는 것으로 보이는 현상이 발견되었다. 이러한 영향은 전 세계로 확대되어 심부 저주파지진 연구는 세계적인 붐이 되었다.

또한 지진이 발생하는 지각 내부는 암석 성질 차이에 기인한 불균질성이 있고 이러한 구조적 차이점이 지진의 발생 조건을 결정하는 중요한 요소라고 보인다. Hi-net의 관측 데이터는 일본 열도 밑의 복잡한 지하 구조를 밝히는 연구에도 중요한 역할을 맡고 있다.

새로운 관측망이 정비되고 지금까지 없었던 데이터를 얻게 되자 연구자들은 지적 호기심을 원동력으로 삼아 물리학적인 새로운 발견들이라는 성과를 내고 있다. 그러나 이러한 연구결과 성과를 일반 시민들의 방재 활동으로 활용하기까지는 많은 시간이 필요하며 최첨단 연구를 시민 방재 활동으로 이어주는 연구자 및 기술자 층도 엷다. 과학 연구 분야에서는 주목받고 있는 Hi-net이지만 실제 시민 방재활동에서 도움이 되는 두드러질 정도의 성과는 그다지 많지 않다. '일본 해구해저지진 쓰나미 관측망'에서는 물리학적인 새로운 발견에 머무르지 않고 방재의 실무 차원에서도 시민과 행정에 도움이 되는 새로운 성과가 기대되고 있다. Hi-net이 만들어진 시대 이후의 IT기술의 혁명적인 발전과 비약적인 보급을 생각하면 즉시 그리고 자동으로 정보가 제공되는 것이 더욱 효과적일 것으로 생각된다. 방재에 관련된 경보는 '기상업무법'에 의해 제한되어 있기 때문에 기상청에 의해 전국 일률적으로 경보에 이용될 가능성이 높다. 다만 일본 해구 해저지진 쓰나미 관측망의 고밀도 관측점 정보를 전면적으로 활용하기 위해서는 지역 특성을 고려한 오더 메이드 정보제공에 대한 기대도 크다. 각 지역별 생생한 관측 데이터를 입수하여 피난 행동을 촉진시키는 등의 고도 이용이 실현된다면 세계 유수의 기상청 역할을 뛰어넘는 지진 쓰나미 관측망을 갖춘 일본 최고의 방재과학기술연구소의 존재 가치도 높아질 것이다.

5. 당장 도움이 될 것과 장차 도움이 될 것

방재는 인명과 직결되기 때문에 즉각적으로 도움이 되어야 한다. 그러한 점에서 많은 지진학 연구자들이 소속되어 있는 물리학 분야의 기타 연구 분야, 예를 들면 우주과학이나 소립자물리학 등과는 전혀 다른 것이다.

지진 방재에 있어서 현시점에서도 효과적으로 피해를 줄일 수 있는 여러 다양한 대책이 있다. 예를 들어 기존 부적격 목조주택의 내진 보강 및 재건축 등이 이에 해당한다. 그 예로, 신속하게 보급을 추진한다면 커다란 성과를 올릴 것으로 기대된다.

한편 지진과 관련된 과학적 설명은 아직까지도 완전히 정리되었다고 보기는 어렵다. 1960년대 전반에 우주탐사 등과 더불어 지구 내부의 맨틀까지 구멍을 뚫어 상세히 조사하는 '모홀 계획(Mohole project)'이 입안되었으나 맨틀까지의 도달은 아직 불가능한 상태이다. 행성 탐사기 '뉴허라이즌스호(New Horizons)'에 의해 명왕성 탐사까지 진척된 우주탐사와 비교할 때 지진 발생에 대한 지구 내부 탐사는 지연되고 있다.

지진 발생 메커니즘과 관련하여 현상 그 자체가 해명된 상황은 아니다. 현시점에서 파악된 바를 축적하여 고안해 낸 대책들도 예상을 초월한 사태는 얼마든지 발생할 수 있다. 이후에 발생할 지진에 대비하여 발생하기 전에 연속된 관측 데이터를 가능한 한 많이 채취함으로써 향후 이를 후세에 전달하는 것은 미래의 방재 활동에 도움이 될 것이 분명하다.

현재 우리가 상식으로 여기고 있는 지진에 대한 지식들은 기존에 경험한 지진의 파형을 상세히 분석함으로써 얻은 것으로 대부분의 지식들은 1960년대 이후의 비교적 최근이 되어서야 밝혀진 것이다. 지진파에 대한 해석 방법이 진화되면서 수십 년 전에 기록된 지진까지 거슬러 올라가 그 파형을 재해석하면서 밝혀지거나 증거가 축적된 것이 많다. 미래의 방재 활동을 위해서는 그 시대의 가치관에 얽매이지 않은 '생생한 기록'을 취득하고 그 시점에서 가능한 최선의 분석을 통해 사실을 밝힘으로써 '생생한 기록 혹은 살아 있는 기록'을 미래에 전달하는 것이 필수적이라 하겠다. 지금의 기술과 지식으로는 검출되지 않는 중요한 시그널이 잠재되어 있기 때문이다.

〈참고문헌〉

尾池和夫,『日本列島の巨大地震』, 岩波書店, 2011年.

川崎一朗,『スロー地震とは何か』, 日本放送出版協会, 2006年.

佐竹健治,「巨大津波のメカニズム」, 平田直·佐竹健治·目黒公郎·畑村洋太郎,『巨大地震·巨大津波ー東日本大震災の検証ー』, 朝倉書店, 2011年.

地震調査研究推進本部,「宮城県沖地震の長期評価」, 平成12年 11月 27日, 2000年.

東日本大震災合同調査報告書編集委員会 (編集),『東日本大震災合同調査報告 共通編 〈1〉 地震·地震動』, 丸善, 2014年.

Heki, "Ionospheric electron enhancement preceding the 2011 Tohoku-Oki earthquake", *Geophys. Res. Lett.*, 38, L17312, doi:10.1029/2011GL047908, 2011.

Ide, S., A. Baltay, and G. C. Beroza, "Shallow dynamic overshoot and energetic deep rupture in the 2011 Mw 9.0 Tohoku-Oki earthquake", *Science*, 332, 1426-1429, doi: 10.1126/science.1207020, 2011.

Ito, Y., T. Tsuji, Y. Osada, M. Kido, D. Inazu, Y. Hayashi, H. Tsushima, R. Hino and H. Fujimoto, "Frontal wedge deformation near the source region of the 2011 Tohoku-Oki earthquake", *Geophys. Res. Lett.*, 38, L00G05, doi:10.1029/2011GL 048355, 2011.

Kurahashi, S. and K. Irikura, "Source model for generating strong ground motions duringthe 2011 off the Pacific coast of Tohoku Earthquake", *Earth Planets Space*, Vol.63, 571-576, 2011.

Ozawa, S., T. Nishimura, H. Suito, T. Kobayashi, M. Tobita, and T. Imakiire, "Coseismic and postseismic slip of the 2011 magnitude-9 Tohoku-Oki earthquake", *Nature*, 475, 373-376, doi:10.1038/nature10227, 2011.

Sato, M., T. Ishikawa, N. Ujihara, S. Yoshida, M. Fujita, M. Mochizuki and A. Asada, "Displacement above the hypocenter of the 2011 Tohoku-oki earthquake", *Science*, 332, 1395, doi:10.1126/science.1207401, 2011.

Uyeda, S. and H.Kanamori, "Back-Arc Opening and the Mode of Subduction", *Journal of Geophysical Redearch*, Vol.84, No.B3, 1049-12061, 1979.

제6장

쓰나미 방재의 과제와 새로운 대비 활동

다카하시 도모유키(高橋智幸)

1. 동일본대지진과 난카이트로프 거대지진 재해

지구의 표면은 수십 장의 대규모 판으로 구성되어 있다. 판끼리 서로 부딪치는 지역에서는 지구 내부에 감춰진 에너지의 일부가 발현되어 세계 최고봉이 있는 히말라야 등의 산맥과 카리브해와 대서양을 가르는 서인도 제도 등의 호상 열도 등 웅대한 자연을 형성하고 있다. 그러나 엄청난 에너지는 때로는 지진이나 화산 폭발을 일으키며 인간 사회에 해를 끼치는 일면도 가지고 있다.

지구상에 수십 개밖에 없는 대규모 판 중에서 일본 주변은 태평양판, 필리핀판, 유라시아판 및 북아메리카판 등 4개가 서로 맞물려 있는 매우 드문 지역이다. 이 판들의 충돌은 일본 열도라는 풍부한 자연환경을 만들어내고 있는 것과 동시에 역사적으로 많은 지진과 화산 폭발을 발생시켜 반복적으로 우리에게 피해를 주었다.

태평양판과 북아메리카판의 남쪽 경계에는 일본 해구가 형성되어 있으며, 이곳에서는 약 100년 주기로 규모 8 정도의 지진이 발생하고 있는 것으로 추정되었다. 그리고 2011년 3월 11일 14시 49분, 이 해역에서 일본 도호쿠지방태평양연안지진[1]이 발생했다. 그러나 그 규모는 예상을 크게 넘는 M 9.0이었다. 이 지진에 의해 발생한 쓰나미는 홋카이도에서 규슈에 이르는 태평양 연안에 도달해 도호쿠 지방에는 해일 높이가 40m 가까운 거대한 쓰나미가 덮쳤다. 도호쿠지방태평양연안지진과 그로 인한 쓰나미 등 동일본대지진으로 인해 발생한 사망자, 실종자는 1만 8000명을 넘었으며 피해 금액은 16조 9000억 엔에 달했다(内閣府, 2012).

일본 주변에서의 기타 판 경계로서는 태평양판과 북아메리카판의 북쪽 경계에 있는 쿠릴·캄차카해구, 필리핀판과 유라시아판의 경계에 있는 난카이트로프,[2] 그리고 유라시아판과 북아메리카판의 경계에 있는 치시마해구(千島海溝)/동해 동연부가 있고 각각의 해역에서 쓰나미를 일으킬 거대지진의 발생이 우려되고 있다. 특히 난카이트로프에서는 진도 9급의 거대지진이 예상되고 있으며 최대 사망자 23만 명, 피해 금액은 214조 엔에 이를 것으로 중앙방재회의(中央防災会議, 2012, 2013)은 예측하고 있다.

동일본대지진 때 물리적인 피해는 특히 이와테현, 미야기현 및 후쿠시마현에 집중되고 있으며 도쿄나 나고야, 오사카 등 각 지역의 중추 도시의 피해는 상대적으로 작았다. 그러나 난카이트로프 거대지진이 발생할 경우에는 이 대도시들의 피해가 예상되기 때문에 재난 직후의 구조, 구호(구제) 활동이나 그 후의 복구, 부흥에 지장이 있을 것이라는 우려가 제기되고 있다. 또 동일본대지진은 광역 대규모 재해가 복합 재해의 양상을 띠는 프로세스를 명확하게 보여주었다. 게센누마시와 나토리시 등 많은 쓰나미 침수 지역에서 화재가 발생

1) 옮긴이 이하 3.11 동일본대지진을 이번 장에서는 '도호쿠지방태평양연안지진'으로 표기하고 있다.

2) 옮긴이 최근 일본에서는 앞으로 발생할 거대지진에 관해 난카이지진, 도카이지진, 도난카이(東南海)지진 등을 주로 상정하고 있다. 일본의 도카이 지역과 시코쿠(四國) 사이에 있는 스루가(駿河)~난카이트로프에서 100~200년 정도 간격으로 M(매그니튜드)8 클래스의 거대지진이 발생할 것으로 상정되고 있다. 최근 '난카이트로프 대지진'을 상정하고 다양한 방재 정책이 논의되고 있다. 트로프란 해저에 있는 가늘고 긴 해저 6000m 이하의 분지, 6000m 이상은 '해구'로 구별한다.

했으며, 쓰나미와 화재의 복합 재해 1993년 홋카이도 지진에서의 오쿠시리섬과 1964년 니가타 지진에서의 니가타시 1933년 쇼와산리쿠지진의 가마이시시 등에서도 반복적으로 발생했다. 더불어 동일본대지진에서는 도쿄전력의 후쿠시마 제1원자력발전소에서 쓰나미에 의한 전원 소실이 노심용융으로 이어져 방사성 물질이 방출되는 대형 사고가 발생했다. 바로 쓰나미와 원자력 사고의 복합 재해라는 발생해서는 안 될 사태가 일어났다. 일본의 해안에는 원자력발전소 이외에도 연안 석유비축기지 및 석유화학단지 등 일단 사고가 발생하면 피해가 광역적이고 장기화될 중요 시설이 다수 설치되어 있다. 더불어 대도시의 해안이나 하천 부근에는 제로 미터 지대가 다수 존재하기 때문에 강진동에 의해 액상화가 발생하면 제방 침하 및 손상이 생겨 거기에 쓰나미가 내습할 우려가 있다. 따라서 이러한 지진동과 해일이 복합적으로 작동하는 재해도 상정할 필요가 있다. 난카이트로프 거대지진 재해에서 예상 가능한 이러한 다양한 복합 재해에 대한 대책은 필수적이다.

난카이트로프 등에서 발생하는 거대지진과 해일에 의한 피해를 완전히 막을 수는 없지만 감소시키는 것은 가능하다. 위에서 언급한 중앙방재회의에 의한 피해 추정은 적절한 방재 대책을 실시함으로써 사망자 수는 1/5인 4만 6000명으로, 피해액은 약 절반 수준의 112조 엔으로 줄일 수 있다고 지적하고 있다. 피해 경감을 위해서는 동일본대지진이 보여준 기존의 방재 문제를 향후 방재 대책에 반영시켜 나가는 것이 중요하다.

동일본대지진에서의 인적 피해 중 약 90%는 쓰나미에 의한 것이다(内閣府, 2011). 또 난카이트로프의 거대지진으로 인한 쓰나미는 도쿄와 나고야, 오사카 등의 대도시를 포함한 넓은 범위에 내습할 것으로 예상된다. 즉 판 경계에서 발생하는 거대지진 재해에서는 쓰나미에 의한 피해가 매우 막대하다. 따라서 이 장에서는 동일본대지진의 해일 피해를 정리하여 기존의 쓰나미 방재의 과제를 검증하고자 한다. 그리고 이어서 대지진을 대비한 새로운 쓰나미 방재 활동을 소개하고자 한다. 또한 아래의 설명을 보충하기 위하여 〈그림 6-1〉에 쓰

그림 6-1 포스트 동일본대지진 쓰나미 방재의 과제와 새로운 대응

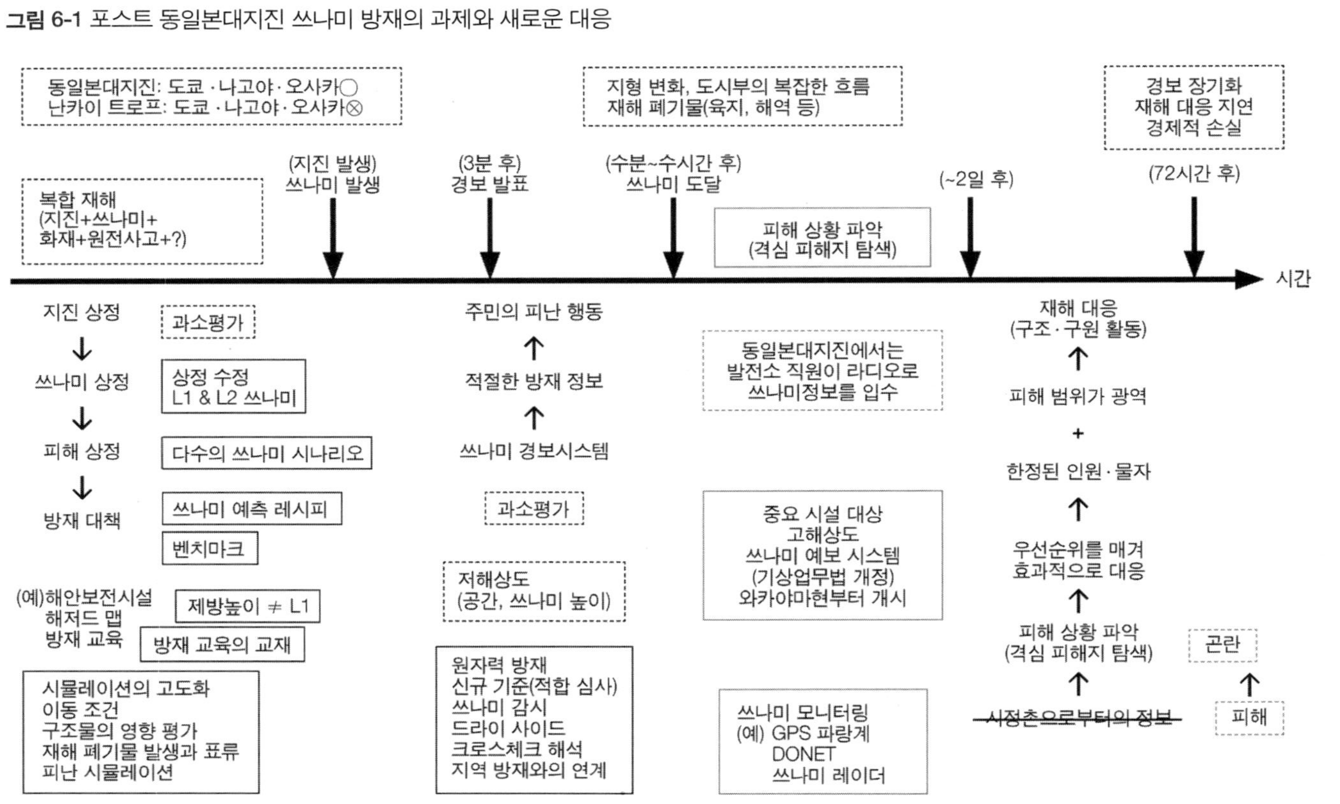

나미 방재의 과제와 새로운 활동을 설명하고자 한다.

2. 동일본대지진의 쓰나미 재해: 현황과 과제

과거 산리쿠 앞바다에부터 보소 바다까지 이어지는 일본 해구 부근에서 큰 지진이 자주 발생했으며, 많은 해일을 유발해 왔다. 이 해역은 기존 지진의 발상 패턴부터 아오모리현과 이와테현 북부에 접한 '산리쿠 앞바다 북부', 이와테현 남부에 접한 '산리쿠 앞바다 중부', 미야기현에 접하는 '미야기현 앞바다', 그리고 앞바다인 '산리쿠 앞바다 남부 해구 쪽', 후쿠시마현과 이바라키 현에 접한 '후쿠시마현 앞바다'와 '이바라키현 앞바다', 치바현에 접한 '보소 앞바다', 그리고 일본 해구에 따른 '산리쿠 북부에서 보소 앞바다 해구 쪽'의 8 영역으로 나뉘어 지진이 가정되어 왔다. 이 영역 중에서 '미야기현 앞바다'와 '산리쿠 남부 해구'의 경우에는 연동하여 지진을 발생시키는 것으로 예상되었지만 그 외의 영역은 각각 단독으로 지진을 발생시키는 것으로 알려졌다. 하지만 도호쿠지방태평양연안지진의 진원은 남북 방향으로는 '산리쿠 중부 앞바다'부터 '이바라키 현 앞바다'까지, 그리고 동서 방향으로는 동해 부근까지 달하는 6영역이라는 매우 넓은 범위에 걸쳐 있었다. 즉 예상을 넘어선 연동형의 거대지진이 발생했던 것이다.

해역의 지하에서 발생한 단층운동은 해저를 융기시키거나 침강시킨다. 도호쿠지방태평양연안지진에서는 최대 50m 정도의 변동이 있었다고 생각된다. 이 단층 운동은 몇 분 동안 계속되었지만, 해수의 움직임은 완만하기 때문에 해저의 상하 변동에 따라 해수면도 광범위하게 변동된다. 이것이 해일 파원이라고 불리는 해일의 발생이다. 이렇듯 해일의 초기 조건은 단층운동이기 때문에 지진이 과소평가되면 그 후로 발생되는 해일 또한 과소평가로 이어진다.

이러한 지진의 과소평가는 쓰나미 방재에서 우선 해일경보에 영향을 끼친다. 해일경보 시스템은 미국이나 인도네시아, 프랑스, 칠레 등 많은 연안 국가에서 도입되고 있지만, 일본은 그중에서도 최고 수준의 기술을 보유하고 있다. 일본의 해일경보 시스템은 사전에 다수의 해일 시뮬레이션을 실시하므로 데이터베이스화되어 있기 때문에 지진이 발생하면 지진파 해석으로 얻은 진원과 진도를 이용하여 가장 가까운 지진을 검색하는 방식을 채용하고 있다. 이 방식을 통해 3분 안에 해일경보를 발표하는 것이 가능하며 일본 근해에서 많이 발생하는 진도 8 정도 이하의 지진에 대해서 유효하게 작동하고 있음을 알 수 있다. 그러나 아쉽게도 몇 가지 종류의 지진에 대해서는 해일경보가 과소평가될 위험성을 가지고 있다. 그중 하나가 도호쿠지방태평양연안지진과 같은 거대지진이다. 진도 9급의 거대지진이 발생하면 그 직후에는 진도가 과소평가되고 과소평가된 진도로 검색된 해일 또한 과소평가로 이어진다.

도호쿠지방태평양연안지진이 발생한 것은 14시 46분이지만 3분 후에는 해일경보가 발표되었다. 이처럼 신속한 대응을 할 수 있는 것은 일본 기상청만이 가능할 것이다. 그러나 당시 기상청은 진도 7.9의 지진이 발생했을 것으로 예상했다. 그렇기 때문에 발표된 해일의 예상 높이는 미야기현에서 6m, 이와테현, 후쿠시마현에서 3m였다. 물론 기상청은 바로 과소평가임을 판단해 제2통보와 제3통보를 통해 순차적으로 해일의 높이를 높였지만 제1통보 후에 바로 많은 지역에서 정전이 발생했으며, 정보의 전달이 제대로 이루어지지 않았다.

이 사례는 해일 발생 시 해일의 파원을 정확히 아는 것이 기술적으로 어렵다는 점, 그리고 그것으로 인해 방재 정보가 대응 정도를 저하시켜 피해를 확대할 요인이 될 수 있다는 점을 시사하고 있다. 다음 대지진을 대비하기 위해 해결해야 할 기술상의 과제다.

다음으로 해일의 과소평가가 영향을 미친 것은 해안 제방 등의 하드웨어다. 일본 해안에는 쓰나미나 높은 파도에 대비하기 위해서 제방이 정비되어 있다. 하천에는 홍수를 대비한 제방이 정비되어 있으며, 하천을 역류하는 해일에 대해서도 유효하게 기능한다. 이 제방은 견고한 구조로 되어 있으며, 해일의 파도에 의해 제방 본체가 손상될 위험성은 낮다. 천단(제방 상부)에 설치된 파반공(波返工)이 부서져 떨어지는 일이 있을 수는 있지만, 그런 경우에도 제방 본체의 강도를 저하시키지는 않는다. 그러나 쓰나미가 일단 제방을 넘어 월류(越流)하게 되면 다른 파괴 메커니즘이 발생한다. 제방 높이를 넘은 파도는 제방 이법부(裏法部)[3]의 피복공(被覆工)[4] 등을 유실시키거나 법굴부(法尻部, 제방의 발 밑)의 세굴을 발생시킬 수 있다. 그리고 제체토(堤体土 제방 내에 차 있는 흙)가 유출되어 최종적으로 제방이 무너지게 된다. 또 돌아오는 흐름에 따라 표법[5]에서 유사한 파괴 메커니즘이 작동한다. 즉 제방의 피해는 쓰나미가 넘어 올지, 제방의 높이보다 높은 쓰나미가 밀려올지에 달려 있는 것이다.

그럼 제방의 높이는 어떻게 정해지는 것일까, 일반적으로 그 지역에 밀려올 가능성이 높은 해일을 가정하여 그 파도 높이를 기준으로 종합적으로 판단된다. 이와테현에서는 1896년 메이지산리쿠 해일, 1933년 쇼와산리쿠 해일 및 1960년 칠레지진 쓰나미로 인한 침수심, 미야기현 북부에서는 1960년 칠레지진 쓰나미로 인한 침수심을 기준으로 제방 높이가 정해졌다. 이 해일들이 기존 최대이며 비슷한 정도의 쓰나미가 밀려올 것으로 가정했기 때문이다. 미야기현 남부나 후쿠시마현에서는 과거에 발생한 해일보다 더 높은 해일이 덮쳤기 때문에 제방 높이는 쓰나미가 아닌 고조를 기준으로 정해져 있었다. 그러나 도호쿠지방태평양연안지진으로 인한 해일은 기준으로 삼았던 어떤 쓰나미 파고보다도 높았다. 그렇기 때문에 많은 해안제방이 쓰나미에 의하여 파괴되었고, 이와테현, 미야기현 및 후쿠시마현의 제방, 호안 연장 약 300km 중 약 190km가 파괴되었다(東日本大震災復興対策本部, 2011). 그리고 제방을 넘어 밀려든 해일은 시가지에 침입하여 많은 주택과 주민들을 삼켰던 것이다.

3) 옮긴이 제방(堤内地) 내측의 경사면(back slope of the riverbank)을 의미한다.
4) 옮긴이 피복공(被覆工)이란 사면을 덮고 있는 콘크리트나 돌로서, 비탈 덮기(slope mulching works)를 의미한다.
5) 옮긴이 제방(堤内地) 외측의 경사면.

도호쿠 지방의 해안 근처 도시와 마을에서는 해일 해저드 맵(hazard map)이 작성되어 해저드 맵을 이용한 방재 교육이나 피난 훈련이 이루어지고 있었다. 특히 산리쿠 지방은 쓰나미 재해 피해의 상습 지대이기 때문에 해일 해저드 맵으로 침수 지역이나 피난소를 확인했던 사람들이 다른 지역에 비해 많았을 것이다. 이러한 해저드 맵도 제방의 천단 높이(天端高)와 마찬가지로 과거 최대라고 생각했던 해일을 가정하여 만들어졌다. 그러나 실제로 발생한 해일은 많은 지역에서 해저드 맵에 표시된 침수 지역을 넘어 밀려들었으며 피난소마저도 침수되었다. 예를 들어 미야기현 산리쿠초 시즈가와지구에서는 예상되었던 침수 거리의 배 이상 내륙까지 잠겼다. 대피소로 지정되었던 병원까지도 쓰나미 재해 피해를 입어 대피 주민뿐만 아니라 입원환자들도 사망했다.

이러한 사례들은 미리 상정한다는 것의 중요함과 어려움이 내포된 양면성을 보여주고 있다. 과거 최대를 기준으로 하는 것 자체는 타당한 생각이라고 할 수 있다. 왜냐하면 '닫힌계(closed system)[6]'에서 발생하는 자연현상에 주기성을 추측하는 것은 의미가 있기 때문이다. 하지만 여기에는 필요조건이 존재하며 그것은 우리가 과거 최대치를 알고 있다는 것이다. 동일본대지진 이전에 우리가 과거 가장 큰 것으로 믿고 있던 지진은 과거 최대가 아니었다. 우리가 잘 아는 최근 지진에 관심이 쏠려 이 해저의 지진 리스크를 오인하고 있었던 점을 진지하게 반성해야 할 것이다.

지진 및 해일의 과소평가 이외에도 동일본대지진에서는 쓰나미 방재에 있어서 큰 과제를 찾을 수 있었다. 구조·구호 활동 등의 재해 대응에 관한 것이다. 해일경보가 해제되면 침수 지역에서 구조 및 구호 활동이 본격적으로 시작

6) 옮긴이 '닫힌계(界)'란 자연과학에서 고립계와 달리 에너지는 소통할 수 있으나, 외부와 물질의 소통이 없는 물리적 시스템을 의미한다. 여기서 계는 우주의 한 부분을 말하며, 계를 제외한 우주를 '환경' 또는 '주위'라고 부른다. 크게 주위와 물질 및 에너지 교환 가능성에 따라 세 가지로 분류한다. 주위와 교환이 불가능한 '고립계', 주위와 에너지는 교환할 수 있으나 물질은 교환할 수 없는 '닫힌계', 주위와 물질 및 에너지를 교환할 수 있는 '열린계'로 분류된다.

된다. 그러나 동일본대지진에서의 피해 범위는 매우 광역이며 재난 발생 직후 재해 대응에 배당된 인적 자원과 구호물자에는 한계가 있었다. 그렇기 때문에 재해지마다 우선순위를 정하여 효과적으로 구조하고 구호하는 것이 필요하다. 지금 당장 구하지 않으면 많은 사망자가 발생하는 지역도 있으며, 어려운 상황이긴 하지만 구조를 기다릴 수 있는 지역도 존재한다. 우선순위를 정하기 위해서는 재해 상황을 파악하는 것이 필수적이지만 일반적으로는 도도부현이나 정부가 시, 마을의 보고를 집약한다. 그러나 동일본대지진 때에는 많은 시정촌의 청사와 직원이 재난 피해를 입어 피해 상황을 신속하게 연락할 수 없었다. 즉 광역의 대규모 재해가 발생하면 극심한 피해 지역의 탐색이 어려워진다. 재해부터 72시간을 넘으면 생존율이 크게 저하된다. 그러므로 해일경보 해제로부터 72시간까지 어떠한 재해 대응을 하는지에 따라 최종적인 인적 피해가 크게 달라진다. 인적 피해를 조금이라도 줄이기 위해서 필요한 탐색 기술은 향후 대지진의 대응을 위한 큰 과제다.

그런데 해일경보 해제는 안전 면에서 이루어지기 때문에 큰 해일 재해일수록 해일경보가 장기화하는 경향이 있다. 동일본대지진에서는 지진 규모 측정의 지연이나 검조소의 손상으로 인해 해일의 감쇠 상황을 파악하지 못해 2일 동안이나 연속되었다. 해일경보의 장기화는 재해 대응의 지연뿐만 아니라 경제적 손실도 확대시킨다. 최적의 시기에 경보 해제를 판단하는 기술도 향후 중요해질 것이다. 또 경제적 손실이라는 관점에서 보면 신속한 복구도 중요하다. 그러나 동일본대지진에서는 대량의 재해 폐기물이 발생하여 복구 및 부흥에 방해가 되었다. 또한 재해 폐기물은 육지뿐만 아니라 파도에 의해 바다에 대량으로 유출되었다. 이러한 재해 폐기물은 항로에 매몰됨으로써 선박의 입항을 지연시키는 원인이 되고, 항만에서 선박의 접안에 지장을 초래하므로 구조, 구호에 방해가 되기도 했다. 사전에 재해 폐기물의 발생을 예측하고 해결책을 지역 방재 계획에 포함시켜 두는 것이 필요하다.

마지막으로 원자력발전소의 해일 대책이지만, 사전에 가정했던 것과 재해 상황 파악의 양면에서 문제가 있었다. 전자에 대해서는 앞서 기술한 사례와 마찬가지로, 과거 최대 상황을 전제로 한 가정이 이루어지고 있었던 것이 큰 과제이다. 후자에 대해서는 지진 모니터링에 중점을 두고 있으며, 해일 감시 체제가 빈약했다고 할 수 있다. 따라서 어떤 쓰나미가 내습했는가를 파악하지도 못하고 사후 대응에도 활용하지 못하고 있다. 원자력발전소의 한 직원에게 재해 발생 후 어떻게 해일 정보를 입수했는지를 조사한 결과, 라디오에서 기상청의 해일 정보를 듣고 알았다고 응답했다. 기상청의 해일 정보는 광역을 대상으로 하고 있기 때문에 공간적으로도, 해일의 높이에 대해서도 낮은 수준의 정보이다. 일단 사고가 발생하면 막대한 2차 피해로 이어지는 중요 시설이 일반 방재와 동일한 수준의 정보 수집력에 의지하고 있다는 것은 큰 과제라고 할 수 있다.

이상으로 동일본대지진이 쓰나미 재해 피해에 관해 정리해 보았다. 한편 이러한 고찰을 통해 얻어진 기존의 쓰나미 방재의 문제점에 관해서는 다음 항목들로 요약할 수 있다.

① 사전의 지진·해일에 대해 과소평가된 가정
② 해일경보의 과소평가
③ 피해 상황 파악 극심 피해지 탐색의 지연
④ 해일경보 해제의 지연
⑤ 재해 폐기물로 인한 재해 대응의 지연
⑥ 주요 시설에서의 해일 정보의 부족

3. 다가올 거대지진과 쓰나미 방재

무엇보다도 기존의 쓰나미 방재의 문제점을 개선하기 위해서는 다음 사항에 유의할 필요가 있다.

① 다수 시나리오를 통한 사전의 지진이나 해일 가정
② 해일경보의 과소평가 방지와 신뢰성 향상
③ 24시간 이내에 극심 피해지 탐색
④ 적절한 해일경보 해제의 판정과 해제 시간의 예측
⑤ 48시간 이내에 재해 폐기물의 유출 상황 파악
⑥ 주요 시설을 대상으로 한 고해상 쓰나미 예보

이들 중 ② 및 ⑥에 대해서는 다카하시(高橋智幸, 2014)에서 이미 소개했기에 이를 참조하길 바란다. ③, ④ 및 ⑤에 대해서는 많은 연구 기관이나 연구자를 통하여 다양한 연구결과를 얻고 있다. 다만 대부분이 기초연구의 범위이며 방재 실무에 활용할 수 있는 응용연구의 성과는 향후 기대되고 있는 상황으로 여기서는 분석 대상에서 제외한다. 따라서 아래에서는 ①을 중심으로 관련된 기술을 포함해 동일본대지진 이후 시작된 새로운 쓰나미 방재 활동을 소개한다.

동일본대지진 발생 전에는 지진의 가정이 과소평가되어 이를 초기 조건으로 가정한 쓰나미 또한 과소평가로 이어졌다. 이 가정들은 제방의 천단 높이나 해저드 맵 등 지역 방재에서 중요한 대책에 직접적으로 영향을 주는 것들이며 동일본대지진에서의 인적 피해를 확대시킨 요인으로 생각된다.

거기서 동일본대지진 후에는 쓰나미의 높이를 2단계로 설정하는 방안이 주류가 되었다. 수십 년부터 수백 년에 한 번 정도의 빈도로 발생하는 레벨 1, 쓰나미 발생 빈도는 낮으나 물리적으로 발생할 가능성이 있는 최대 클래스의 레벨 2 쓰나미이다. 레벨 1은 보호 레벨이라고도 불리며 제방과 같은 하드웨어로 시가지의 쓰나미 침입을 막는 것으로 시민의 생명과 재산을 지키는 것을 목표로 하고 있다. 반면 레벨 2는 '감재 레벨'이라고도 불리며 시가지의 침수는 허용하나 해저드 맵이나 피난 등의 종합적인 방재 대책을 통해 시민의 생명을 지키는 것을 목표로 하고 있다. 이러한 2단계에서 상정하고 있는 쓰나미는 동일본대지진 이후 많은 지자체가 검토하여 설정하고 있는 상황이지만 기존의 가정된 것이 레벨 1인 쓰나미인 경우가 많다. 레벨 2 쓰나미에 대해서 각 지자체가 설정하는 것은 기술적으로 어려움이 있어 내각부 등의 정부 기관이 발표하고 있는 가정을 채용하는 경우가 많다.

2단계의 '쓰나미 상정'은 기존의 단일한 가정에 비해 자연현상의 불확실함을 고려하고 있으며 동일본대지진을 포함한 방재의 진보라고 할 수 있다. 행정의 복잡성은 증대하지만 대응 가능한 변경으로 생각된다. 그러나 몇 가지 문제도 지적되고 있다. 예를 들어 레벨 1 쓰나미과 레벨 2 쓰나미의 불연속성이나 대형 미끄럼지역(LSZ: Large Slip Zone)이나 초대형 미끄럼지역(SLSZ: Super Large Slip Zone)의 불확실함의 설정 방법 등이다. 전자로는 해안 부근에서의 쓰나미 높이가 레벨 1에서는 수 m인 것에 반해 레벨 2에서는 수십 m에 달하는 경우가 있어 그 차이가 너무 크다는 문제가 있다. 레벨 2의 정도가 너무 강해 주민들이 방재 활동을 포기하는 사례가 발생되고 있다. 반면 후자의 대형 미끄럼지역과 초대형 미끄럼지역이란 쓰나미 발생의 불균질성을 보여주는 사고방식이며 단층 내에서는 큰 쓰나미를 발생시키는 영역과 더욱더 큰 쓰나미를 발생시키는 영역이 극소적으로 존재한다는 가정이다. 이것은 기존의 쓰나미 지진에 대응하는 사고방식이며 더욱 실제적인 쓰나미를 가정할 수 있다는 이점이 있으나 표준적인 설정 방법이 아직 없다는 문제가 있다.

이러한 문제점을 개선하기 위해 다수 시나리오는 유효할 수 있다. 그 한 예로 쓰나미를 대상으로 한 시나리오 설정 모델의 개념은 〈그림 6-2〉에 나타나 있다. 자세한 설정 방법은 세토·다카하시(Seto and Takahashi, 2014; 2015)를 참조하기 바라며 여기서는 그 개요를 소개하고자 한다. 이 모델은 판 경계 축에서 지진 발생층의 하한 H2까지의 범위에 쓰나미 단층(Tsunami Fault)을 가정하여 대형 미끄럼지역, 초대형 미끄럼지역 및 배경지역(BZ: Background Zone)으로 구성되어 있다고 생각된다. 그리고 LSZ와 SLSZ의 면적(S_L, S_S), 미끄럼 양, 형상(a_L, b_L, a_S, b_S), 배치(C_r), 파괴 시작점 등을 정의하고 있다. 또 진도에 따른 스케일링 법칙을 도입해 쓰나미 단층의 규모(S'_{Mw})와 배치(L_{Mw}) 등도 정의하고 있다. 또 이 조건들을 객관적으로 설정하는 순서가 표시되어 있다. 한 예로 들어

그림 6-2 다수 시나리오 설정 모델의 개념도

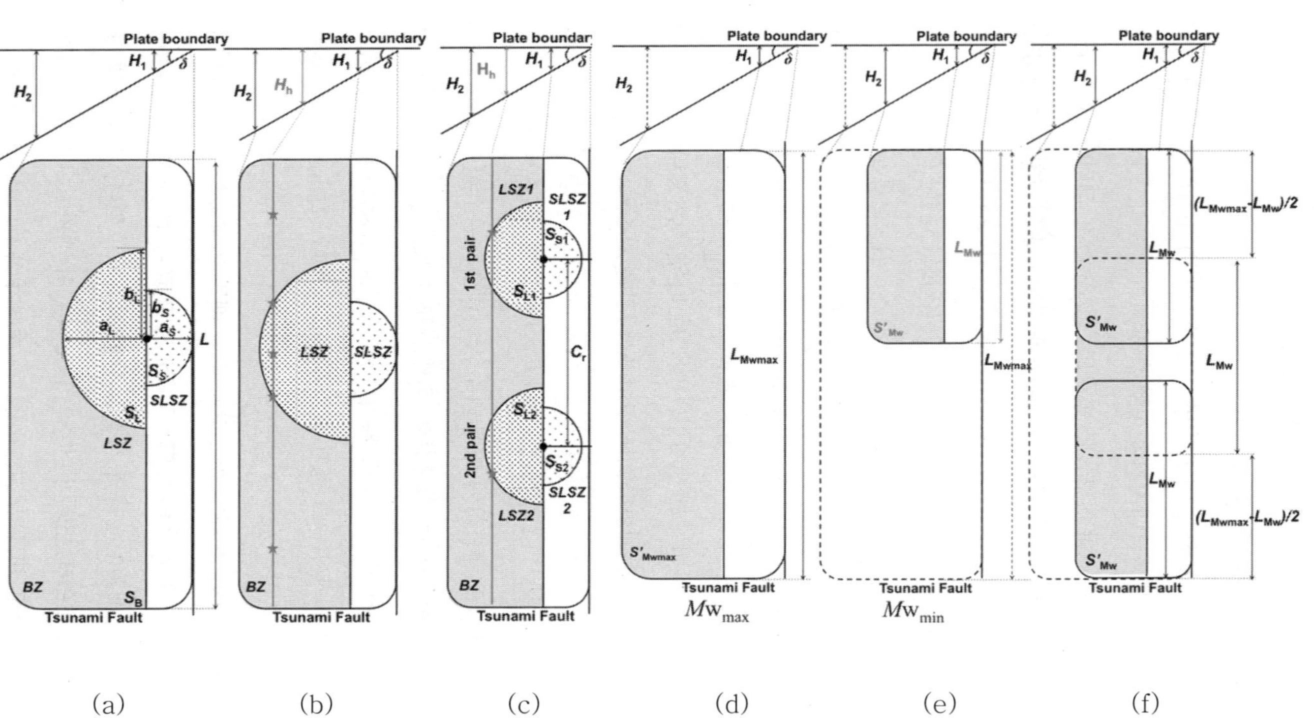

그림 6-3 난카이트로프의 다수 시나리오 설정 예

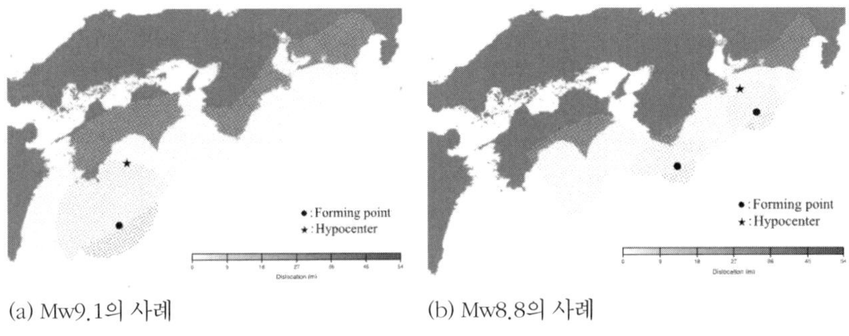

(a) Mw9.1의 사례　　(b) Mw8.8의 사례

그림 6-4 난카이트로프의 다수 시나리오로 인한 쓰나미 예(지진 발생부터 5분 후)

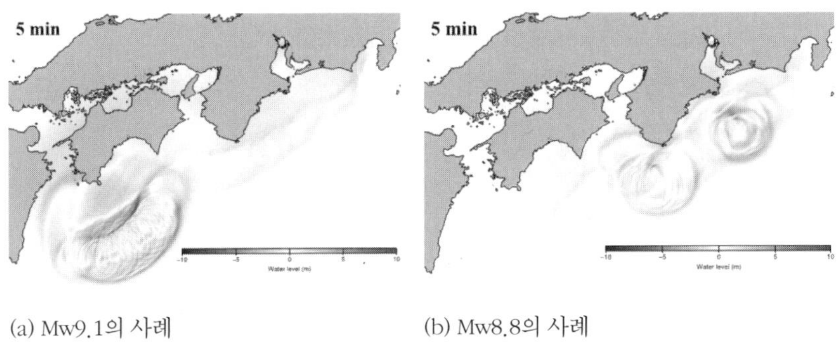

(a) Mw9.1의 사례　　(b) Mw8.8의 사례

난카이트로프에 적용한 결과 324 종류의 쓰나미 단층이 가정되었다. 예를 들어 Mw9.1와 Mw8.8에 있어서 쓰나미 단층은 〈그림 6-3〉을 보면 알 수 있다. 더불어 각각의 쓰나미 단층으로 인한 지진 발생부터 5분 후의 쓰나미는 〈그림 6-4〉에서 알 수 있다.

쓰나미 재해 이외에도 다수 시나리오의 중요성은 향후 증가될 것으로 생각되지만 실제의 방재 행정에서 활용하기 위해서는 기존의 데이터 검증이 중요하다. 쓰나미에 관해서는 1960년대부터 발생 기관이나 전파 등의 수치 모델에 대한 연구가 진행되고 있으며 더불어 쓰나미에 따른 모래 이동과 파력, 표류물 등에 관한 실험도 적극적으로 실시되었다. 또한 국내외에서 발생한 쓰나미 재

그림 6-5 쓰나미 관련 기존 데이터 활용의 시도

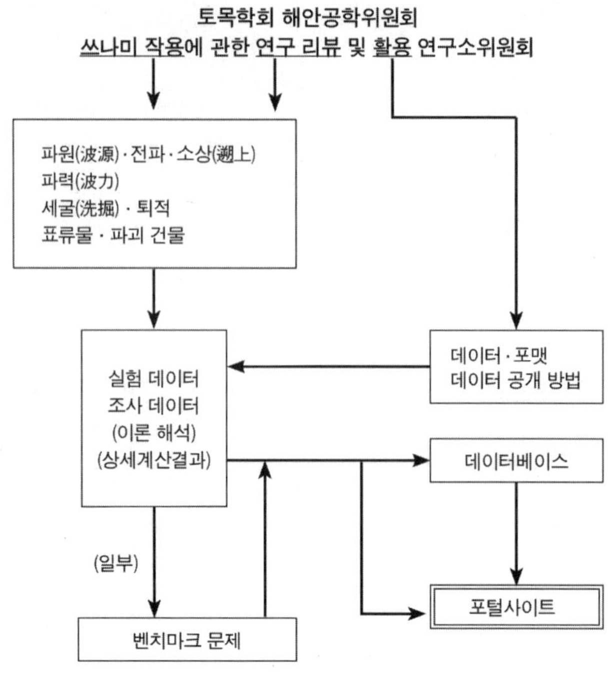

해의 현지 조사가 다수 실시되어 있어 특히 2011년 도호쿠지방태평양연안지진 쓰나미에 대해서는 방대한 양의 데이터를 얻을 수 있었다. 이 데이터는 현상의 해명에 도움이 될 뿐만 아니라 이후 생길 가능성이 있는 거대 쓰나미의 피해를 예측할 수 있는 수치 모델의 검증 데이터로 활용 되고 있기 때문에 매우 귀한 기초 자료라고 할 수 있다.

그러나 많은 데이터가 연구자나 연구 기관 등을 통해 공개되고 있기 때문에 다양한 연구논문이나 보고서 등에 분산되고 있다. 귀중한 데이터를 방재 연구에 활용하기 위해서는 데이터를 집약해 체계적으로 정리하는 것이 필요하다. 이러한 시도는 동일본대지진 이후 시작되었으며 그중 한 예로 토목학회의 해안공학위원회의 활동을 소개한다. 2015년 7월에 해일 작용에 대한 연구 리뷰 및 활용연구소위원회가 설립되어 〈그림 6-5〉에서 알 수 있듯 기존의 데이터 활용 방법에 관한 검토가 이루어지고 있다.

대상이 되는 현상은 쓰나미 그 자체의 움직임으로 파원이 발생, 해역의 전파와 육지의 소상(遡上), 쓰나미로 인한 건물 피해 원인인 파력, 쓰나미에 따른 모래 이동으로 인한 세굴과 퇴적, 그리고 재해 폐기물과 관련된 건물의 파괴와 표류의 4종류로 분류하여 공개된 실험 데이터와 조사 데이터, 이론상 및 자세한 계산 결과에 대한 리뷰가 진행된다. 그 결과를 방재 연구에 활용하기 위해 데이터 포맷이나 공개 방법을 검토하여 데이터베이스에 정리한다. 또 정량적이며 신뢰성이 극히 높은 일부 데이터에 대해서는 벤치마크 문제의 작성에 이용된다. 여기서 말하는 벤치마크 문제는 수치 시뮬레이션을 실시하기 위해서 필요한 계산 조건이나 데이터 또는 정확하게 계산된 경우에 출력되는 결과들을 정리한 데이터세트이다. 데이터베이스나 벤치마크 문제에 액세스할 수 있는 포털사이트가 개설될 예정이다.

이러한 벤치마크 문제는 방재 실무 현장에서도 강력하게 요구되고 있다. 시청이나 지자체에서는 쓰나미 피해 가정법을 통해 그 결과로 쓰나미 해저드 맵을 작성한다. 이것들은 쓰나미 방재에 필수적인 대책이지만 기본은 수치 시뮬레이션 기술이다. 동일본대지진 이후 실제로 다수의 쓰나미 시뮬레이션이 실시되었지만 그 신뢰성에 의문이 제기되는 사례도 보인다. 예를 들어 여러 컨설팅 회사가 동일한 조건으로 쓰나미 시뮬레이션을 실시해도 계산 결과가 다를 수 있다. 쓰나미 시뮬레이션에 기초 방정식 계산 체계, 경계 조건과 초기 조건, 지형 모델 외력 모델 등 다수의 항목이 필요하며, 이러한 독자적인 알고리즘에 따라 코딩하여 동작을 재현한다. 많은 항목 보고서 등이 공표되지만, 알고리즘 및 코딩은 블랙박스로 되어 있어 다른 사람이 확인할 수 없다. 그리고 지금까지는 쓰나미 시뮬레이션 결과의 정도를 종합적으로 평가하기 위한 벤치마크 문제가 없었기 때문에 차이가 발생하는 원인이 되었다.

또 쓰나미 시뮬레이션 기술의 표준화도 신뢰성 향성을 위해서는 필수적이

그림 6-6 쓰나미 예측 레시피 안

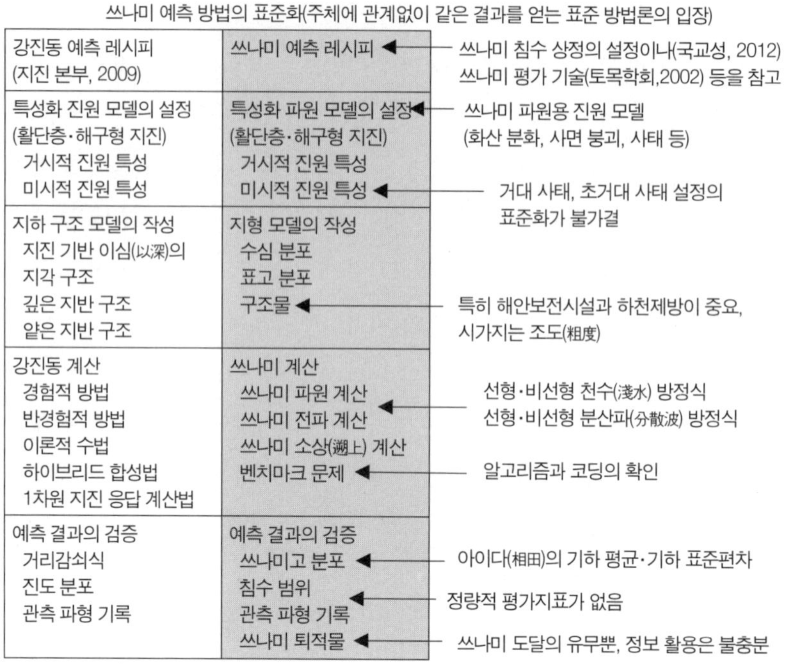

쓰나미 예측 방법의 표준화(주체에 관계없이 같은 결과를 얻는 표준 방법론의 입장)

강진동 예측 레시피	쓰나미 예측 레시피	
강진동 예측 레시피 (지진 본부, 2009)	쓰나미 예측 레시피 ◀	쓰나미 침수 상정의 설정이나(국교성, 2012) 쓰나미 평가 기술(토목학회,2002) 등을 참고
특성화 진원 모델의 설정 (활단층·해구형 지진) 거시적 진원 특성 미시적 진원 특성	특성화 파원 모델의 설정 ◀ (활단층·해구형 지진) 거시적 진원 특성 미시적 진원 특성 ◀	쓰나미 파원용 진원 모델 (화산 분화, 사면 붕괴, 사태 등) 거대 사태, 초거대 사태 설정의 표준화가 불가결
지하 구조 모델의 작성 지진 기반 이심(以深)의 지각 구조 깊은 지반 구조 얕은 지반 구조	지형 모델의 작성 수심 분포 표고 분포 구조물 ◀	특히 해안보전시설과 하천제방이 중요, 시가지는 조도(粗度)
강진동 계산 경험적 방법 반경험적 방법 이론적 수법 하이브리드 합성법 1차원 지진 응답 계산법	쓰나미 계산 쓰나미 파원 계산 쓰나미 전파 계산 ◀ 쓰나미 소상(遡上) 계산 벤치마크 문제 ◀	선형·비선형 천수(淺水) 방정식 선형·비선형 분산파(分散波) 방정식 알고리즘과 코딩의 확인
예측 결과의 검증 거리감쇠식 진도 분포 관측 파형 기록	예측 결과의 검증 쓰나미고 분포 ◀ 침수 범위 관측 파형 기록 ◀ 쓰나미 퇴적물 ◀	아이다(相田)의 기하 평균·기하 표준편차 정량적 평가지표가 없음 쓰나미 도달의 유무뿐, 정보 활용은 불충분

다. 이미 일본토목학회(土木学会, 2002)나 국토교통성(国土交通省, 2012) 등에서부터 쓰나미 시뮬레이션에 관한 기술서나 지침서 등이 제안되고 있기 때문에 이것들을 기본으로 하여 쓰나미 예측 레시피를 작성하는 시도가 시작되었다. 레시피란 어떤 자연현상을 예측하기 위한 수법을 정리한 기술 보고서이며 동일한 조건이기만 하면 동일한 결과를 얻을 수 있는 표준적인 방법론을 목표로 하고 있다. 강진동의 피해 가정에 있어서는 지진조사연구추진본부(地震調査研究推進本部, 2009)가 이미 작성한 레시피(이하 강진동 예측 레시피)가 마련되어 있어 표준적으로 사용되고 있다. 따라서 그것과 대응시킨 쓰나미 예측 레시피의 구상(案)을 〈그림 6-6〉으로 나타냈다. 강진동 예측 레시피는 외력이 전파하는 곳의 모델 설정 방법, 구체적인 계산 방법 및 예측 결과의 검증 방법의 4단계로

구성되어 있으나 쓰나미 예측 레시피도 동일하게 구성할 수 있다. 쓰나미의 발생 원인은 화산 분화나 사면 붕괴, 산사태, 운석 낙하 등 다양하지만 그중 90%는 지진으로 발생되기 때문에 해역 활동층과 해구 지진의 모델화가 중요해진다. 그때 쓰나미 전체의 조건인 거시적 진원 특성과 파원 내의 극소적인 조건인 미시적 진원 특성을 정하게 된다. 하지만 특히 후자에 포함되는 대형 미끄럼지역과 초대형 미끄럼지역의 설정은 최종적인 쓰나미 높이에 크게 영향을 끼치기 때문에 다수 쓰나미 시나리오 등을 통해 불확실성을 인식할 수 있다. 장소의 모델화에 있어서는 쓰나미가 전파하는 해역과 소상하는 육지 양쪽의 지형이 필요하다. 특히 제방이나 수문 등의 해안보전시설 등은 시가지가 침수하는 쓰나미의 움직임을 결정짓는 조건으로 높은 정밀도로 설정할 필요가 있다. 계산 방법으로는 실적 있는 기초 방정식을 채용해 종합적 결과 이미지(再現性)를 확인하기 위한 벤치마크 문제를 정비하는 것이 중요하다. 또 결과 예측의 검증으로서는 쓰나미 자체의 조건인 쓰나미 높이의 분포나 침수 범위 등을 비교할 필요가 있다.

이상의 쓰나미 예측 레시피나 벤치마크 문제의 표준화는 쓰나미 방재에 있어서의 피해 상정의 신뢰성을 향상하기 위해서 중요하며 그 시도는 착실하게 진행되고 있다. 쓰나미 시뮬레이션 기술은 향후 개선이 필요한 문제점의 ③, ④ 및 ⑤와도 크게 연관이 있기에 향후 진전이 기대된다.

그런데 쓰나미 시뮬레이션의 결과는 복잡하고 비전문가가 직감적으로 이해하기 어렵다. 하지만 유용한 방재 정보를 다수 포함하고 있어서, 시민도 그 정보를 필요로 하고 있다. 또 행정의 방재 담당자는 시뮬레이션으로 인해 시가지에서의 쓰나미 리스크를 명확히 예견할 수 있기를 바라고 있으며, 이는 복잡한 계산 결과로 나타난다. 예를 들어 강진동으로 인한 액상화로 침수한 경우 그 후 덮쳐오는 쓰나미의 침수 범위는 어느 정도까지 확대될 것일까? 어떠한 지역에서 재해 폐기물이 발생하면 피난 불가능한 도로가 어느 정도 발생할 것인가. 이 리스트의 변화는 시뮬레이션에 따라 예측할 수 있으나 이 계산 결과를

그림 6-7 쓰나미 리스크의 시각화 예

헤드마운트 디스플레이

각 메이커
↑
쓰나미, 수면, 지반, 도로, 구조물

헤드마운트 디스플레이에 비치는 화면

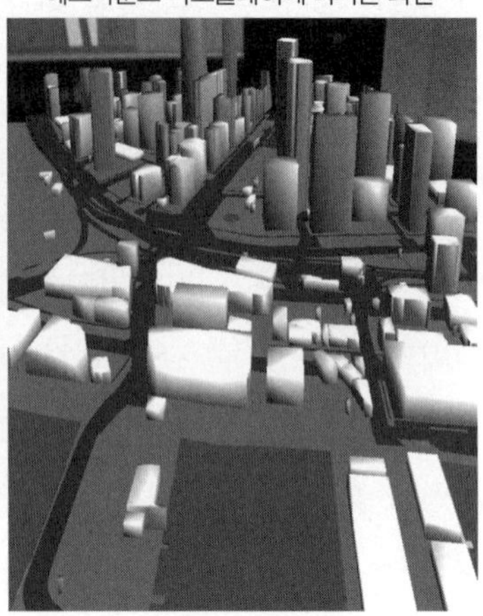

이해할 수 없다면 지역 방재력의 향상으로 이어지지 않는다. 복잡한 쓰나미 리스크를 직감적으로 파악할 수 있도록 시각화하는 기술을 마지막으로 소개하고자 한다.

쓰나미 시뮬레이션은 원래 컴퓨터로 계산된 결과이며 컴퓨터그래픽과의 친화성이 높기 때문에 증강현실(AR: Augmented Reality)이라는 기술이 최근 주목받고 있다. 증강현실이란 컴퓨터그래픽의 이미지를 사용하여 현실 환경의 정보를 확장하는 기술이다. 가메다·다카하시(Kameda and Takahashi, 2014; 2015)는 증강현실을 응용하여 쓰나미, 수면, 지반, 도로, 구조물 등 정보를 쉽게 부가 또는 변경할 수 있는 시스템을 개발했다. 이 시스템의 개요는 〈그림 6-7〉에서 알 수 있으나 각각의 정보는 마커라고 불리는 카드와 관련되어 있으며 사용자는 헤드마운트 디스플레이를 적용하면 각 마커에 대응한 이미지가 부가되어 표시되었다. 따라서 예를 들어 다른 가정의 쓰나미의 마커로 바꾸거나 리스크의 변화를 직감적으로 확인할 수가 있다. 이 시스템을 시뮬레이션 훈련으로 사용하는 것뿐 아니라 방재 담당자는 다양한 조건으로 쓰나미 리스크를 의논할 수 있어야 하며, 시민은 본인들이 살고 있는 지역으로 밀려드는 쓰나미가 시간적으로 어떻게 변화하는지를 이해할 수 있어야 한다.

쓰나미 방재의 주역은 시민이며 그것을 가까이에서 돕는 것이 시와 마을의 방재 담당자이다. 향후 쓰나미 피해 가정이나 해저드 맵(hazard map)의 정확도를 더욱 높여갈 것이며 새로운 방재 대책도 도입될 것이다. 이것들을 활용하여 지역 방재력을 더욱 향상시키기 위해서는 시민과 방재 담당자에 이해를 받는 것이 필수적이다. 따라서 쓰나미 방재 연구에서는 시각화 기술을 활용해 방재 실무의 현장에 연구 성과를 전달하는 것이 중요해질 것이다.

〈참고문헌〉

国土交通省,『津波浸水想定の設定の手引 Ver.2.00』, 2012年.

地震調査研究推進本部,『震源断層を特定した地震の強震動予測手法(「レシピ」)』, 2009年.

門廻充侍·高橋智幸,「南海トラフにおける多数津波シナリオの設定方法とその応用」,『土木学会論文集 B2(海岸工学)』, Vol.70, No.2, p.I_351-I_355, 2014年

門廻充侍·高橋智幸, 「地震規模の不確かさを考慮した多数津波シナリオ設定モデルとその適用例」,『土木学会論文集 B2(海洋開発)』, Vol.71, No.2, p.I_545-I_550, 2015年

高橋智幸「巨大津波に強い社会基盤の構築に向けて」,『防災·減災のための社会安全学』, ミネルヴァ書房, 2014年.

中央防災会議,『南海トラフ巨大地震の被害想定について(第一次報告)』, 2012年

中央防災会議, 『南海トラフ巨大地震の被害想定について(第二次報告)〜経済的な被害〜』, 2013年.

土木学会,『原子力発電所の津波評価技術』, 2002年.

内閣府,『防災白書』, 2011年.

内閣府,『防災白書』, 2012年.

東日本大震災復興対策本部,『各府省の事業計画と工程表のとりまとめ』, 2011年.

Kameda, C. and T. Takahashi, "Numerical modeling on tsunami inundation with detailed urban model and its visualization by using AR technology", *Ocean Sciences Meeting*, 2014.

Kameda, C. and T. Takahashi, "The development of Augmented Reality visualization technology for tsunami risks with a camera-embedded eyeglass", *26th IUGG General Assembly*, JP05p-008, 2015.

제7장

동일본대지진의 액상화 피해

고야마 도모후미(小山倫史)

1. 머리말

2011년 3월 11일 발생한 도호쿠지방태평양연안지진(Mw 9.0)으로 간토 지방 및 도호쿠 지방의 1도 12현에 속한 총 190개 시정촌에서 액상화 현상이 발생했다. 액상화 발생 지점은 도쿄만 연안과 도네가와, 아부쿠마가와 등 대형 하천 연안에 집중되었으며 액상화에 의한 주택 및 라이프라인, 도로, 제방, 항만시설 등이 큰 피해를 입었다. 특히 주택의 피해 건수는 국토교통성이 집계한 2011년 9월 27일 자 자료에 따르면 2만 6914건에 이르며 그중에서도 치바현이 1만 8674건으로 최고이다. 이어서 이바라키현 6751건, 후쿠시마현 1043건 순으로 많았으며, 진원지에 가장 가까워 진동이 컸던 미야기현에서는 140건으로 오히려 적었다. 간토 지방은 액상화가 발생하기 쉬운 저지대 및 매립지의 면적이 도호쿠 지방에 비해 압도적으로 넓은 것이 그 배경이라 할 수 있다. 도호쿠 지방은 산지 및 구릉지가 발달한 지형이기 때문에 액상화 피해가 일부 지역을 제외하면 간토 지방에 비해 경미했다고 할 수 있다.

미지형(微地形: 규모가 작고 미세한 기복을 가진 지형) 지역의 특징을 중심으로 액상화 발생 지점의 분포를 살펴보면 간토 지방에서는 삼각주 및 해안 저지대(29%), 매립지(15%), 배후습지(10%)가 전체의 반 이상을 차지하고 있다. 이에 반해 도호쿠 지방에서는 배후습지(21%), 자연제방(17%), 삼각주 및 해안 저지대(14%) 순으로 전체의 반 이상을 차지하고 있어 지형별 커다란 차이를 보이고 있다. 또한 액상화 발생 지점은 진도 5 이상, 지표면의 최대 가속도가 150gal[1] 이상인 지역이었다(東日本大震災合同調査報告書編集委員会, 2014).

우선 액상화 발생 메커니즘 및 발생 조건을 알아보고 동일본대지진으로 인한 액상화 발생 및 피해 특징에 대하여 기존의 액상화 현상이 어떻게 다른지에 관해 초점을 맞추어 보고자 한다. 아울러 액상화 대책 공법의 종류와 그 원리를 기술하고 문제점을 살펴보고자 한다. 특히 동일본대지진을 통해 얻은 교훈을 바탕으로 향후 발생 확률이 높을 것으로 예상되는 수도직하지진 및 난카이트로프 거대지진 등을 어떻게 대비해 나갈 것인지에 대하여 고찰하고자 한다. 도호쿠지방태평양연안지진으로 인한 액상화, 지반 변형과 관련된 상세한 내용은 동일본대지진합동조사 보고서(東日本大震災合同調査報告書編集委員会, 2014) 및 문헌(国土交通省関東地方整備局, 2011; 地盤工学会, 2012; The Japanese Geotechnical Society, 2012; 日経コンストラクション編, 2011) 등을 참조하라.

2. 액상화 현상의 발생 메커니즘

액상화라는 말은 1964년 6월 16일 발생한 니가타지진 당시 처음으로 사용된 말로 느슨하게 퇴적된 모래 지반이 지하수로 포화된 상태에서 지진동에 의한

1) (옮긴이) 지진이 발생했을 때 진원, 규모를 표시하는 지진 요소 중의 하나인 '진도'는 일반적으로는 '계급값(규모/M 1~9)'을 사용한다. 또한 지진계(Seismograph)에 의한 지진파 기록의 분석결과를 바탕으로 규모(magnetude) 대신 가속도단위 gal(cm/sec^2)로 나타내기도 하고, 중력가속도 1g=980cm/sec^{2}를 사용하기도 한다. 또, cm/sec^{2}는 gal로 표시하며 1g=980gal이라고도 쓴다.

그림 7-1 액상화 현상의 발생 메커니즘

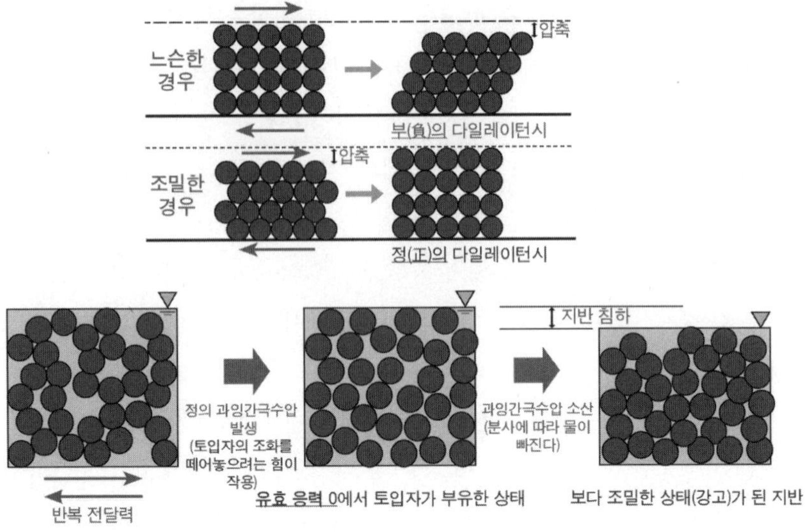

지속적인 전단력(剪斷力, shearing force)이 작용하여 과잉간극수압(間隙水壓, pore water pressure) 상승과 함께 유효 응력을 상실하여 고체 상태에서 액체 상태로 변화하는 현상이다. 그렇다면 액상화 현상은 어떻게 발생하는지 메커니즘에 대해서 자세히 살펴보기로 하자(〈그림 7-1 참조〉).

지하수로 인해 흙입자 간 공간이 포화된(입자의 크기가 비교적 균등) 엉성한 퇴적 모래 지반에, 지진동에 의한 지속적인 전단력이 작용하게 되면 느슨하게 퇴적된 모래는 긴밀하게 밀집하려고 하면서 체적 수축, 즉 음(−)의 다일레이턴시(dilatancy)[2)]가 발생한다. 모래 지반은 투수성이 커서 통상 흙 입자 간의 빈틈에 존재하는 물(간극수)은 바로 배수되어 입자들이 밀집되는데 지진과 같이 단시간에 급격한 전단력이 작용하는 경우 간극수의 이동(배수)은 극단적으로 제

2) 다일레이턴시란 흙 등의 입상체의 전형적 움직임을 뜻하며, 전단과 동반된 체적변화를 가리킨다. 전단력의 작용에 의해 체적 팽창이 발생할 때 '정(正)의 다일레이턴시', 체적 수축이 발생한 경우 '부(負)의 다일레이턴시'라고 부른다(〈그림7-1〉 참조).

한되어 물이 배수되지 못하는, 즉 비배수 조건에 가까운 상태가 되어 과잉간극수압[3]이 발생하게 된다.

즉 간극수의 출입이 불가능한 비배수 조건에서 전단력이 작용하면 느슨하게 퇴적된 모래 지반에서는 체적이 수축되고 간격이 좁아지게 되므로 그 사이에 갇힌 간극수 수용 공간에서 이를 밀어내려고 하는 정(+)의 과잉간극수압이 발생한다. 이 과잉간극수압의 상승으로 흙입자 간 유효 응력[4]이 감소되어 최후에는 제로가 된다. 즉 간극수를 밖으로 밀어내려고 하는 정(+)의 과잉간극수압은 흙입자의 결합 상태를 서서히 풀어지게 하는 방향으로 작용하여 최종적으로는 흙입자의 결합 상태가 완전히 무너져 흙입자 간에 작용하는 접촉력이 제로(흙입자들 사이에 힘이 전달되지 않는) 상태가 되어 흙입자들이 물에 부유하는 상태가 된다. 이상이 액상화 현상의 발생 메커니즘이다. 액상화가 발생하면 지반의 지지력이 크게 저하되어 구조물을 지탱할 수 없게 된다. 역으로 조밀하게 짜인 모래 지반에서 전단력이 작용하면 흙입자 위에 흙입자들이 올라타기 때문에 체적팽창 즉 정(+) 다일레이턴시가 발현되어 간극이 넓어지므로 외부에서 물을 흡수하려고 수압, 즉 음(−)의 과잉간극수압(석션)이 발생한다. 석션(suction)이 작용하게 되면 흙입자에 흡착하려고 하는 힘이 작용하여 결합 상태가 좋아지므로 흙의 유효 응력은 커지고 강도는 증대(보다 단단한 흙입자 골격으로 힘을 지탱할 수 있다)된다. 따라서 긴밀하게 밀집된 모래 지반에서 액상화는 발생하기 어렵다.

액상화가 발생하면 흙은 액체 상태로 변화(흙탕물화)되고 마치 비중이 큰 유체(流體)와 같은 움직임을 보인다(흙입자의 비중은 2.65 정도이며 흙탕물의 비중은 대략 2.0 정도). 맨홀이나 수도관과 같은 비중이 작은 땅속 구조물이 매설되어 있으면 유체에서 받는 부력에 의해 융기되고, 반대로 비중이 큰 구조물은 침

3) 지하수위에 의한 정수압을 초과한 만큼의 수압.

4) 지반에 하중이 작용할 때, 흙을 구성하는 흙입자 간 접촉을 통해 전달되는 반응을 뜻하는 '유효 압력'을 말한다.

그림 7-2 액상화에 의한 석유 탱크의 부상 (후나바시시 히노데)

자료: 安田進·原田健二(2011).

그림 7-3 액상화에 의한 전선주의 침하 (후나바시시 히노데)

자료: 安田進·原田健二(2011).

강하여 매몰된다(이러한 현상은 동일본대지진에서도 많이 나타났다. 〈그림 7-2〉, 〈그림 7-3〉). 또한 지진이 종료되면 상승한 과잉간극수압은 지하수가 지표면으로 분출됨으로써 사라지는데, 이때 흙입자와 함께 분출되기 때문에 분사(噴砂: 모래가 지하수와 함께 분출하는 현상)라고 불리는 현상이 나타난다. 또한 액상화 발생 후의 지반은 틈새를 채우고 있던 물이 빠져나간 분량만큼 압축 및 침하하고 긴밀하게 밀집하게 됨으로써 지반 전체로서는 강도가 증대되어 안정화된다.

3. 액상화의 발생 조건

일반적으로 액상화 현상이 발생하기 쉬운 지반의 조건은 다음과 같다.

1) 입자의 크지가 0.1~1.0mm로 균등한 모래 지반일 경우

모래 입자크기의 범위는 분류상 0.075~2mm로 정해져 있는데, 입자크기 범위가 0.005~0.075mm인 것을 실트(silt: 흙의 종류는 크기순에 따라서 자갈〉마사토〉모래〉실트〉점토로 나뉜다), 0.005mm 이하인 것을 점토, 2~75mm인 것을 자갈이라고 한다. 자갈 입자를 많이 포함하고 있는 흙은 특히 물 여과가 잘되며, 모래와 비교하면 물이 잘 안 빠지는 비배수 조건과 같은 상태가 되기 어렵고 과잉간극수압도 상승하기 어렵기 때문에 액상화는 거의 발생하지 않는다. 한편 실트나 점토는 흙입자 간에 끈적끈적한 점착력이 잘 나타나며 실트나 점토를 많이 포함한 흙(점성토라 부른다)은 흙입자가 점착력으로 딱 붙어 있기 때문에 과잉간극수압이 상승해도 흙입자의 결합구조가 쉽게 무너지지 않는다. 다소 강도는 저하할지라도 급격한 파괴는 일어나지 않기 때문에 액상화가 잘 발생하지 않는다. 또한 다양한 크기의 흙입자 집합체로 구성되어 있는 흙은 입자들끼리의 접촉점이 증가하여 회전 및 이동하지 않고 안정되어 있기 때문에 제대로 압력을 가하면[5] 밀도가 높아져 흙 골격으로 보다 큰 힘을 전달할 수 있고 매우 강력한 흙이 되기 때문에 '좋은 배합'의 흙으로 불린다. 한편으로 거의 같은 크기의 흙입자들로 구성되어 있는 흙은 입자들끼리의 접촉점이 그다지 증가되지 않기 때문에 압력을 제대로 가한다 하더라도 밀도가 잘 높아지지 않는다. 이로 인해 강력한 흙 성분이 되지 못해서 '빈약한 배합'의 흙이라 불리며 액상화되기 쉽다.

2) 지반이 느슨하게 퇴적하여 흙의 밀도가 낮을 경우

앞서 기술한 바와 같이 엉성한 모래 지반에서는 음(−)의 다일레이턴시가 발현되어 정(+)의 과잉간극수압이 발생하고 흙이 유효 응력을 잃게 된다. 일반적으로 수중에서 퇴적한 지반은 엉성한 상태이며 액상화되기 쉽다. 지반의 견고함을 나타내는 지표인 N수치[6]가 20~25 이하이며, 특히 N수치가 10 이하인

5) 흙에 힘을 가해, 흙 틈 사이의 공기를 배출하고, 흙의 밀도를 높이는 것을 흙의 '축고화(締固め)'라고 한다.

지반에서는 액상화되기 쉽다고 한다.

3) 지하수위가 낮고 포화되어 있는 경우

지반이 포화되어 있다는 것은 액상화 발생의 전제 조건이며 지하수위가 표면에서 10m 이내에서 지하수위가 낮을수록 액상화가 발생하기 쉽다.

4) 지진 등으로 인해 일정 강도 이상의 진동(반복적인 전단력)이 작용할 경우

일반적으로 액상화가 발생하는 지진은 지표면 가속도가 100~150gal 이상(횡적 진동)이라고 알려져 있는데 종적 진동에서는 50gal 이하에서도 액상화가 발생할 수 있다. 또한 지진 이외에 해안의 모래밭에서도 파도의 힘으로 액상화가 발생하는 경우도 있다.

4. 동일본대지진에 의한 액상화 발생 및 피해의 특징

도호쿠지방태평양연안지진으로 발생한 액상화 현상 및 그 피해의 특징에 관해 다음과 같이 정리할 수 있다.

6) 현장에서 흙의 강도를 조사하기 위해 보통 표준관입시험(標準貫入試驗)이라고 불리는 시험이 실시된다. 표준관입시험에서는 질량 63.5kg의 망치를 75cm 높이에서 떨어뜨려, 외형 51mm, 내경 35mm, 길이 81cm의 공중의 샘플러를 타격, 땅 속으로 30cm 관통하는 데 필요한 타격회수를 N값이라고 부른다. 지반이 단단할수록 N값은 크며, 통상 N값 50을 지지기반의 표준으로 삼는다. 또한 N값은 경험식으로 흙의 강도 파라미터(내부마찰각이나 일축압축강도 등)와 관계있다.

그림 7-4 액상화와 동반한 대량의 분사(마쓰우라시 이마가와)

자료: 安田進·原田健二(2011).

그림 7-5 액상화로 발생한 커다란 단차(마쓰우라시 신우라야스역 앞)

주: 지반 약 50cm 침하.
자료: 安田進·原田健二(2011).

1) 액상화는 진원지에서 멀리 떨어진 곳에서도 발생

도호쿠 지방에서 간토 지방에 걸친 광범위한 지역에서 액상화가 발생했으며 진앙으로부터 가장 먼 액상화 발생 지점까지의 거리는 440km(가나가와현 히라쓰카시)였다.

2) 도쿄 연안에서 광범위하고 심각한 액상화가 발생

도쿄 연안에서의 지진 진도는 5를 조금 넘는 정도로 크지는 않았지만 도쿄도 고토(江東)구에서 치바시까지 광범위한 지역에서 심각한 액상화가 발생했다. 액상화에 따라 모래가 대량으로 지하수와 함께 분출하는 현상(噴砂)이 발생했고 장소에 따라서는 30~50cm에 이르는 지반침하가 발생했다(〈그림 7-4〉, 〈그림 7-5〉). 액상화에 따른 가옥 및 매설관의 피해는 막대했으며 도로가 치솟는 등의 파손이 발생했다.

다만 말뚝기초로 설계된 교량 및 중·고층 빌딩, 안벽 및 호안의 피해는 비교적 적었으며 한신·아와지대지진 때의 액상화 피해와는 그 양상이 달랐다. 하지만 지반침하에 의한 단차 및 라이프라인의 피해는 여전히 발생했다.

도쿄 연안에서 관측된 가속도 진폭은 그다지 크지 않았으며 K-NET에 의한 본진 당시의 최대 가속도를 보면 예를 들어 치바현 우라야스시에서 N-S: 125.1gal, E-W:157.3gal(K-NET 우라야스[CHB008]), 치바시에서 N-S: 178.7gal, E-W:139.7gal(K-NET 치바[CHB009]), 도쿄도 고토구 다쓰미에서 N-S: 219.0gal, E-W:157.6gal(K-NET 다쓰미[TKY017])이었다. 하지만 지진동의 계속시간이 2분 이상으로 매우 길고 반복적인 전단력의 작용 횟수가 많았다. 또한 액상화에 커다란 영향을 끼치는 것으로 알려진 50gal 이상의 강진 지속시간도 1분을 조금 넘을 정도로 길었던 점이 액상화를 가속화했다고 할 수 있다. 또한 본진 이후 29분 후에 발생한 이바라키현 앞바다를 진원지로 하는 대규모 여진(M7.6)으로 액상화된 곳도 있었다. 예를 들어 여진의 최대 가속도(합성)는 치바현 우라야쓰시에서 82.3gal(본진은 174.3gal)이었으며 진원에서 가까운 치바현 조시(銚子)시와 치바현 도가네시에서는 최대 가속도(합성)가 본진보다도 여진이 더 컸다(조시시 본진 184.0gal, 여진 315.9gal, 도가네시 본진 225.8gal, 여진 285.3gal).

3) 종래의 정의에 따르면 액상화 위험지로 분류되지 않는 세립분을 포함한 모래의 액상화

〈그림 7-6〉은 도쿄만에서의 각 액상화 발생 지점에서 모래가 지하수와 함께 분출된 흔적을 통해 채취한 흙의 입도 분포(입경가적곡선)[7]를 나타낸 것이다(安

7) 흙의 입도(粒度)를 조사하는 가장 간단한 방법은 '떨림(ふるい)'을 이용하는 방법이다. 떨림의 실용상의 최소 단위는 75μm이며, 모래나 자갈의 조립도는 떨림을 이용한 입도분석이 사용된다. 한편 75μm보다 작은 실트나 점토의 세립도는 떨림을 사용할 수 없어 침하 분석

그림 7-6 도쿄만 안의 각 액상화 발생 시점에서 분사 흔적으로부터 채취한 흙의 입도 분포

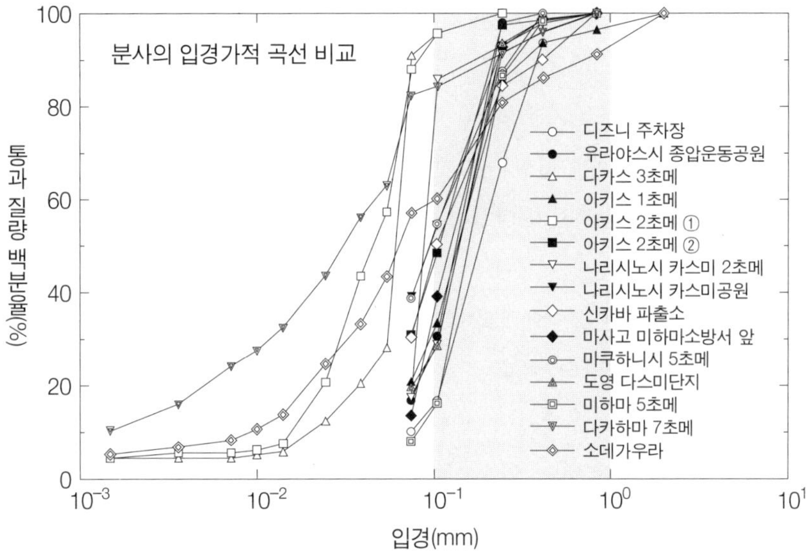

자료: 安田進·原田健二(2011)를 필자가 정리.

田進·原田健二, 2011). 그림에서는 앞서 설명한 액상화 위험성이 있는 입자크기의 범위(0.1~ 1.0mm)를 함께 표시했다. 많은 샘플들은 이전부터 지적되어 온 액상화 위험 영역에 포함되어 있지만 몇 군데 지점에서 채취한 흙은 미세한 입자크기의 흙을 포함하고 있다는 점을 알 수 있다. 또한 입경가적곡선이 액상화 위험 영역 부근에서 올라가는 양상을 보이는 빈배합(貧配合: poor mix, 콘크리트의 배합 시 단위 시멘트량이 비교적 적은 배합)의 흙이 많지만, 입경가적곡선이 변화가 없는, 즉 다양한 크기의 흙 입자를 포함하여 비교적 배합이 잘된 흙도 발견할 수 있다. 이것들은 '실트(silt) 모래' 혹은 '사질 실트'로 분류되기도 하며 모

에 의해 입도분석을 사용한다. 입도분석의 결과는 통과 질량 백분위(이 떨림의 눈금의 크기의 폭보다 작은 입자가 전체의 몇 퍼센트인가)로 떨림 단위로 얻어지는 입경(粒径, 입자의 크기)과의 관계를 바탕으로 표시한다. 통상 질량 백분위를 종축 산술 눈금으로, 입경을 횡축 대수눈금으로 한 그래프를 그리는데, 이를 '입경가적선형(粒径加積曲線)'이라고 부른다.

래와 비교하면 쉽게 액상화되지 않는 것으로 알려져 있다. 세립분을 포함한 흙은 '투수계수(물빠짐 정도)'가 작고 한번 액상화가 발생하면 배수에 시간이 걸리고 과잉간극수압이 장시간 소멸되지 않아 결과적으로 장시간에 걸쳐 분수, 분사현상(모래가 대량으로 지하수와 함께 분출하는 현상)이 발생하게 된다. 또한 흙 입자가 미세할수록 분수현상과 함께 모래가 지표면으로 올라가기 쉬워진다는 것도 지표에 다량의 분사가 발생하여 대규모 지반침하가 발생한 이유라고 여겨진다.

종래의 기준에 따르면 액상화하지 않는다고 알려져 있던 세립분을 포함한 흙과 입자크기가 상당히 큰 흙이 액상화한 경우는 1995년 1월 17일에 발생한 효고현 남부 지진(M7.2)에서도 보고된 바 있다(京都大学防災研究所編, 1997). 그러나 직하형 지진으로 지진 연속 시간이 10~15초 정도로 짧고 매우 큰 최대 수평가속도(818gal)가 작동한 효고현 남부 지진 당시와 달리 도호쿠지방태평양연안지진의 경우는 진원지로부터의 거리가 멀고 최대 가속도는 그다지 크지 않지만 지진 연속 시간이 매우 길 경우 기존의 기준에 따르면 액상화되지 않는다고 알고 있던 세립분을 포함한 흙이 액상화된 최초의 경우라고 할 수 있다.

4) 액상화가 발생하지 않은 자연 퇴적 지반의 충적 저지 지역

〈그림 7-7〉은 치바현 우라야스시에서 액상화가 발생한 이마가와 하천을 통과하는 북서에서 남동에 걸친 측선(側線)에서의 지질단면도(安田進·原田健二, 2011)를 나타낸다. 액상화가 발생한 지구에서는 지하수위가 지표면에서 1~2m 떨어진 곳에 위치하고 N값이 5~10정도의 완만한 매립층이 7~10cm 정도 두께로 조성되어 있고, 그 하부(밑)에는 10~25정도의 충적사층이 퇴적되어 있다. 또한 1945년 시점에서의 해안선 위치도 나타나 있다. 우라야스시의 74%는 1965년 이후의 매립지로 지하수 이하의 5~7m 정도 두께의 매립층이 주로 액상화되었다. 한편 자연 퇴적 지반의 충적 저지에서는 액상화는 발생하지 않았

그림 7-7 액상화가 발생한 치바현 우라야스시 이마가와의 북서-남동측 선의 지질 단면도

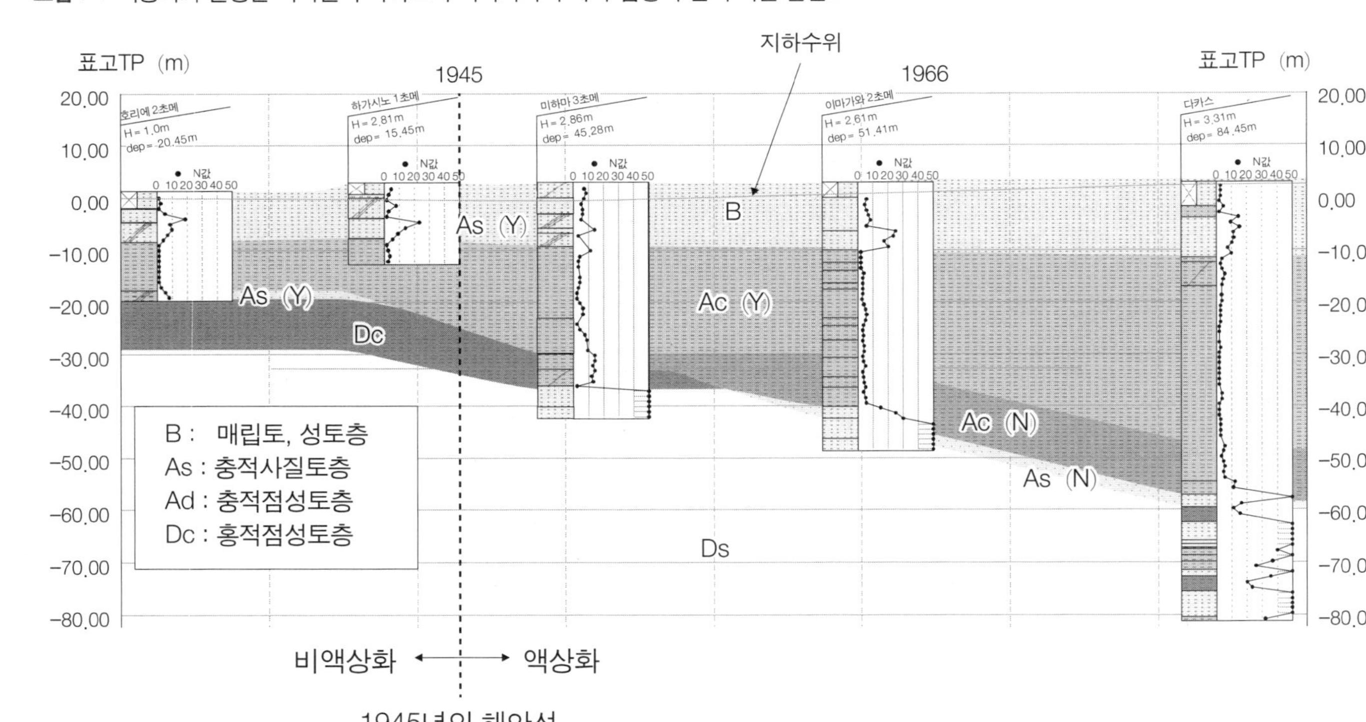

자료: 安田進·原田健二(2011)를 필자가 정리.

다(東日本大震災合同調査報告書編集委員会, 2014).

5) 여러 곳에서 확인된 지반의 재액상화[8)]

재(再)액상화 현상이 도쿄만 연안, 도네가와 하류 연안, 보소반도 구쥬구리 평야 및 이와테현, 미야기현, 후쿠시마현의 대형 하천 연안 등지에서 합계 91곳 확인되었다(東日本大震災合同調査報告書編集委員会, 2014). 재액상화가 발생한 지점은 해역 및 갯벌매립지, 호수와 늪 간척지, 옛 물골, 모래톱, 사철(砂鐵) 굴착 후 재매립 지역(치바현 아사히시) 등 특정 미지형(微地形)[9)] 구역 및 토지 조건이 제한적이었다. 옛 물골과 자연제방 등의 자연 지반이 재액상화된 것으로 보이는 사례도 있었다. 이 사례들은 1987년 치바현 도호 연안 지진, 1978년 미야기현 연안 지진, 2003년 미야기현 북부지진 등에서 액상화가 확인된 장소와 완전히 동일한 곳이다(若松加寿江, 2012).

한번 액상화가 발생하면 지반 전체가 견고해진다고 알려져 있다. 하지만 세립분을 많이 포함하고 있는 흙에서는 액상화로 인한 분사현상과 더불어 지반의 깊숙한 곳에서는 간극수가 빠지게 된다. 결국 응축(단단히 밀집)되지만 얕은 곳에서는 세립분이 집적되고 이것이 섞이면서 다시 느슨하게 퇴적함으로써 재액상화되기 쉬운 상태가 된다.

6) 하천 연안 및 호반 지역의 인공적으로 변경된 토지에 액상화 피해 집중

간토 지방의 도쿄만 연안 이외의 지역에서는 도네가와를 비롯한 하천 연안 및 가스미가우라(霞ケ浦), 기타우라의 호안 지역의 인공적으로 조성된 토지(호수 및 늪지의 간척지, 옛 물골의 매립지 등)에 다수의 액상화 피해가 나타났다. 〈그

8) 과거 한 번 액상화한 지반이 그 후의 지진으로 다시 액상화하는 것을 재액상화라고 한다.
9) (옮긴이) 규모가 작고 미세한 기복을 가진 지형.

그림 7-8 이바라키현 가토리시 사하라의 옛 물길의 매립지

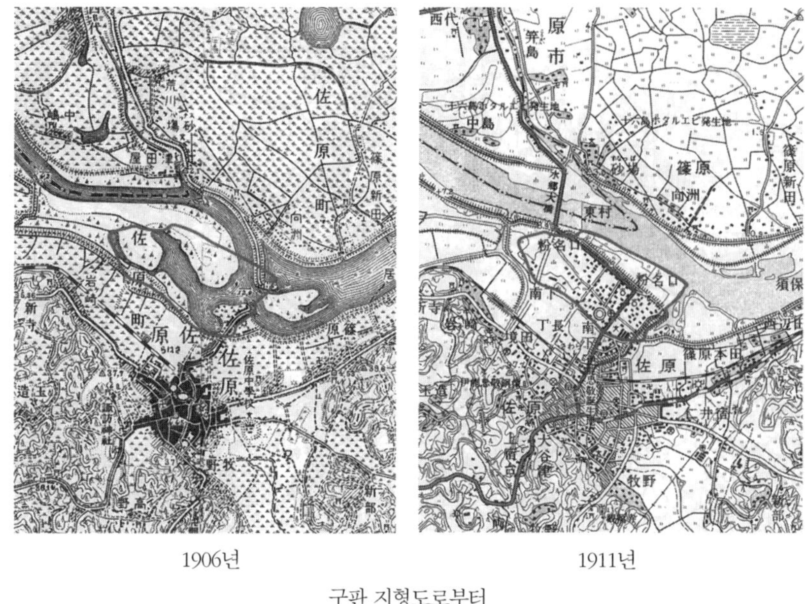

1906년 1911년

구판 지형도로부터

림 7-8〉에 이바라키현 카토리시 사와라(佐原)에 있는 물길 매립지의 예를 나타낸 것이다.

7) 하천 제방이 액상화로 큰 피해

지진으로 인한 하천제방 피해의 원인으로 지진의 외부적 힘이 작동하거나, 자체 혹은 지반의 액상화로 측면 유동이 발생하거나, 침하에 의해 제방 및 하천 구조물의 손상 혹은 파괴 등을 들 수 있다. 액상화에 의한 하천제방 피해에는 두 가지 경우(〈그림 7-9〉)가 있는데 첫 번째는 원지반인 모래 지반이 액상화되어 제방이 크게 침하되는 경우이며 두 번째는 원지반이 연약점토 지반으로 그 위에 제방이 만들어져 제방 내에 지하수위가 존재하고 제방 흙 자체(구체적

그림 7-9 액상화에 의한 하천제방 피해의 두 가지 패턴

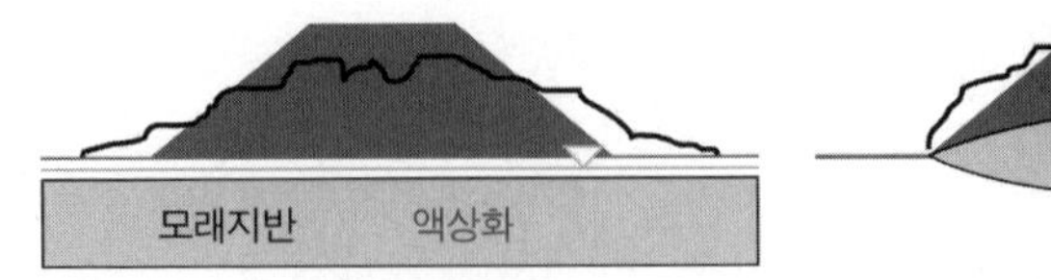

원 지반이 모래 지반에서 액상화

원 지반이 점약점토 지반에서 제체가 액상화
배면 습지 위로 축제한 제방

으로는 점성토 기초 지반과 제방 내 지하수위에 둘러싸인 사질토 영역)가 액상화하는 경우이다. 지금까지 하천 제방의 액상화 대책은 원지반인 모래 지반이 액상화되어 제방이 침하되는 경우에 주안점이 있었다. 그러나 3·11 경우는 도호쿠 지방을 중심으로 배후습지 위에 만들어진 제방의 피해(〈그림 7-9〉)가 많이 보이며 이는 배면 습지 위로 축제한 제방의 침하에 해당한다.

8) 도호쿠 지방의 액상화 피해는 간토 지방에 비해 대체로 경미

도호쿠 지방에서 액상화는 주로 제방, 도로, 주택, 라이프라인, 농지에 피해를 입혔지만 액상화에 의한 가옥의 피해 정도와 분사량은 이와키시 우에다마치 등 일부를 제외하고 간토 지방에 비해 경미했다. 또한 액상화가 발생한 토지의 미지형 구역은 도호쿠 지방에서는 매립지나 간척지의 액상화가 적었다. 또한 배후습지 및 계곡 저지대의 성토 조성지, 자연제방 및 삼각주(자연지반 포함), 구릉·모래 및 자갈 지대·롬(loam)[10] 대지를 깎아 메운 조성지에서 많이 발생했기 때문이다.

10) (옮긴이) 모래와 찰흙이 거의 비슷하게 섞여 있는 풍화된 퇴적물.

그림 7-10 액상화에 의한 하천제방 피해 (나루세가와 좌안, 미야기현 오자키시 시모나카노메 상류 지구)

자료: 東日本大震災合同調査報告書編集委員会(2014).

그림 7-11 계곡 및 후쿠시마시 후시오카미 매립 성토의 붕괴

자료: 『日本経済新聞 電子版』(2011).

9) 성토 작업[11] 조성지의 산사태 현상 및 붕괴 등 많은 피해가 발생

치바현의 이치카와시(市川市), 후나바시시(船橋市), 사쿠라시(佐倉市), 인자이시(印西市) 및 이바라키현의 호코타시(鉾田市), 쓰치우라시(土浦市) 등에서는 하천과 해안에서 떨어진 내륙(롬 대지의 물길을 조성한 지역)에도 액상화가 다수 발생했다(東日本大震災合同調査報告書編集委員会, 2014). 후쿠시마시 후치가미(淵上)와 미야기현 센다이시 이즈미구(泉区) 난코다이(南光台)에서는 성토 작업 조성지에서 지반에서 산사태가 나거나 절벽이 무너지고 붕괴가 발생하기도 했다(〈그림 7-11〉). 성토 조성지에는 흙으로 메꾼 지반에 지하수가 집중되기 쉽고 저면 부근에서 국소적으로 액상화('미끄러짐 액상화'라고 한다)가 발생하기 쉽기 때문에 그 결과 지면의 산사태 현상이 발생한다.

11) (옮긴이) 산을 깎은 토사로 지반을 메꾸는 작업.

표 7-1 액상화 대책의 원리, 방법, 공법

원리	방법	공법
밀도의 증가	압축(compaction), 압밀(圧密)	SVCP 공법(Sand compaction pile method)
		진동봉 공법(Rod compaction method)
		진동다짐 공법(Vibro-Floatationmethod)
입도 개량 및 고결	치환, 화학 처리	쇄석(砕石) 치환, 주입 고체화, 혼합 처리
포화도 저하	지하수위저하	웰 포인트(well point), 딥 웰 (deep well)
유효 구속 압력 증대	다짐(compaction) 공법	성토
간극수압의 소산 촉진	투수성 개선	자갈 드레인(Gravel drain), 쇄석 배출(crushed drain)
간극수압의 전파 차단	격리	지중벽
전단 변형의 억제	변형의 억제	지중벽, 시트파일

5. 액상화 대책 공법

액상화 대책으로서 지금까지 다양한 공법이 제안되고 있는데 그 원리는 액상화 현상 발생 메커니즘 및 발생 조건의 각 항목을 고려해 살펴보면 쉽게 알 수 있다. 즉 액상화 대책의 원리를 크게 유형화하자면, '흙 자체를 개량하는 것'과 '경계 조건을 변경하는 것'으로 나눌 수 있다(岡二三生, 2001). '흙 자체를 개량하는 것'은 흙에 다짐 작업을 함으로써 상대 밀도를 증대시켜 액상화되기 어려운 입자 크기의 흙으로 치환시키고 약물을 주입하여 견고하게 만드는 방법을 들 수 있으며, '경계 조건을 변경하는 것'은 포화도의 저하, 간극수압의 소모, 간극수압의 전파 차단, 전단 변형의 억제 등을 들 수 있다. 한편 〈표 7-1〉은 액상화 대책과 관련하여 원리, 방법, 공법을 정리한 것(岡二三生, 2001)이다.

동일본대지진 발생 당시 앞서 설명한 바와 같이 특히 도쿄만 연안에서는 광범위하게 격심한 액상화가 발생했는데, 충분한 액상화 대책을 세운 곳에서는 정도가 심한 액상화가 발생한 지구와는 달리 액상화가 발생하지 않았다. 이러한 사례(관점)에서 보면 기존의 액상화 대책은 어느 정도 효과를 발휘하고 있다고 볼 수 있다. 다만 기존의 액상화가 발생하기 어렵다고 알고 있던 사질 실트, 실트질의 모래에서 액상화가 발생했다는 점에서 이들에 대한 대책도 필요하다고 생각된다.

지금까지 제안된 액상화 대책 공법은 매우 다양하지만 비용 면을 고려하면 결코 저렴하다고는 할 수 없는 것이 현실이다. 지반 조건 및 시공 조건에 따라 다르지만 기존 구조물의 바로 밑에서도 대응 가능한 공법은 1m² 당 5~10만 엔 정도로 시공 면적은 100m² (10m×10m)정도가 된다. 또 1m² 당 1~5만 엔 정도로 비교적 낮은 가격이지만 보다 광범위(50m×50m 혹은 100m×100m)하게 시공해야 효과를 얻을 수 있는 공법[예를 들면 모래다짐말뚝(sand compaction pile) 공법, 심층혼합처리공법 등]도 있다. 어떤 방법이든 거액의 비용이 필요하기 때문에 국가의 부흥 교부금이나 시의 보조금을 사용한다고 해도 개인적으로 수백만 엔 정도의 비용을 부담해야 된다. 이 때문에 지진 발생 후 5년이 지난 현재도 액상화 대책이 진척을 보이고 있다고 하기는 어렵다. 향후 보다 적은 금액으로도 효과적인 액상화 대책 공법(단위 면적당 비용이 낮고 시공 면적도 작을 것)의 개발이 절실하다.

6. 향후 대지진을 대비하여

도호쿠지방태평양연안지진에 의한 액상화 피해를 통해 얻은 교훈을 정리하자면 아래와 같다. 이는 향후 발생 확률이 높은 수도지하형 지진, 난카이트로프 거대지진 등에 관한 방재 및 감재 대책에 적용해 나가야 할 것이다.

첫째, 지진동의 지속시간이 길고 여진이 많은 해구형 거대지진에서는 가속도 진폭이 그리 크지 않다고 해도 광범위에 걸쳐 액상화가 발생할 가능성이 높다. 특히 대형 하천의 퇴적작용에 의해 형성된 충적 저지대 및 매립지가 많은 대도시권에서는 필요한 대책을 강구하지 않는다면 심각한 피해를 받게 될 것으로 예상되므로 조속한 대책 마련이 필요하다.

둘째, 전기, 가스, 상수도, 통신 등의 라이프라인 및 주택 등의 소규모 건축물은 특히 액상화 피해를 입기 쉽기 때문에 저렴하고 효과적인 액상화 대책 공법의 개발, 내진성을 갖춘 관로의 도입, 되메운 토양의 충분한 다짐 작업 등은 중요한 과제이다.

셋째, 대량의 모래 분출 및 물 분출에 의해 도로 등 교통 시스템에 장해가 발생하고 긴급, 소방 활동에 지장을 초래하기 때문에 액상화 발생이 예상되는 지역에서의 피난, 구조 및 구원 활동 등을 신속하고도 원활하게 실시하기 위해서는 도로 등 교통 시스템의 액상화 대책도 중요하다.

넷째, 석유 및 LP가스 등 에너지 비축 시설의 대부분이 액상화가 우려되는 연안지대 매립지에 입지하고 있다. 또한 액상화에 의해 탱크의 부등침하 및 지진도에 의한 슬로싱(sloshing)으로 대규모의 화재로 이어질 가능성이 있어 사전 예방적 대책이 급선무이다.

다섯째, 재액상화 발생을 고려하면 향후 대형지진(여진)이 발생할 가능성이 높은 도호쿠지방태평양연안지진이나 대형지진의 연동이 예상되는 난카이트로프 거대지진의 경우, 어느 시점에 복구할지에 대한 판단이 매우 어렵다.

여섯째, 지진동 및 지반의 액상화에 의해 호안 시설 및 하천제방이 크게 손상되어 제 기능을 상실했을 경우, 홍수 및 쓰나미 등의 복합 재해를 상정해 둘 필요가 있다. 기능이 일부 상실되어도 치명적인 피해가 발생하지 않도록 하드웨어적인 측면에서 정비해 둘 필요가 있다.

일곱째, 최근 많은 지자체가 해저드 맵을 작성하여 액상화 예측도를 시민들에게 공개하고 있다. 그러나 해저드 맵이 방재 및 감재에 충분히 활용되고 있다고 보기는 어렵다. 향후 해저드 맵의 이용 방법을 구체화하는 등 새로운 검토가 필요하다.

〈참고문헌〉

岡二三生,『地盤液状化の科学』, 近未来社, 2001年, 178頁.

京都大学防災研究所編,「第4章 地盤災害(4.3.4節 兵庫県南部自身における液状化)」,『地域防災計画の実務』, 鹿島出版会, 1997年, 84-92頁.

国土交通省関東地方整備局,「東北太平洋沖地震による関東地方の地盤液状化現象の実態解明(報告書)」, 2011年, 65頁. (http://www.ktr.mlit.go.jp/ktr_content/content/000043569.pdf, 2015年 9月 23日).

地盤工学会,「東北地方太平洋沖地震特集号」,『地盤工学ジャーナル』第60巻 第1号, 2012年, 1-388頁.

日経コンストラクション編,『東日本大震災の教訓:インフラ被害の全貌』, 日経BP社, 2011年.

東日本大震災合同調査報告書編集委員会,『東日本大震災合同調査報告(共通編3 地盤災害)』, 丸善, 2014年.

安田進·原田健二,「東京湾岸における液状化被害」,『地盤工学会誌』, 第59巻 第7号, 2011年: 38-41頁.

若松加寿江,「2011年東北地方太平洋沖地震による地盤の再液状化」,『日本地震工学会論文集』第12巻 第5号, 2012年, 69-88頁.

The Japanese Geotechnical Society, Soils and Foundations, special issue on Geotechnical Aspects of the 2011 off the Pacific Coast of Tohoku Eearthquake, 52(5), 2012.

제3부

포스트 3·11 동일본대지진의 과제

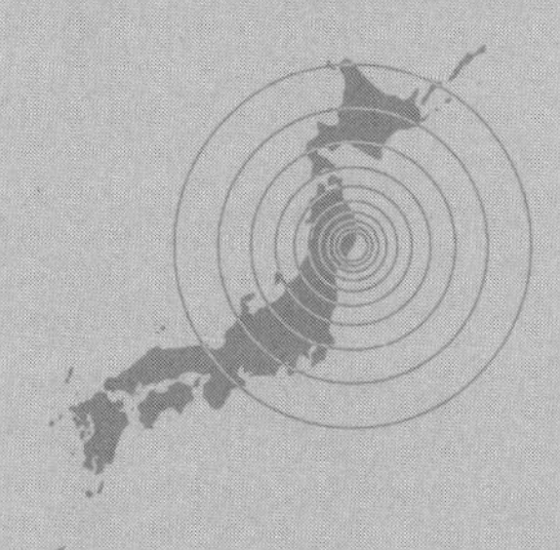

제8장

이재민 지원 법·제도

야마사키 에이이치(山崎栄一)

1. 이재민 생활재건 지원 현황

일본에서 자연재해가 발생할 경우, 이재민들을 지원하는 법·제도로는 재해구조법, 재난이재민 생활재건지원법, 재해조위금법이 있다. 동일본대지진 이후 피해자들을 지원하는 법·제도 상황을 점검하고, 새로 부각되고 개선되어야 할 지원법 관련 과제에 대하여 언급하고자 한다.

1) 이재민 생활재건지원법

이재민 생활재건지원법은 한신·아와지대지진(1995)을 계기로 1998년에 제정되었다. 2회에 걸친 법 개정(2004, 2007년)을 거쳐 현재 내각부 관할로 실시되고 있다.

지원법의 목적으로 제1조에서는 "자연재해로 인해 그 생활 기반에 심각한 피해를 입은 경우에 대하여 … 생활재건을 지원하며 이를 통해 주민의 생활 안정과 피재지의 조속한 부흥에 이바지한다"라고 규정하고 있다. 지원법의 적용

표 8-1 지급 대상과 지급 금액

구분	주택 재건 방법	기초 지원금	가산 지원금	합계
전파	건설·구입	100만 엔	200만 엔	300만 엔
해체	보수	100만 엔	100만 엔	200만 엔
장기 피난	임대차	100만 엔	50만 엔	150만 엔
대규모 반파	건설·구입	50만 엔	200만 엔	250만 엔
	보수	50만 엔	100만 엔	150만 엔
	임대차	50만 엔	50만 엔	100만 엔

주: 단신 세대는 복수 세대의 3/4으로 규정한다.

을 받기 위해서는 자연재해로 인해 시정촌, 도도부현의 일정 수 주택에서 전파 피해가 발생해야 한다.

지원법의 적용세대는 ① 주택이 '전파'한 세대, ② 주택이 반파 혹은 주택 부지 내에 피해가 발생하여 어쩔 수 없이 주택을 해체한 세대, ③ 재해에 의한 위험한 상태가 계속되고 주택에 거주 불능 상태가 장기적으로 계속되는 세대, ④ 주택이 반파되어 대규모 보수를 하지 않으면 거주가 어려운 세대(대규모 반괴 세대)로 규정하고 있다.

지원법의 지원금은 피해 정도에 의해 지급되는 '기초 지원금'과 주택의 재건 방법에 의해 지급되는 '가산 지원금'을 합산해 최대 300만 엔이라고 공시하고 있다(〈표 8-1〉).

동일본대지진 관련 수급 상황에 대한 부흥청(復興庁, 2015a)의 발표에 의하면 기초 지원금은 19만 1607세대, 지급 금액 1531억 엔이었으며, 가산 지원금의 경우 11만 9368세대, 지급 금액 1526억 엔(내각부 조사 2015년 3월 31일 현재)으로 나타났다.

2) 지자체의 독자적 정책

국가의 특별교부세로 창설된 '철거형 부흥기금'을 바탕으로 지자체에 의한 독자적인 시책이 곁들여 전개되고 있다. 지자체의 독자적 시책으로 상급 행정주체(국가 및 도도부현)가 강구하고 있는 것과는 별도로 이재민들의 생활재건지원법과 재해구조법으로는 해결할 수 없는 상황(부분)에 대해 지원한다. 또는 기존 제도를 통해 지급되어 왔던 금액 이상으로 지급하거나('별도 부과 요금') 기존 제도로는 지급받지 못했던 항목에 대하여 지급('지자체 대체 혹은 독자 지급') 한다.

곤도 다미요(近藤民代) 교수가 실시한 조사(近藤民代, 2015: 141)에 의하면 미야기현 및 이와테현 연안 시정촌(미야기현 14개 시정촌, 이와테현 7개 시정촌 총 21개 시정촌)에서 주택 건설 및 구입을 위한 직접 보조(상한액 200만~100만 엔)는 18개 시정촌(85.7%), 주택 건설 및 구입을 위한 이자 보조금(상한액 708만~146만 엔)은 19개 시정촌(90.5%), 주택 보수에 대한 직접 보조(상한액 100만~30만 엔)는 17개 시정촌(81.0%), 주택 복구 및 증축 공사, 조성(상한액 1000만~100만 엔)은 17개 시정촌(81.0%)에서 실시하고 있다. 각 시정촌에 따라 상한액에는 차이가 있지만 독자적인 시책을 전혀 실시하고 있지 않는 시정촌은 없다. 어떠한 형태로든 각 시정촌이 자구책을 실시하고 있는 셈이다.

2. 재해구조법과 지진 재난 관련 사망의 예방

1) 재해구조법의 개요 및 특별 기준

재해구조법은 난카이대지진(1946년)을 계기로 1947년에 제정되었으며 관할 부서는 내각부이다.

구체적 규정을 살펴보면 다음과 같은 구조 메뉴로 구성되어 있다(재해구조법 4조 1항). ① 피난소 및 응급 가설주택 제공, ② 배식 등을 통한 식품 및 음료수 공급, ③ 의복, 침구 등 생활필수품 공급 또는 대여, ④ 의료 및 조산활동, ⑤ 이재민 구출, ⑥ 피해를 당한 주택의 응급 수리, ⑦ 생업에 필요한 자금, 도구 혹은 재료 공급 및 대여, ⑧ 학용품 공급, ⑨ 매장, ⑩ 사체 수색 및 처리, ⑪ 쓰레기 철거.

재해구조법은 재난 직후 이재민들의 생활을 확보하기 위한 법률이라고 할 수 있다.

재해구조법에 의한 구조 구호는 도도부현 지사에 의한 법정수탁 사업으로(재해구조법 2조 동법 시행령 18조), 시정촌장은 도도부현 지사의 위임을 받아 사업의 일부를 시행하거나 도도부현 지사가 시행하는 구조 활동을 돕는다(재해구조법 13조). 구조 활동에 소요되는 비용은 기본적으로 국가와 도도부현이 50%씩 부담한다(재해구조법 18조 및 21조). 따라서 재난을 당한 시정촌장은 비용에 대한 걱정 없이 재해 구조 활동을 실시할 수 있다.

구조의 정도, 방법 및 기간은 응급구조에 필요한 범위 내에서 내각총리대신이 정하는 기준에 따라 미리 도도부현 지사가 이를 정한다(재해구조법 4조 3항, 재해구조법 시행령 3조 1항). 내각총리대신이 정하는 기준으로는 '재해구조법에 의한 구조의 정도, 방법, 기간 및 실비변상의 기준(2013년 10월 1일 내각부 고시 제144호)'이 있다. 이것이 이른바 '일반 기준'이며 도도부현 지사는 이를 준용하고 있다.

구체적으로 일반 기준에 관해 살펴보면, 피난소의 하루 운영비, 피난소의 개설 기간, 하루 식비, 가설주택 건설 비용 등이 설정되어 있다. 내각총리대신이 정한 일반 기준에 따라서는 적절한 구조(구호)의 실시가 곤란한 경우, 도도부현 지사가 내각총리대신과 협의하여 동의를 얻은 후 구조의 정도, 방법 및 기간을 정할 수 있도록 되어 있다(재해구조법 시행령 3조2항). 이것이 이른바 '특별 기준'이다.

동일본대지진에서 재해구조법은 후생노동성이 관할하고 있다. 후생노동성은 동일본대지진 발생 이후에 각 지자체에 많은 통지를 보내며 특별 기준의 적극적으로 설정할 것을 촉구했다. 구체적인 내용 및 사항은 다음과 같다.

· 피난소의 개설 기간/식사는 7일 이내로 규정하고 있으나 2개월까지 연장 (추가 연장 가능)

· 피난소의 파티션, 냉난방, 가설 세탁 장소/목욕탕/샤워실/화장실

· 식사는 고령자 및 병약자를 배려

· 복지 피난소 설치

· 긴급 가설주택은 한냉지(寒冷地)에서 사용 가능한 제품으로 설치

· 민간 여관 및 호텔 등의 숙박: 1인 1일 5000엔(식사 포함)

· 민간 임대, 빈집의 일괄 임대: 1주택당 월 6만 엔 정도

위 사항은 지금까지 인정되지 않았던 특별 기준을 받아들인 것이라기보다는 지금까지 시행해 온 특별 기준에 대한 '재확인'이라는 의미가 강하다. 다만 빈번하게 통지가 내려왔다는 점에서 추측하자면 이미 인정해 왔던 특별 기준의 설정조차 현장에서는 좀처럼 실시되지 못했다는 실정을 엿볼 수 있다.

재해가 거의 발생하지 않는 지역에서는 지자체 직원들이 '재해구조법'에 대하여 잘 모르는 경우가 많다. 이 경우 특별 기준에 대하여 숙지하지 못한 채 재해 구조에 임하게 된다. 그 결과 당연히 받아야 할 지원을 받지 못하고 고령자 및 장애자와 같은 약자들이 사망하게 되는 사태가 발생할 수도 있다. 동일본대지진에서도 피난소 내에서 사망하는 '재난 관련사'가 다수 발생했다.

2) 재난 관련사 상황

재난 관련사란 지진 및 쓰나미로 인한 직접적인 사망이 아니라 피난 생활에서의 피로 및 스트레스, 환경 악화 등 간접적인 원인에 의해 사망하는 것을 말한다. 한신·아와지대지진 당시 처음으로 인정되었으며 효고현 '한신·아와지대지진 사망자 관련 조사(2005년 12월 22일 기자 발표)'[1]에 의하면 효고현에서

1) https://web.pref.hyogo.lg.jp/pa20/pa20_000000016.html(검색일: 2015.9.23)

919명이 재난 관련사로 인정되었다.

그렇다면 동일본대지진에서의 재난 관련사에 대한 데이터를 살펴보고자 한다. 부흥청 '동일본대지진에서의 재난 관련 사망자 수(2015년 3월 31일 현재 결과 조사, 2015년 6월 30일)[2)]'에 의하면 2014년 3월 31일 현재 1도 9현에서 3331명, 2014년 9월 10일까지 지진 발생부터 3년 반 이내의 사망자 수는 3323명, 그 후 약 6개월 동안 8명에 달한다. 연령별로 보면 20세 이하가 7명, 21세 이상 65세 이하 367명, 66세 이상 2957명으로 밝혀졌다.[3)]

부흥청(復興庁, 2015c) 발표에 따르면 재난 관련사는 2012년 3월 31일 현재 1632명이었다. 그중 사망 당시 연령별로 보면 66세 이상이 약 90%, 사망 시기별로 보면 지진 발생 이후 1개월 이내에 약 50%가 사망했다. 또한 재난 관련 사망자 수가 많은 시정촌과 원전사고로 피난 지시가 내려진 시정촌의 1263명에 대한 사망 원인에 대한 조사가 이루어졌다. 사망 원인으로는 약 30%가 피난소 등의 생활에서 육체적·신체적 피로에 의한 것으로 나타났다.

3) 특별 기준 마련 및 적극적인 활용 방안

피난 후 생활환경을 개선하기 위해서는 특별 기준의 활용이 필요하다. 법 제도의 유연한 운용을 확보하기 위해서는 어떻게 하면 좋을까. 현장에 있는 지자체 직원들이 특별 기준의 존재를 정확히 이해하고 현과 내각부에 특별 기준의 설정을 제대로 설명할 수 있어야 한다. 또 상급 행정기관과 협의가 쉽게 이루어 질 수 있는 환경 조성도 빼놓을 수 없다.

이쿠타 오사토(生田長人)는 일반 기준과 특별 기준과의 관계에 대해서 '원리

2) http://www.reconstruction.go.jp/topics/main-cat2/sub-cat2-6/20150630_kanrenshi.pdf (검색일: 2015.9.10)

3) 이 조사 결과에 대해 '지진 관련사'의 사망이란 '동일본대지진에 의한 부상의 악화 등에 의해 사망한 사람으로, 피해 조위금의 지급 등에 관한 법률에 의거하여, 해당 피해 조위금의 지급 대상이 된 사람'이라고 정의하고 있다.

그림 8-1 재해구조법의 법 지식 공유 이미지

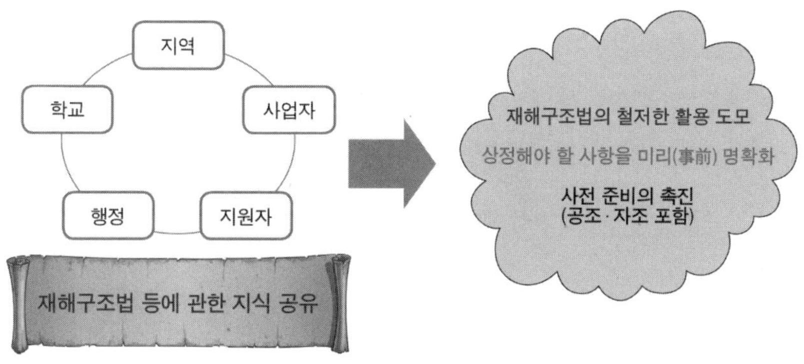

적 기준의 수준을 사무적으로 낮게 책정하여 그때마다 협의를 필요로 하는 시스템 자체에 문제가 있다'고 보고 '적어도 구조의 정도 등과 관련하여 재해 시의 국민의 생존 등과 관련된 것이라면 예외를 포함하여 직접 정령으로 세세한 부분까지 규정해야 한다'라고 주장한다(生田長人, 2013: 158).

이러한 가운데 적극적으로 조례를 통해 특별 기준을 도입하려는 의사 표명을 선언한 지자체도 있었다. 미노오시는 재해 발생 시 특별 대응과 관련한 조례 17조 2항에서 "시장은 재해구조법에 근거한 오사카부 지사에 의한 구조가 늦어져 적기를 놓친다고 판단될 경우에는 시에서 자체적으로 구조를 실시할 수 있다. 이 경우 시장은 해당 구조 활동에 필요한 비용의 지불을 오사카부에 청구할 수 있다"고 규정하고 있어 지자체 직원들의 적극적인 행동이 기대되는 바이다(北村喜宣, 2015: 42~44).

재해구조법에 관한 법 지식이라고 하는 것은 행정뿐만 아니라 재해 구조와 관련한 사람들(지역, 학교, 지원자, 사업자)이 모두 공유하고 있어야 할 지식이며, 향후 피난소 운영 훈련 및 방재 연수 장소 등을 활용하면서 폭넓게 법 지식을 보급해 나가야 할 것이다(〈그림 8-1〉 참조).

4) 향후 대응책: '재해대책기본법'이 주는 시사점

재난 관련사를 막기 위해서는 재해 직후 피난소에서의 생활 방식을 개선하는 것이 무엇보다 먼저 착수해야 할 사안이다. 이 점에 대해서는 '재해대책기본법'의 몇 가지 시사점에 주목할 필요가 있다.

2015년 재해대책기본법(이하 재대법) 개정에 따라 이재민들의 생명과 건강을 무엇보다 우선하여 보호해야 한다는 것이 명시되었다(2조의2 4호). 또한 이재민들의 연령, 성별, 장애의 유무 및 기타 사정을 고려한 이재민 지원이 요구되고 있으며(2조의2 5호), 고령자, 장애자, 영유아 등 특히 배려해야 할 대상들을 법령상 '요배려자'로 지정하게 되었다(8조의2 15호).

신설된 재대법 8조의2 14호에 의해 피난소에서의 생활환경 정비 등(86조의6)과 더불어 피난소 이외의 장소에 체재하는 이재민들에 대한 배려(86조의7) 관련 규정이 추가 되었다. 동시에 2013년 8월에 내각부(内閣府, 2013)가 책정되었다. 이들 조문은 이 장의 말미에 게재한 조문을 참조하라.

이에 따르면 재난 관련사 예방을 위해 각 피난소에 보건사들의 순회, 순회상담 체제 정비, 피난소 위생 관리 등에 대해 언급하고 있다(内閣府, 2013: 19~20). 상담창구 및 고충 처리 수속에 대한 정비가 필요하다고 판단, '11 상담창구' 항목이 개설되었다(内閣府, 2013: 22).

3. 재난 관련사와 재판 사례

참고로 지진(재난)을 원인으로 하여 사망했을 경우, 재해 조위금 관련법에 의하여 유족에게 재해 조위금이 지급된다.[4] 지급 대상과 지급 금액은 아래

4) 재해조위금 등 법의 정식 명칭은 '재해조위금의 지급 등에 관한 법률(災害弔慰金の支給等に関する法律)'이다. 재해조위금 등 법은 니가타현 우에쓰 수해(新潟県羽越水害, 1967)를

와 같다.

(지급 대상)

배우자, 자녀, 부모, 손자, 조부모

형제자매(동거 혹은 생계 동일의 경우)

(지급 금액)

생계 유지자가 사망했을 경우　500만 엔

그 외 가족이 사망했을 경우　250만 엔

동일본대지진으로 인한 재난 관련사를 둘러싼 소송이 제기되고 있으며 그 중에는 유족 측이 승소하여 재난 관련사가 인정된 판결도 있다.[5] 구체적인 사례는 다음과 같다.

2014년 12월 9일 센다이지방재판소 판결

한 여성(당시 85세)은 지진 피해로 자택이 전소되었는데, 3일간은 자동차에서 지냈고 4일째는 자택에서 생활했다. 4월경부터 몸 상태가 악화, 연하 곤란(嚥下障害, 음식물을 삼킬 수 없게 됨)이 발병했다. 4월 28일 특별요양노인센터에 입주했으나, 오연성 폐렴[구강 내 또는 음식물에 붙은 세균이 음식물과 함께 기관이나 폐에 들어가 일으키는 폐렴]의 발병 등으로 인해 2011년 8월 7일 사망했다.

유족은 재해조위금(災害弔慰金)을 신청했으나, 센다이 시장은 이 여성의 사

계기로 1973년 제정되었다. 이 법률에 의거한 지원제도로는 재해에 의해 정신 및 신체에 심각한 피해를 입은 사람에 대해 지급하는 재해장해위로금(災害障害見舞金), 재해에 의해 피해를 입은 세대의 세대주에 대해 빌려주는 재해원호자금(災害援護資金)이 있다.

5) 참고로 한신·아와지대지진에서도 피해 관련사를 둘러싼 소송이 기소되었다. 한신·아와지대지진의 시점에서 위험 상태에 있던 75세 남성이 지진에 의해 집중치료실 장비(기구류)의 정지로 인해 지진 당일 오전 7시경에 사망한 경우가 있었다. 고베 지방 재판 1997년 9월 8일 판결로는 원고가 패소했으나, 오사카고등법원 1998년 4월 28일 판결, 최고재판소 2002년 12월 19일 결정에서 원고가 승소했다.

망과 재해 사이에 인과관계가 인정되지 않는다는 이유로 지급불가를 결정했으며, 이의신청을 각하했다.

판결에서는 "이 여성에게 연하곤란이 발생한 것은 단순히 지병인 해당 여성의 인지증(認知症)이 진행되었거나 나이에 의한 것으로 단정 짓기 힘든 면이 있다. 오히려 재해에 의해 (여성의) 생활환경 및 주거환경이 현저히 악화되고, 심신에 중대한 부담이 생긴 것이 발병의 커다란 원인이 된 것이라고 합리적으로 추측할 수 있다"라고 결론지었다.

2014년 12월 17일 센다이 지방법원 판결

한 남성(당시 99세)은 지진 7일 후인 2011년 3월 18일에 뇌경색이 발병, 급성 호흡곤란에 의해 사망했다. 이 남성은 개호노인보건시설(介護老人保健施設)에서 살고 있었는데, 지진 후 전기, 가스, 수도를 사용할 수 없었다. 식사 제공이 1일 2식으로 감소, 수분 섭취량도 약 40%로 감소했다.

미야기현 재해 조의금 지급 심사위원회는 유족의 재해조위금 신청에 대해 이 남성의 사망과 지진 사이에 상당한 인과관계가 인정되지 않는다는 이유로 '지급불가' 결정했으며, 이의신청을 각하했다.

판결에서는 이 남성이 "발병한 새로운 뇌경색은, 3·11대지진에 의한 수분 섭취량의 부족 및 생활환경의 악화에 의한 육체적·정신적 부담에 의해 유발된 인과관계가 충분히 고려되어야 한다"라고 선고하고, "(이 남성의) 사망과 본 지진 사이에 상당한 인과관계가 인정되어야 한다"라고 결론지었다.

2015년 3월 13일 모리오카 지방법원 판결

한 남성은 지진 후 지병인 고혈압이 악화되어, 2011년 11월 22일에 급성 심근 경색이 발병, 같은 해 12월 28일에 합병증(심실중격 천공)에 의해 사망(당시 56세)했다.

유족은 2회에 걸쳐 재해조위금 신청을 했으나 재해와 질병과의 인과관계가 없다고 판단하고, 시장은 지급할 수 없다는 결정을 내렸다.

판결에서는 남성이 "지진에 의해 거대한 쓰나미 피해가 있었던 지역에서 노동, 거주하며, 자택의 피해는 피했지만 점포가 피해를 입었으며, 또한 행방불명이 된 장인 장모를 수색했으나 끝내 시신으로 발견되었다. 결국 빚 변제나 장녀의 진학 자금 등 상당한 부담을 지게 되었으며, 유실된 점포 재건의 계획마저 세울 수 없었고 수입이 끊긴 채로 시간이 지났다. (이 남성은) 3·11대지진 이후 이와 같은 극도의 긴장과 불안 등의 높은 스트레스를 지속적으로 받았다는 점이 명확하다"라고 결론을 내렸다.[6)]

지진 관련사에 관한 심사 방안 및 심사에 대한 구제 절차상 수속상의 문제에 대해 언급하고자 한다.

이와테현 야마다초(山田町)에서 재해조위금 지급심사위원을 하고 있던 오구치(小口幸人)에 의하면, "심사는 피해지에서 지진을 경험한 위원에게 맡겨야만 한다"라고 지적하며(山崎, 2013: 37), 심사 업무를 시정촌이 현에 위탁함으로

6) 이 판결을 통해 필자는 '한신·아와지 거리 만들기 지원기구' 사무국장 쓰쿠이(津久井進), 효고현 지진부흥연구센터 사무국장 데구치(出口俊一)와 연명으로, 이와테현 지사 및 리쿠젠다카다시 시장에 대해 다음과 같은 제언을 행했다. ≪아사히신문(朝日新聞)≫, 2015년 3월 18일 조간 "피해 관련사의 불인정 '전 건 재심사를' 리쿠젠 다카다시의 변호사들", p.29를 참조.

〈제언〉

1. 3·11 판결과 한신·아와지대지진 시의 오사카고등재판소 1998년 4월 28일 판결의 판단의 틀에 의거하여, 지금까지 지급되지 않은 사안에 대해 전 건, 이와테현의 피해 조위금 등 지급심사회에 판단을 맡기지 않고, 귀 시에서 스스로 관련사의 조사를 행하여야 한다고 생각됩니다.

2. 혹여 모든 건의 전수 심사가 곤란하다고 해도, 해당 판결과 같은 종류의 사안에 대해 이와테현 피해 조위금 등 지급심사회에 판단을 맡기지 말고, 시 당국이 스스로 관련사의 심사를 행해야 한다고 생각합니다.

3. 귀 시로부터 이와테현에 대해, 이번 사안의 결과를 보고할 때, 피해 조위금 등 지급심사회의 심사의 문제점을 지적하고, 동 심사회가 지금까지 연관성을 부정해 온 모든 안건에 대해, 이번 심사와 한신·아와지대지진 시의 오사카고등재판소 1998년 4월 28일 판결의 판단 근거(들)에 의거하여, 새로이 심사를 행해야 한다고 의견을 밝히는 바입니다.

서 다음과 같은 피해가 발생하고 있다고 주장했다.[7)]

> A. 지자체 직원이 피해 관련사의 구체적인 사례에 관해 알 기회를 잃었다.
>
> 심사사안을 구체적으로 살펴보고, 심사 중인 전문가의 이야기를 들음으로써, 피해 관련사가 무엇인가를 알 수 있는데, 이러한 기회를 잃었습니다.
>
> B. 가능성이 증대했다.
>
> 지진 직후의 피해지 상황은 피해지 주민들과 직원 외에는 알 수가 없습니다. 이와테현, 즉 모리오카의 사람들이 제대로 사태를 파악하는 것은 곤란하며, 심사 시행이 잘못된 사실 인식을 바탕으로 시행될 우려가 있습니다.

또한 '이와테현 재해조위금 등 지급심사회'의 미야모토(宮本ともみ) 위원도, 오구치의 의견에 찬성하면서, "기준 및 심사에 필요한 조사 사항 혹은 제출서류가 명확하다면, 지역 시정촌에 상당수의 판단이 가능했을 것이다"라고 지적한다(宮本ともみ, 2013: 81). 단 "동일한 피해에 의한 인정 기준이, 각 시정촌별로 다른 것은 공평하지 않기 때문"에, "일정한 기준을 제시하는 것이 중요하다. 이것이 가능한 것은 국가이다"라고 덧붙였다(宮本ともみ, 2013: 82).

지진 관련사에 관한 심사에 대해 불복이 있을 경우, 시정촌장에 대해 불복신청(=재심사)을 행하며, 또한 재판소에 대해 취소소송을 제기할 수 있도록 되어 있다. 그러나 이러한 구제절차가 제대로 작동하지 않았던 것인지, 불복신청이나 취소소송이 가능하다는 것을 유족에게 교시해야 함에도 불구하고 시정촌이 교시하지 않았다는 사례가 소개되어 있다(宮本ともみ, 2013: 81).[8)]

7) 小口幸人,「[報道]『災害関連死』の審査申出を積極的に」. (http://ogu chilaw.cocolog-nifty.com/blog/2012/04/post-f1da.html, 검색일: 2015.9.7)

8) ≪岩手日報≫, 2012年 7月 22日,「不服申し立て周知不足 被害弔慰金で県内 10市町村」. (http://www.iwate-np.co.jp/311shinsai/y2012/m07/sh1207222.html, 검색일: 2015.9.7)

4. 미나시 가설주택의 현황과 과제

원래 피해로 살 곳을 잃은 경우는 가설주택이 설치되는데, '미나시 가설주택'이란 가설주택 대신 기존의 민간 임대주택을 도도부현이 빌려서 이재민들에게 제공하는 '주거공간'을 말한다. 재해구조법상의 시스템 중 하나로 동일본대지진에서 활용되었다. 내각부(内閣府, 2014: 42)의 자료에 따르면, 다음과 같이, 동일본대지진 이후 이 제도가 정착되었다는 점을 시사하고 있다.

> 응급 가설주택의 설치 대신에 민간 임대주택을 거실(居室) 거주 시설의 대여도 실시할 수 있음. 또한 민간 임대주택의 대여에 대해서는, 우선적으로 대여 가능하도록 국토교통성 및 후생노동성에 의한 '재해 시의 이재민에 대한 민간 임대주택의 제공에 관한 협력 등에 관해'(2012년 4월 27일)서나 '재해 시의 민간 임대사업의 활용(안내서의 정리)에 대해'(2012년 12월 4일) 등을 참고로 새로이 관계 단체 등과 협력·협정을 행함으로서 원만하게 되도록 한 것.

내각부 조사에 따르면, 2015년 5월 시점에서 공영주택 등 거주자 수 1만 6163명, 입거 호수 6281호, 민간 주택 입주자 수 8만 6720명, 입거 호수 3만 7206호, 가설주택 입거자 수 7만 6347명, 입거 호수 3만 6390호 등이다(復興庁, 2015b). 가설주택과 거의 동수의 이용 비율임을 알 수 있다.

'미나시 가설주택'의 이점으로는, ① 이재민에 대한 신속한 주택공급이 가능하다. ② 가설주택에 비해 비용이 저렴하고, 품질도 일정한 레벨을 기대할 수 있다. ③ 이재민의 다양한 생활 수요(퇴근, 통학 등)를 반영할 수 있다. 한편 가설주택과는 달리 일반 맨션, 아파트에 살기 때문에, 이재민과 일반 주민과의 구별이 되지 않기 때문에 생기는 문제도 있다. 따라서 '미나시 가설주택'에 있는 이재민과 지원 단체를 어떻게 연결해야 좋을까라는 것이 당면의 과제이다(山崎, 2014: 15).

'미나시 가설주택'의 이재민은 피해지로부터 멀리 떨어져 피난하는 '광역 피난자'인 경우가 많다. 2012년과 2013년의 재해대책법(災対法改正)에 의해, 제86조 8-13항에 걸쳐 '광역 일시 체재'에 관한 조항이 신설되었다.

이쿠타(生田長人)는 피난 생활이 장기간이 될 경우, '구조의 방법이나 정도에 관해 특별한 결정을 행하거나, 혹은 재해 발생 후 일정 기간이 경과할 것인지도 피해 구조의 응급 구조로부터 제외하고, 별도의 제도를 정비해야 하는가 등의 검토를 행할 필요가 있다'라고 주장하고 있다(生田長人, 2013: 163). 앞으로는 '미나시 가설주택'에 의한 구조에 대해 새로운 기준을 세우거나, 혹은 재해구조법 이외의 제도에 의한 운용을 검토할 여지가 있다고 생각된다.

5. 재택 이재민

지원이 힘든 이재민층인 재택 이재민이 존재한다. '미나시 가설주택'과 마찬가지로 곤란하며, 특히 외부의 지원 단체와 재택 이재민을 어떻게 연결할 것인가? 오오제키(大関輝一)는 '재택 지원 및 케어야말로, 피해 지역의 사람들과 어디까지 연계할 수 있는가를 묻는 지원이다'라고 말한다(大関輝一, 2011: 51).

이전부터 피난소-가설주택-영구주택이라는 생활재건 프로세스에서 벗어나 있는 이재민들은 충분한 지원을 받을 수 없다는 문제가 있었다. 피난소나 가설주택에 있는 이재민과 재택 이재민과의 지원 격차가 생기고 있는데, 예를 들면 피난소에 대해서는 식사가 제공되지만 재택 이재민에게는 제공되지 않거나, 가설주택에는 전화기가 제공되지만 재택에는 지원되지 않는 경우가 존재했다(高成田亨・布施龍一, 2012: 159~160).

재대법의 개정에 의해, 재택에 대해서도 "필요한 생활 관련 물품 배포, 보건의료 서비스 제공, 정보제공 및 사람들의 생활환경의 정비에 필요한 조치를 구축하기 위해 노력해야 한다"라고 하고 있다(재대법 86조 7). 이러한 피해 직후의 생활 수요 물품의 획득 문제와 함께, 거주 환경의 문제가 거론된다.

내각부(内閣府, 2013)는 기본 방침으로 "피난소를 운영할 때, 피난소에서 생활하는 피난자뿐만이 아니라, 그 지역 주택에서 피난 생활을 하는 사람도 지원 대상으로 하며, 지역의 피난소를 정보 수집 및 정보제공, 식음료, 물자, 서비스 제공에 관한 지역의 지원 거점으로 삼는 것이 적절하다(2013: 13)"라고 명기하고, '15 재택 피난'이라는 항목을 신설했다(2013: 24).

주택 피해자가 가택을 수리할 경우, 이재민 생활재건지원법에 의거하여 가산 지원금 100만 엔이 있지만, 대상은 '전파' 혹은 '대규모 반파'로 한정된다. 재해구조법에 의거하여, 최대 52만 엔의 긴급 수리비가 지원됨에도 불구하고, 재해구조법의 '일반 기준'(1절2항을 참조)의 대상은 "반파 및 자본이 없는 자" 혹은 "대규모 반파"에 한정된다.[9] 지자체별로 독자 시책으로서, 주택 수리에 대한 보조를 지원하는 경우도 있다. 예를 들어 미야자키현 이시노마키시(石巻市)에서는 '전파, 대규모 반파 또는 반파'를 대상으로 금전 지급 100만 엔, 혹은 이자 보급 명목으로 150만 엔이 지급된다.

결국 '일부 손괴'의 이재민은 지원 대상이 되지 않는 경우가 많다. 일부 손괴이기는 하지만, 가택의 수리비나 내구소비재(耐久消費財)의 교체에 비용이 들기 때문에(高成田亨·布施龍一, 2012: 158), 이재민들이 원하는 금전적 피해보상에 관한 판정도 필요하다는 목소리도 높아지고 있는 상황이다. '일부 손괴'라고 판정된 경우라고 하더라도, 지진 후의 지반침하에 의해 침수 피해를 입게 되어, 전파나 반파나 크게 차이가 없는 집도 있었다(高成田亨·布施龍一, 2012: 58). 한편, 가옥의 피해 인정 방법에도 문제가 있다고 할 수 있다.

9) 지진 직후는 건설 작업자가 부족했기 때문에 인건비가 폭등하여, 52만 엔의 응급 수리가 진행되지 않았을 것이라는 지적도 보였다(チーム王冠, 2014: 14). 일반 사단법인 '팀왕관'은 동일본대지진이 원인으로 발생한 재택 이재민 및 미나시 가설 세대를 주요 대상으로 한 포괄적 지원활동을 전개해 온 단체이다. 설립 경과, 활동 내용에 대해서는 홈페이지(http://team-ohkan.net/) 참조.

6. 피재자(이재민) 지원과 법 해석·사법적 구제

1) 스즈키(鈴木庸夫)의 문제 제기

지금까지 피재자 지원의 법 제도를 법 해석론이라기보다는 법 정책론을 중심으로 살펴보았다. 스즈키는 재해행정법의 영역에 대해서, "일본에서는 제정법 상의 근거가 없는 것은 법률 정비 미흡으로 이해되며, 사후 입법적인 과제로 분류하여 뒤로 미루는 경향이 있다"라고 지적한다. 스즈키는 이를 '지연해석' 경향이라고 명명했는데, 그 원인을 "재해 관련 법규 해석은 소관하는 성청이나 입안 관계자의 의향이 너무 강하게 영향을 끼쳐서, '법의 구멍(法欠缺)' 문제가 의식적으로 회피되고 있다"라고 주장했다(鈴木庸夫, 2015: 28~29). 또한 "입법이 되지 않은 것이나 앞으로의 입법 계획이라는 명목으로 과제를 뒤로 미루는 것은, 법 해석학의 과제 방치와 같다"라고 하며, "법 해석으로서 유추 적용하거나 조리해석(条理解釈)의 여지가 있는지 법적으로 다루어야 할 문제가 아니었는가에 대하여 논의해 볼 여지가 충분히 있다"라고 하였다(鈴木庸夫, 2015: 29).

원래 재해구조법에 의한 구조는 긴급성을 띠며, "형식적으로는 이에 대해 일반 국민 측에서의 이의제기나 이에 의거한 구제 수단은 정해지지 않았다(内閣府, 2014: 2)"라는 견해를 정부는 나타내고 있었다. 그러나 스즈키는 '피재자 인격권(被災者人格権)'을 주장함으로써, 사법적 구제의 길을 열었다고 한다(鈴木庸夫, 2015: 53). 재해구제법의 특별 기준의 설정을 둘러싸고, 어떠한 논거를 가지고 사법적 구제를 도모할 수 있는지 구체적 사례를 통해 살펴보기로 하자.

2) 피재자(이재민) 인격권에 의거한 사법적 구제

스즈키가 지적하는 '피재자 인격권'이란 "피난민이 제약을 받으면서도, 각각의 상황 속에서 개인의 생명이나 건강, 삶의 질(Quality Of Life)을 유지 가능한 법적 이익"을 가리키며, "행정상의 부작위에 의해 생명이나 건강에 손해를 입은 경우를 상정한 법적 권리를 내용"으로 하고 있다. 또한 여기서 상정하는 피재자 인격권은, "재해대책법이나 구조법상의 실정법상 보호된 법률상의 이익이며, 또한 재해 관계 법규에 의해 법적으로 보호되는 이익"이라고 하고 있다(鈴木庸夫, 2015: 55).

어떠한 시점 및 소송 형태로 사법적 구제를 요청할 것인가에 대해서는, "이렇게 법적으로 보호받은 이익의 주체는, 법적으로 일정한 지위를 가지며, 이것이 보호되지 않는 경우에는 생명이나 건강, 기본적 삶의 질이 침해받을 개연성이 높아진다. 그 결과 병이나 사망이라는 결과를 초래할 경우, 결과가 발생하기 전에 사인(私人)의 법적 지위에 관한 확인을 인정해야 한다"라고 하며, 구체적인 소송 형태로서는 '공법상의 확인소송'을 상정하고 있다(鈴木庸夫, 2015: 55~56).

스즈키는 "국민이나 주민의 생명, 건강에 관한 법적 이익은 재해대책법 및 구조법의 전제가 되는 이익이며, 피난소 단계, 가설주택 단계에서도 필요한 경우 특별 기준의 적용을 전제로 한 지위 확인 청구는 가능하게 해야 한다"라고 하고 있다. 이러한 지위 확인 청구를 통해, "결과적으로 '특별 기준'을 설정하지 않았다는 위법이 확정"된 경우에는, "소관 관청은 일반 기준에 관계없이, 새로이 재량권을 행사하여 '특별 기준'을 설정"함으로써 이재민 인격권이 실현되게 된다(鈴木庸夫, 2015: 57). 피난 생활이 장기화될 경우, 이러한 사법적 구제라는 수단도 고려해 볼 필요가 있다.

[부록] **재해대책기본법 조문**

제2조의2(기본 이념)

재해 대책에 관해서는 다음의 사항을 기본 이념으로 이루어져야 한다.

4. 재해 발생 직후 기타 필요한 정보를 수집하는 것이 곤란한 때일지라도 가능한 한 정확하게 재해 상황을 파악하고 이에 따라 인력, 물자 기타 필요한 자원을 적절히 배분하는 것을 통해 사람의 생명과 신체를 가장 우선적으로 보호한다.
5. 이재민에 의한 주체적인 활동을 저해하는 일이 없도록 배려하면서 이재민의 연령, 성별, 장애의 유무 기타 이재민의 사정을 감안하여 그 시기에 따라 적절하게 이재민을 엄호할 것.

제8조(시책의 방재상의 배려 등)

ii. 국가 및 지방자치단체는 재해의 발생을 예방하거나 재해의 확대를 방지하기 위하여 특히 다음 사항의 이행에 노력하여야 한다.

14. 이재민의 심신의 건강 확보, 거주 장소의 확보 기타 이재민의 보호에 관한 사항.
15. 노인, 장애인, 유아 기타 특히 주의를 요하는 자(이하 '요양 배려'라 한다)에 대한 방재상 필요한 조치에 관한 사항.

제86조의6(대피소에서 생활환경의 정비 등)

재해응급대책 책임자는 재해가 발생했을 때는 법령 또는 방재 계획이 정하는 바에 따라 지체 없이 피난처를 부여하는 동시에, 해당 피난처에 따른 필요한 안전성 및 양호한 거주성 확보, 해당 피난처의 음식, 의류, 의약품 기타 생활 관련 물자의 배포 및 보건의료 서비스의 제공 기타 대피소에 머물 이재민의 생활환경 정비에 필요한 조치를 강구하도록 노력하여야 한다.

제86조의7(피난처 이외의 장소에 머물 이재민에 대한 배려)

재해 응급 대책 책임자는 부득이한 이유로 대피소에 머물 수 없는 이재민에 대해서도 필요한 생활 관련 물자의 유통, 보건의료 서비스의 제공, 정보의 제공 기타 그 사람의 생활환경 정비에 필요한 조치를 강구하도록 노력하여야 한다.

〈참고문헌〉

生田長人,『防災法』, 信山社, 2013年, 232頁.

大関輝一,「3·11と被災者支援② 生活再建期支援の模索－仮設入居者, 在宅被災者, 避難所被災者へのケア~」,『賃金と社会保障』, No.1543·44, 2011年, 42-61頁.

北村喜宣,「行政による事務管理(一)」,『自治研究』第91巻 第3号, 2015年3, 3-51頁.

近藤民代, 「東日本大震災における自治体独自の住宅再建支援補助金メニュー創設の背景と特徴」,『日本建築学会計画系論文集』, 第80巻 第707号, 2015年, 135-144頁.

災害対策法制研究会編,『災害対策基本法改正ガイドブック 平成24年及び平成25年改正』, 大成出版社, 2014年, 349頁.

鈴木庸夫,「大規模震災と住民生活」, 鈴木庸夫編,『大規模震災と行政活動』, 日本評論社, 2015年, 25-67頁.

高成田亨·布施龍一,「復興から取り残される『在宅被災者』」,『世界』2012年 4月号.

チーム王冠,『東日本大震災·在宅被災世帯「家屋修繕状況調査」報告書 2014年11月21日 東日本大震災から3年8ヶ月の現実』, 2014年.

坪井ゆづる, 「一評一『みなし仮設』の手間, 手間, 手間」,『自治実務セミナー』2013年12月号, 37頁.

内閣府, 『避難所における良好な生活環境の確保に向けた取組指針(平成25年8月)』, 2013年. (http://www.bousai.go.jp/taisaku/hinanjo/h25/pdf/kankyoukakuho-honbun.pdf 2015年9月7日アクセス)

内閣府,『災害救助事務取扱要領(平成26年6月)』, 2014年. (http://www.bousai.go.jp/taisaku/kyuujo/pdf/h26kaigi/siryo1-2.pdf 2015年9月7日アクセス)

中澤篤志ほか, 「【2013年度秋期全国大会(学術講演会)ワークショップ】みなし仮設住宅の現状と課題 これからの制度設計のために」,『日本不動産学会誌』第27巻 第4号, 2014年.

復興庁,『復興の取組と関連諸制度 (平成27年6月24日)』, 2015年a. (http://www.reconstruction.go.jp/topics/main-cat1/sub-cat1-1/20150624_torikumi_seido.pdf 2015年9月7日アクセス)

復興庁, 『復興の現状 (平成27年6月24日)』, 2015年b. (http://www.reconstruction.go.jp/topics/main-cat1/sub-cat1-1/20150624_genjou.pdf 2015年9月7日アクセス)

復興庁, 『東日本大震災における震災関連死に関する報告(平成24年8月21日)』, 2015年c. (http://www.reconstruction.go.jp/topics/20120821_shinsaikanrenshihoukoku.pdf 2015年9月7日アクセス)

宮本ともみ,「災害関連死の審査について: 東日本大震災における岩手県の取組から」,『アルテス リベラレス(岩手大学人文社会科学部紀要)』第92号, 2013年, 67-86頁.

山崎栄一,『自然災害と被災者支援』, 日本評論社, 2013年.

山崎栄一,「法学者から見た防災教育」, 関西大学社会安全学部編,『リスク管理のための社会安全学』, ミネルヴァ書房, 2015年, 141-157頁.

제9장

동일본대지진과 보험제도

구와나 긴조(桑名謹三)

1. 일본의 자연재해와 보험제도

우선 일본의 자연재해로 인한 피해를 보장해 주는 보험제도에 관해 개괄하고자 한다. 특히 보험제도 중 손해보전을 주목적으로 하는 손해보험과 화재 공제에 관해서만 살펴보자.[1] 먼저 손해보험의 경우 일본의 손해보험회사는 두 곳의 재보험 전문 회사를 포함해 30곳이 존재한다.[2] 2013년도 재보험 전문 회사를 제외한 28곳의 일본 내 원수사(元受社)[3] 순보험료를 모두 합하면 8조 3396억 엔[4]에 달한다. 일본의 손해보험 시장은 그중 83.8%를 3대 거대 회사[5]

1) 생명보험이나 생명공제는 지진 등의 자연재해에 의한 손해를 보전하는 것이 아니기 때문에 여기서 개괄하지 않는다.

2) 2015년 9월 30일 시점의 통계자료.

3) (옮긴이) 자사 상품만을 보험가입자(주문주)에게 직접 판매하는 영업 방식의 회사

4) 일본 국내의 리스크를 커버하는 보험의 보험료. 保険研究所『インシュアランス損害保険統計号』의 자료.

5) 도쿄해상일동화재보험주식회사, 손해보험재팬일본흥아주식회사와 MS&AD인슈어런스그룹에 속한 두 회사인 미쓰이스미토모해상화재보험주식회사, 아이오이닛세이동화손해보험주식회사.

가 버는 과점시장이다. 보험료 기준으로 미국, 중국에 이은 세계 3위의 시장이지만, 국민 1인당 손해보험료는 미국의 37.5%에 지나지 않아 손해보험 밀도는 선진국 중에서는 낮다.[6)]

자연재해를 커버하는 주요 손해보험의 종류는 〈표 9-1〉에 나타나 있다. 이 손해보험이 시장에서 어느 정도 중요한가를 나타내기 위해, 이러한 보험료 종목들을 합한 보험료에 대한 구성비를 보여준다. 자연재해를 커버하는 보험 중 가장 주요한 것은 화재보험이며 보험료는 전 종목 보험료의 13.77%이다. 개인이 자연재해에 의해 입은 손해를 커버 가능한 주요 보험은 화재보험, 가계지진보험, 동산종합보험이다. 이 표의 그 외의 보험은 기업을 계약 대상으로 하는 보험이다. 가계지진보험은 판매를 정부가 지원하고 있으며 공적 성격을 띠는 것으로 '무손실·무이익(No Loss No Profit) 원칙'인 보험이기 때문에, 실제 가계지진보험의 판매에 의해 민간 보험회사가 장기적으로 이익을 얻는 것은 제도상 불가능한 구조라 할 수 있다(栗山泰史, 2012). 다만, 가계지진보험 이외의 보험은 영리목적으로 민간 보험회사에 의해 판매되고 있다.

다음으로 공제인데, 공제란 공동조합의 조합원이 미리 일정 기여금[7)]을 지출해서 공동 재산을 준비하고, 예측 못 한 사고 등이 발생한 경우 공제금[8)]을 내서 조합원이나 그 가족에게 생기는 경제적 손실을 보상하며, 생활 안정을 꾀하고 서로 돕는 방식이다.[9)]

공제 중 건물이나 가재도구가 화재·낙뢰·폭발 등에 의해 손해를 입은 경우 보장하는 것을 화재 공제라고 하며, 그중에서는 지진·풍수피해 등의 자연재해에 의한 손해를 커버하는 것도 있다. 화재 공제를 실시하고 있는 주요 단체는 〈표 9-2〉에 나와 있다(日本共済協会, 2014).

---

6) 주요선진국(G7) 중에서는 이탈리아에 이어서 손해보험빈도가 작다. Swiss Re, *sigma World insurance in 2013*, 자료.

7) 보험의 보험료에 해당하는 것.

8) 보험의 보험금에 해당하는 것.

9) 日本共済協会(2014)의 p.2를 요약한 것.

표 9-1 자연재해를 커버하는 주요 손해보험

종목명	화재보험	가계지진보험	선박보험	적하보험	운송보험
개요	건물의 물적 피해를 커버	개인 주택이나 가재의 물적 피해를 커버	선박의 선체의 물적 피해를 커버	해상 수송 중인 화물의 물적 피해를 커버	국내 운송 화물의 물적 피해를 커버
주요 계약 대상	개인·기업	개인	기업	기업	기업
풍수피해 커버 여부	○	×	○	○	○
지진 커버 여부	△	○	○	△	△
2013년도 원수 순 보험료(억 엔)	11,482	1,989	847	1,326	655
보험료의 구성비	13.77%	2.39%	1.02%	1.59%	0.78%

종목명	항공보험	기계보험	건설공사보험	동산종합보험
개요	항공기 기체의 물적 피해를 커버	기계의 물적 피해를 커버	건물의 건설 중 및 토목구조물의 건설 중·완성 후의 물적 피해를 커버	동산의 물적 피해를 커버
주요 계약 대상	기업	기업	기업	개인·기업
풍수피해 커버 여부	○	○	○	○
지진 커버 여부	○	△	△	△
2013년도 원수 순 보험료(억 엔)	154	305	423	890
보험료의 구성비	0.18%	0.37%	0.51%	1.07%

○ : 기본 조건으로 커버 △ : 특약으로 커버 × : 커버 안 함

* 원수 순 보험료는 보험연구소의 『인슈어런스 손해보험통계호』에 의함.

표 9-2 화재 공제를 실시하는 조합·단체

공제실시조합	회원단체
농업공동조합	JA공제연(共済連)
어업공동조합	JF공제연(共済連)
생활공동조합	전국 노동자 공제생활 협동조합 연합회(全労災), 대학생 협공제련(協共済連), 전국생협연(全国生協連), 방위성생협(防衛省生協)
사업공동조합	전일본화재공제협동조합연합회(日火連)
농업공제조합	NOSAI(農業共済)전국

자료: 日本共済協会(2014)에서 필자 작성.

2013년도의 화재 공제의 부금(賦金)은 2조 665억 엔이며(日本共済協会, 2014), 〈표 9-1〉에 제시된 손해보험의 보험료 총계보다 크다. 이는 건물이나 가재 등의 물적 피해를 보장하는 시스템하에서, 화재 공제의 역할이 적지 않다는 것을 나타내고 있다.

가계지진보험(이하 '지진보험')이나 생명보험과 같이 개인용 보험에 대해서는 동일본대지진에 의한 손해에 대해, 보험금[10]이 얼마나 지불되었는지가 공개된 보험도 있다. 그러나 기업용 지진보험[11]과 같이 기업이 계약 대상인 보험의 경우 지불보험금의 규모는 공개되지 않았다. 이는 기업이 어떠한 보험에 들고 어느 정도의 보험금을 받았는지는 기업의 생산활동에 관련된 노하우, 즉 기업 비밀에 속하기 때문이다.

본론에서는 개인용 보험뿐 아니라 기업용 보험에 대해서도 동일본대지진에 의한 손해에 대해서 어느 정도의 보험금이 지급되었는가를 파악한다. 그리고 그 지불보험금의 규모가 한신·아와지대지진의 경우와 얼마나 다른지 분석한다. 또한 이를 통해 가계지진보험이라는 감재 및 이재민 구제를 목적으로 하는 공공정책의 평가에 관해 분석해 보자.

10) 손해가 발생한 경우 보험계약에 의거해 보험회사로부터 보험계약자에게 지불되는 급여금.
11) 기업은 가계지진보험에 직접 가입할 수 없기 때문에 이를 대체하기 위해, 즉 기업이 '지진리스크'를 커버하기 위해 직접 가입하는 보험. 구체적으로는 예를 들어, 화재해상에 특약을 추가시킨 것.

기업용 보험에 대한 정보를 수집하는 방법과 각각의 특징은 다음과 같다.

① 기업용 보험 계약자의 앙케트 조사

- 기업이 회답 가능한 내용이 제한적이다.
- 조사에 비용이 많이 든다.
- 회답하는 기업은 전체 기업의 일부이며, 거시적(매크로) 데이터는 얻을 수 없다.

② 전문가 의견 청취

- 전문가가 대답할 수 있는 것도 제한적이다.
- 전문가에 따라 견해가 다를 수 있다.
- 결국 어떤 것이 진실인지 알 수 없다.

③ 스탠더드앤드푸어스(S&P)와 같은 조직(투자등급 평가사나 싱크탱크)의 분석 보고서

- 비공개 정보에 의한 분석이 많으며, 이 정보들이 확실한지의 여부가 의심스럽다.
- 분석 보고서를 입수하기 위해 적지 않은 비용을 부담해야 하는 경우가 있다.

따라서 본론에서는 누구나 입수 가능한 데이터에 의거해 분석을 행하고자 한다. 구체적으로는 보험연구소가 발행하고 있는 ≪인슈어런스(Insurance) 손해보험 통계호≫[12]에 기재되어 있는 데이터에 의존해서 고찰(분석)한다. 물론 이 ≪인슈어런스 손해보험 통계호≫의 데이터를 이용하는 것이 위에 적은 방법을 사용하는 것보다 독자에게 분석 과정을 좀 더 명확히 할 수 있다.

12) 손해보험회사의 기획 부문 등의 실무자가 사용하는 문헌이다. 1960년대 이전부터 계속 발행되고 있으며, 게재된 데이터의 종류도 계속성이 있다. 게재된 데이터를 가공함으로써 다양한 지표 데이터를 만들 수 있다. 대학 도서관에도 비치되어 있는 경우가 많다. 간토 지역에는 손해보험사업총무연구소 내의 도서관에, 간사이에는 일본생명도서관에서 열람할 수 있다.

2. 해외 연계

일본에서 발생한 지진에 의한 손해에 대해 보험금을 지불하는 보험회사는, 일본에서 경영허가를 취득한 보험회사이다. 따라서 보험금 지급이라는 작업이 일본 국내에서 완결될 것이라 생각하기 쉽지만, 개인이나 기업에게 합당한 보험금 지급을 위해서는 해외 보험회사의 존재 또한 불가결하다. 일반적으로 보험회사는 '큰 수의 법칙 또는 대수의 법칙(law of large numbers)'[13]을 사용해, 지불보험금에 관해 예측하고 또한 영업하고 있다. 대수의 법칙은 개개의 사건, 여기서는 보험계약으로 커버되는 사고가 발생할 확률이 독립이지 않으면 이용할 수 없다.

그러나 지진이나 풍수에 의한 피해, 바꿔 말하면 자연재해의 경우 '대수의 법칙'을 이용할 수 없다. 예를 들어 이와테현과 후쿠시마현에 있는 두 건물을 대상으로 한 보험을 하나의 보험회사가 담당한다고 해보자. 2개의 건물의 가격은 둘 다 1000만 엔이라 가정한다. 이 경우 보험금 지급 대상이 되는 사고가 화재뿐이라면, 한꺼번에 두 건물에 대해 보험금을 지불하는 경우가 있을 수 없다. 이와테현의 화재로 후쿠시마현의 건물이 손해를 입는 경우는 없다.

그러나 지진에 의한 손해에 대해 보험금을 지불하는 경우라면, 이와테현의 건물과 후쿠시마현의 건물이 동일 지진에 의해 손해를 받으며, 그 결과 보험회사는 두 건물에 대해 동시에 보험금을 지불해야만 하는 가능성이 생기는 것이다. 즉 화재 리스크만을 커버하는 회사라면 동시에 지불하는 보험금의 최대 액

13) 고카이·하나와(広海孝一·塙善多編, 1997) 연구에 따르면 '대수(大數)의 법칙'은 다음과 같이 정의된다. 주사위를 던져 1이 나올 확률은, 던지는 횟수를 늘리면 늘릴수록 1/6에 가깝게 된다. 즉 어떤 독립적으로 발생하는 현상에 대해, 그것이 대량으로 관측될수록 그 현상이 발생하는 확률이 일정치(평균)에 가까워진다는 것이며, 이를 '큰 수의 법칙'이라고 한다. 개개인에게는 우발적 사고일지라도, 대량으로 관찰됨으로써 그 '발생률'을 전체적으로 예측할 수 있게 된다. 보험료 산정의 기준수치의 하나인 보험사고 '발생률'은 '큰 수의 법칙'에 입각한 통계적 확률이다.

은 1000만 엔임에 비해, 지진 리스크를 커버하는 보험이라면 최대 2000만 엔의 보험료를 동시에 지불할 가능성이 있다는 것이다.

이 사례에서는 건물 수가 2개뿐으로 보험회사가 지진에 의해 지불할 가능성이 있는 보험금의 최대치가 2배이다. 하지만 현실적으로 보험회사가 이 지진 리스크를 커버하는 보험계약을 하는 건물 중, 한 번의 지진이 영향을 미치는 지역에 있는 모든 건물의 가격의 총합을 기준으로 해서 보험회사는 지진 피해에 대한 보험금 지불의 최대액을 예측해야 한다. 보험회사에게 지진 리스크나 풍수피해 등 '자연재해 리스크'는 이렇게 개개의 보험계약에 의한 보험금 지급의 책임이 집적되어[14] 매우 복잡하다.

자연재해에 의한 피해가 보험금 지급의 총액에 미치는 영향을 완화하고 보험회사의 경영을 안정화하기 위한 하나의 방법으로 재보험(再保険) 제도를 들 수 있다[15]. 〈그림 9-1〉은 재보험의 시스템을 나타낸 것이다. 재보험이란 보험회사가 보험계약자로부터 받은 리스크 일부 혹은 전부를 다른 보험회사에게 이전하는 시스템이다.

보험계약자의 리스크를 받는 보험회사를 원수(元受)[16]회사라고 하며, 보험계약자와 보험회사 간의 계약을 원수계약, 보험계약자로부터 원수회사에 지불되는 보험료를 원수보험료, 원수회사로부터 보험계약자에게 지불되는 보험금을 원수보험금이라고 한다. 원수회사의 원수보험금 지급의 리스크를 받는 원수회사 이외의 보험회사를 재보험회사라고 하며, 원수회사와 재보험회사 간 계약을 재보험계약, 원수회사로부터 재보험회사에 지급되는 보험료를 '재(再) 보험료', 재보험회사로부터 원수회사에 지불되는 보험금를 '재보험금'라고 한다.[17] 또한 재보험에 의해 리스크를 내는 것을 출재(出再), 리스크를 받는 것을

14) 보험 실무가는 이러한 리스크를 '집적(集積) 리스크'라고 부른다.

15) 자연재해뿐 아니라 대규모 플랜트 탱커 등의 거대 리스크를 커버하는 보험에 대해서도 보험계약이 보험회사의 보험금 지불의 총액에 큰 영향을 끼치지 않게 하기 위한 재보험이 이용된다. 재보험이라는 시스템 개요에 대해서는 大谷·トーア再保険(2011)를 참조.

16) (옮긴이) 주문한 사람으로부터 직접 일을 도맡는 것.

그림 9-1 재보험의 구조

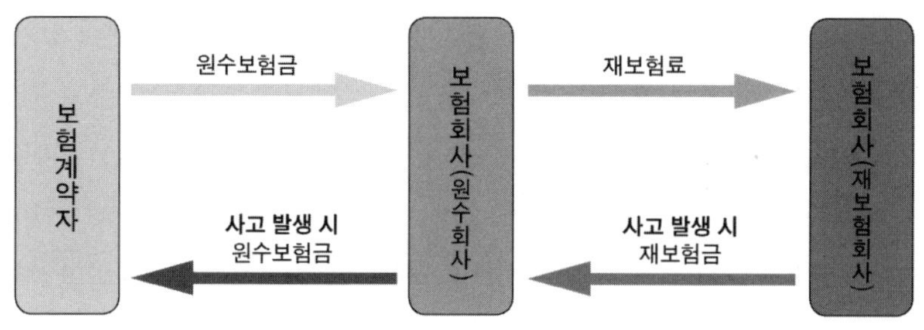

자료: 필자 작성.

'수재(受再)[18]'라고 한다. 구체적으로 보험계약자로부터 받은, 지진이나 풍수 피해 등의 자연재해에 의한 리스크를 출재하여, 자연재해에 의한 손해에 대해 지불되는 순보험금(원수보험금에서 재보험금을 뺀 가격)의 총계를 줄여서, 원수회사는 운영 안정화를 꾀하는 것이다.

여기서 주목해야 할 것은, 자연재해가 초래할 위험은 집적 리스크라는 것이다. 예를 들어 갑이라는 운전사가 일으킨 교통사고의 피해배상 책임을 커버하는 자동차보험이 있다고 하자. 이 보험계약을 일본 국내의 A라는 보험회사가 담당하고 있다고 하자. 이 자동차회사의 보험금액이 100억 엔이고,[19] A가 보험금액이 너무 높다고 생각한 경우, 일본 국내의 B라는 보험회사에게 갑의 자동차보험의 리스크의 일부를 출재하면 된다. 이는 수재하는 B에게도 전혀 문제가 없다. 왜냐하면 B는 갑의 자동차보험의 계약으로 사고가 발생했을 때, 동

17) 하나의 보험회사가 원수회사로서의 역할이나 재보험회사로서의 역할을 동시에 수행할 수 있다는 점에 주목해야 한다. 즉 일본 국내의 많은 보험회사는 국내외 보험 시장에서 재보험회사로서도 기능하고 있다.

18) 옮긴이 '수재보험(Reinsurance Assumed)'이란 재보험을 인수하는 회사 측에서 본 개념으로 혹은 회사의 입장에서 일컫는 재보험을 말한다. 이때 재보험은 보험회사가 위험분산을 위해서 자사에서 인수한 위험의 일부를 보유하고 그 초과분을 다른 보험회사에게 계약에 의해 인수시키는 행위를 가리킨다.

19) 지불 보험금의 한도액.

시에 보험금을 지불해야만 한다는 보험계약을 거의 보유하고 있지 않기 때문이다. 따라서 B는 100억 엔 중 어느 정도를 스스로가 부담할지를 액면가격대로 판단할 수 있다.

그러나 갑이 보유하고 있는 고급 스포츠카의 물적 피해를 커버하는 자동차보험(차량보험)의 경우는 상황이 달라진다. 그 차량보험의 보험금액이 3억 엔이라고 해서, A가 이를 너무 비싸다고 생각해도, 그 리스크를 B에게 간단히 출재할 수 없다. 왜냐면 B도 많은 차량보험의 계약을 보유하고 있어서, 그중에는 하나의 태풍에 의해 갑의 고급 스포츠카를 커버하는 차량보험과 동시에 보험금을 지불해야만 하는 것이 존재할 수도 있기 때문이다. 즉 B는 수재의 가부를 3억 엔이라는 보험금액만으로 판단할 수 없다.

자연재해와 같은 집적 리스크의 경우, 지리적으로 가까운 장소에서 영업활동을 하는 보험회사는 재보험회사로서 기능하기 힘들다. 따라서 일본의 자연재해 리스크를 수재하는 재보험회사는 사실상 해외의 보험회사에 한정되는 것이다. 바꿔 말하면 풍파 피해나 지진과 같은 자연재해에 의해 피해를 입고, 그 피해에 대한 보험금을 받는 사람은 누구나 해외 재보험 시장에 의존하고 있다[20)]는 뜻이 된다. 따라서 동일본대지진이라는 자연재해와 보험에 대해 논한다면, 반드시 재보험에 대해서도 살펴봐야 하는 것이다.

2013년도 일본 원수회사의 가계지진보험과 자배책보험(自賠責保険)을 제외한 원수보험료[21)]의 합계는 7조 1893억 엔이며, 그중 9527억 엔이 출재되었으며, 출재율[22)]은 13.25%이다.[23)] 자연재해에 의한 집적 리스크를 커버하는 화

20) 가계지진보험에 관해서는 정부가 재보험회사의 역할을 다하고 있기 때문에, 해외 재보험회사에 의존하지는 않는다.

21) 원수보험료란 원수보험계약 보험료이다. 가계지진보험과 자배책보험은 공공정책 도구로서의 보험이며, 그 정책목표를 달성하기 위해 원수보험료에서 차지하는 출재보험료의 비율이 매우 높기 때문에 제외했다.

22) 원수보험료에서 차지하는 출재보험료의 비율.

23) 保険研究所,『インシュアランス損害保険統計号』의 자료. 이하의 2013년도 숫자도 동일.

재보험[24]의 일본의 원수회사의 2013년도 출재율은 30.52%임에 반해, 자연재해에 의한 집적 리스크를 커버하지 않는 손해배상책임보험[25]의 출재율은 11.71%이다. 즉 보험의 출재율에는 보험이 자연재해에 대해 보험금을 지불하는가의 여부가 크게 영향을 미치고 있음을 알 수 있다.[26]

3. 지불된 보험금의 액수

공개된 데이터가 존재하지 않는 보험의 경우 위에서 서술한 대로『인슈어런스 손해보험 통계호』의 데이터를 이용해 지불보험금을 추정한다. 구체적으로는 시계열적으로 각 보험 종목[27]의 손해율[28]을 계산하고, 그 손해율이 동일본대지진이 발생한 2011년도에 크게 증가했는가의 여부를 조사했다. 크게 증가한 보험종목에 대해서는 2010년도에 지불된 보험금과 2011년도에 지불된 보험금의 차액이 동일본대지진에 의한 손해에 대해 지불된 보험금(이하 지진보험금)이라고 간주했다.[29]

〈그림 9-2〉는 지진보험금을 손해보험과 생명보험으로 나누어 나타낸 것이

24) 건물 화재에 의한 피해뿐 아니라 태풍 등의 풍수피해에 의한 손해에 대해서도 보험료를 지불하는 보험. 또한 기업용 지진보험은 화재보험에 특약을 추가해서 지진에 의한 피해에 대해서도 보험료를 지불하도록 한 것이다.

25) 보험계약자인 개인이나 기업이 제3자에 손해를 끼쳤을 때, 불법행위법상의 책임에 대해 보험료를 지불하는 보험. 따라서 자연재해에 의한 집적 리스크는 거의 없다.

26) 해외 재보험회사로의 출재와 일본 국내 보험회사로의 출재를 분리하는 것은 곤란하기 때문에, 여기서의 출재율은 일본 국내 보험회사로의 출재도 포함하고 있다.

27) 구체적으로는 지진 리스크를 커버할 수 있는 다음의 보험에 대해서 이 작업을 행했다. 화재보험, 선박보험, 적하보험, 운송보험, 상해보험, 항공보험, 기계보험, 건설공사보험, 동산총합보험.

28) 계약자에게 지불된 보험금(A)이 보험회사가 계약자로부터 받은 보험료(B)에서 차지하는 비율을 뜻한다. 즉 A/B×100%

29) 원시적 방법으로 보일지 모르나, 필자뿐 아니라 본 논문 작성에 조언을 얻은 복수의 실무가도 이 방법이 유효하다는 인식을 공유하고 있다.

그림 9-2 동일본대지진으로 지불된 보험금[단위 조 엔(兆円)]

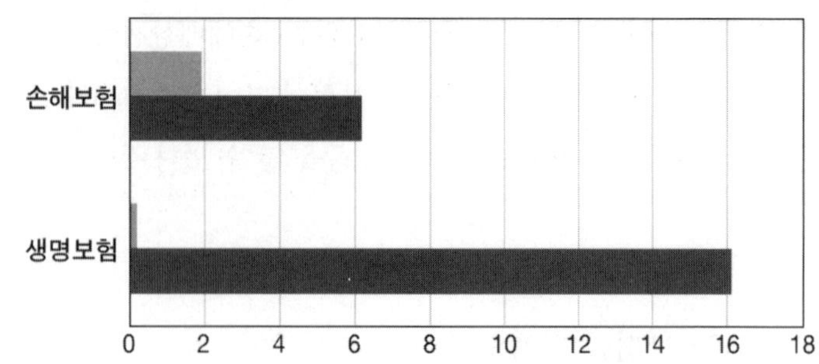

	생명보험	손해보험
■ 지진(震災) 보험금	0.16	1.90
■ 2011년 지불 보험금	16.08	6.17

자료: 필자 작성.

다. 여기에 공제는 포함되지 않았다. 생명보험의 지진보험금은 2011년도에 지불된 보험금 중 단 1.02%에 지나지 않는다.[30] 그러나 손해보험의 지진보험금은 2011년도에 지불된 보험금의 30.72%를 차지한다. 즉 동일본대지진이 손해보험의 경영에 큰 영향을 끼친 것을 알 수 있다.

〈그림 9-3〉은 공제로 지불된 공제금[31]과 손해보험으로 지불된 보험금[32]의 내역을 나타낸 것이다. 손해보험, 생명보험, 공제로 지불된 보험금·공제금의 합계는 3조 1435억 엔이다. 그중 손해보험의 보험금과 화재 공제의 공제금은 복구비에 대응해 지불된 것[33]이라 할 수 있으며, 총합은 2조 9183억 엔이다.

30) 생명보험의 보험금은 棚瀬裕明(2012)로부터 참조. 생명보험의 2011년도 지불보험금은 保険研究所『インシュアランス損害保険統計号』 참조.

31) 아래 표의 공제에서 지불된 공제금 합계이다.

공제명	의거한 문헌 등	공제명
JA공제	와카마쓰(若松, 2012)	JF공제
전노재(全労災)	『전노재FACT BOOK 2013』	전국생협연합

32) 가계지진보험의 보험금은 栗山泰史(2012)의 자료. 그 외의 손해보험은 保険研究所, 『インシュアランス損害保険統計号』의 데이터를 기반으로 한 추정치.

그림 9-3 동일본대지진 보험금의 지불 내역[단위 억 엔(億円)]

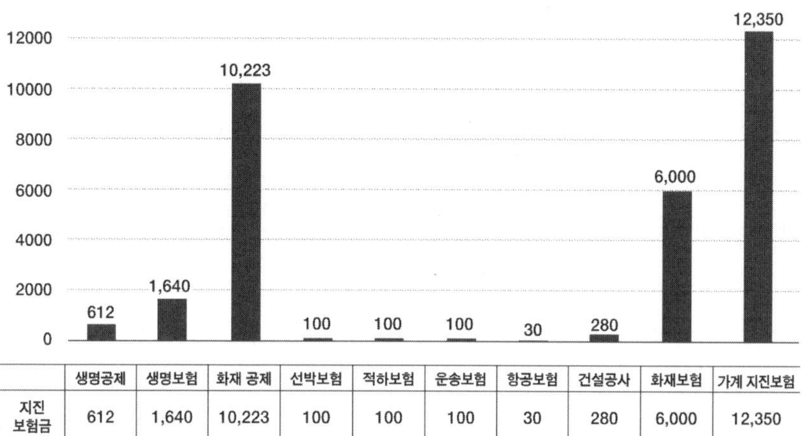

	생명공제	생명보험	화재 공제	선박보험	적하보험	운송보험	항공보험	건설공사	화재보험	가계 지진보험
지진 보험금	612	1,640	10,223	100	100	100	30	280	6,000	12,350

자료: 필자 작성.

이시이(石井隆, 2013)의 분석에 의하면 동일본대지진에 의한 피해에 대해 총 3.1조 엔의 보험금·공제금이 지불되었다고 한다. 집계 대상으로 한 보험·공제의 종목, 집계의 시간, 방법이 다르기 때문에 본 논문의 예상 수치와는 약간 차이가 있지만 총계로서는 대략 같은 수준의 금액을 나타내고 있다. 또한 이시이(石井隆)는 복구비에 대응하여 지불된 보험금·공제금의 합계액을 2.9조 엔으로 보고 있는데, 이는 본 논문에서 제시하는 액수(2조 9183)와 대략 비슷한 수준이다. 따라서 동일본대지진에 의한 총피해액과 이에 대해 지불된 보험금·공제금(2.9조 엔에 상당하는 금액)에 관한, '보수적으로 추측한 경제 피해액인 16.9조 엔에 비해서도 15%밖에 되지 않으며, 나머지 피해액인 85%는 피해를 입은 가계나 기업이 자조 노력으로 피해를 보전할 필요가 있다(石井隆, 2013: 32)라는 평가, 즉 보험은 지진으로부터의 부흥에 커다란 역할을 하지 못하고 있다는 평가는 정확하다고 할 수 있다.

33) 생명보험의 보험금, 생명공제의 공제금은 사람의 생사에 의거해 지불되며, 손해나 재해로부터의 복구비와 관계가 반드시 존재한다고 볼 수는 없다.

본 논문의 분석을 통해 새롭게 밝혀낸 결론(사실)은 건설공사보험, 항공보험, 운송보험, 적하(積荷)보험, 선박 보험이라고 하는 기업을 계약 대상으로 하는 보험은 재해보험금이 지불될 가능성이 높다는 것이다. 본 논문과 같은 방법론을 도입해서 1995년 한신·아와지대지진에 대해서 분석해 보면, 위와 같은 보험을 통해 보험금이 지불되었을 가능성은 매우 낮다는 것을 알 수 있다. 이러한 보험뿐 아니라 기업용 지진보험의 경우에도 한신·아와지대지진 발생 당시 고액의 보험금이 지불되었을 가능성은 적다.

이는 한신·아와지대지진에 비해 동일본대지진이 좀 더 넓은 피해를 입었다는 점도 영향을 미쳤을 것으로 해석할 수 있다. 한편 한신·아와지대지진 이후 기업이 지진 리스크를 커버하는 보험을 많이 가입했다는 점도 '피해 범위' 이상으로 더 크게 영향을 미쳤을 것이라 생각된다.

4. 희생자 수와 보험금의 관계

보험에는 보험료가 보험으로 커버될 '리스크'에 적절히 대응하는 것과 그렇지 않은 것이 존재한다. 전자는 민간 보험회사가 영리목적으로 판매하는 '사보험[34]'이며 보험계약자가 자조 목적으로 구매한다고 할 수 있다. 이 종류의 보험은 보험금이 리스크와 연결되는 정도가 높기 때문에 보험료의 높고 낮음이 보험계약자의 방재·피해 감소 활동을 촉진시키며, 결과적으로 회사 전체의 경제효율성을 높인다.[35] 따라서 '시장주의형 보험'이라고 할 수 있다.

34) (옮긴이) 사보험은 민간보험 즉 사회보험이나 공보험과 반대되는 개념이다. 사보험은 자발적 가입이 원칙으로 개인 희망과 개인 지불능력에 따라 더 많은 양의 보호를 받을 수 있으며 사보험 급여를 제공하는 근거는 계약에 있다. 이기수·최병규·김인현, 『보험·해상법』(박영사, 2008) 참조.

35) 낭비 없는 방재 및 피해감소 비용이 포함되어서, 마이너스 편익으로서의 리스크 또한 고려한, 사회 전체의 편익이 최대화된다는 것이다.

높은 리스크에 직면해 있는 사람이라고 해도 높은 보험료를 낼 경우 누구나 시장주의형 보험을 구입할 수 있다. 그러나 자신이 태어난 지역 특성[36]이나 유전적 자질[37]에 의해, 높은 리스크에 직면해 있는 사람도 사회에는 존재한다. 자신이 태어난 장소나 유전적 자질은 본인이 컨트롤할 수 없는 것이다. 이러한 사람들이 높은 보험료를 부담하지 않고, 보험에 가입해서 리스크를 나누려는 사고에 의거한 보험이 '상부상조형 보험'이다. 이 상부상조형 보험에는 사회보험[38] 등의 공공보험[39]이 해당한다.

지금까지의 분석은 시장주의형 보험의 시점, 바꿔 말하면 보험업계의 시장 분석적인 관점에서 논했다. 지금부터는 상부상조형 보험의 시점, 즉 공공정책 일환으로 도구 역할의 보험, 다른 표현으로는 이재민 구제책의 시점에서 분석을 하고자 한다. 이재민 구제책의 시점에서 분석하기 위해, 희생자 수라는 새로운 변수를 도입한다. 〈표 9-3〉, 〈표 9-4〉는 스위스재보험(Swiss Re)[40]이 매년 발행하는 ≪시그마(sigma)≫에 게재된 랭킹표를 번역해 금액을 엔으로 환산[41]한 것이다. 이 표의 '보험손해액'이란 화재보험·지진보험 등 재물의 물적 피해를 커버하는 보험의 지급보험금의 액수(A)를 물가표준의 변동(B)에 따라 조정한 것이다. 물적피해를 커버하는 보험의 보험금이 이재민·희생자의 구제에 직결되는가 여부는 의문이 존재한다. 하지만 재해에 관해 보험이라는 시스템이

36) 지진 다발지역이나 태풍 등의 열대저기압이 방문하는 빈도가 높은 지역에 사는 사람과 그렇지 않은 지역에 사는 사람이 직면하는 리스크는 당연히 크게 차이 난다.

37) 태어날 때부터 약한 사람도 많고, 그렇지 않은 사람도 많다. 이러한 사람들이 직면하는 질병 리스크는 당연히 크게 차이 난다.

38) 국민건강보험 등의 의료보험, 요양보험, 연금보험, 고용보험 등이 있다. 강제가입 보험이며, 보험으로 커버되는 리스크에 대해 보험료가 변동되지 않는다.

39) (옮긴이) 공공정책 도구로써 사용되는 보험. 사회보험도 공공보험의 하나이다. 민간 보험회사가 판매하는 보험이라고는 해도, 공공보험에 포함되는 것이 있다('자배책보험'이나 '원자력보험' 등). '자배책보험'은 재난이나 재해로 인한 이재민의 손해에 대한 배상을 보장하기 위하여 그 보험가입이 강제되는 보험.

40) 세계 제2위의 재보험회사.

41) 당시 환율기준 U.S. 달러 = 106.85엔

표 9-3 1970-2014년 희생자 수 상위 40(단위환율: US$=106.85엔)

순위	희생자 수	보험손해액 (억 엔)	발생개시일	사고 개요	국가
1	300,000	-	1970-11-14	풍수피해	방글라데시, 벵갈만
2	255,000	-	1976-07-28	지진 (M7.5)	중국
3	222,570	116	2010-01-12	지진 (Mw7.0)	아이티
4	220,000	2,678	2004-12-26	인도양 해진 (Mw9) 거대 쓰나미	인도네시아, 타이 등
5	138,300	-	2008-05-02	열대성사이클론·나르기스, 이와라지·델타가홍수	미얀마, 벵갈만
6	138,000	4	1991-04-29	열대성사이클론·고르키	방글라데시
7	87,449	431	2008-05-12	사천성 지진 (Mw7.9), 여진	중국
8	74,310	-	2005-10-08	지진 (Mw7.6), 여진, 산사태	파키스탄, 인도, 아프가니스탄
9	66,000	-	1970-05-31	지진 (M7.7), 암석 붕괴	페루
10	55,630	-	2010-06-15	러시아 열파(熱波)	러시아
11	40,000	222	1990-06-21	지진 (M7.7), 산사태	이란
12	35,000	1,733	2003-06-01	구주지역 열파(熱波)와 가뭄	스페인, 이탈리아, 독일 등
13	26,271	-	2003-12-26	지진(M6.5), 벰 지역의 85%가 붕괴	이란
14	25,000	-	1988-12-07	지진(M6.9)	아르메니아, 구 소련
15	25,000	-	1978-09-16	타바스 지진 (M7.7)	이란
16	23,000	-	1985-11-13	네바도델루이스산 화산 폭발	콜롬비아
17	22,084	333	1976-02-04	지진 (M7.5)	과테말라
18	19,737	143	2001-01-26	구자라트 지진 (Mw7.6)	인도, 파키스탄, 네팔 등
19	19,118	1,518	1999-08-17	이즈미트 지진 (M7.0)	터키
20	19,184	39,351	2011-03-11	지진 (Mw9.0)및 쓰나미(동일본 대지진)	일본
21	15,000	152	1999-10-29	오리사주를 파괴한 사이클론 05B	인도, 방글라데시
22	14,204	-	1977-11-20	안드라 프라데시주 사이클론	인도
23	11,069	-	1985-05-25	벵갈만 열대성 사이클론	방글라데시
24	10,800	-	1971-10-26	벵갈만 및 오리사 주 홍수	인도

25	10,000	334	1999-12-12	홍수, 이류(泥流), 산사태	베네수엘라, 콜롬비아
26	9,500	1,112	1985-09-19	지진 (M8.1)	멕시코
27	9,475	-	1993-09-30	마하라슈트라 주 지진 (M6.4)	인도
28	9,000	776	1998-10-22	중미 허리케인 미치	온두라스, 니카라과 등
29	8,135	553	2013-11-08	태풍 하이얀	필리핀, 베트남
30	7,079	-	1976-08-17	지진 (Mw7.9) 및 쓰나미(@모로 만)	필리핀
31	6,425	4,102	1995-01-17	한신 이와이 대지진 (M7.2)	일본
32	6,304	-	1991-11-05	태풍 테르마 및 유린	필리핀
33	6,000	-	1984-12-02	보팔 화학공장 사고	인도
34	6,000	-	1976-06-01	열파, 가뭄	프랑스
35	5,749	50	2006-05-27	지진 (M6.3), 반자르가 거의 전파(全破)	인도네시아
36	5,748	543	2013-06-14	몬순에 의한 호우가 원인이 된 홍수	인도
37	5,422	-	1976-06-25	지진 (M7.1)	파푸아뉴기니, 인도네시아 등
38	5,374	-	1972-04-10	파즈 지방의 지진 (M6.9)	이란
39	5,300	-	1974-12-28	지진 (M6.3)	파키스탄
40	5,000	-	1972-12-23	지진 (M6.2)	이란

(주) 보험손해액이란 재물손해와 이에 동반한 이익의 손해에 대해 지불된 보험료 금액이며, 책임보험, 손해보험의 보험금은 포함하지 않는다.

자료: Swiss Re(2015) 자료를 참고하여 필자가 작성.

얼마나 대응·기능하고 있는가를 판단하기 위한 하나의 지표로서는 활용할 수 있다.

〈표 9-3〉은 1970~2014년에 발생한 피해의 희생자 수 순위이다. 개발도상국에서 발생한 자연재해는 대부분 많은 희생자가 피해를 입은 것을 알 수 있다. 순위에 오른 사회적 재해(人災)는 33위인 인도의 보팔에서 일어난 화학공장 사고[42]뿐이다. 일본의 재해로는 20위의 '동일본대지진', 31위의 '한신·아와지대

42) 화학공업 폭발사고에 의해 공장 주위가 유해물질로 오염된 사고.

표 9-4 1970년~2014년 고액보험손해 상위 40(단위 환율: US$=106.85엔)

순위	보험손해액 (억 엔)	희생자 수	발생일	사고개요	국가
1	84,025	1,836	2005-08-25	허리케인 카트리나, 홍수, 댐 파괴, 석유굴삭장치 피해	미국, 멕시코만, 버하마 제도, 북대서양
2	39,351	18,520	2011-03-11	지진(Mw9.0) 및 쓰나미 (동일본 대지진)	일본
3	38,550	237	2012-10-24	허리케인 샌디	미국
4	27,594	43	1992-08-23	허리케인 앤드류, 홍수	미국, 버하마제도
5	26,824	2,982	2001-09-11	세계무역센터빌딩, 국방성 및 기타 건물에 대한 테러공격	미국
6	23,886	61	1994-01-17	노스릿지 지진(M6.6)	미국
7	23,783	136	2008-09-06	허리케인 아이크, 홍수, 연안부 피해	미국, 카리브해 제국, 멕시코 만 등
8	17,989	181	2011-02-22	지진(Mw6.3)	뉴질랜드
9	17,264	119	2004-09-02	허리케인 아이번, 석유굴삭장비에 피해	미국, 카리브해 제국, 바베이도스 등
10	16,864	815	2011-07-27	몬순을 동반한 홍수	태국
11	16,278	35	2005-10-19	허리케인 빌마, 홍수	미국, 멕시코, 자메이카, 아이티 등
12	13,078	34	2005-09-20	허리케인 리타, 홍수, 석유굴삭장비 피해	미국, 맥시코만, 쿠바
13	12,116	123	2012-07-15	옥수수산지를 덮친 가뭄	미국
14	10,778	24	2004-08-11	허리케인 Charley, 홍수	미국, 쿠바, 자메이카 등
15	10,485	51	1991-09-27	태풍 19호 미레이유	일본
16	9,328	71	1989-09-15	허리케인 휴고	미국, 푸에르토리코
17	9,277	562	2010-02-27	지진(Mw8.8), 쓰나미 발생	칠레
18	9,035	95	1990-01-25	겨울 태풍 다리아	프랑스, 영국, 벨기에, 네덜란드
19	8,806	110	1999-12-25	겨울 태풍 로터	스위스, 영국, 프랑스 등
20	8,207	321	2011-04-22	태풍, 343회의 회오리	미국
21	7,926	177	2011-05-20	태풍, 180회의 회오리	미국
22	7,436	54	2007-01-18	겨울 태풍 큐릴, 홍수	독일, 영국, 네덜란드, 벨기에 등

23	6,898	22	1987-10-15	구주지역 폭풍과 홍수	프랑스, 영국, 네덜란드
24	6,891	38	2004-08-26	허리케인 프란시스	미국, 바하마 제도
25	6,554	50	2011-08-22	허리케인 아이린에 의한 홍수	미국
26	6,176	64	1990-02-25	겨울 태풍 비비안	유럽 지역
27	6,133	26	1999-09-22	태풍 18호 버트	일본
28	5,798	-	2010-09-04	지진(Mw7.0) 및 300회 이상의 여진	뉴질랜드
29	5,476	600	1998-09-20	허리케인 조지, 홍수	미국, 카리브해 제국
30	5,148	41	2001-06-05	열대성 폭풍우 앨리슨, 홍수	미국
31	5,091	3,034	2004-09-13	허리케인 진, 홍수, 산사태	미국, 카리브해 제국, 아이티
32	4,800	45	2004-09-06	태풍 18호 송터	일본, 한국
33	4,488	25	2013-05-27	홍수	독일, 체코
34	4,405	51	2003-05-02	뇌우, 회오리, 홍수	미국
35	4,285	70	1999-09-10	허리케인 프로이드, 홍수	미국, 바하마 제도, 콜롬비아
36	4,166	-	2013-07-27	우박	독일, 프랑스
37	4,148	59	1995-10-01	허리케인 오팔, 홍수	미국, 멕시코, 멕시코만
38	4,102	6,425	1995-01-17	한신·아와지대지진(M7.2) 고베	일본
39	3,741	25	2009-01-24	겨울 폭풍 클라우스	프랑스, 스페인
40	3,644	45	1999-12-27	겨울 폭풍 마틴	스페인, 프랑스, 스위스

주: 보험손해액이란 재물손해와 이에 동반한 이익의 손해에 대해 지불된 보험료 금액이며, 책임보험, 손해보험의 보험금은 포함하지 않는다.

자료: Swiss Re(2015)로 필자가 작성.

지진'이 순위에 올랐다.

〈표 9-4〉는 1970~2014년에 발생한 재해 보험피해액 순위이다. 보험손해액이 많은 재해로는 유럽이나 미국 등 선진국에서 발생한 자연재해가 이에 해당된다. 사회적 재해는 미국의 9·11 동시다발 테러가 유일하다. 일본의 재해는 2위 동일본대지진, 15위 1991년의 태풍 19호, 27위 1999년의 태풍 18호, 32위 2004년의 태풍 18호, 38위에 한신·아와지대지진이 순위에 올랐다. 이상의 통

계분석을 통해 다음과 같은 사실을 알 수 있다.

① 보험손해액이 큰 재해의 희생자 수는 많지 않다.
② 희생자 수가 많은 재해의 보험손해는 많지 않다.
③ 자연재해는 희생자 수 혹은 보험손해액이 많다고 할 수 있는데, 둘 다 많은 경우는 거의 없다.
④ 일본의 자연재해는 보험손해 및 희생자 수가 동시에 많다는 점에서 세계적으로 흔치 않은 경우이다.

위의 ①번에서 나타나듯, 선진국에서는 보험계약자의 소득수준이 높기 때문에, 리스크에 대응하는 시장주의자의 보험의 보험료를 부담 가능하며, 그 결과 많은 보험을 구입했기 때문에(보험 빈도가 높기 때문에) 자연재해 시에 고액의 보험금을 지급받았을 것이라 추측 가능하다.

②번의 경우, 자연재해 다발지역(대부분의 경우는 개발도상국)에서는 시장주의형 보험의 보험료는 고액이기 때문에 거의 구매되지 않고 희생자 수가 많은 자연재해가 발생해도 지급보험금은 많지 않으며, 그 결과 부흥이 늦어져 경제 자체가 정체되어 버린다(그 결과 사람들의 소득수준이 개선되지 않으며, 누구도 보험료를 부담할 수 없다는 악순환에 빠진다)고 예측할 수 있다.[43]

다음의 ④번의 경우 이러한 상황이 발생한 것은 일본의 가계지진보험이 존재하기 때문이라고 할 수 있다. 일본의 재해 중 희생자 수가 많은 것은 지진이며, 지진이 발생한 경우 많은 보험금을 지불하고 있는 것이 가계지진보험이기 때문이다. 다음 절에서는 가계지진보험의 평가를 제2절에서 논한 해외와의 관

43) 2013년 11월 27일의 ≪보험매일신문(保険毎日新聞)≫ 기사에 따르면, 세계 1위의 재보험 회사인 뮌헨재보험사는 회사의 조사, 연구 결과로부터 자연재해에 대한 높은 보험밀도는 긍정적인 경제효과를 낳는다고 발표하고 있다. 무엇보다 뮌헨재보험은, 본 논문에서 말하는 상부상조형 보험이 아니라 시장주의형 보험이 보험료의 고저에 의해 방재·피해 감소 활동을 촉진하기 때문에 바람직하다 할 수 있다.

계라는 시점, 즉 재보험의 시점에서 행하고자 한다.

5. 가계지진보험의 해외 연관성

가계지진보험은 민간 보험회사가 판매하고 있기 때문에 시장주의형 보험이라고 할 수 있다. 그러나 지진보험의 경우 정부가 재보험회사의 역할을 다함으로써 지진보험의 보급을 꾀하고, 그 결과 지진 등에 의한 이재민의 생활 안정에 기여하는 것이 지진보험제도의 목적이라고 할 수 있다.[44] 즉 지진보험은 공공정책의 도구로서 활용되는 공공보험이기도 하기 때문이다.

일반적으로 개인을 계약 대상으로 하는 공공보험의 보험료는 그 보험으로 커버되는 리스크를 적절히 반영하지 못하고, 상부상조형 보험의 성격이 강하다. 보험회사 중 보험으로 커버되는 리스크를 보험료가 적절히 반영하도록 제도 설계가 된 것은 산재보험(労災保険)뿐이며, 산재보험은 기업을 계약 대상으로 하는 보험이다. 그 외의 사회보험은 개인을 계약자로 하는 보험이며, 보험으로 커버되는 리스크를 보험료에 반영하지 않도록 되어 있다. 또한 자배책보험[45]은 개인을 계약 대상으로 하는 공공보험이라 할 수 있는데, 단순한 시장주의형 보험인 임의의 자동차보험[46]과 비교하자면, 보험료가 리스크를 반영하는 정도가 적으며, 상부상조형 보험의 성향(측면)을 가지고 있다.

즉 가계지진보험도 개인을 계약 대상으로 하는 공공보험이기 때문에 상부상조형 보험의 성격을 가진다고 할 수 있다. 가계지진보험은 정부가 재보험회사로 기능하고 있어 제2절에서 논했던 해외와 관계는 없다. 즉 '쇄국' 상태인

44) 지진보험에 관한 법률 제1조(목적)에 규정 되어 있는 내용.

45) 자배책보험이란 운전자 등의 자동차를 운행하는 사람이 준비해야 하는 강제 보험. 이 보험은 운전자 등이 일으킨 교통사고의 이재민 피해를 커버하는 책임보험의 한 종류이다.

46) 자동차에 의한 사고를 종합적으로 커버하는 의무보험이다. 자동차 보험 중 책임보험에 해당하는 커버는 자배책보험에 추가된다.

그림 9-4 화재보험의 출재율

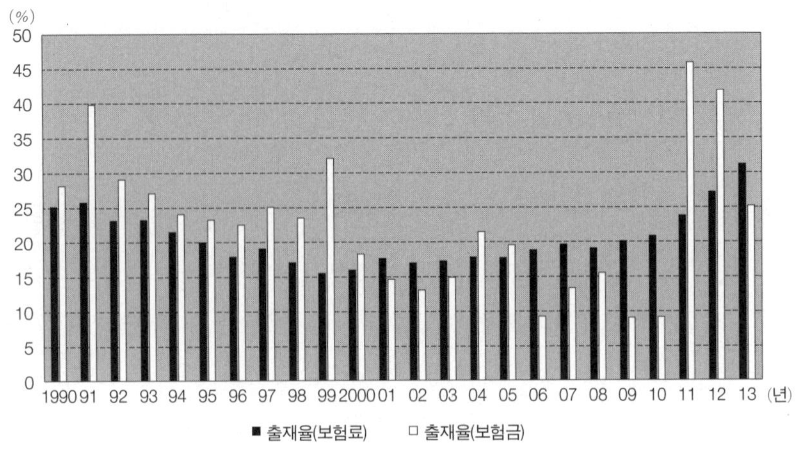

자료: 『インシュアランス損害保険統計号』를 참고하여 필자 작성.

것이다. 민간의 재보험회사는 단기적 보험의 수입 균형을 추구하는 데 반해, 정부는 좀 더 장기적인 보험 수지의 균형을 목표로 할 수 있기 때문이다.[47] 1966년에 가계지진보험이 판매되기 시작하고 50년이 경과했는데, 손해율이 25%를 넘어선 것은 1994년과 2011년, 즉 한신·아와지대지진과 동일본대지진뿐이다. 50년에 2회 밖에 발생하지 않는 대지진을 감안해서 보험의 수지균형을 취한다는 장기적 제도운영에 민간의 재보험회사를 관여시키는 것은 불가능하다는 것이다.

혹시 가계지진보험의 재보험을 민간의 재보험회사가 담당한다면, 대지진 후에 단기적 수지 균형을 확보하기 위해 재보험료 인상을 요구할 것은 분명하며, 그 결과 가계지진보험의 보험료가 인상될 것이라는 점이다. 실제로 동일본대지진 이후 기업용 지진보험은 2012년에 보험료가 인상되었다.[48]

〈그림 9-4〉은 기업용 지진보험을 포함한 화재보험의 출자율을 시계열 순으

47) 損害保険料率算出機構(2014)의 제2장 제3절 참조.

48) 2014년 5월 6일 ≪日本経済新聞≫ 기사.

표 9-5 가계지진보험의 성적(단위: 억 엔)

	보험료	보험금	손해율	수지
민간 보험회사	19,152	9,231	48.2%	9,921
정부	10,598	5,360	50.6%	5,238
합계	29,750	14,591	49.0%	15,159

주: 수지 잔액은 보험료에서 보험금을 공제한 금액이다.
자료: 『インシュアランス損害保険統計号』 참고하여 필자 작성.

로 나타낸 것이다.[49] 이 표에서 2011년, 2012년도 보험료의 출재율이 크게 상승했다는 것을 알 수 있다. 이는 지진으로 지불한 보험료에 대해, 고액의 재보험료가 재보험회사로부터 원수회사에 지불되었다는 것을 나타낸다. 또한 2012년, 2013년도 보험료의 출재율이 크게 상승했다는 것도 알 수 있다. 이는 재보험료가 증가했다는 것을 나타낸다.[50] 즉 2012년도 기업용 지진보험의 보험료 인상의 원인 중 하나는 재보험료의 상승에 있다고 할 수 있다.

가계지진보험의 경우, 이러한 성급한 보험료 변동을 피하기 위해 해외(국제요인) 연관성을 차단한 '쇄국' 상태에 있었다고 할 수 있다. 이후 가계지진보험도 '지진원(震源) 이론(모델)'의 재검토를 행하여, 2014년 7월에 보험료를 인상했는데[51] 보험료의 변동이 개국(開国)되어 있는, 즉 재보험을 해외의 재보험회사에 의존하는 기업용 지진보험보다는 훨씬 늦은 것이다. 이에 따르면 동일본대지진을 계기로 가계지진보험에 관해서는 쇄국이 오히려 유리했다는 점을 실증하고 있다고 해석된다.

또한 지진 리스크를 커버하는 보험의 보험료 산출 방식에 대해서 해외의 '민간 재보험회사'와 정부 사이의 관점에 따라 가계지진보험의 보험료가 오히려

49) 保険研究所, 『インシュアランス損害保険統計号』,의 데이터를 참고로 작성했다.
50) 이러한 보험금, 보험료의 출재율 변동(1994년 기준)은 한신·아와지대지진(1995년)에서는 관찰되지 않았다는 점에 주목해야 한다.
51) 상세한 것은 損害保険料率算出機構(2014)의 제2장 제4절 4.23을 참조.

저렴해졌다는 주장도 있다.[52] 바꿔 말하자면, 가계지진보험은 쇄국을 하고 있기 때문에 저렴한 보험료로 지진을 커버할 수 있다는 것이다. 이는 가계지진보험을 상부상조형 보험으로 가정해 볼 때, 쇄국에 의한 메리트라고 할 수 있다.

1966년부터 2013년까지 48년간 가계지진보험의 성적은 〈표 9-5〉와 같다.[53] 해외 재보험 시장의 보험료와 비교하자면 보험료가 저렴하다고 할 수도 있지만, 민간 보험회사·정부 모두 손실을 보고 있지는 않다고 추정(해석) 가능하다.

6. 자연재해 피해 시 보험의 중요성

지금까지 살펴보았듯이, 동일본대지진의 경우 손해에 대해 고액의 보험금·공제금이 지불되었다. 분명 기업에 지불된 보험금은 이 기업들의 활동량에 비하면 많지는 않을 수 있다. 그러나 개인에게는 지불된 보험금·공제금이 재해 부흥에 중요한 역할을 수행했다고 평가할 수 있다. 예를 들면 모리(森隆, 2014)는 '지진보험은 한줌의 햇빛'이라는 이재민의 코멘트를 기록하고 있다. 보험금·공제금은 개인의 건물·가계의 부흥뿐 아니라 이재민의 당면 생활을 유지하기 위해·소중한 것이다.

그렇다면 이재민, 특히 개인으로서의 이재민에게 보험이 주효하기 위해 무엇이 필요한가를 점검해 보고자 한다. 동일본대지진에 의한 피해 보험금이 2011~2013년에 걸쳐 지불된 '건설공사보험의 손해율'에 주목하자면, 이 보험은 건물 등의 구조물의 건설 중 물적 피해를 커버하는 보험으로, 복구비를 보전하는 것이다. 즉 복구 방법이나 비용 등이 어느 정도 쌓이지 않으면 보험금

52) 상세한 것은 石井隆(2013) 제5장 2(2)를 참조할 것. 일본(정부나 일본의 원수회사), 해외(재보험회사) 중 한쪽이 틀렸고 다른 쪽이 맞았다고 주장하는 것은 아니다. 양쪽 다 나름대로 정당한 주장의 근거(이유)를 제시하고 있다.

53) 保険研究所, 『インシュアランス損害保険統計号』의 데이터를 가공한 것.

을 지불할 수 없는 경우가 있기 때문에, 보험금 지불의 타이밍이 늦어진 것이라 상정할 수 있다. 이 보험은 기업을 계약 대상으로 한 보험이기 때문에, 이정도의 지연은 용인되는 것일지도 모른다.

그러나 자금 운용이 힘든 개인을 계약 대상으로 한 보험이라면, 보험금 지불이 늦어지면 늦어질수록 보험의 중요성이 심각하게 손상된다. 가계지진보험은 이재민에게 신속히 보험금을 지불할 수 있도록 손해사정[54] 방식을 간소화하고 있다. 그 결과 동일본대지진 발생 후 약 3개월 간 1조 엔을 넘는 보험금이 지불되었다. 손해사정의 간소화는 가계지진보험의 긴 역사 속에서 쌓여온 것[55]이며, 그 필요성이 동일본대지진에서 증명된 것이라고 할 수 있다.

가계지진보험은 임의가입 보험이다. 임의가입 보험이 자연재해 시 중요한 역할을 다하기 위해서는 애초에 가입 가능한 수준의 보험료여야만 한다. 다만 동일본대지진 이후 가계지진보험의 보험료에 관해서는 3·11 이후 리스크를 보다 더 적절히 반영해야 한다. 또한 보험계약자의 방재·감재 의식을 높여야 한다는 주장도 있다(恩藏美穂, 2012 등). 이는 가계지진보험의 제도로서 계속성을 높이기 위해 필요하다는 것은 부정하기 힘드나, 이를 위해 '이재민 구제제도'에 관한 한 그 성격이 약화된다는 것을 무시해서는 안 된다. 즉 상부상조형 보험성 기능이 손상된다는 점을 잊어서는 안 된다.

일본의 교통사고 이재민 구제는 '자배책보험'과 자동차보험의 두 층의 보험으로 시행되고 있다고 할 수 있다. 앞에서 분석한 바와 같이, '자배책보험'의 보험료가 운전자의 리스크를 반영하는 정도는 자동차보험과 비교하면 매우 적으며, 아울러 상부상조형 보험의 성격을 강하게 띠고 있다.

이 교통사고의 이재민 구제를 위한 보험제도를 지진에 대해서도 적용할 수 있을지도 모른다. 즉 지금까지의 가계지진보험을 상부상조형 보험으로 계속 유지해, 개인용 지진보험제도를 덧붙여 창설하자는 것이다. 덧붙인 지진보험

54) 보험계약자가 입은 피해를 평가하고, 지불 보험금을 얼마로 할 것인가를 결정하는 작업.
55) 損害保険料率算出機構(2014)의 제2장 제4절을 참조.

은 재보험을 개국형으로 해서, 보험료가 리스크를 반영하는 정도(가능성)를 더욱 높여 보험료의 고저에 의해 보험계약자의 방재·감재 활동을 촉진하는 시장주의형 보험으로 하면 된다. 어느 쪽이든, 상부상조형 보험과 시장주의형 보험을 명확히 분리해서 제도 설계를 행하는 것이 바람직하다.

〈참 고 문 헌〉

石井隆,『最後のリスク引受人2 日本安全保障の切り札 巨大自然災害と再保険』, 保険毎日新聞社, 2013年.

大谷光彦監修·トーア再保険編,『再保険 その理論と実務[改定版]』, 日経BPコンサルティング.

恩藏美穂,『保険学雑誌』第619号, 2012年, 147-162頁.

栗山泰史,「東日本大震災における損害保険業界の対応および地震保険制度の仕組みと今後の課題」,『保険学雑誌』第619号, 2012年, 63−82頁.

JF共済,『2013年ディスクロージャー資料』, JF共済, 2014年.

全国生協連のホームページ. (http://www.kyosai-cc.or.jp/info/ 2015年8月31日アクセス)

全労災,『全労災FACT BOOK 2013』全労災, 2014年.

損害保険料率算出機構,『日本の地震保険 平成26年7月版』, 誠文堂, 2014年.

棚瀬裕明,「東日本大震災に対する生命保険業界の対応」,『保険学雑誌』第619号, 2012年, 99-112頁.

日本共済協会,『日本の共済事業 ファクトブック 2014』, 日本共済協会, 2014年.

広海孝一·塙善多編,『保険用語辞典』, 日本経済新聞社, 1997年.

保険研究所,『インシュアランス生命保険統計号』, 保険研究所, 2012年.

保険研究所,『インシュアランス損害保険統計号』, 保険研究所, 1966~2014年.

森隆,『証言 東日本大震災~1兆2000億円の地震保険金』, 保険毎日新聞社, 2014年.

若松仁嗣,「東日本大震災にかかるJA共済の取組み−共同組合·共済事業の社会的役割について」,『保険学雑誌』第619号, 2012年, 83−98頁.

Swiss Re, *sigma World insurance in 2013*, Swiss Re Ltd, 2014.

Swiss Re, *sigma Natural catastrophes and man-made disasters in 2014*, Swiss Re Ltd, 2015.

제10장

'재해 볼런티어'를 둘러싼 과제

동일본대지진 5년의 교훈

스가 마시호(菅磨志保)

1. 동일본대지진 후 재해 볼런티어

재해 볼런티어의 관점에서 볼 때 동일본대지진처럼 활동이 곤란한 재해는 없었다. 우선 발생 직후는 재해지역에 갈 수 없었다. 상상을 초월하는 규모의 지진과 쓰나미가 동북지역에서 기타간토(北関東)[1]·수도권에 걸친 연안부에 거대한 피해를 가져왔으며, 교통망 단절과 가솔린 부족이 더해져 재해 현장에 쉽게 들어갈 수 없었다. 설령 들어갔다고 해도 빈번히 발생하는 강한 여진과 원자력발전소 사고에 의해 안전한 활동 환경을 확보하기 힘들었다. 그러나 재해지역 내에서는 지진·쓰나미 파괴에 의해 심각한 자원 부족이 발생하고 있었으며, 외부로부터의 인적·물적 지원에 대한 요구가 상당히 컸다. '재해 볼런티어'에 의한 활동이 필요하다는 것을 알면서도, 재해지역에 접근하기가 곤란한 상황이 계속되었다.

이러한 상황에 더해 '재해 볼런티어는 재해지에 가면 안 된다'라는 의견이 다양한 미디어를 통해 발신되었다. 물론 위에서 서술했듯 물리적으로 갈 수 없고

1) (옮긴이) 간토(関東) 지방의 북부 3현(茨城·栃木·群馬)을 가리킨다.

위험하다는 상황도 있었지만 심각한 물자 부족에 의해 봉사활동센터의 대응 체제가 갖춰지지 않은 점[2]이나, 봉사활동을 감으로써 '물자 부족인 재해지역에 부담이 된다', '혼란을 조장한다'라는 이유에서 '가지 말아야 한다'라는 주장도 많았다. 이러한 주장이 관계 기관뿐 아니라 SNS 등의 개인 발언을 포함해 다양한 미디어에서 계속 발신되었기 때문에, 왠지 재해지역에 가는 것이 잘못된 것이라는 분위기가 조성되었다. 이를 보고 '볼런티어 하러 갈 필요 없다'며 활동을 그만 둔 사람도 많았을 것이라 추측된다. 그러나 현장에서는 방대한 지원 수요가 있었던 것이 사실이며, '억지로라도 가야 한다'고 주장하는 논의도 전개되었다(村井雅清, 2011).

이렇게 '재해 볼런티어' 활동을 둘러싸고 다양한 의견이 분출되었으며, "동일본대지진의 활동은 활성화되지 않았다", "한신·아와지대지진과 비교해서 적다"라는 의견도 많이 들었다. 그러나 실제로 동일본대지진에 사람들이 얼마나 활동했는지, 또한 피재지·피재민으로부터의 요청에 어느 정도 대응할 수 있었는지에 대해서 충분히 밝혀졌다고 평가하기는 힘들다.

한편 피해 지역에 진입이 어렵다는 상황이 전해지자 전례 없는 규모의 '지진기부'가 이어졌다고 한다(일본펀드레이징협회 엮음, 2012: 19). 특히 3·11대지진에서는 이재민에게 직접 배부되는 '기부금'과는 별도로 구호 활동을 실시하는 단체에 배부되는 '활동 지원금'이라는 이름의 기부도 대대적으로 모여, '재해 볼런티어'의 커다란 활동 자원이 되었다. '재해 볼런티어'에 대해 부정적 의견도 있었으나, 활동에 대한 사회의 기대는 컸다고 할 수 있다.

2) 전국 사회복지협의회(全国社会福祉協議会)가 발행한 「헤이세이 22(2010)년도 재해지역 지원·재해 볼런티어 정보(46호) 도호쿠지역 태평양해역 지진(제5보)」에는 다음과 같이 기록되어 있다. "3월 18일 현재 피해 지역의 재해 봉사활동센터의 설치 준비가 진행되고 있는데, 현지에서의 긴급 지원, 상황 파악, 도로 등 교통망 단절, 연료 및 자원 부족 등에 의해, 실제로 개설해서 볼런티어 분들을 받아들일 수 없는 상황인 곳이 대부분입니다. 또한 현재 휘발유 부족이 심각하여, 공공교통기관의 회복도 충분히 진행되지 않았습니다. 현지에 가기 위한 교통수단이나 현지에서의 식량 및 숙박 장소 등은 스스로 확보할 필요가 있습니다…."

그렇다면 '재해 볼런티어'는 이러한 기대에 부응했는가? 재해 시의 봉사활동에 대해서는 한신·아와지대지진 이후, 개인 봉사활동을 피해 지역의 수요와 연결시키는 '재해 볼런티어 센터(이하 '재해VC')'라는 활동 체제가 사회복지협의회(이하 '사협')를 통해 정비되었다. 동일본대지진과 같이 광범위한 이동과 물자를 대량으로 공급할 필요가 있는 재해가 발생할 경우 개인에 의한 당일치기 노동 제공을 전제로 했던 기존의 재해VC 체제로는 대응하기 힘들다는 점을 명확히 깨닫는 계기가 되었다. '민간 비영리 섹터[3]' 전체에 피해지 및 이재민을 돕기 위한 새로운 체계가 필요하며, 실제로 다양한 프로젝트가 시작되었다.

이하 이 장에서는 동일본대지진에서 '재해 볼런티어'라는 사회적 영역에 무엇이 요구되었고, 이에 대해 무엇이 가능했고 무엇이 불가능했는가, 종래의 한계를 어떻게 넘어섰는가를 검토하고자 한다.

우선 제2절에서는 재해 볼런티어의 실태에 대한 몇 가지 조사를 검토한 연구를 참고하여, 3·11 '재해 볼런티어'에 대한 인식과 실태의 차이를 확인하고자 한다. 이어서 제3절에서는 '지진 피해 기부' 중에서도 '시민 섹터'에 대한 기대의 표현이라고 할 수 있는 '활동 지원금'에 주목하여, 이 기부가 어떤 경로(루트)로 어느 정도로 이 섹터에 들어왔는가를 몇 가지 연구를 근거로 개관하며, 이 기부가 현장의 지원활동에 어떻게 사용되었는가, 자원을 활동에 연결하는 새로운 시스템을 보고자 한다. 그리고 제4절에서는 3·11대지진의 특징이며, 기존 활동 체제로는 대응하기 힘든, 물리적 파괴나 광범위한 지역에 대응하기 위한 시도 몇 가지를 검토한 후, 제5절에서 앞으로의 거대 재해에 대비하기 위

3) 세금을 모아 공명정대하게 배분하는 정부 섹터를 제1섹터, 영리활동으로 얻은 이윤을 주주에게 배당하는 기업 섹터를 제2섹터라고 하는 경우, 두 섹터와는 다른 가치와 행동 원리(개별성, 다양성의 존중)로 활동하는 단체가 담당하는 제3의 섹터. 구체적 행위자로서 공공법인이나 비영리조직 등(임의 볼런티어 그룹에서 NPO 법인, 일반·공익 사단법인, 회사 복지법인, 소비생활협동조합 등)이 있으며, 사회적 기업이나 기업의 사회공헌 부문 등도 포함된다. '섹터로 부르기 위해서는 개별로 존재하는 것뿐 아니라 상대 개념을 바탕으로 사회적으로 규정되어, 개별 단체도 그 섹터에 속해 있다는 것을 스스로 인식할 필요가 있다.

한 새로운 재해 대책 체제의 구축을 위한 다양한 시도(노력)에 관해서 소개하고, 나아가 그 가능성과 과제를 검토한다. 활동 검증이라기보다는 앞으로의 연구 및 실천으로서 필요한 과제를 제시하는 것이 될 것 같으나, '재해 볼런티어'라는 기존의 인식을 재검토하는 중간적인 고찰을 목표로 한다.

2. '재해 볼런티어'에 대한 인식과 실태

1) 볼런티어 참여자가 적었는가

한신·아와지대지진에서는 지진 발생으로부터 1개월간의 볼런티어 참여자 수가 하루 2만 명으로 약 2개월 간 총 100만 명이 활동했다고 한다(兵庫県, 1997: 318~319). 이는 피난처를 순찰하던 직원에 의한 실체 조사와 각 시정촌, 활동단체에 대한 전화 조회 등을 근거로 산출된 숫자이며, 복수 계산 및 누락 등이 포함되어 있을 가능성이 높다. 이에 반해 최근의 재해와 관련해 '봉사활동자 수'로서 공표된 숫자는 사회복지협의회에 설치된 재해VC에 등록된 활동자 수이며, 동일본대지진에 대해 활동한 사람 수도 사회복지협의회를 통해 집약된 수이다. 전국사회복지협의회(이하 전사협)의 보고서에 따르면, 그 수는 1년 간 약 92만 6200명(재해 발생 후부터 2012년 2월 말까지 재해지역 3현에서 활동한 사람 수)이라고 한다(全国社会福祉協議会, 2012: 20). 미디어 등에서 '한신·아와지대지진과 비교해 적다'라고 언급하는 경우, 이 수치를 근거로 하고 있을 가능성이 높은데, 이 '전국사회복지협의회' 보고서에는 '재해VC를 경유하지 않고, NPO 등에서 활동한 분들도 다수 계실 것이라 생각된다. 따라서 동일본대지진에서 활동한 봉사활동자 전체 숫자는 아니다'라고 밝히고 있으며, 재해VC 이외의 방법을 통해 활동한 사람의 존재를 시사하고 있다. 실제로 일본 NPO학회의 조사(2014: 26)에 따르면, 활동 참가의 방법 중 하나로 '직장'이라고 대답한

사람이 가장 많다(29.5%). 또한 이시노마키시(石巻市)에서는 개인 볼런티어를 받아 운영하는 것은 재해VC가 담당했으며, 단체 참여에 관해서는 별도의 조직으로 활동하고 있었다. 당시 재해VC를 통한 활동자가 12만 2000명, 단체를 통한 활동 인원은 15만 8000명으로 파악(보고)되고 있다(みらいサポート石巻, 2013: 6). 여기서도 재해VC를 통하지 않고 단체를 통해 활동에 참가한 수가 많았다는 것을 알 수 있다.

오카모토(岡本仁宏, 2013)는 다양한 조사를 참조해서 동일본대지진 이후 볼런티어 및 봉사활동자 수에 관해 연구하고 있다. 그는 사회복지협의회 재해VC가 집계한 활동자 수의 "2~6배에 달할 가능성이 있다"라고 보고 있다. "사회복지협의회의 재해VC 체제하에서 포괄적이고 일원적으로 볼런티어 수용을 요구하는 것"은 "재해 규모가 큰 경우에 적절하지 않다"고 주장한다. 위에서 서술한 『이시노마키시 활동보고서』의 활동 내용을 살펴보면, 첫 반년 동안은 진흙 치우기나 '건물 잔해 철거' 등이 대부분이었다(Mirai-Suport Ishimaki, 2013: 7). 이러한 활동은 매우 가혹한 환경 아래에서의 중노동에 해당하는 것으로 중장비 등을 사용할 수 있는 단체가 대응하는 경우가 많았다. 또한 당시 숙박조차 힘들었던 재해지역 현지에서는 개인을 수용해서 조정하기보다는, 재해지역 밖에서의 이동 수단과 숙박을 확보해서 재해VC가 볼런티어와 협조하는 편이 오히려 효과적인 활동이 가능했다.

오카모토가 지적하고 있듯이, 문제가 되는 것은 오히려 사회복지협의회의 재해VC만이 수급 조절 기능을 담당한다(혹은 담당해야 한다)는 암묵의 전제가 생겨버렸다는 것이다. 그리고 이 전제를 근거로 재해VC의 개설이 늦어지거나 볼런티어 수용을 제한할 경우 사회복지협의회에 대한 비판이 전개될지도 모른다는 점이다.

그렇다면 이러한 재해VC를 전제로 하는 '재해 볼런티어' 활동은 일본 사회 속에서 어떻게 형성되어 왔는가?

2) '재해 볼런티어'라는 사회적 영역의 형성

한신·아와지대지진이 발생한 1995년은 '볼런티어 원년'이라고도 불리는데, 볼런티어 자체는 1960년도에도 일반 시민의 자발적 사회활동으로서 행해지고 있었다. 1980년대에 들어서면 정부나 기업이 대응하기 힘든 사회문제(고령화에 따른 노인 요양 수요의 급증이나 국제화에 따른 외국인 노동자 문제 등)가 현저해졌다. 이에 대응하기 위한 새로운 주체로서 '볼런티어'가 기대되기 시작했다. 또한 1990년대에 들어서 볼런티어야말로 사회적 과제로 지속적인 책임의식을 가지고 대응할 수 있는 활동 기반(법인명을 부여하거나, 기부공제 등 활동 자금을 획득하기 쉽도록 하는 제세 우대 조치 등)을 검토하는 움직임이 본격화되었다. 사실은 이 기반 정비의 검토에 관련되어 있던 사람들이 재해 현장에서 개인별 볼런티어 활동자를 조정하는 시스템을 개발하여, '볼런티어 원년'의 활동을 뒷받침했다(阪神·淡路大震災 被災地の人々を応援する市民の会編, 1996; 早瀬昇, 1996).

한신·아와지대지진 후의 활동이 '볼런티어 원년'이라고 불리게 된 이유 중 하나는 '볼런티어'에 대한 사람들의 인식에 커다란 변화를 가져왔기 때문이 아닐까 싶다. 그때까지 '볼런티어'라는 단어에는 '봉사'나 '자기희생'이라는 어두운 이미지가 붙어 있었는데, 재해지역에서는 모두 자연스럽게 서로 돕는 분위기가 있었다. 또한 그 활동의 실질적 성과(건물 파편의 정리 등)가 눈에 보이는 형태로 제시되었던 것도 볼런티어에 대한 사회적 인식을 바꾸게 된 것이라고 생각된다. 많은 사람들의 볼런티어 체험이 지연이나 학연과는 다른 인간관계의 새로운 '회로(回路)'를 낳고, 이러한 새로운 관계를 통해 문제에 대응하게 되었으며, 이것이 새로운 지원 체계를 만들어낸 것이라고 할 수 있다(山下祐介·菅磨志保, 2002).

지진 후의 재해 볼런티어는 두 가지의 사회적 영역에 큰 영향을 미쳤으며 변화를 촉진해 왔다(菅磨志保, 2014b). 하나는 봉사활동, 시민활동, NPO가 활동하는 '민간 비영리 섹터'의 영역이다. 지진으로부터 3년 후 봉사활동·시민활동

단체에 법인명을 부여하는 '특정비영리활동촉진법(통칭 NPO법)'이 제정(1998년)되었다. 또한 NPO 활동이나 조직 운영을 지원하는 중간 지원 조직이 창설되어, 민간 비영리 섹터'의 형성을 촉진한 바 있다. 재해 발생 후 볼런티어가 중요한 역할을 수행(뒷받침)했다는 것은 틀림없는 사실이다.

또 하나는 재해 대책·방재 체제에 관한 사회적 영역이다. 한신·아와지대지진은 당시 일본의 재해 대책이나 방재 체제에도 커다란 반성을 촉진했으며, '방재'에 관한 기본적 사고방식의 수정을 요구한 것으로 해석할 수 있다. 한신·아와지대지진 이후 재해 봉사활동의 활약, 특히 눈앞의 문제에 유연하게 개별적으로 대응 가능한 볼런티어의 행동 원리는 '공평 및 평등의 원칙'이었다. 이러한 원칙하에 대응한 볼런티어 행동이야말로 전체가 파악되지 않으면 대응할 수 없었던 행정의 한계와 대비되어 평가되었다. 아울러, '방재'라는 사회적 영역으로 볼런티어를 자리매김하는 계기가 되었다. 우선 1995년 이후 개정이 진행된 지역 방재계획 중에서 재해 볼런티어를 받아들이는 부서를 명시하도록 제도가 전환되었다. 또한 재해 시에 도움이 되는 전문기술을 가진 사람을 '전문 볼런티어 활동가'로서 등록하는 제도 또한 첫선을 보였다. 그 후 재해 볼런티어의 수용 체제는 사회복지협의회가 VC 기능을 확장하는 형태로, 재해VC를 개설하여 자금 측면(공동모금회의 준비금 이용), 인재적 관점('사회복지협의회 직원 지원 파견'의 제도화, 운영자 연구의 충실화 등)의 활동 기반 강화를 도모한 바 있다. 결과적으로는 사회복지협의회와 협정을 맺어 '사회복지협의회의 재해VC'를 계획에 포함시키고 규정하고자 하는 지자체가 늘어났다(菅磨志保, 2008).

이렇게 한신·아와지대지진 후의 '재해 볼런티어'는 '방재'와 '시민활동'이라는 사회적 영역의 개혁이라 할 수 있다. 아울러 볼런티어 존재에 의미를 부여함으로써 '민간 비영리 섹터' 영역과의 교집합(접점)이라 불리는 '재해 볼런티어'라는 사회적 영역을 창조한 것으로 평가할 수 있다.

그림 10-1 의연금과 활동 지원금의 흐름*

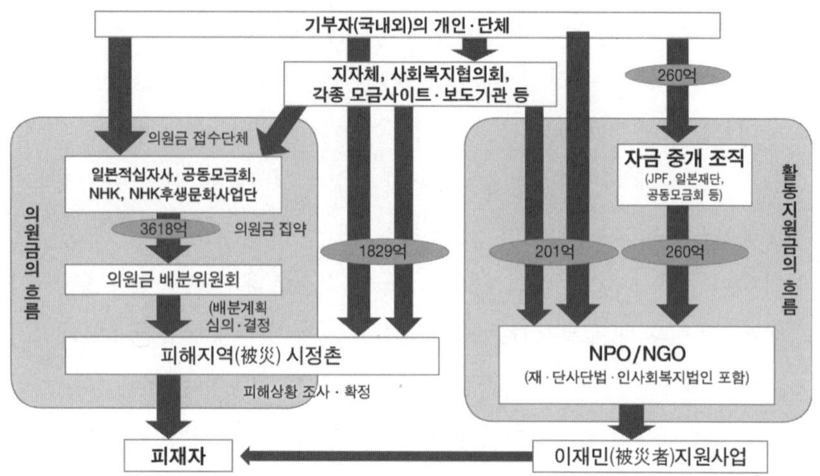

* 옮긴이 의연금(義捐金)이란 천재지변이나 사회적 문제가 생겼을 때에 국민의 자발적 참여를 전제로 하여 모금한 것으로, 의원금(義援金)이라고도 한다.

자료: 日本ファンドレイジング協会編(2012: 12); 日本NPO学会編(2015, 12); 早瀬昇(2013: 106) 참고하여 필자 작성.

3. 민간 비영리 섹터에 대한 기대와 실태

1) '활동 지원금'의 민간 비영리 섹터 역할에 대한 기대감과 실태

2010년부터 각종 통계와 개인 조사에 의거해 『기부백서(寄付白書)』를 정리해 온 특정비영리활동법인 '일본펀드레이징협회(Japan Fundraising Association)'는 2012년도의 백서에 '재해 기부'[4] 특집 분석을 통해 재해 발생으로부터 1년

4) 이하의 기술에서는 '일본 NPO학회'가 재해 발생 이후 3년간에 걸친 연구해 온 NPO 관계의 조사를 집약하는 형태로, 2014년 6월에 발간한 『동일본대지진 민간 지원 팩트북』도 참고하고 있다. 단 '재해 기부'는 재해 초기에 집약되는 것도 있어서, 본고에서는 주로 백서의 데이터를 인용하고 있다. 또한 이 팩트북에서는 '재해 기부'를 ① '기부금'에 더해, ② 지원 단체에 대한 '활동 지원금'이나, ③ '일시금·장학금'이라는 돈에 의한 기부뿐 아니라, ④ 물자,

간의 '재해 기부 실태'를 정리하고 있다. 이에 따르면 동일본대지진이 발생하자 8512만 명이 금전 및 물자 기부를 했으며 그 총액은 약 6000억 엔에 달한다(日本ファンドレイジング協会編, 2012: 17).

특히 '활동 지원금'이라는 이름의 '기부'야말로 민간 비영리 섹터에 대한 기대감에 부풀어 주목받게 된 것이다. 지원금 분배가 늦어진 경우도 감안하고, 빠르게 피해지에 지원될 수 있다는 점에서 지원의 일환으로 '활동 지원금'이 주목을 받았다(早瀬, 2013). 다만 의원금(義援金)과 활동 지원금을 구별하지 않고 기부하거나, 이를 구별 없이 수용하는 기관이 있다거나, 수용 후 복수의 중개 기관을 거치는 동안에 두 가지 구분이 변경되어 처리되는 경우도 있었다. 이리하여 정확한 금액을 파악하는 것에는 한계가 있다고 하나(中嶋貴子, 2014), 계산을 시도한 경우도 몇 있다.

앞에서 서술한 백서의 계산에 의하면, 기부를 중개한 조직에 모인 금액은 약 260억 엔, NPO/NGO 등에 직접 모인 금액이 약 201억 엔이라고 한다.[5] 의연금 3618억 엔과 비교하면 자릿수 하나가 작은 금액이라고는 해도, 과거 재해에서 단기간에 이렇게 큰 규모의 금액이 '재해 볼런티어'의 활동에 투입된 예는 없었다.[6]

---

⑤ 봉사활동도 포함하는 것으로서 정의하고 있으며, 백서에서도 이와 같이 정리하고 있다. 이러한 백서·데이터 북은 둘 다 독자적 조사를 복수 실행한 결과를 정리하는 것뿐 아니라, 기존의 조사·데이터를 망라하려는 노력도 하고 있는데, 둘 다 기부 행동의 상세 내용을 파악하는 것이 어렵다고 보고되고 있다. 본고에서도 이러한 한계를 인식하며, 실태의 일부를 반영하고 있는 것으로서 참조했다.

5) 중복해서 계산했을 가능성도 있기 때문에, 양자의 합계를 활동 지원금의 총액으로 할 수는 없다(일본펀드레이징협회, 2012). 그 후 나카지마(中嶋貴子, 2014)가 대상을 넓혀 다시 자세한 조사를 실시하여, 약 600억 엔이라는 산출 결과를 발표한 바 있다.

6) 재해 발생에 따른 '활동 지원금'의 모집을 행한 최근의 예로서 2004년 7월 13일에 발생한 니가타 호우 재해를 들 수 있다. 이 수해로 (특활) 니가타 NPO협회가 '니가타 수해 구원 볼런티어 기금'을 설치, 동년 11월 18일 기준 407건, 956만 6041엔의 의연금이 모였다[니가타수해구호 볼런티어 활동 기금 웹사이트]. 이재민에 대한 의연금이 아니라 NPO 활동을 지원하는 기부에 대해서 의문이나 비판도 많아서 협회 직원도 대응에 애를 먹었다. 3·11 재해에서도 활동 지원금의 존재가 충분히 알려졌다고 하기는 힘들며, 이 기부의 의미에 대한 인

그렇다면 이러한 대규모 의연금의 유입을 민간 비영리 섹터 측에서는 어떤 새로운 체제를 준비하여, 이 자금을 지원 단체에 어떻게 분배했는가?

3·11 재해에서는 의연금을 받아들여, 이를 조성금으로서 단체에 배분하는 중간 지원 조직이나 조성재단이 '자금 중개 조직'이 되어 많은 기부를 모았다. 여기서 주목하고자 하는 것은 각각의 중개 조직이 조성금으로서 기부를 분배할 때 단체에 제시한 지원 방침이다(早瀨昇, 2013: 112). 동일본대지진에서는 ① 재팬 플랫폼(이하 'JPF')(동일본대지진 지원금, 약 68억 엔), ② 일본재단(ROAD프로젝트, 약 49억 엔), ③ 중앙공동모금회(봉사활동·NPO서포트 모금, 약 36억 엔)의 세 중개 조직에 기부가 집중되었는데, 각각의 조성금의 모집 조건을 보면 각 조직별 지원 방침의 차이를 알 수 있다. 예를 들어 JPF는 억 단위의 대형 조성을 시행하고 있으며, 조성 대상 단체의 지원 내용도 대량 물자를 동원한 대규모 활동이 눈에 띈다(JPF編, 2012: 20~22). 이에 반해 중앙공동모금회는 조성 대상이 되는 활동을 1개월 미만의 단기, 1개월 이상의 중장기로 나누어 한 건당 상한액을 각각 50만 엔, 300만 엔으로 설정하고, 소규모 활동을 조성하고 있다(中央共同募金会, 2015). 일본 재단에서는 족욕 봉사활동이나 학생 봉사활동 등 재단 스스로가 독자적으로 프로그램을 도입, 활동 인원을 조직화해서 피재지로 보내는 작업을 행하고 있다. 이러한 활동 지원금은 자금 중개 조직이 제시하는 지원 방침에 의해 방향 설정된 지원 단체를 통해 피해 지역 및 이재민의 요구에 응하는 형태로 공여되었다.

2) 새로운 주체의 참가: 활동 자원을 중개·동원하는 기업과 국제협력 NGO

대량의 자원을 광범위에 걸친 피재지에 전달할 필요가 있는 동일본대지진에서는 이재민에 대한 개별 서비스의 제공을 염두에 둔 '재해VC'와는 다른 방

식을 높일 필요가 있다는 지적(早瀨昇, 2013: 112)도 있다.

법의 지원이 필요하다는 점에 관해 지금까지 살펴보았다. 이러한 광범위한 자원 동원에서 민간 비영리 섹터 중에서 커다란 존재감을 나타낸 것이 '기업의 사회공헌활동'과 '국제협력 NGO'라고 할 수 있다. 재해VC와는 달리 이들은 모두 독자적인 루트로 자금을 모아 재원을 조달했으며, 조달한 자원을 조직적으로 현지에 보냈고, 동시에 민간 비영리 섹터에 대규모의 활동 지원금을 도입하는 것에도 기여했다. 즉 자원 조달 및 자원 배분 양쪽에 지대한 역할을 다했다.

(1) 기업의 사회공헌활동[7)]

일본경제단체연합회[이하 '경단련(經団連)']는 1%클럽[8)]과 연계하여, 재해 발생 직후에 '동일본대지진 대책본부'를 설치했다. 홈페이지나 광고 등을 통해 피재지, 이재민에 관한 정보를 발신함과 동시에, 지금까지 지원해 온 JPF나 전사협(전국사회복지협의회), 중앙공동모금회와 함께 운영해 온 '재해 볼런티어 지원 프로젝트 회의'(이하 지원P) 활동을 통해 NPO/NGO와의 신뢰 관계를 살려 재해 VC에 필요한 자금과 기재의 제공이나 재해 볼런티어 지원 프로젝트회의(통칭 '지원P') 연계한 지원 물품의 제공 등의 활동을 전개했다. 뒤에 서술할 '동일본대지진 지원 전국 네트워크(JCN)'에도 당초부터 협력 단체로서 계획에 참여하고 있다.

7) 이하의 기술은, 경단련 1%클럽(2012)과 사이토(斎藤仁, 2014)를 주로 참고했다. 기업 섹터는 본업인 구조·복구 활동에 크게 공헌했는데, 여기서는 민간 비영리 섹터에서 행한 사회공헌활동에 초점을 맞추고자 한다.

8) 1990년에 경단련의 요청으로 개인 가처분소득의 1% 이상, 기업 경영 이익의 1% 이상을 사회공헌활동을 위해 사용할 것을 결정한 개인 및 법인에 의해 발족. NPO/NGO와의 협동사업, 기업인 볼런티어 추진, 법인 기부의 촉진 등을 담당했다. 재해 지원 실적이 있으며, 한신·아와지대지진에서는 오사카 볼런티어 협의 등과 함께 '한신·아와지대지진 피해 지역의 사람들을 응원하는 시민 모임'을 결성, 물자 제공이나 기업인 볼런티어의 파견을 행했다. 또한 2004년에 발생한 니가타현 예를 들어, 주에쓰지진의 지원활동을 거쳐, 2005년에 중앙공동모금회·전국사회복지협의회 등과 함께 '재해 볼런티어 지원 프로젝트회의(통칭 '지원P')'를 결성, 지원물자나 코디네이터 파견 비용으로서 기업으로부터 받은 기부를 기부금으로 취급할 수 있도록 고안하여, 민간 기업에 의한 재해 지원 촉진을 꾀했다.

이러한 기업의 사회공헌활동 중에서 주목받는 것이 1%클럽과 지원P의 연계에 의한 '동일본대지진의 피해 지역 사람들을 응원하는 기업인 볼런티어 프로그램'이다. 쓰나미 피재지에서는 대량의 진흙이나 건물 잔해를 철거하기 위해 많은 노동력이 필요했으나, 위에서 서술한 대로 피해 지역에 사람이 들어가기 힘든 상황이었다. 이에 이동이나 숙박 수단을 확보한 후 조직적으로 활동 현장에 사람을 보내는 지원 방식이 채택되었다.[9] 이 프로그램을 통해 4월부터 8월까지 20회, 총 2101명의 기업인이 현지에서의 활동에 참가하여 가옥이나 도랑의 진흙 치우기, 건물 잔해 철거, 사진의 오염 제거(洗浄), 가설주택으로의 지원물품 배급 등의 활동이 행해졌다. 학생들의 참여가 어려운 시기였기에 일정한 규모의 기업인을 파견한 이러한 사회공헌활동은 현지에서도 평가받고 있다.

경단련 사회공헌 추진부와 1%클럽에서는 매년 관련 기업 앙케트 조사를 시행하여 『사회공헌백서』를 발간하고 있는데, 이와는 별도로 재해 발생부터 반년 간의 기업에 의한 지원활동을 정리했다(経団連, 2012). '경제계에 의한 공조 대처'라는 부제가 붙은 조사 보고서를 보면 매우 큰 규모의 지원을 행했음을 알 수 있다. 조사발표에 따르면 259사가 자사 사원에게 이재민 및 피해 지역 지원활동 참가를 격려했으며, 총 약 18만 명의 사원이 활동에 참가했다. 또한 170개의 회사가 자회사 혹은 자회사 그룹에서 활동 지원을 프로그램화했다. 특히 이번 지원활동을 계기로 볼런티어 휴가나 경비 보조 제도를 창설한 기업도 있다고 한다(斎藤仁, 2014).

---

9) NGO에서는 '피스보트 볼런티어 센터(PBV: Peace Boat Disaster Relief Volunteer Center)'가 비교적 초기 단계부터 현지 거점과 이동수단을 확보한 후, 봉사활동자를 조직화해서 보내는 방식을 취했다. 또한 연안부 피해 지역의 지원 거점의 기능을 다하고 있던 '도노(遠野) 진심 네트워크'도 편도 30분~1시간 거리에 있는 연안부 피해 지역에 이러한 방식(볼런티어 활동가를 조직화해서 버스로 환송)으로 지원활동을 하고 있었다. 니즈와 볼런티어를 개별적으로 매칭하는 활동 스타일을 고수하고 있던 재해VC는 지진 재해와 같이 다양하고 개별성이 높은 니즈가 생기는 재해에 대해서는 효과적인 지원을 제공할 수 있지만, 이번 재해와 같이 활동 환경이 정비되지 않은 상황에서, 그리고 대량의 노동력이 요구되는 재해에서는 수급 조정 능력을 발휘하기 힘들다는 점도 지적할 수 있다.

또한 주목해야 할 것은 기업으로서 누적해 온 본업의 전문적 지식이나 기술, 경영 등의 매니지먼트의 노하우를 제공하는 활동을 행했다는 점이다. 이러한 지적 자원을 관련 기업이나 고객을 통한 네트워크를 살려 공유하는 활동을 전개하고 있다는 것도 보고되었다(日本財団, 2012). 기업 부문과 시민 섹터와의 연계를 통해 새로운 활동이 개척된 프로세스에 관해서도 주목할 필요가 있다.

(2) 국제협력 NGO

국제협력 NGO는 해외에서의 구원 활동을 목적으로 설립된 단체이기 때문에, 정관(定款)에 국내 재해를 어떻게 대응할 것인지 기재하지 않은 단체도 있으며 국내 재해 구원의 실적을 가진 단체는 많이 없었다. 그러나 재해 규모의 거대함 때문에 많은 단체가 재해 직후부터 구원 활동을 개시했다. 국제협력 NGO의 중간 지원 조직인 (특활) 국제협력NGO센터(이하 'JANIC': Japan NGO Center for International Cooperation)가 2011년 11월에 회원 157개 단체를 대상으로 실시한 조사에 따르면, 37%에 해당하는 59개 단체가 구원 활동에 참가했으며, 그중 18개 단체가 재해 발생으로부터 3일 내에 활동을 개시했다(JANIC, 2012: 10~11).

이러한 초기의 신속함과 함께 국제협력 NGO의 활동으로 주목 받은 것이 자원 동원력이다. JANIC이 회원에 대해 행한 3개월 단위의 활동 조사 결과에 따르면(JANIC, 2012: 13), 직후의 3개월간 가장 많았던 활동이 '지원물자 배부', 그리고 '식량 배부 및 식사 준비', '의료지원, 심리적 케어'이다. 광범위에 걸쳐 파괴된 피해 지역에서는 다양한 물자가 부족한 상황이 계속되었기 때문에 물자나 식사 제공이 장기적으로 필요했다는 점을 알 수 있다.

이렇게 생활환경이 크게 파괴된 피해 지역에서 기본적 수요를 충족하는 물자나 서비스를 제공하는 활동에 "국제협력 NGO가 개발도상국에서 매일 행하는 개발 프로젝트와 그곳에서 일하는 스태프의 경험을 살렸다"(山口誠史, 2014: 16)라고 하고 있다.

국제협력 NGO에서 신속하게 대량의 자원 동원이 가능했던 배경으로서 야마구치(山口誠史, 2014)는 ① 해외에서 긴급구조의 경험을 가진 단체가 많았다. ② 프로젝트 운영 기술이 있었다. ③ 초동대응 자금이 있었다는 점을 들고 있다. 특히 ③의 경우 2000년에 해외 재해나 분쟁지역으로의 인도 지원활동에서 조성한 자금 메커니즘으로 설립된 JPF가 그 경험을 살려서 직후 가맹한 NGO에 조성을 행하여, 초기부터 공헌하고 있다. JPF에 의한 거대한 성과가 NGO에 대량의 자원 동원력을 유발(동반)시키는 활동을 가능하게 한 과정은 위에서 살펴보았는데, JANIC도 '동일본대지진 활동 지원 하나되어 모금'을 실시하여 원조 활동을 하는 NGO에 자금 중개 역할을 담당했다.

3) 새로운 시스템의 창출: '유대감'을 연대하자

(1) '동일본대지진 지원 전국 네트워크(JCN)'

이번 재해에서는 재해 발생 직후부터 민간 비영리 섹터 전체를 시야에 넣은 연계, 협력체제의 구축이 시도되었다. '동일본대지진 지원 전국 네트워크(이하 'JCN': Japan Civil Network for Disaster Relief in the East Japan)가 바로 그것이다. 이 네트워크의 설립에 관계된 것이 이전부터 '재해 볼런티어'라는 영역 속에서 그 활동 기반을 정비하며, 현장의 최전선에서 활동해 온 사람들이다. 당초 재해VC를 중심으로 한 대응 체제의 한계를 인식하고, 재해 직후부터 '어떠한 경우라도 마지막 한 곳의 피해 지역이나 한 사람의 이재민도 포기하지 않고 최선을 다한다'를 기치로 삼아, 전국적으로 분야와 지역을 넘어선 통합적 민간 체제의 구축을 목표로 했다(菅磨志保, 2012; 2014a; 2014b).

'동일본대지진 지원 전국 네트워크(JCN)'는 2013년 4월 피크 타임(절정기) 당시 참가 단체 수가 855개 단체(JCN 웹사이트)에 달했다. 이 네트워크는 ① 민간 비영리 섹터를 대표해서 다른 섹터와 교섭하는 역할을 담당한 것(정부와의 정례회의의 개최 등), ② 지원활동에 필요한 사태를 파악하기 위해 타 관계 단체(경단

표 10-1 동일본대지진 지원 전국 네트워크(JCN) 활동

년월	활동내용				참가 단체수
	(전체)	(정보)	(현지지원)	(광역피난지원)	
2011년					
03월	긴급집회(14일) → 미션선언문 작성, JCN 시동(16일) → 설립총회 개최(30일)				193
		잠정 메일링리스트 'higashinihon' 의 운용 개시			
		잠정 웹사이트 개설			
04월		공식 웹사이트 개설			443
		공식 메일링리스트 'jcn-main' 및 'jcn-negai'의 운용 개시			
	성청과의 정례연락회의 개시				
		지원상황맵 잠정판 공개			
		봉사활동 버스 운행정보 공개			
		봉사활동 버스 운행 시의 포인트'를 발행			
		동일본대지진·재해 봉사활동·활동 가이드라인'을 발행			
05월			제1회 현지회의 in 미야기(센다이시 아오바구)를 개최		
06월			제1회 현지회의 in 이와테(다키자와초)를 개최		577
			제1회 현지회의 in 후쿠시마(후쿠시마시)를 개최		
07월		지원상황맵 공식판 공개			
		주간 봉사활동 모두의 힘'의 수록 개시(J:COM협력제작)			
		재해 봉사활동 참가자의 마음의 케어 포인트 집'을 발행			
		재해 봉사활동의 안전위생 포인트 집' 발행			
08월	성청과의 정례연락회의 개최의 중지(총 6회 개최)				
09월	제1회 JCN전체 미팅(도쿄 치요다구)를 개최				657
10월				광역 피난자 지원상황 리스트 공개	
11월			제2회 현지회의 in 이와테(키타우에시) 개최		
12월			제2회 현지회의 in 후쿠시마(고리야마시) 개최		
			제2회 현지회의 in 미야기(센다이시 아오바구) 개최		709
2012년					
01월		부흥지원 좋아요! 사례집'을 개설			
02월			제3회 현지회의 in 후쿠시마(고리야마시) 개최		
			제3회 현지회의 in 미야기(마쓰시마) 개최		
03월			제3회 현지회의 in 이와테(오쓰치초) 개최		753
	제2회 JCN 전체 미팅(도쿄 치요다구)를 개최				
				제1회 광역피난자지원 의견교환회(도쿄 치요다구) 개최	
04월				광역 피난자 지원 단체 네트워크 만들기를 위한 활동실태조사 실시	770
				제2회 광역피난자지원 의견교환회(도쿄 치요다구) 개최	
		보양(保養) 프로그램 정보 공개			
05월		오염제거 작업의 참가를 생각하는 봉사활동자들께서 알아주셨으면 하는 것' 발표			
	JCN 년차총회(도쿄 치요다구) 개최				
06월				광역 피난자 지원미팅 in 도카이(나고야시) 개최	795
07월	세계방재각료회의 in 도호쿠사이드 이벤트 출전				

	제4회 현지회의 in 이와테(오오후나토시) 개최	
	광역 피난자 지원미팅 in 긴키(오사카시) 개최	
08월	제4회 현지회의 in 미야기(센다이시) 개최	
	광역 피난자 지원미팅 in 야마가타(야마가타시) 개최	
09월	제작 정보를 버전 업	824
	피해지 지원상황 맵을 버전 업	
	보양 프로그램 정보 공개중지	
10월	광역 피난자 지원미팅 in 시코쿠(마쓰야마시) 개최	
	영어판 웹사이트 리뉴얼	
11월	제5회 현지회의 in 이와테(모리오카시) 개최	
	제4회 현지회의 in 후쿠시마(니혼마쓰시) 개최	
12월	제5회 현지회의 in 미야기(센다이시) 개최	826
	광역 피난자 지원미팅 in 츄고쿠(히로시마시) 개최	
2013년		
01월	전국 교류회 정보 공개	835
02월	제1회 이와테회의 in 이와테(오오후나토시) 개최	
	광역 피난자 지원미팅 in 규슈(후쿠오카시) 개최	
03월	제6회 현지회의 in 이와테(가마이시시) 개최	854
	제5회 현지회의 in 후쿠오카(이와키시) 개최	
	제6회 현지회의 in 미야기(이시노마키시) 개최	
	광역 피난자 지원미팅 in 도쿄(신주쿠구) 개최	
	광역 피난자 지원미팅 in 호쿠신에쓰(니이가타시) 개최	
	도후쿠 응원 빌리지 개최	
04월	사회복지 협의회에 의한 광역피난자 지원에 관한 실태조사 실시	855
05월	케이스 검토회(이와테현·미야기현·후쿠시마현)개시	
	제1회 네트워크 추진회의(도쿄 치요다구) 개최	
	JCN년차 총회(도쿄 치요다구) 개최	
06월	제6회 현지회의 in 후쿠시마(미나미소마시) 개최	803
07월	제7회 현지회의 in 이와테(도노시) 개최	
	제2회 광역 피난자 지원미팅 in 도쿄(미나미구) 개최	
	제1회광역피난자지원미팅·전국판(치요다구)개최	
08월	제7회 현지회의 in 미야기(미나미산리쿠초) 개최	
	제2회 광역 피난자 지원미팅 in 츄고쿠(히로시마시) 개최	
	제2회 네트워크 추진회의(치요다구) 개최	
	사회복지협의회의 광역 피난자 지원에 관한 실태조사보고서 발행	
09월	제7회 현지회의 in 후쿠시마(아이즈와카마쓰시) 개최	797
	제1회 관계성청 정기협의(도쿄 미나미구) 개최	
	웹사이트(일본어판) 리뉴얼	
10월	제8회 현지회의 in 이와테(오쓰치초) 개최	800
11월	제2회 광역 피난자 지원미팅 in 시코쿠(고치시) 개최	
	제3회 광역 피난자 지원미팅 in 됴쿄(도쿄부 나카노구) 개최	

	제8회 현지회의 in 미야기(이와누마시) 개최	
12월	제8회 현지회의 in 후쿠시마(고리야마시) 개최	
	제2회 광역 피난자 지원미팅 in 야마가타(야마가타시) 개최	
2014년		
01월	제9회 현지회의 in 이와테(호쿠죠시) 개최	
	제2회 관계성청 정기협의(도쿄 미나미구) 개최	
02월	제9회 현지회의 in 미야기현(마쓰시마초) 개최	
03월	제2회 광역 피난자 지원미팅·전국판(도쿄 치요다구) 개최	796
	제3회전체미팅(주오구)개최	
	도호쿠 응원 빌리지 2014(도쿄 치요다구) 개최	
	Walk with 도호쿠 프로젝트 개시	
04월	제2회 광역 피난자 지원미팅 in 도카이(나고야시) 개최	797
	제3회 관계성청 정기협의(도쿄 미나미구) 개최	
05월	도호쿠 응원 빌리지 2014(도쿄 치요다구) 개최	
06월	광역 피난자 지원미팅 in 간토(도쿄 미나미구) 개최	782
	광역 피난자 지원미팅 in 규슈(후쿠시마시 하카다구) 개최	
	JCN연차총회 (도쿄 치요다구) 개최	
07월	제4회 관계성청 정기협의(도쿄 미나미구) 개최	
08월	제10회 현지회의 in 이와테(호쿠죠시) 개최	
09월	웹사이트(일본어판·영어판)리뉴얼· 봉사활동 버스 운행정보 공개중지 전국교류회정보 공개중지	
	광역 피난자 지원미팅 in 긴키(오사카시 기타쿠) 개최	
10월	광역 피난자 지원미팅 in 홋카이도(삿포로시 주오구) 개최	636
	제5회 관계성청 정기협의(도쿄 미나미구) 개최	
	제10회 현지회의 in 미야기(게센누마시) 개최	
11월	제9회 현지회의 in 후쿠시마(이와키시) 개최	
2015년		
02월	제10회 현지회의 in 후쿠시마(미나미소마시) 개최	
	제11회 현지회의 in 미야기(이와누마시) 개최	
	제3회광역피난자지원미팅·전국판(도쿄치요다구)개최	
03월	제11회 현지회의 in 이와테(오오후나토시) 개최	636
	도호쿠미래회의 2015/東北これから会議2015(도쿄 치요다구) 개최	

련, 대학 및 연구 기관, 사회복지협의회 등)와 연계해서 조사하여, 재해지역 및 재난피해자와 지원 단체의 실태를 파악(가시화)하고자 했다. 또한 이를 발신함으로써 지원자와 지원자, 지원자와 수원자(受援者)의 연계, 관계 구축을 목표로 했다.

JCN이 수행해 온 주요 활동에 관해 웹사이트 정보를 기반으로 정리한 것이 〈표 10-1〉이다. 전국적으로 대처해야 할 과제, 예를 들어 자원봉사 버스나 보양(밥차 등) 프로젝트 등 광역적인 이동이 필요한 응원에 관한 정보제공 등에 관해 대처할 경우, 정보 수집 및 정보 발신이라는 간접적 지원이 중심이 되어야 할 것이다. 또한 사무국의 스태프를 현장에 파견하여 사람과 사람이 접하는 '장(Forum)' 만들기를 지원하는 사업도 적극적으로 실시하고 있다는 점도 주목할 필요가 있다.

(2) JCN의 광역 피난자에 대한 지원사업

특히 피해 지역 3현에서 활동하는 지원 단체를 대상으로 한 '현장 회의'와 광역 피난자의 수용 지원에 관여하는 전국 각 도도부현의 지원 단체를 대상으로 한 '광역 피난자 지원 미팅'은 주목할 만하다. 이 회의 개최를 위해서 JCN 사무국의 스태프들이 사전에 현지를 방문하여 해당 지역 지원 단체의 활동 상황을 조사하고 있다. 현지에서 중심이 되는 단체와 접촉하여 관계자들이 한자리에 모여 서로를 연결하는 만남의 '장'을 마련하고, 이를 효과적으로 운영하기 위한 부단한 노력을 계속하고 있다. 또한 회의가 끝난 이후에도 개최지에서 단체 간 유대를 지속하기 위한 지원을 계속하고 있다.

원자력발전소 피난에 관해서 '광역 피난자 지원 미팅'은 관계 단체와 연계하면서, 이재민들의 개별 문제에 대응함과 동시에 잠재화되기 쉬운 피난자의 실태를 파악하고 필요한 지원을 호소하는 캠페인도 전개해 왔다. 특히 원전사고 이재민의 실태에 대해서는 정부도 제대로 파악하고 있지 못하고 있으며, 연구기관이나 피난자를 지원하는 실무가(변호사) 네트워크와 함께, 『원전백서』(関西学院大学災害復興制度研究所 外, 2015)의 편집 발행도 담당하고 있다. 원자력발전소 피난자가 안고 있는 문제는 지금까지 일본 사회가 경험한 적 없는 이슈로 이 문제에 대한 대처 과정에서도 시행착오가 발생했다. JCN은 전국으로 전개해 온 '광역 피난자 지원 미팅'에 의한 '유대' 형성과 함께, 후쿠시마현으로부터의 위탁 사업으로서 지역연계조정담당관을 통한 피난처 네트워크 만들기도 측면 지원하고 있다(津賀高幸, 2014). 원자력발전소 사고로 인한 피난자가 안고 있는 문제는 지금까지 일본 사회가 경험한 적 없는 이슈이다. 이러한 문제에 대한 대처 과정에서도 시민 행위자들이 쌓아온 지혜 및 문제해결 능력이 계속해서 시험대에 오르고 있다.

4) 새로운 시도의 가능성과 과제

(1) '시민 섹터' 관련 통합 지원 체제 만들기: 그 의의와 과제

'이재민을 지원한다'는 커다란 목표를 공유하는 것이 비록 가능할지라도 독자적인 활동 방침이나 가치관을 가진 다양한 시민단체 사이에서는 대립이 생기기 마련이다. JCN은 이러한 시민단체 사이에 '느슨한 연대'를 형성하면서, 무슨 일이 있어도 대립하지 않도록 한다는 운영 목표를 제시하고 있다. 특히 정보 공유와 활동 자원의 교통정리를 하면서 다른 섹터와 교섭을 시도함으로써 시민 섹터 전체의 이익을 도출해 내려고 노력했다. 무엇보다 그 의의가 크다고 할 수 있다. 또한 JCN의 방문·지원을 통해 현 단위가 마주할 수 있는 포럼(場) 만들기 사업은 물론이고 해당 지역의 지원자·피해 지역·이재민들의 '유대(조직)의 형성'에 기여하고 있으며, 대서특필해야 할 만큼 새로운 지원 제도를 시도한 것으로 평가할 수 있다.

한편 사람들의 자발적 의욕에 의해 유지되는 네트워크 조직 운영의 어려움과 한계도 있었다. JCN은 당초 개인의 자발성에 의거해 하고 싶은 사람이 주도하여 '팀 제도'로 운영되었다. 그러나 이 체제로는 참가 단체나 개인의 장점을 살릴 수는 있다손 치더라도, 힘든 일을 책임지고 끝까지 수행하기는 어렵다. 혹은 마지막까지 활동을 완결하도록 돕는 체제를 만들기 힘들다는 점도 있었다. 따라서 '팀 제도'를 폐지하고 사무국 체제의 강화가 추진되었던 것이다. 또한 무엇보다도 네트워크 전체의 합의 형성이나 결정사항을 끝까지 철저히 유지·수행하는 데 많은 어려움이 뒤따랐다.

(2) 긴급 대응 담당자: 가능성과 과제

재해 대응은 무너진 사회 기능을 회복(복구) 혹은 재생시키기 위한 병참(兵站)[10] 과정으로서 파악된다(田中重好, 2007). 우선 공적 기관을 중심으로 무너진 사회 시스템을 대체하고 복구 활동을 진행하게 된다. 그중에서 재해VC를 통한 재해 볼런티어는 재해 시의 공적 서비스를 양적으로 보충하거나(예를 들면 피난소에 파견 가능한 직원이 한정되어 있기에 이를 보좌한다) 기능적으로 보완하는(피난소에서 배부하는 주먹밥으로는 영양소가 편중되기 때문에 부식을 제공한다) 역할이나, 이재민을 서포트하는 형태로 그들의 사적 영역에서 생기는 생활 측면의 지장을 제거하는(집 안을 정리한다) 역할을 담당하는 것이 기대되었다. 그런데 3·11 재해에서는 공적 기관도 큰 피해를 입어, 원래 공적 영역에서 해온 서비스를 민간이 담당하게 되는 경우도 있었다. 광범위에 걸쳐 커다란 피해가 발생했기 때문에, 구원 물자나 식량 등의 자원을 크게 동원할 필요도 있었다. 이러한 자원 동원의 담당자로서 국제협력 NGO나 민간 기업이 힘을 발휘했기 때문에 좋은 평가를 받기도 했지만 한편으로는 다양한 문제도 지적되었다.

상술한 JANIC가 작성한 국제협력 NGO 보고서의 제언에서 특히 강조하고 있는 것이 행정조직과의 관계에 관한 것이다. 많은 행정기관은 '재해 볼런티어는 곧 개인 아마추어'라는 인식을 가지고 있으며, 해외로부터 인도적 지원의 실적이나 자원 동원력을 가진 국제협력 NGO를 조직으로서 연계하는 상대로서 인식하지 못하는 지자체가 많았다. 해외에서의 긴급 원조는 국제연합(UN)을 중심으로 한 조정 기능이 시작되면 NGO-행정(조직)-UN이 같은 테이블에 앉

10) 옮긴이 본래는 전투력의 유지 및 증대를 위한 작전 지원을 설명하는 용어. 예를 들어, 유통 합리화의 수단으로 채택되어 '로지스틱스(logistics)'라는 단어로 사용되기도 한다. 재해 대응에 한정하자면, 원래의 기능 유지·거버넌스·정비·교통·회수·위생·건설·토목·노무·케어(간호) 등 부흥 프로세스에 필요한 분야를 총칭한다. 재난의 예방·대비·대응·복구에 이르기까지의 모든 과정에서 가장 효율적으로 관리를 수행하는 종합적 시스템을 뜻한다.

아, 대등한 입장에서 행정 지원에 관해 역할 분담해 왔다. 그러나 동일본대지진 재해 현장에서는 NGO는 행정의 지원을 분담하는 조정 역할은 거의 수행하지 못했다(JANIC, 2012: 17~18). 행정 서비스를 보완하는 능력을 가지고 있었음에도 불구하고 그 역할을 발휘할 수 없었다는 것이 보고(지적)되었다.

그러나 3·11 재해에서 시민 섹터에 대해 크게 기대감을 가진 것은 정부였다. 다음 절에서는 동일본대지진에서 나타난 정부의 민간 지원과 볼런티어와의 연계에 관해 그 실태를 개관하고, 나아가 새롭게 탄생한 시스템을 소개하고 그 가능성 및 과제를 검토하고자 한다.

4. '재해 볼런티어'의 미래: 개별 활동 조정 시스템에서 섹터 간 연대로

1) 정부 대응으로 보는 민간 비영리 섹터에 대한 기대와 과제

재해 직후부터 정부는 섹터에 대해 과거 재해에서는 볼 수 없었던 지원을 행함과 동시에 연대를 시도했다. 이를 정리한 것이 〈표 10-2〉이다.

우선 재해 직후 내각관방에 민간과의 연계 통로를 설치하고, JCN과의 정기적 연락회의를 개최했다. 또한 이동의 편의성(고속도로 무료화 등)을 꾀하는 등 민간의 요청 일부를 실현시켰다.

재무성도 세금 공제의 대상이 되는 기부금을 지정하여, '재해 기부'의 촉진을 꾀했다. 지정 기부금은 비상시에 강력한 촉진 효과를 갖고 있다고 여겨지는데, 기부금 공제액(소득공제)은 1262억 엔에 달했다. 헤이세이 22년(2010년)의 실적과 비교하면, '기부금 공제 이용자, 공제 적용액과 함께 배 이상 증가했다. … 동일본대지진에 대한 기부가 큰 뒷받침이 되었다고 할 수 있다'라고 한다(日本ファンドレイジング協会編, 2012: 178).[11]

또한 정부는 민간의 지원활동이 이용 가능한 보조금의 메뉴도 준비했다. 대

표 10-2 정부에 의한 민간 지원의 움직임

일시	내각
2011.03.12	**내각관방** '재해V연대실' 설치, 민간 스태프 등용. 쓰지모토(辻元清美) 중의원 의원을 V·NPO와 연계 조정을 담당하는 '재해 V 담당'의 수상보좌관으로 임명.
2011.03.15	**재무성** 의원금·지원금 기부를 촉진하기 위한 기부 세제 도입. 중앙공동모금회가 실시하는 'V·NPO 서포트 모금(동일본대지진의 구원·부흥활동을 행하는 V·NPO로의 조성을 목표로 하는 모금)'에 지정 기부금을 운용. 이에 의해 개인의 경우는 소득세의 기부금 공제 대상으로, 법인의 경우는 전액 손실금 도입이 가능해짐.
2011.03	**미야기현 정부현지대책본부** 정부·미야기현·자위대·NGO(JCN 제휴) 간 4자 회의를 통해 역할 분담에 의거한 이재민 지원 시행(예: 취사 활동의 경우, 자위대 차량에 NGO가 탑승, 취사 재료의 비용은 정부가 지출).
2011.04	**재무성** 이재민 지원활동을 행하는 NPO 법인(認定)에 대한 기부에도 '특정 기부금 제도'를 적용.
2011.04	'동일본대지진지원 전국 네트워크(JCN)' 발족(3월 30일) → JCN의 제도팀을 사무국으로 하여, 민간단체와 각 성청과의 정보 공유·의견 교환을 행하는 '재해 V·NPO와 각 성청과의 정례 연락회의'를 개최(총 6회), 일부 민간 요청의 실현.
2011.05.1	**재무성** 이재민 지원활동을 행하는 공익단체·재단법인에도 특정 기부제도 적용.
2011.06.14	**내각부** '새로운 공공' 추진 회의에 의한 '재해 지원제도 등 워킹그룹' 설치 → 현지 의견 청취 → '새로운 공공'에 의한 이재민 지원활동 등에 관한 제도 등의 모습에 대해 정리.
2011.09	**내각관방** '재해 V 연대실'이 '동일본대지진 부흥대책본부·재해 V반'으로 이어짐. **부흥청** 부흥청의 발족과 더불어 '부흥청 V·공익적민간연대반'이 V·NPO와의 연계 창구 업무를 이어받음.
2012.04	**부흥청** '앞으로 NPO 등이 활용 가능한 정부의 재정지원에 대해', '부흥 지원을 위한 다양한 담당자의 로드맵'을 공개하는 등의 활동 전개.

주: V=볼런티어

자료: 내각부 웹사이트, 부흥청 웹사이트 및 일본펀드레이징협회(2012: 160~162)를 참고로 필자 작성.

11) 2011년도 확정 신고 결과를 근거로 일본펀드레이징협회(日本ファンドレイジング協会編, 2012: 178)가 행한 계산에 의하면, 기부금 공제 이용자인 약 136만 명 중 81만 9000명이 재해 관련 기부로 이용하고 있으며, 신기부세제로 도입된 특별 공제를 포함하면 약 25만 명이 이 제도를 이용하여 약 50억 원이 적용되었다고 한다.

표적인 것으로서 '새로운 공적 장 만들기'(내각부), '인연 만들기 지원'(후생부) 등이 있다. 이러한 보조에 관해서는 지자체와의 연계를 전제로 한 것이 많으며, 이른바 행정의 '하청화'라는 시민단체의 독립성, 자발성을 훼손하는 요소도 포함되어 있다는 점이다. 아울러 단년도 예산이기 때문에 단체에 따라서는 불안정한 재원이었다는 점 등 여러 문제가 지적(松田曜子·津賀高幸, 2014; 菅野志保, 2014) 되고 있기는 하지만, 그 정도의 금액의 보조금 메뉴를 제공한 재해는 이전에는 없었다. 이로부터도 정부의 민간 비영리 섹터에 대한 기대를 찾아볼 수 있다.

2) 새로운 연대 체제 구축을 위해: 가능성과 과제

2013년 6월 '재해대책기본법' 등의 법률 개정을 통해 볼런티어에 관해 이하의 내용이 추가되었다. "(국가 및 지방 공공단체와 볼런티어와의 연계) 제5조 3항 국가 및 지방 공공단체는 볼런티어에 의한 방재 활동이 재해 시 담당하는 역할의 중요성을 감안하여 그 자주성을 존중하며, 볼런티어와의 연계에 최선을 다해야 한다".

3·11 재해에서 정부와의 연계에 대해 '방재 볼런티어 검토회'는 재해 전부터 내각부 안에서 6년간 계속되어 실시해 왔다. 그러나 이번 재해에서는 축적해 온 정부-민간단체와의 관계 및 재해 후 활동 연계의 실적이나 축적된 노하우를 살리는 형태로 연계 통로가 설치되지 않았다. 오히려 전혀 다른 형태로 내각관방에 '볼런티어 연계실(連携室)'이 설치되었다. 이로 인해 민간단체와의 연계 통로가 이중화된 것은 큰 문제점이라 지적할 수 있다. 한편 검토회를 통해 생겨난 신뢰 관계가 미야기현의 현지 재해대책본부에서 NGO와의 구체적 연계를 실현시킨 사례도 있었다.

현재 이러한 경험이나 반성을 통한 새로운 연계 체제 구축이 진행되고 있다. 2013년 내각부에 '대규모 재해에 따른 볼런티어의 광역 연대에 관한 의견 교환'이 설치되어, 동일본대지진에서 지원활동에 관련된 국제협력 NGO, 경험

풍부한 재해 NPO, 전국사회복지협의회, 기업의 사회공헌담당 등 지금까지 재해 볼런티어와 관련된 전문가에 의한 의견 교환이 이뤄졌다(内閣府, 2015).

이러한 움직임과 함께 의견 교환회에 참가했던 JCN의 운영에도 관련되어 있던 민간단체 중에서 동일본대지진의 지원 경험을 통해, 앞으로의 재해에 대한 대응 체제를 구축할 필요성이 인식되게 되었다. 그리고 스스로의 활동 기반 강화(자금 조달력, 정보 발신력 등) 및 정부와의 연대를 촉진하는 상설기구를 창설하려는 움직임도 생기고 있다(明城徹也, 2015).

기존의 '재해 볼런티어'에 관한 전통적 이미지란 '재해VC'를 통한 일원적 시스템을 상정하고 있었으며, 그 속에서 활동하는 개개인도 포함한 것으로 재해 대응 경험이 적은 개인을 떠올리는 것이었다. 이러한 인식은 아직 행정기관 관계자들 속에 뿌리 깊게 박혀 있다. 그러나 이번 재해 현장에서는 전문성과 자원 동원력을 가진 NPO/NGO나 기업과 같은 통솔력 있는 조직이 활약했다. 이를 위해 공적 기관도 NGO 조직과 대등한 관계를 구축하고, 정부의 기존 재해 대응의 틀을 바꿀 필요성이 대두되게 된 것이다. 한편 민간 비영리 섹터에서도 정부와 대등한 관계를 구축하기 위해 필요한 정보 수집력과 자금 조달력·자원 조달력을 갖출 필요가 있다.

다만 이러한 조직적 활동의 기반 강화와 함께, 시민 섹터를 구성하는 단체로서 가장 중요한 과제는 많은 사람들의 참가를 독려해서, 다양성이라는 힘을 살리는 체제를 만드는 것이다. 이것이 시민사회를 강하게 하며 이를 통해 재해 발생 시 다양한 시민을 받아들여, 지원 수요를 만족시키는 조정 능력을 높이게 된다(岡本仁宏, 2013; 田中弥生, 2011). 이를 위해서도 시민 섹터를 구성하는 NPO/NGO를 비롯한 시민단체 및 관련 네트워크는 사람들이 사회문제에 관련되어 갈 때의 참가를 위한 통로 역할이 될 수 있다. 또한 문제해결의 수단으로서 작동해 줄 것을 요청받기도 한다.

〈참고문헌〉

岡本仁宏,「『東日本大震災では何人がボランティアに行ったのか』という問いから」, 大阪ボランティア協会ボランタリズム研究所編,『ボランタリズム研究』第2号, 大阪ボランティア協会, 2013年 3-14頁.

関西学院大学災害復興制度研究所·東日本大震災支援全国ネットワーク·福島の子どもたちを守る法律家ネットワーク編著,『原発避難白書』, 人文書院, 2005年.

国際協力NGOセンター(JANIC)編,『東日本大震災と国際協力NGO』, 2012年.

斎藤仁,「企業や様々な個人·団体を巻き込んだ支援の取り組み」, 広がれボランティアの輪連絡会議編,『ボランティア白書2014』, 筒井書房, 2014年, 119-127頁.

ジャパン·プラットフォーム(JPF)編,「ジャパン·プラットフォーム東日本大震災被災者支援報告書(2011年3月~2012年3月)」, 2012年.

菅野拓,「東日本大震災における被災者支援団体の収入構造」, 地域安全学会編,『地域安全学会論文集』No.24, 2014年, 263-271頁.

菅磨志保,「災害救援活動の展開」, 菅磨志保ほか編著,『災害ボランティア論入門』第4章, 弘文堂, 2008年, 110-154頁.

菅磨志保,「災害ボランティアをめぐる課題」, 関西大学社会安全学部編,『検証東日本大震災』, ミネルヴァ書房, 2012年, 236-252頁.

菅磨志保,「被災者支援に関わる市民活動の可能性と課題」, 関西大学社会安全学部編,『検証東日本大震災』, ミネルヴァ書房, 2014年a, 178-195頁.

菅磨志保,「災害ボランティアー助け合いの新たな仕組みの可能性と課題」, 荻野昌弘·蘭信三編著,『3·11以前の社会学』(第3章) 生活書院, 2014年b, 90-121頁.

全国社会福祉協議会,「東日本大震災災害ボランティアセンター活動報告書」, 2012年. (http://www.shakyo.or.jp/research/2011_pdf/11volunteer.pdf 2015年9月30日アクセス)

田中重好,「災害社会学のパースペクティブ」, 大矢根淳ほか編著,『災害社会学入門』, 弘文堂, 2007年, 44-51頁.

田中弥生,『市民社会政策論』, 明石書店, 2011年.

中央共同募金会,「赤い羽根 災害ボランティア·NPO活動サポート募金中間報告書」, 2015年. (http://www.akaihane.or.jp/er/pdf/20150115_borasapo_cyukan.pdf, 2015年 9月 20日アクセス).

津賀高幸,「広域避難者の課題に取り組む」, 広がれボランティアの輪連絡会議編,『ボランティア白書2014』, 筒井書房, 2014年, 68-79頁.

内閣府,「大規模災害におけるボランティア活動の広域連携に関する意見交換 提言」(平成26年度 多様な主体の連携促進事業関連調査業務), 2015年 3月. (http://www.bousai-vol.go.jp/product/proposal.pdf, 2015年 9月 11日アクセス)

中嶋貴子,「東日本大震災における災害寄付の実態と課題一活動支援金を中心に」, OSIPP Discussion Paper DP-2014-J-007, 2014年. (http://www.osipp.osaka-u.ac.jp/archives/DP/2014/DP2014J007.pdf, 2015年 9月 11日アクセス)

新潟水害救援ボランティア活動基金ウェブサイト, 2004年 11月. (http://www.tatunet.ddo.jp/vkikin/archives/2004_11.html, 2015年 9月 30日アクセス)

日本NPO学会編著,『東日本大震災民間支援ファクトブック』, 震災特別プロジェクト／タケダいのちとくらし再生プロジェクト, 2015年. (http://www.janpora.org/shinsaitokubetsuproject/seika/seika_fact_150725.pdf, 2015年 9月 20日アクセス)

日本経済団体連合会 (経団連) 社会貢献推進委員会1%クラブ,「東日本大震災における経済界の被災者·被災地支援活動に関する報告書—経済界による共助の取り組み」, 2012年 3月. (https://www.keidanren.or.jp/japanese/policy/2012/011.pdf, 2015年 9月 26日アクセス)

日本財団,『企業と震災:結び目が生んだ25のストーリー』, 木楽舎, 2012年.

日本ファンドレイジング協会編,『寄付白書2012』, 経団連出版, 2012年.

早瀬昇,「ボランティア論」, 自治体学会編,『まちづくりを問い直す』, (年俸自治体学9) 良書普及会, 1996年. 79-93頁.

早瀬昇,「義援金と活動支援金に関わる課題の整理」, 大阪ボランティア協会ボランタリズム研究所編,『ボランタリズム研究』第2号, 大阪ボランティア協会, 2013年, 106-113頁.

阪神·淡路大震災 被災地の人々を応援する市民の会編,『震災ボランティア』, 阪神·淡路大震災 被災地の人々を応援する市民の会, 1996年.

東日本大震災支援全国ネットワーク(JCN), ウェブサイト. (http://www.jpn-civil.net/ 2015年 9月 26日アクセス)

東日本大震災支援全国ネットワーク(JCN),『社会福祉協議会における広域避難者支援に関わる実態調査 調査報告書(2013)』, 2013年 8月. (http://www.jpn-civil.net/2014/archive/docfiles/Kouiki_Report_201308.pdf, 2015年 9月 26日アクセス)

兵庫県,『阪神·淡路大震災復興誌』第1巻, (財)21世紀兵庫創造協会, 1997年.

松田曜子·津賀高幸,「福島第一原発事故による広域避難者支援活動を行う民間団体に向けた公的資金の交付状況に関する考察」, 関西学院大学災害復興制度研究所,『災害復興研究』vol.6, 2014年, 147-156頁.

明城徹也,「日本の災害対応の課題と必要とされる連携·調整機能について」, (第3回国連防災世界会議パブリックフォーラム(3/15) 配布資料, 2015年.

みらいサポート石巻,『3.11 東日本大地震から2年 石巻災害復興支援協議会活動報告書』, みらいサポート, 2013年.

村井雅清,『災害ボランティアの心構え』, ソフトバンク新書, 2011.

山岡義典,「市民セクターの動向」, 広がれボランティアの輪連絡会議編,『ボランティア白書2014』, 筒井書房, 2014年, 175-183頁.

山口誠史,「被災地でNGOが果たしてきた役割と今後の課題」, 広がれボランティアの輪連絡会議編,『ボランティア白書2014』, 2014年, 15-26頁.

山下祐介·菅磨志保,『震災ボランティアの社会学』, ミネルヴァ書房, 2002年.

제11장

동일본대지진이 기업의 리스크 관리에 미친 영향

가메이 가쓰유키(亀井克之)

1. 동일본대지진과 기업 경영

2011년 3월 11일 발생한 동일본대지진은 일본 기업을 다양한 '상정 외'의 사태에 빠뜨렸다. 일본 기업은 기존에 경험해 본 적 없는 '복합 재해'에 대처하고, 복구·부흥이라는 목표 달성과 더불어 경영의 재검토를 시도했다. 한편 난카이 트로프 거대지진이나 수도직하지진 등의 자연 대지진, 테러, 전염병의 대규모 발생, 국가 안전보장상의 사고 등 최악의 사태(Worst Scenario)를 상정해서, 기업은 '리스크 관리'[1]의 수행 필요성을 절감하고 있다.

동일본대지진에 기업은 어떻게 대응했는가? 동일본대지진이 기업에 부여한 과제는 무엇이었는가? '업무 연속성 계획(BCP: Business Continuity Plan)'[2]에 관

1) (옮긴이) 리스크 관리(risk management)란 기업 활동에 동반되는 각종 위험 혹은 리스크를 최소한으로 억제하는 경영 수법을 의미한다. 최근에는 관리 기업 경영이나 조직 운영 등 휴먼 에러에 따르는 위험뿐만 아니라 자연재해 혹은 정치 불안과 같은 거시적 '환경 리스크'로부터 '기업의 경쟁력', 업무수행능력', '자산' 등을 최소 비용으로 보호하려는 다양한 대응도 두드러지고 있다.

해 어떻게 재검토하고 있는가? '국난'이라는 '난카이트로프' 거대지진이나 수도 직하지진 등 최악의 사태에 대비해 어떤 기업 방재를 전개하고 있는가? 어떻게 비용을 지불하며 경쟁력을 유지할 것인가? 본 장에서는 기업 리스크 관리의 관점에서 이 문제들을 개괄하고 닛산자동차를 사례로 검증한다.

2. 동일본대지진이 기업 리스크 관리에 남긴 과제

동일본대지진으로부터 1년간의 기업 상황을 정리한 가메이·다카노(亀井克之·高野一彦, 2012)는 ① 안부 확인이나 귀가 곤란, ② 풍평(소문이나 루머 등) 피해, ③ 전력 공급의 불안, ④ 라이프라인의 단절, ⑤ 연료, 자재 부족, ⑥ 서플라이체인의 단절, ⑦ 위기관리 시의 리더십 불안, ⑧ 경영자에 의한 위기 시뮬레이션 훈련, ⑨ BCP 재검토 등 이 기업 경영의 과제로서 제시했다.[3)]

이것들은 5년이 경과한 현재에도 적용되는 현상이다. 이 아홉 가지에 더해 새로운 과제로서 최근 몇 년간 해외에서 발생한 테러를 포함한 정치 리스크가 비약적으로 향상됨으로써, ⑩ 공급망과 해외 생산·조달 정비에 관한 해외 리

2) (옮긴이) 재난 발생 시 비즈니스의 연속성을 유지하기 위한 계획을 뜻한다. 미국 9·11 테러 사건(2001년) 이후 급부상하고 있는 개념으로 이는 재난이나 재해로부터 정상적인 사업 운용 및 고객 서비스 지속성 보장이 가능한, 즉 '핵심 업무 기능을 지속하는 환경'을 조성하려는 목적에서 그 중요성이 증대되고 있다. '업무 연속성 계획', '사업지속계획', '사업 계속 계획' 등으로 번역되기도 한다.

3) 우치다(内田, 2013)는 CSR 보고서에 BCM(사업계속경영 혹은 비즈니스 연속성 관리: business continuity management)에 관해 서술하고 있는 회사를 대상으로 조사한 결과를 통해 얻어진 과제는 다음과 같다. ① 시설·설비 피해의 관대함, ② 전력 부족, ③ 절전, ④ 서플라이체인 단절, ⑤ IT네트워크/데이터 방어, ⑥ 안부 확인, ⑦ 통신·사내 커뮤니케이션, ⑧ 귀가 난민, ⑨ 방사능·풍문을 들었다. 이에 대응한 BCM의 재검토 사항으로는 ① 리스크 상정, ② 매니지먼트 대응, ③ 강화해야 할 대책(초등 대응, 설비 강화, 네트워크 정비, 서플라이체인 대책, 통신·커뮤니케이션, 매뉴얼·규정 정비, 절전 대책, 재정 대책), ④ 교육·훈련을 예시하고 있다.

스크에 대한 대응을 추가할 필요가 있다. 우선 동일본대지진이 기업의 리스크 매니지먼트에 어떠한 영향을 미쳤는지 다음 세 가지 이슈에 초점을 맞춰 살펴보기로 하자. 첫째는 리스크 평가, 둘째는 BCP(BCP: Business Continuity Plan)의 정비, 셋째는 서플라이 체인의 리스크 대응에 관한 것이다.

1) 리스크 평가시의 저빈도·고강도 리스크에 관한 의식

리스크 평가는 사고·재해의 발생 빈도(Frequency)와 강도(Severity)의 두 면에서 평가를 실시한다. 그러나 발생 빈도와 강도의 두 축으로 평가하여 우선순위를 매기는 방법으로는, 동일본대지진과 같이 1000년에 한 번이라는 빈도의 자연재해에 대해서는 우선순위가 낮아지게 된다.[4] 과거 자연재해로 인해 원자력발전소에서 대규모 사고가 발생한 적은 없었다. 향후 예측되는 난카이 트로프 거대지진이나 수도직하지진과 같이 만약 발생 빈도나 발생 확률이 낮더라도 강도가 극히 강력한 재해에 대해 충분히 상정하여 대책을 세울 필요가 있다.

2) BCP(업무 연속성 계획)

(1) BCP의 연혁과 의의

'BCP'란 기업이 자연재해, 테러 공격, 신형 인플루엔자와 같은 긴급사태에 직면했을 경우 기업 자산의 피해를 최소한으로 하며 기업 자체의 존속이나 중요 사업의 계속, 혹은 조기 복구를 위해 평상시에 행해야 하는 활동이나 긴급시 취할 방법이나 수단 등을 정해두는 계획이다. '비즈니스 연속성 경영' 혹은

4) 亀井克之·高野一彦, 「東日本大震災と企業の危機管理」(関西大学社会安全学部編, 2012), 『検証 東日本大震災』(ミネルヴァ書房), pp.226~227; 高野一彦(2014), 「防災と経営者の責任」(関西大学社会安全学部編), 『防災·減災のための社会安全学部』(ミネルヴァ書房).

'업무 계속 관리(BCM: Business Continuity Management)'란 BCP를 책정해 계속 운영하는 활동이나 관리 시스템(작동원리)을 말한다.

일본에서는 2005년에 중앙방재회의가 방재 전략 속에서 BCP 정책에 관한 수치 목표를 설정하고, 내각부가 『사업 계속 가이드라인 제1판』을 발표한 이래 BCP 정책이 본격화되었다.[5] 종전의 기업 방재 계획과의 차이는, 일정 피해가 생길 수밖에 없다는 전제하에, 시간 축에 '언제까지 복구할 것인가'라는 '목표 복구 기간'을 정한다는 점이다. 2008년에는 조류에서 유래한 신형 인플루엔자(H5N1)의 유행이 우려되었을 때, 후생노동성은 2009년 2월 '사업자·직장의 신형 인플루엔자 대책 가이드라인'을 공표했다. 또한 2007년의 니가타현 주에쓰오키지진에서 부품 생산업체의 피해에 의해 자동차 생산업체 작업 중지가 되었던 것을 고려해, 중앙 방재회의는 2009년에 『작업계속 가이드라인 제2판』을 공표했다.

BCP는 이하의 다섯 단계를 거친다.[6]

① 우선하여 계속·복구해야 할 **핵심 사업**과 이에 관련된 경영 자원을 특정한다.
② 긴급 시의 중요 사업의 **목표 복구 시간**을 정한다.
③ 긴급 시 제공할 수 있는 사업 레벨에 대해 **거래처와 사전 협의**한다.
④ 사업 거점이나 생산설비, 구입품 조달 등의 **대체자원·대안 방책**(代替策)을 준비한다.
⑤ 종업원과 긴급 시의 작업 계속 방침이나 내용에 대해 **공통 인식**을 형성한다.

'비즈니스 임팩트 분석(BIA: Business Impact Analysis)'을 전제로 제시하고 있는 ①~⑤ 단계는 핵심 사업과 이에 관련된 경영 자원을 특정하여, 재해로 업무가 정지된 경우에 입게 되는 사업상·재정상의 영향을 평가·분석하는 것이다.

---

5) 중소기업의 BCP에 대해서는, 経済産業省·中小企業庁, 「中小企業 BCP策定運用指針」(2006.2), 「中小企業BCPガイド」(2008.3), 「BCP策定のためのヒント」(2009.3)을 발표했다.
6) 経済産業省·中小企業庁, 『中小企業BCPガイド』(2008).

(2) 포스트 동일본대지진 BCP의 과제

동일본대지진의 교훈으로 얻은 BCP에 관한 과제로는 ① 쓰나미에 의해 핵심 사업이 괴멸했다는 점. ② 후쿠시마 제1원자력 사고의 피난 구역 내 기업이나 흔적도 없이 사라진 기업에 대해 이미 목표 복구 시간이라는 개념이 의미가 없었다는 점. ③ 쓰나미의 경우 미리 협의해 둔 연락처를 포함한 지역 전체의 조직이나 체계가 거의 무너졌다는 점. ④ 광역 재해였기에 대체 자원·대체 방책도 피해를 받았다는 점. ⑤ 거대 쓰나미나 원전사고 등은 상정 외이며, 공통인식 형성의 대상에조차 들어가지 못했다는 점 등이다. 다카노(高野一彦, 2014)는 BCP 책정 상황의 기업 간 격차, 대기업의 위기관리 체제·BCP의 수도직하 지진에 대한 취약성을 지적하고, BCP를 더욱 보급하기 위해 위기관리 체제·BCP 평가 기준의 명확화, 중소기업·비공개 기업의 경영자에 대해 위기관리 체제·BCP 책정의 인센티브가 되는 시책의 필요성, 책정한 위기관리 체제·BCP의 실효성을 담보하는 대처의 필요성을 제언하고 있다.

3) 서플라이체인의 과제[7)]

(1) 서플라이체인과 재해

토요타자동차가 1970년대 확립한 '저스트 인 타임(Just In Time) 생산 방식'[8)]

7) 서플라이체인에 관해서는 다음을 참조했다. 財団法人 企業活力研究所,『東日本大震災を踏まえた企業の事業継続の実効性向上に関する調査研究報告書 ―グローバルな競争環境下におけるリスク対応力の向上とものづくり競争力の確保を目指して』(2013); 東京海上日動火災保険株式会社,「東日本大震災の教訓を活かす: 企業経営に残された課題」,『リスクマネジメント最前線』(2011); 三菱UFJリサーチ&コンサルティング株式会社(2012),「平成23年度中小企業支援調査 我が国ものづくり産業の競争力の源泉に関する調査報告書」.

8) (옮긴이) 토요타의 적기 공급 생산 시스템으로, 재고를 쌓아두지 않고서도 필요한 때 적기에 제품을 공급하는 생산 방식(TPS: Toyota Production System) 중 하나이다. 생산 라인에 '간판(看板: 간반/일본어 발음)'을 세워두고 부품 하청업자가 직접 다품종 소량 생산 체제에 부응하여 적시에 대응하는 것으로 물류비용 등을 절감하는 효과를 노린 것이다.

은 '필요한 부품을 필요한 때에 필요한 양만큼' 부품 생산업체로부터 받아 조립하는 프로세스를 의미한다. 이는 부품 재고를 최소화하고 제조 현장의 낭비를 없애는 방식이다. '스톡 제로'라고 불리는 이러한 생산 방식은 일본 국내 제조업뿐 아니라 전 세계 생산업체가 채용하게 되었다. 이를 뒷받침하는 것이 원재료·소재·부품·제품을 한데 묶는 '서플라이체인'이다.

재고를 갖지 않는 생산방식은 '원가(비용)절감'으로 이어져서 효율성과 경쟁력의 원천이 되지만, 한편 서플라이체인의 일부가 단절되면 최종 제품의 제조가 중단된다는 근본적 약점이 있다. 이 문제는 1995년 한신·아와지대지진(阪神淡路大震災) 발생 당시 '교통인프라의 피해'라는 어마어마한 파급력(현실)을 맛보았다. 이보다 더 현저하게 나타난 것은 1997년 2월 1일 아이신정기공장 가리야(刈谷) 제2공장의 화재였다. 브레이크의 유압을 조절하는 프로포서닝 벨브라는 제품의 90% 이상을 이 공장에서 조달하고 있던 토요타는 곧 궁지에 빠졌다. 그러나 계열 부품 생산업체뿐 아니라 지역 연관 생산업체에도 지원을 의뢰하여, 설계도를 보내 간신히 대체 생산을 하는 등의 조치를 취한 결과, 공장의 작업 중지는 4일에 그쳤다. 또한 2007년 7월 16일에 발생한 니가타현 주에쓰오키지진의 경우, 산업용 기계부품 생산업체인 리켄의 가시와자키(柏崎) 공장이 피해를 입어, 자동차 엔진에 불가결한 피스톤링의 생산이 중지되었다. 일본 내 점유율 50%를 점하는 리켄으로부터의 피스톤링 공급이 중단됨으로써, 모든 자동차 생산업체 회사가 생산을 중단하게 되었다. 각 자동차 제조회사들은 최대 1일 800명의 지원대를 파견하고 복구 작업을 수행했다. 이러한 지원에 따라 피해 발생 후 1주일 후에는 작업을 개시했으며, 2주일 후에는 모든 생산 라인이 복구되었다.[9)]

9) 内閣府 政策情報のページ, 「平成21年度 広報防災特集事業継続」. (http://www.bousai.go.jp/kohou/kouhoubousai/h21/11/special_03.html, 검색일: 2015.9.21)

(2) 서플라이체인의 문제점

동일본대지진에서는 차량용 마이크로컴퓨터를 생산하고 있는 반도체 생산업체나 임해(臨海)에 있는 재료 생산업체의 플랜트가 피해를 입는 등 비교 불가능할 정도로 대규모 서플라이체인이 단절되었다. 그 결과 전국적인 생산 정지 및 감산이 이루어져, 국내외에 영향을 미쳤다. 자동차 업계에서는 차량용 마이크로컴퓨터의 세계 점유율 40%를 차지하는 르네사스 일렉트로닉스(Renesas Electronics ルネサスエレクトロニクス)[10]의 나카(那珂)공장이 피해를 입어 커다란 영향을 끼쳤다. 당장 대체 조달로 대응한 아이신정기공장 화재나, 피해 입은 기계 설비를 총동원으로 복구한 리켄 피해 사례가 복구 모델로 적용되지 않았다. 이는 차량용 마이크로컴퓨터의 전자부품은 생산의 리드 타임(제품 기획에서 제품화까지 걸리는 시간)이 긴 커스텀 제품이며 합성수지·고무 등의 원재료 공급이 중단된 영향도 컸기 때문에, 대체 생산이 곤란했던 것이다.

과거 재해의 경험에서 서플라이체인에 관한 조달 리스크의 분산이 시도되었다. 그러나 1차 공급책은 파악하고 있어도, 2차, 3차 이후의 공급책을 파악하기란 쉽지 않은 일이었다. 결과적으로 동일본대지진에서는 재료를 동일 생산업체에서 조달하고 있는 공급책이 존재하고 있으며 피라미드형으로 리스크가 분산될 것으로 기대(예상)되었던 서플라이체인은 다이아몬드 형태를 띤 구조였다는 것이 판명되었다. 일본 제조업의 강점이라 할 수 있는 공급책과 생산업체의 협동에 의한 특별 주문한 '커스텀 부품'에 의한 고품질 제품 제조가 재해 시에는 약점이 될 수 있다는 사실을 재인식했다. 제품의 차별화 및 원가 절감에 의해 경쟁력을 유지하면서, 동시에 재해 시를 대비한 '리스크 대응'에 얼마의 비용을 지불할 것인가라는 '리스크 매니지먼트'에 관한 한 영원한 과제[11]

10) 옮긴이 일본 정부가 주도하여 NEC, 히타치 제작소, 미쓰비시 전기 등 19개 기업이 공동 출자한 반도체 기업이다. 2003년 출범했으며 2010년 NEC가 합류함으로써 그 규모가 최대화되었다. 그러나 3·11 동일본대지진 이후 2012년 구조조정을 통해 지금의 점을 강조한다.

11) Russell B. Gallagher, "Risk management: new phase of Cost Control," *Harvard Business Review*, September/October 1956, pp.75~86.

가 다시 부각되었다.

(3) 서플라이체인의 재검토

동일본대지진과 그 반년 후인 2011년 10월 발생한 태국 홍수의 교훈을 통해, 기업은 기존 서플라이체인의 세련화를 서둘렀다. 그것은 ① 서플라이체인을 더욱 자세히 파악하는 것 = 서플라이체인의 시각화, ② 부품의 모듈화 = 수단·부품의 공통화 = 제품설계의 재검토, ③ 해외 조달 가능한 부품·소재의 활용을 포함한 조달처의 다양화, ④ BCP의 작성·재검토, ⑤ 재고의 적정화 등이었다.[12]

이하에서는 각 회사들이 구체적으로 서플라이체인에 관해 새롭게 검토한 내용에 관해 살펴보기로 하자.

토요타자동차는 동일본대지진 발생 당시, 1차 공급처인 430개 회사의 4000여 품목에 대해 제2차 이후의 모든 서플라이체인에 관한 조사를 의뢰했다. 이로 인해 축적된 30만 개 이상의 서플라이체인 정보에 대해, 난카이트로프 거대지진이나 수도직하지진과 같은 거대 자연재해를 상정한 지리적 리스크를 고려해 '리스크 우선순위'를 매기고 있다. 이러한 정보를 데이터베이스(DB)화하여 토요타와 공급처가 정보를 공유할 수 있는 시스템을 구축하여 이를 가시화하는 작업이 진행되고 있다. 또한 서플라이체인에 대체할 거래처(代替先)에서 교체 생산이 가능함이 확인된 부품이 7할이 넘는 반면, 리드 타임이 길다거나 'Only One 기술'에 의해 범용화·복잡화가 곤란한 품목이 여전히 남아 있다는 점이 과제로서 인식되고 있다(財団法人企業活力研究所, 2013: 19~21).

12) 미쓰비시 UFJ 리서치&컨설팅의 조사(2011년 12월 실시, 회답 기업 수 4151사)에 의하면, 2011년 10월에 발생한 태국 홍수로 직·간접적 피해가 있는 기업 중 동일본대지진이 '서플라이체인'과 관련된 교훈이 태국의 홍수 대응에 '도움이 되었다'고 대답한 기업은 29.0%(대기업 51.3%, 중소기업 26.3%)이었다. 본 조사에 따르면, 동일본대지진의 교훈이 도움된 경우는 '조달품의 상황 확인'이 가장 높은 57.2%, 뒤이어서 '대체 조달처의 확보'가 35.2%, '거래처, 협력기업의 지원 체제'가 25.5%였다.

다이킨공업(ダイキン工業)에서는 2008년부터 부품의 표준화·공통화를 추진해 왔다. 이 회사는 동일본대지진 이후 전 부품을 대상으로 한 유사한 초동대응 강화, 전략 부품을 대상으로 한 장기계약 실시, 전략 부품·보틀넥 부품을 대상으로 한 집중 조달 품목의 호환성 있는 대체품 개발을 실시하고 있다(財団法人企業活力研究所, 2013: 22~24).

소니의 경우 네 개의 대책을 강화하고 있다. 첫째는 Tier 2, Tier 3도 고려한 복수 구매이다. 이는 ① 듀얼 소스화(복수 구매), ② 한 회사에 의뢰할 경우는 복수의 거점 생산을 의뢰, ③ 이것이 모두 곤란한 경우는 비축재고를 지닐 것 이다. 둘째는 지리적 리스크 회피이다. 이는 Tier 1을 복수화했다고 해도 생산 거점이 도호쿠 지방에 집중되었다는 점을 개선의 과제로 삼는다는 것이다. 그리고 셋째는 글로벌 시점에서의 종합 서플라이체인의 가시화, 넷째는 대체처를 포함한 파트너 공장의 설비 상황 파악이다(財団法人企業活力研究所, 2013: 25~27).

후지쯔에서는 대체 생산을 가능하게 하기 위해서는 각 공장 고유의 제작을 재검토해서 표준화를 추진하는 것, 멀티소스화를 기본으로 하여 설계단계부터 대체성을 갖도록 하는 것, 싱글 소스(한 회사에서만 조달하는 것)를 중심으로 파악하는 것 등을 위해 노력하고 있다(財団法人企業活力研究所, 2013: 42~45).

이러한 각 회사별 재검토의 방향성에 관해서는 '르네사스 일렉트로닉스'가 대응한 내용을 집약하자면 다음과 같다. 즉 ① 유사시 대체 공장에서의 생산을 가능케 하는 멀티 허브화, ② 대체 생산 시 품질 확보이다. 아울러 대체 생산이 가능한 품목은 대체 생산으로 전환될 때까지 필요한 기간을 고려하여 재고를 확보하고, 대체 생산이 곤란한 싱글소스 품목은 전략적으로 재고를 보유하는 것이다(財団法人企業活力研究所, 2013: 46~48).

한신·아와지대지진(1995년), 아이신정밀기계(アイシン精機)공장 화재(1997년), SARS 발생(2003년), 니가타현 주에쓰오키지진(2007년), 그리고 2011년의 동일본대지진과 태국 홍수라는 계속되는 재해로부터의 교훈을 배운 기업에게

글로벌 경쟁력의 원동력이 되는 효율적인 서플라이체인 구축과, 기업 재해·BCM의 양립은 영원한 숙제이다. 부품 생산업체와 완성품 생산업체의 협력에 의한 일본의 제조 특징인 높은 세계 점유율을 보이는 고품질 커스텀 제품(고품질 경쟁력·낮은 대체성)과 범용성 높은 부품에 의한 모듈화(높은 비용 경쟁력·높은 대체성)에 관한 딜레마에서 벗어나기 위해서는 과감한 결단만이 포스트 동일본대지진 시대에서 '기업 리스크' 관리의 가장 중요한 본질이라 할 수 있다.

3. 닛산자동차의 사례 분석[13)]

닛산자동차는 1999년에 부채 총액 2억 엔이라는 심각한 경영 위기에 직면한 바 있다. 그러나 프랑스 르노와 글로벌 얼라이언스를 체결하고, 르노 출신의 카를로스 곤(Carlos Ghosn) 사장이 취임 후 수완을 발휘하여 닛산은 V자 회복을 보였다. 곤 사장은 프랑스 타이어 기업 미슐랭(미쉐린) 지사 및 르노자동차의 경영을 재건한 실적을 가지고 있었다. 기업 위기관리에 특화된 곤 사장 아래서, 닛산은 리스크를 민감하게 파악하고 리스크 관리 체제를 정비함과 동시에, 유사시에 대비한 시뮬레이션 훈련을 실시하고 있었다. 동일본대지진은 자동차 업계 전체에 심각한 영향을 미쳤으나, 그중에서도 닛산이 가장 빨리 복구되었으며, 2011년 9월 말에는 다시 전 생산이 가능하게 되었다. 닛산의 경우 동일본대지진 전후에 발생한 리먼 쇼크와 태국 홍수 때에도 복구가 빨랐다고 평가받고 있다. 여기서는 그 원동력이 된 닛산의 리스크 매니지먼트·위기관

13) 닛산자동차의 사례는 2015년 6월 26일에 실시된 닛산자동차 주식회사 글로벌 내부감사실 주식회사 리스크 관리의 스가와라(菅原正)가 제공한 자료 및 인터뷰, 그리고 아래 참고문헌에 의거한 것이다. 菅原正, 「日産自動車のBCMの取り組みと東日本大震災における対応」, 日本品質管理学会第146回シンポジウム(2013); 菅原正, 「日産自動車におけるコーポレートリスクマネジメント」, 日本リスクマネジメント学会第39回全国大会(2015).

리·BCP에 대해 분석하고자 한다.

1) 닛산의 리스크 매니지먼트 체제

닛산의 회사 전체 리스크 매니지먼트 체제 도입의 배경에는 사내 환경의 변화를 들 수 있다. 2000년에 도입된 '닛산 리바이벌 플랜(NPR: Nissan Rivival Project)에 의해 경영 위기로부터 V자 회복을 이뤄내, '재생을 위한 긴급체제'로부터 '지속가능한 성장'을 지향하게 되었다. 우선 지진을 상정한 리스크 매니지먼트 체제의 정비가 본격화되었다. 닛산은 가장 치명적 리스크 요인으로 대규모 지진을 상정하고 2003년에 '지진 대책계획'이 운영회의에서 승인되었다. 이로 인해 하드 면의 대책으로 건물 내진화·설계의 고정, 데이터 센터의 신축 이전이 이루어지고, 소프트 면의 대책으로 '통합 대책본부 조직'을 구축하고, 공급처와의 연계가 행해졌다. 또한 2005년부터 '사업 등 리스크'에 관한 유가증권 보고서에서의 공개 의무, 2006년 실시된 신(新)회사법에 의해 '내부통제 시스템'의 관리 필요성을 느끼고, '경영 톱(이사)을 포함한 회사로서의 시스템'으로 '기업의 지속성 있는 성장을 위한 회사 전체의 리스크 매니지먼트'가 필수라는 점을 인식하게 되었다. 이 때문에 전담 부서 '총괄사무국'을 설치했으며, 2007년에는 회사 전체를 총괄하는 '리스크 매니지먼트'의 프로세스를 구축했다. 리스크 정보의 공개는 2009년에 유가증권 보고서에서 '사업 등의 리스크'에 관한 기술을 전면 개정했다. 이어서 2010년 CSR[14] 보고서를 통해 리스크 매니지먼트 활동에 관한 정보 공개를 강화했다(〈표 11-1〉 참조).[15]

---

14) (옮긴이) CSR(Corporate Social Responsibility)란 기업의 사회 책임이라는 뜻으로 기업이 경제적 책임이나 법적 책임 외에도 폭넓은 사회적 책임을 적극 수행해야 한다는 것을 말한다. 특히 재난이 발생할 경우, 이에 대응하는 기업의 다양한 활동이 주목받고 있다. 예를 들어, 안전 문화 및 안전 의식에 관한 교육, 재난 구조 및 구호 활동, 방재 및 예방 캠페인(홍보), 환경 보호 및 복구, 회생 지원 등 기업의 역할(CSR)에 관심이 높아지고 있다.

15) 닛산의 유가증권 보고서 '사업 등의 리스크'

(2) '지진 대책'에서 'BCP'로 전환

2007년의 '니가타현 주에쓰오키지진'의 교훈을 통해 아래와 같이 재검토가 행해졌다. 우선 '통합대책본부'의 체제를 더욱 기동성 있게 변경했다. 구체적으로는 본부장을 업무최고책임자(COO: Chief Operating Officer)로 하고, 초기 대응팀을 설치하여, 우선 초동팀이 정보 수집을 담당하도록 했다. 본부 설치의 시뮬레이션 훈련을 실시한다. 이는 본부장 이하 주요 임원이 참가해서, 지진 발생 당일 및 그 다음날을 2시간 정도로 압축해서 진행하는 유사 체험의 형태로 진행되었다. 생산 부문에서는 '니가타현 주에쓰오키지진'을 계기로 부품 생산업체 회사인 '리켄(RIKEN)'의 복구 지원에 관해 실시한 경험들을 매뉴얼에 반영했다. 또한 그룹 내 중요 공정의 정리 및 해당 공정에 관한 BCP를 작성하여, 이를 양식으로 하여 수평으로 전개하도록 했다. 서플라이체인의 경우 공급처 조사를 실시하여 이를 기반으로 개선을 지원했다.

---

1. 세계경제 및 경기의 급격한 변동: (1) 경제 상황, (2) 자원 에너지 정세
2. 자동차 시장의 급격한 변동
3. 금융 시장에 관한 리스크: (1) 환율 변동, (2) 통화·금리·생필품 리스크, (3) 유가증권의 가격변동, (4) 자금 유동성, (5) 판매 금융 사업 리스크, (6) 거래처 신용 리스크, (7) 퇴직급여 채무.
4. 사업 전략 및 경쟁력 유지에 관련된 리스크: (1) 국제적 활동 및 해외 진출, (2) 연구개발 활동, (3) 타 기업과의 연계 등, (4) 제품·서비스 품질, (5) 환경이나 안전에 관한 규제·기업의 사회적 책임, (6) 중요한 소송 등, (7) 지적재산 보호의 한계, (8) 우수한 인재의 확보, (9) 법령 준수(compliance) 및 평판(Reputational Risk).
5. 사업의 계속: (1) 대규모 재해, (2) 원재료 및 부품 구입, (3) 특정 공급처에 대한 의존, (4) 정보 시스템에 관한 리스크.

닛산의 지속가능성 보고서 및 연차 보고서에 기재될 '리스크 관리 상황'

1. 금융 시장에 관한 리스크: (1) 자금 유동성, (2) 환율·금리·원재료 가격, (3) 거래처 신용 리스크, (4) 퇴직급여 책무, (5) 판매 금융 사업.
2. 사업 전략 및 경쟁력 유지에 관한 리스크: (1) 상품 전략, (2) 제품 품질, (3) 환경문제·기후변동 대책, (4) 법령 준수 및 평판.
3. 사업 계속에 관한 리스크: (1) 대규모 재해의 대응책, (2) 신형 인플루엔자 대책, (3) 생산 계속(지속)을 위한 대응, (4) 서플라이체인의 지속성, (5) 리스크 파이낸스와 손해 방지 활동, 개인정보 보호와 정보 보안(독립 항목).

표 11-1 닛산의 리스크 매니지먼트 시스템

	2000~2001	2002~2004	2005~2007	2008~2012	2011~2016
	경영 위기			리먼 쇼크	동일본대지진 대만홍수
중기계획	**Nissan Revival Plan** 부활을 위한 긴급 체제 코스트 효율의 추구	**NISSAN180** 지속성, 이익이 있는 성장 Good Company에서 Great Company로	**Nissan Value-Up** 한층 더 발전, 새로운 도전	**NISSAN GT 2012** 성장과 신뢰(2009년 중지)	**Nissan Power 88** 브랜드 & 세일즈 카 시장 점유율과 수익의 양립
주요 변화	·공장 폐쇄에 의한 효율화·인력 삭감과 비용 절감 ·공급처 축소에 의한 비용 절감 ·글로벌 관리체제의 구축	·판매 증가에 의한 공장가동률 증가 ·차대, 부품의 공용화 추진 ·개발기간의 단축 → 사업 중단·이익 손실 리스크의 증대 품질·리콜 리스크 증대	·새로운 마켓/현지생산 확대(중국 러시아 인도, 브라질 등 ·혁신적 기술의 도전(배출 제로 차량으로 선도적 우치, 자율주행) → 미지·미경험의 리스크	·다양한 원재료 가격의 폭등 ·세계적 금융위기·경제위기 → 신흥국으로부터 조달·신흥국에서의 생산 증가	
회사 전체의 RM 체제	·재무부에 RM 기능 통합 ·글로벌 본사 체제	·ERM 제창 회사 전체 리스크 조사 실시 ·사무 등 리스크 유보 개시	·ERM 기능의 센터를 내부 검사 결정 ·신회사법 대응, 내부통제위원회 설치 ·J-SOX 대응 개시	·ERM 체제 재구축	·전략적 정보 개시 IR/CSR와의 연계
개별 RM 활동	·손해 방지 활동 본격 개시(부분 횡단적 팀에 의한 활동) ·컴플라이언스위원회 설치 ·대규모 재해 RM 개시(지진, 화재, 우박, 태풍)	·공급처 신용 리스크 대응 ·필수품 가격 리스크 대응 ·정보 보안(Security) 대응, 개인정보보호법 대응	→ 공급처 리스크 관리체제의 강화 ·위기관리위원회 설치 → BCP로서의 대처(주에스오키지진) (전염병·신형 인플루엔자) (Tear 2 이하 공급처 관리)	내부 통제- 회사 전체 RM 체제 대응	3·11 대응을 계기로 강화
리스크 파이낸스	·글로벌 보험 프로그램 구조 개시	·자기 부담의 대폭 확대(고액 면책) 도입	·전속회사(Captive)의 글로벌 활용	·인수 종목의 확대	

자료: 닛산자동차 글로벌 내부감사실 법인 리스크 매니지먼트 관련 제공(스가와라菅原正) 자료.

2008~2009년에 걸친 맹독성 '조류인플루엔자(AI) 리스크'가 높아지고, '돼지 인플루엔자'가 유행하는 등 전염병 대책으로서, 글로벌 대책 조직(본사+해외 지점)이 구축되었다. 간접 부문(개발 부문+본사 부문)을 포함한 전 조직에서 BCP가 작성되었다. '우선 업무'의 범위 축소와 '사람'에 초점을 맞춘 검토를 실시했다. 공급업체는 닛산 생산공장의 BCP(업무 연속성 계획)에 관한 구상안(거의 현물)을 첨부하여 BCP의 책정을 의뢰했다.

2010년에는 Tier 2 이상의 서플라이체인 대책이 실시되었다. 실시된 내용을 구체적으로 살펴보면, 생산 지속을 위한 긴급대책의 실시, 생산 대수의 확대에 대비한 품질관리 체제의 강화, 공급 리스크 부품의 리스트업, 현장 점검과 개선 지원 등으로 이루어졌다.

3) 동일본대지진에 의한 피해

자동차업계 전반에 걸쳐 광범위한 지역에서 동시다발적 피해가 발생함에 따라 부품 조달이 늦어지고 인프라가 단절되어 사업 활동이 정지되었다. 닛산의 경우 3월 11일, 이와키공장과 도치키(栃木)공장이 설비 등 여러 피해를 입었다. 3월 15일 시즈오카현을 진원으로 하는 지진에 의해 트랜스미션과 무단변속기(CVT: Continuously Variable Transmission)를 생산하는 자회사인 '쟈토코 후지(JATCO FUJI)'가 피해를 입었다. 신차 재고는 2500대가 완전 손실되었다. 판매 회사는 동일본의 436점포가 피해를 입었으며, 이 중 5점포는 쓰나미에 의해 전파되었다.

가장 큰 피해를 입은 것이 고급차량용 V형 엔진을 생산하는 이와키공장(후쿠시마현 이와키시)이었다. 이와키공장은 지반 침하로 인한 작업장 바닥의 손상, 에어덕트(자동차 내부에 바깥 공기나 온풍을 도입·배출하는 파이프)의 파괴, 제조 중 엔진 낙하, 라이프라인의 단절 등 심각한 피해를 입어 작업을 중지했다. 지진이 발생한 시간대에는 작업이 종료되었기 때문에 작업 인력은 제조 현장에서 떨어져 있었다. 이 때문에 인적 피해는 발생하지 않았다. 3월 15일, 회사 내 대피 지시로 인해 자택 대기가 되었다. 23일에는 공장이 복구·재개되었다. 4월 11일, 12일의 여진에 의해 피해가 발생했으나, 4월 22일에는 기계 설비 관련 복구가 완료되었다. 이후 5월 17일에는 그룹 회사나 부품 생산업체로부터 하루 최대 200명이 넘는 지원을 받아서 전면 복구되었다.

4) 초동대응

지진 발생 후 피해가 명확히 상정되었기 때문에, 피해대책본부가 신속히 설치되어, 정보 수집이 개시되었다. 2011년 2월 21일 대규모 시뮬레이션 훈련을 실시한 지 얼마 되지 않았기 때문에, 훈련대로 정보 수집을 개시했다. 다행히도 3·11은 '평일 오후에 발생'했기 때문에, 본부장 이하 주요 멤버가 회사에 있었다. 안부 확인 시스템은 다음날 아침까지 작동하지 않았다. 다만 사원들이 회사에 근무하고 있었던 '재사(在社)' 비율이 높았기 때문에, 비록 휴대전화는 사용할 수 없었으나 이메일이나 내선 전화를 활용한 닛산 본사의 안부 확인이 하루 만에 거의 종료되었다. 결과적으로 안부 확인 방법을 '웹(인터넷) 접속' 형태로 변경하거나 긴급 연락용 수단의 다양화, 연습·숙지 훈련(習熟訓練) 등 해결해야 할 과제를 명확하게 제시해 주었다.

닛산은 1999년 경영 위기에 의해 긴자(銀座)의 본사 빌딩을 매각했는데, V자 회복으로 인해 요코하마의 글로벌 본사 빌딩으로 이전이 실현되었다. 신 본사는 내진구조와 자가발전을 갖추고 있으며, 지진 발생 시의 기본 정책이 '본사는 사내 대피(용)'로 전환되었다. 따라서 동일본대지진 당일 귀가 대책은 ① 도보 귀가 가능자는 귀가 가능, ② 귀가 곤란자에 가벼운 식사 제공, ③ 기본 정책 전환에 의해 모포 등의 비축이 늘어났기 때문에 이를 사용하도록 했다.

동시에 '지역사회 공헌'의 방침에 따라 일반인 귀가 곤란자도 수용했다. 요코하마시 요청으로 약 150명을 받아들여 모포, 음료수 등을 제공했다. 이후 '요코하마시 피난 빌딩'으로 본사를 지정하여 이를 위한 체제를 재구축했다.

5) 사업 연속성

간접 부문은 자택 근무로 변경했으며 공장은 복구 요원만 출근했다. '대책본부 정례회의'에 본부장 이하 관계 사원, 대책본부 멤버가 출석했으며, 3월 중에는 거의 매일 개최되었다. 4월 이후는 주 1회로 5월 10일에 일단 종료했다. 지휘부의 리더십 아래 정보 공유, 회사 전체의 방향성 조정, 글로벌 연계(기본 방침의 확인, 우선 업무 확인, 절차 신속화)를 실행했다. 임시 경영회의에서 '즉시 판단하고 바로 결정'했다. 사외용(회원·투자가·미디어·CSR)과 사내용(대책본부 보고서, 경영진 메시지)으로 분류하여 정보를 발신했다.

대책본부 주도의 활동으로서는 수출용 완성차에 대한 방사선 양의 측정과 기록에 의한 풍평(風評) 피해의 방지(3/17~ 샘플 체크, 그 후 게이트형 기기로 전수 검사), 자금 유동성 확보(신규 차입과 회사채 발행에 의한 현금보유고의 확충), 판매회사지원(운영자금, 보수용 부품, 중고차 공급), 방사선 농도의 기준 작성 등에 관해 업계와 국가에 제안(도움을 요청)했다. 통계센터에 관해서는 상정한 바와 같이 기능을 유지시켰다. 수전(受電) 설비의 손상으로 인해 3일간 정전 상태였으나 통계센터는 즉시 자가발전으로 전환하여 계속하여 가동했다. 그러나 자가발전의 연료 확보를 위해서는 상당한 노력이 필요했다. 이와키공장에서도 3일 만에 네트워크가 복구되어 인프라 및 이메일 등의 이용이 가능하게 되었다.

복구 지원의 경우 2007년 '니가타현 주에쓰오키지진'의 경험을 통해, 인재맵을 활용하여 복구팀의 신속한 편성과 파견을 시행했다. 도치키공장, JATCO 후지공장, 이와키공장 순으로 복구를 실시하고 관계회사·공급처의 복구를 지원했다.

3월 26일에는 카를로스 곤 사장이 이와키공장을 시찰했다. 현장 종업원을 격려함과 동시에 현장 상태 확인과 의견 교환을 행했으며, 지반의 기초 보강 등의 대책을 반영했다. 심리적 관리를 위해 산업안전 전문의가 카운슬링(상담)을 실시, 이와키공장에서는 방사선 영향에 관한 강의를 실시했다. 여진 대책으로는 이와키공장의 정전을 상정한 야간 피난 훈련을 실시했다. 이 훈련에 많은 사람이 지원했다.

절전 대책으로서 공장의 자가발전장치의 증강, 최고치에 달하지 않기 위해 휴일 및 근무교대 변경, 스마트 미터(Smart Meter: 전기 사용 상황을 시각화하는 전력량 계측기)의 도입, 평시 모니터링의 실시, 상한을 초과할 것으로 예측되는 긴급대응계획의 책정이 실시되었다.

6) 피해 지역 지원활동

피해 지역 지원활동으로는 모금·기부, 사륜구동 차량 50대 기증, 가솔린 부족 시 도움이 되는 전기자동차 닛산리프[16] 65대·각종 렌터카 7대 무상 대여, 구조물품 제공, 봉사활동 특별휴가(유급 5일)의 설정과 봉사활동의 실시 등을 행했다.

7) 조기 복구의 원동력: 현장·부문 횡단적·지역 횡단적

닛산의 카를로스·곤 사장의 기업위기관리의 특징은 '현장'의 중시, 경영 '지도자'로서 '우선순위'를 매겨 대책을 결정하는 '리더십', '부문 횡단적(Cross-Functional)'과 '지역 횡단적(Cross-Regional)'으로 문제해결책을 입안하고 시행한다는 점이다. 이하 서술한 대로, 이러한 방침이 동일본대지진에서도 기능했

16) 옮긴이 닛산 리프는 일본 닛산 자동차가 2010년부터 생산하는 세계 최초의 양산형 전기자동차다.

으며 조기 복구의 원동력이 되었다.

(1) '현장'의 힘

① 피난 훈련에 의해 몸에 익힌 행동으로 '피해의 최소화'가 돋보였다. 예를 들어, 화재방지 조치를 취한 후에 피난

② 현장 종업원의 높은 충성도를 바탕으로 한 헌신적 노력이 보였다.

③ 현장의 힘(現場力)을 결집시켜, 큰 규모의 여진으로 인한 복구 작업의 재개시 등 어려움을 극복했다.

(2) 임원진의 진두지휘

① 임원진 스스로 현장에 투입되어 격려 및 현장 실태를 파악하고 의견 및 요청에 귀를 기울였다.

② 통합대책본부에서 정보 공유와 회사 전체의 방향성을 조정하여 대책을 '즉시 판단하고 바로 결정'했다.

(3) 부문 횡단적(Cross-Functional)

① 부품별 개발·생산·구매의 각 직능이 팀을 꾸려 연대하여 대책 활동을 추진했다. 개발 부문은 대응책의 입안 및 검토, 생산 부문은 생산 계획의 조정·변경, 구매 부문에서는 공급처 정보 수집·대응별 입안·검토를 담당했다.

② 공급처 지원팀의 편성·파견, 대응책의 검토·시행, 대체 부품이나 재료 개발, 대체 공급처의 선정에 대해 동시 병행으로 작업을 진행하고 진척 상황을 공유했다.

③ 공급책의 최신 상황의 파악 → 대책시행 → 생산 스케줄의 조정이라는 흐름 속에서 진척 상황을 공유했다.

(4) 지역 횡단적(Cross-Regional)

① 해외 자회사의 서플라이체인 관리 담당자가 일본에 집결, 하나의 글로벌 닛산팀으로서 업무를 수행했다. 각자의 모국어를 사용해 직접 연락하여 조정했다.

② 해외 각 공장의 대표자가 각각의 주요 부품과 예상되는 재고부족(欠品) 시기를 명확히 했다.

③ 이러한 정보를 매일 공급함으로써 회사 전체 차원에서 부품 출하 우선순위를 결정하여, 부품 출하 계획을 조정했다.

8) 동일본대지진의 교훈과 BCP 재검토

앞에서 살펴본 바와 같이 신속한 초동대응이나 예상을 뛰어넘는 빠른 복구가 성공적이었으나, 그 외에도 동일본대지진으로부터 다양한 교훈을 얻을 수 있었다. 그 결과 닛산자동차는 다음과 같은 BCP 재검토를 시행했다.

(1) 초동대응에 관한 재검토

휴대전화로 일제히 문자로 송신하는 방식의 안부 확인 시스템이 제대로 작동하지 않았기 때문에 '웹 액세스' 방식으로 변경했다. 새로운 안부 확인 시스템의 실효성을 확보하기 위해 훈련도 강화했다. 다른 통신수단에 대해서도 철저히 훈련했다. 기존의 피난 계획에는 쓰나미의 위험성이 고려되지 않았기 때문에 최신 쓰나미 예측으로 피해를 시뮬레이션하여 피난 경로나 계획을 수정했다. 상정한 시간 내에 피난을 완료할 수 있는가를 훈련으로 확인했다.

(2) 비축에 관한 재검토

요코하마의 새 글로벌 본사 빌딩은 내진구조로 유사시 건물 내로 피난하게 되어 있기 때문에 전 직원과 방문객용의 비축분이 필요하다는 점을 인식했다.

또한 비축품은 기존에 한개 층(창고층)에 한꺼번에 보관하고 있었는데, 엘리베이터가 정지하는 경우 물 등은 무거워서 나를 수 없기에 물이나 비상식량 등은 각 층에 보관하도록 변경했다.

(3) 통합대책본부 시뮬레이션 훈련의 재검토

통합대책본부의 시뮬레이션 훈련을 매년 1회 실시하는 것이 전제조건이 되었다. 기존에는 평일 근무시간 내에 하는 것뿐이었으나, 본부 요원이 휴일에 도보 및 자동차로 소집하는 훈련도 실시하게 되었다. 시나리오는 매년 난이도를 올리며, 동일본대지진 이후 난카이트로프 거대지진이나 수도직하지진 등 최신 상황을 적용하여, 더욱 현실에 가까운 시나리오를 준비(채택)하게 되었다. TV회의 시스템의 중계로 자회사와의 공동 개최나, 실제 공급처의 참가 등도 추가되었다. 기존에는 훈련 실시와 복습이라는 구성이었으나, 예습도 추가된 훈련을 최대한 활용하도록 변경했다. 구체적으로는 연초에 회사 총괄 사무국에서 최신 시나리오를 각 직능에 전개하고, 각 직능은 이에 의거해 재검토할 부분을 다시 평가(결정)한다. 그 결과를 관계부처를 포함해 서로 맞춰보고, 전체 정합성을 확인한 후에 훈련에 임한다. 훈련은 유사 훈련이긴 하지만 효율성 좋은 테스트가 된다. 이렇게 정리된 발견과 과제, 직원이나 컨설팅 회사로부터의 피드백을 근거로 재검토 한다.

(4) 전제 조건이나 대책 범위의 재검토

동일본대지진에 의한 쓰나미 피해, 난카이트로프 거대지진에 의한 쓰나미를 상정하여, 인명 확보를 위한 체제가 재검토되었다. 2003년에 확인된 지진대책계획을 살펴보면 투자금액에 의거하여 우선순위가 매겨졌고, 간토·도카이지방을 대상으로 하는 밸류체인(Value Chain)의 상류에 있는 생산공장의 내진 보강에 그쳤다. 그러나 동일본대지진을 경험하고 나서는 판매점 등 밸류체인 하류에 위치한 것까지도 포함하여 대상 범위를 확대했다. 이에 더해 좀 더 신속한 생산 복구를 위해, 지반(기초공사)의 강화, 2차 부품·소재 대책(천장, 덕트, 배관 배선 등)도 실시되었다.

(5) 서플라이체인의 재검토

Tier-n 서플라이도 포함한 서플라이체인 전체를 관리할 필요성이 높아져, 병목 현상의 정리와 대책의 입안 및 실행이 결정되었다. 기존의 구매에 관한 기본 정책은 효율성을 우선으로 하여, 공급처나 재고를 한정하는(줄여가는) 방향이었다. 그러나 동일본대지진 이후는 Teir 1공장에서만 생산되는 부품에 관해 더 이상 서플라이체인의 발목을 잡지 않기 위해서 부품생산의 독점화 해소(근절)를 의무화하고, 여러 회사에 서플라이체인 구조를 분산·다각화시켰다. 또한 유사시 공급처를 신속히 파악하기 위한 데이터베이스를 구축하게 되었다. 글로벌 데이터 정비가 진행되어 데이터베이스는 확장 중이다. 또한 Tier-n 공급처에도 적극적으로 관여해, 현장 진단이나 개선 제안 등이 행해지게 되었다. 자연재해뿐만 아니라 법령 준수(compliance) 및 CSR에 관한 대처도 비즈니스를 지속한다는 관점에서 매우 중요해졌기 때문에, 이에 관한 공급처의 의식 환기나 협력 요청도 강화되었다.

(6) 글로벌 연계의 재검토

해외 오퍼레이션의 중요성이 늘고 있는 가운데, BCP의 정비나 훈련 실시를 해외 자회사에도 요청하게 되었다. 자기진단 툴을 제공하고 약점을 보이는 부분에 대해서는 모범 사례를 소개하는 등 다양한 지원 체제가 마련되고 있다. 통합대책본부의 시뮬레이션 훈련을 글로벌 미팅 때 함께 개최하여, 해외 담당자도 견학하도록 했다.

9) 동일본대지진의 교훈을 통한 글로벌 리스크 관리 체제

닛산의 리스크 관리의 특징은 르노 회사와의 글로벌 얼라이언스를 통해 "유사시에는 세계에 퍼져 있는 거점들이 연동해서, 일본을 전면 지원한다"는 점이다. 구체적인 예로 닛산에서는 가나가와현 자마시(座間市)의 '글로벌 차량 생산 기술센터'에 세계에서 생산되는 닛산 차량의 모든 부품금형 설계도를 디지털화하여 보관하고 있다. 이와키공장의 작업이 멈출 경우, 데이터를 미국 공장에 보내고, 즉시 미국 현지 공장에서 일본용 엔진 부품의 대체 생산이 개시된다.

이러한 기본적 특징을 가지는 닛산의 글로벌 리스크 관리체제는 동일본대지진의 교훈을 통해 다음과 같이 전개되었다.

첫째, 리스크 관리 규정, 리스크 평가 방법, 리스크 맵의 형식 등 기본적 툴이 공유되고 있다. 둘째, 구체적 행동으로서 직능을 축으로 전 세계와 연계된다. 셋째, 정보 공유와 의견 교환의 경우, 글로벌 리스크 관리 미팅을 연 1회, 일본 내 리스크 관리 미팅을 연 2회, 르노 및 중국 조인트·벤처와의 정보교환을 연 1~2회 실시한다. 넷째, 각 지역·각 회사의 특성에 맞춘 리스크 관리 운용으로 가치를 살리도록 지향하고 있다. 구체적으로는 리스크 평가는 각 지역·각 회사의 시점에서 실시된다. 글로벌 본사의 '회사 전체의 리스크'를 회사별로 분산시키지 않고, 회사별로 '회사 전체의 리스크'를 선정하게 한다. 마찬가지로 각 사의 리스크 맵을 합산해서 글로벌 버전의 리스크 맵을 만들지는 않았다.

이렇게 닛산의 글로벌 리스크 매니지먼트 체제는 리스크 관리의 기본적인 프로세스를 글로벌하게 공유하는 '소프트 연계'이다.

4. 결론: 기업 리스크 매니지먼트의 교훈

닛산자동차의 사례 분석을 통해 얻을 수 있는 교훈은 무엇보다도 ① 대규모 재해 시 '리더십의 중요성'에 관한 것이다. 아울러 ② 리스크를 상정한 '훈련의 효과', ③ 직능별-지역별 '연계 대처의 유효성'이었다. 동일본대지진이 발생한 지 5년의 경험을 일반화하자면, 기업 리스크 매니지먼트에 관한 교훈은 재단법인 '기업활력연구소'가 언급(財団法人企業活力研究所, 2013)하듯이 ① 철저한 리스크 상정에 의거한 하드 면의 리스크 컨트롤인 '강한 공장 만들기', ② 소프트 관점에서 리스크 컨트롤인 '평상시의 방재훈련이나 철저한 시뮬레이션', ③ '지역사회 혹은 업계 단체와 협력 관계의 구축', ④ 어떤 리스크가 상정되는가, 리스크에 어떻게 대응할 것인가에 대한 '고객과의 리스크 커뮤니케이션 강화', ⑤ '서플라이체인의 강화'(ⓐ 공급처의 철저한 층별 관리, ⓑ 부품·재료의 특성별 멀티 소스화나 대체 생산을 추진, ⓒ 공급처와 '리스크 커뮤니케이션'의 강화) ⑥ '제작 경쟁력의 고려'(ⓐ 해외 생산 거점의 활용, ⓑ 공통화·표준화 추진·범용품과 '주문제작품의 전략적 구분')에 있다.

앞으로의 기업 리스크 관리의 키워드는 지역사회를 비롯한 이해관계자 간 '연계'라 할 수 있다.[17] 연계의 중요성을 기업관계자들에게 각인(강하게 인식)시키는 점이 기업 경영의 분야에서 동일보대지진의 큰 교훈 중에 하나일 것이다.

17) 가와타(河田恵昭) 교수는 기업방재에 대해 『신시대의 기업방재(新時代の企業防災)』(中災防新書, 2013)에서 서플라이체인의 고찰, BCP의 본연의 모습의 고찰, 동일본대지진 후의 기업 앙케트 조사, 미국 9·11 현지 조사(2001)·허리케인·샌디 조사(2012)를 통한 미국 기업의 위기 관리에 관해 날카로운 분석을 내놓고 있다. 결론적으로 교훈(학습), 국가적 재난이 될 수 있는 난카이트로프 거대지진과 수도직하지진을 상정하고 다양한 제언 및 교훈을 제시한다. '기업의 지역공헌'에 관해서는 예를 들어, 1999년 터키·마르마라지진 발생 당시의 토요타공장, 2001년 9·11 당시 JAL NY지부 등 사례에서, 앞으로의 기업방재의 요점은 '연계' 및 '유대감(기즈나)'에 있으며, "국난을 극복할 수 있는가의 여부는 회사의 다양한 단위가 과연 '연계'할 수 있는가에 달려 있다(270쪽)"고 주장한다.

〈참고문헌〉

内田知男,「BCM取り組みの実態を探る(続編)ー東日本大震災とBCM」,『危険と管理』第44号(災害管理型リスクマネジメントの新展開), 日本リスクマネジメント学会, 20113年.

亀井克之,『現代リスクマネジメントの基礎理論と事例』, 法律文化社, 2014年.

亀井克之·高野一彦,「東日本大震災と企業の危機管理」, 関西大学社会安全学部編,『検証 東日本大震災』, ミネルヴァ書房, 2012年.

河田恵昭,『新時代の企業防災』, 中災防新書, 2013年.

財団法人企業活力研究所,『東日本大震災を踏まえた企業の事業継続の実効性向上に関する調査研究報告書 ーグローバルな競争環境下におけるリスク対応力の向上とものづくり競争力の確保を目指して』, 2013年.

高野一彦,「防災と経営者の責任」, 関西大学社会安全学部編,『防災·減災のための社会安全学部』, ミネルヴァ書房, 2014年.

林春男·牧紀男·田村圭子·井ノ口宗成,『組織の危機管理入門 リスクにどう立ち向かえばいいのか』, 丸善, 2008年.

제12장

포스트 3·11의 재해 저널리즘

과제와 전망

곤도 세이지(近藤誠司)

1. 3·11 보도가 직면한 난제: 양과 질의 양립

우선 재해에 관한 정의부터 시작해 보자. 동일본대지진과 후쿠시마 제1원자력발전소 폭발사건(원전사고) 등 저널리즘을 포함한 일련의 프로세스를 총칭하여 '3·11'로 지칭하여 논의를 전개하고자 한다(大澤真幸, 2012).[1] 3·11동일본대지진은 그야말로 '슈퍼 광범위 재해'(河田惠昭, 1995; 2006)라 할 수 있다. 그 피

1) 옮긴이 오오사와는 동일본대지진을 계기로 원전에 관한 철학적 고찰을 시도하고 있다. 대지진(강도 9.1)과 20m가 넘는 대형 쓰나미(지진해일) 피해, 그리고 상정 외의 원전사고라는 융복합적 재해를 아우르는 용어로 일반적으로 발생한 날짜 3·11이라는 용어가 널리 사용되고 있다(大澤真幸, 『夢よりも深い覚醒へ—3·11後の哲学』(岩波書店, 2012). 『검증 3·11 동일본대지진』, 『일본 대재해의 교훈』, 『동일본대지진으로부터의 부흥: 지속가능한 경제사회의 구축을 위한 제언』이라는 세 권의 책(검증-교훈-제언)이 이러한 관점에서 동일본대지진을 분석하고 있다. 예를 들어 저자들은 동일본대지진을 일본 사회의 복합위기로 규정하고 그 실체가 무엇이며 어떻게 전개돼 왔는지 그리고 일본 정부와 관료, 민간 부문이 어떻게 대응했는지에 대해 분석하고 있다. 다케나카 헤이조·후나바시 요이치 편저, 『일본 대재해의 교훈: 복합위기와 리스크 관리』, 김영근 옮김; 간사이대학사회안전학부 편, 『검증 3·11 동일본대지진』, 김영근 외 옮김(도서출판 문, 2012); 가쿠슈인여자대학 편, 『동일본대지진으로부터의 부흥—지속가능한 경제사회의 구축을 위한 제언』, 김영근 외 옮김(고려대학교출판부, 2013).

해는 거대했고, 피해 지역은 광범위했으며, 내부 사정은 다양했고, 피해를 확대시킨 다양한 원인이 영향을 미치고 있었다. 더군다나 부흥의 길은 험난하고 피해가 장기화될 것이라는 전망을 쉽게 부정할 수 없는 상황이 계속되고 있다.

그런데 과연 미디어는 어떻게 3·11을 전달하고 있는가? '매스미디어'로 분류되는 주요 미디어, 예를 들어 지상파 TV, 라디오 및 주요 신문, 그리고 잡지나 서적 등은 이러한 전대미문의 재해를 앞에 두고 방대한 정보를 계속 발신하고 있다. 우선 지금까지 유통한 정보의 양 자체가 전대미문이라는 점은 틀림없다. 그러나 어떤 매체에서든 당초 염려되었던 '풍화 현상[2]'이 애로사항이 되고 있다(예를 들면 MYWAY MOOK 東日本大震災特別リポート, 2013).

3·11 보도 현상을 개관하기 위해서는 신문기사 데이터베이스를 분석(참조)하는 것이 가장 빠른 방법이다. 시험 삼아서 구독자 수가 일본 최대인 요미우리신문(読売新聞)의 기사검색 서비스인 '요미다스 역사관(ヨミダス歴史館)'을 사용해, ['지진 or 진해', and '동북 or 동일본'] 이라는 검색조건으로 기사 수의 추이를 1년 단위로 비교하면 〈그림 12-1〉과 같다. 3·11이 발생한 해의 1년간을 100이라고 하면, 현재(4년차)는 20에 미치지 않는다. 기사의 양은 이미 5분의 1 이하로 줄었다. 마찬가지로 '후쿠시마'와 '원전', 이 두 키워드를 중복해서 포함하는 기사 수를 그래프로 나타내도, 이러한 흐름은 그다지 바뀌지 않는다(〈그림 12-2〉). 거시적/양적으로 보면, 확실히 '풍화'가 진행되고 있다고 할 수 있다.

그런데 이 '풍화'라는 키워드도 포함하여 다시 한 번 재해 관련 기사 수를 확인하면 상황이 매우 변했다는 점을 발견할 수 있다. 〈그림 12-3〉에서 나타나듯이 기사 수가, 3·11 발생 첫 해보다 다음 해에 약 1.5배가 증가했으며 이후 그 수준을 유지하고 있다. 재해 연관 기사 전체를 얼마나 차지하는지를 보면,

---

2) (옮긴이) 여러 사회문화적, 정치외교적 요인으로 인해 미디어 본질의 기능이나 역할이 변화하는 일련의 과정과 결과를 뜻한다. 예를 들어, 일본 정부가 2020년 도쿄올림픽을 유치하기 위해 후쿠시마 원전사고로 인한 방사능 위험성에 관한 보도 혹은 저널리즘의 대응이 변화했다고 지적받는 것도 재해 저널리즘의 풍화 현상이라 할 수 있다.

그림 12-1 요미다스 역사관 [(지진, 재해) and (도호쿠 or 동일본)]

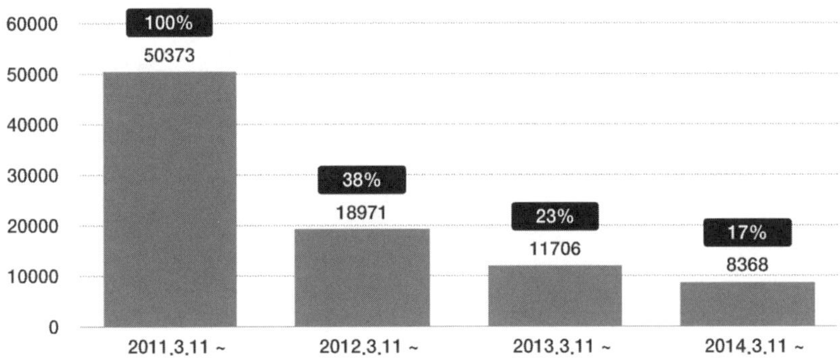

그림 12-2 요미다스 역사관 (후쿠시마 and 원전)

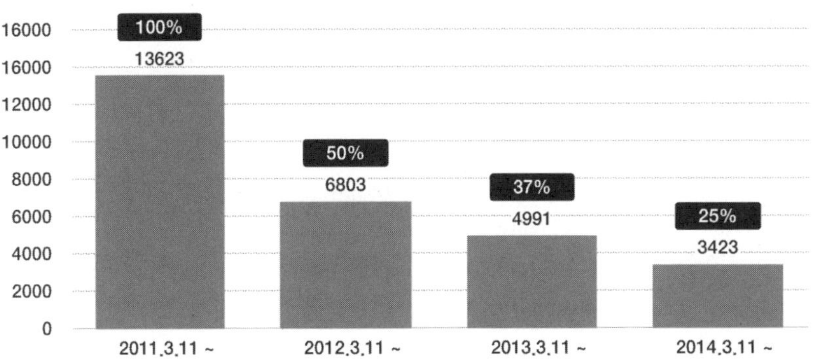

그림 12-3 요미다스 역사관 [(지진 or 재해) and (도호쿠 or 동일본) and 풍화]

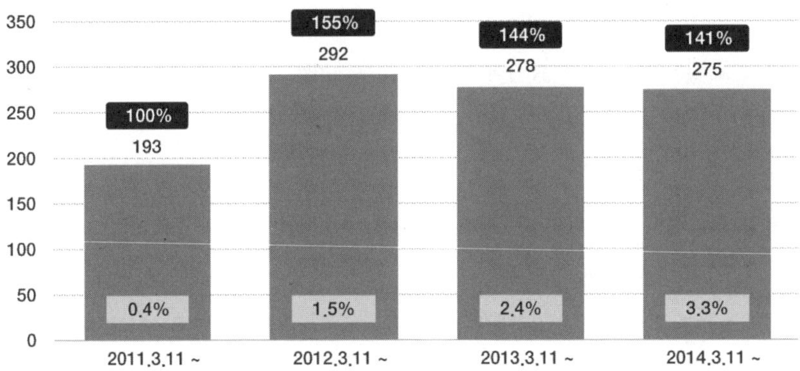

주: 막대 그래프의 사각형 안의 수치는 기사 전체에서 차지하는 비율.

그림 12-4 이와테현 연안 자치체의 정보량 순위 변화

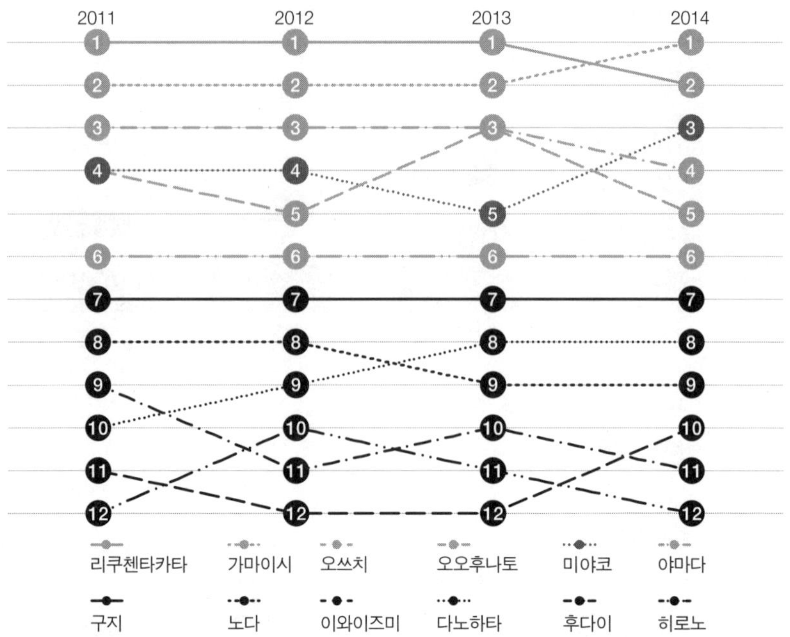

0.4%에서 3.3%로—즉 8배 이상이나—증가했다. 매스미디어는 3·11의 교훈이 풍화되어선 안 된다고 주장함으로써 정면으로 풍화에 저항한다고 볼 수도 있다. 그러나 동시에 풍화되어선 안 된다는 틀에 박힌 기사를 연발함으로써, 오히려 풍화에 대한 강한 인상을 남겼다고도 할 수 있다. 보도의 정량 분석뿐만 아니라 질적 측면에서도 엄격하게 검토해야만 하는 이유이다.

매스미디어에 관해서는 3·11 직후부터 지적된 또 하나의 과제로서 지역 별 '보도량'에 불균형이 발생하는 '보도 격차' 문제가 있다(近藤誠司, 2015). 피해의 양상이 주목을 끌어 세간의 이목을 끈 지자체가 있는 반면, 방문하는 보도진이 적은 지자체가 분명히 존재했다. "보도 격차가 지원 격차로 이어지고 있다"—의연금의 액수 차이 등—는 실태도 있었다(近藤誠司, 2015). 이러한 문제는 과연 해소되었는가? 답은 '아니오'다.

〈그림 12-4〉는 이와테현 해안부에서 재해구조법이 적용된 12곳의 지자체별 보도량 순위 변동을 나타내고 있다. 다소의 변동은 있으나, 상위층과 하위층이 이동할 만큼의 커다란 순위 변화는 보이지 않는다. 초기 보도량이 적었던 지자체의 입장에서는 '패자부활전이 없었다'고 볼 수 있다. 예를 들어 3·11 보도가 전체적으로 활발해졌다고 해도, 지역이 안고 있는 고유의 고충들이 외부에 제대로 전달되지 않았을 우려가 있다. 전체의 양과 부분의 질은 상관관계 없는 경우가 많다는 현실을 다시 한 번 짚어야 한다.

지금까지 3·11 보도의 아웃라인을 살펴보았다. 무엇보다도 애초에 간과(결여)하고 있었던 '로컬 미디어'나 '인터넷 미디어'에 관한 시점에 관해서 점검할 필요가 있다. 또한 독자나 시청자 등 '정보의 수용자' 측이 어떻게 정보를 받아들이고 있었는지, 인상이나 영향의 정도에 대해서도 참작하여 분석이 이뤄져야 할 것이다. 단순히 객관적이고 외재적으로 간편히 손에 넣을 수 있는 파라미터(매개변수)를 사용해 현상을 설명하는 데는 한계가 있다.

3·11 보도의 난제는 양과 질의 양립에 있다. 이 문제를 직시하여 새로운 전망을 내놓기 위해서는 거시적/양적 관점뿐 아니라 미시적/질적 시점도 필요하다. 구체적으로는 사태에 침전된 혹은 내재된 시점도 동시에 요구된다. 그곳에서는 이후에 서술하는 '통일된 이론 프레임'을 이용해 관련 현상에 대해 정성들여 '해부'하고, 근본적 시점에 서서 개량해야 할 필요가 있다. 이를 위해 순서대로 설명하기로 한다.

2. 재해 저널리즘을 검증하기 위한 착안점: 정보의 오너십

필자는 종래의 '재해 보도'를 대체할 단어로서 '재해 저널리즘'이라는 개념을 제기해 왔다(近藤誠司, 2015: 210~231). '재해 저널리즘'의 기능에 관해서는 이하 세 가지로 집약할 수 있다.

그림 12-5 리얼리티의 공동 구축 모델

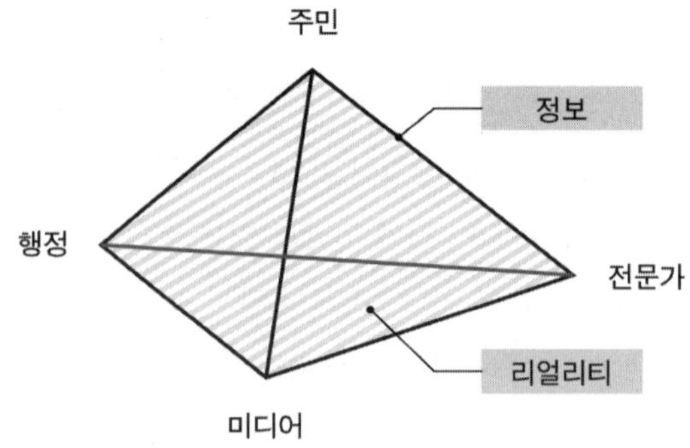

자료: Okada & Ui(1997)을 개정.

(1) '긴급 보도'를 통해 사람들의 목숨을 구하는 것
(2) '부흥 보도'를 통해 사람들의 목숨을 유지하는 것
(3) '예방 보도'를 통해 사람들의 목숨을 지키는 것

이러한 사회적 사명을 다하고자 할 때, 종래의 '객관적 보도'의 본연의 모습을 넘어서, 더욱 많은 관계 당사자가 재해사고를 '나의 일'로서 파악할 수 있는 새로운 '관계성을 구축하는 것이 지향된다. 여기서 필자가 화산학의 식견을 바탕으로 유도해 낸 것이 '리얼리티의 공동 구축 모델(〈그림 12-5〉)'이다.

'리얼리티의 공동 구축 모델'이란 간단히 말하면 재해 대응의 다양한 관계 당사자, 즉 지역 주민, 행정기관, 미디어, 전문가 등이 각각이 가지고 있는 정보를 단순히 주고받는 '선분(線分)의 연계'에 안주하는 것이 아니라, 정보의 배후에 있는 급박함이나 중요성을 서로 공유하는 '입체적인 연계'를 모색하는 것이 방재·감재를 위해 불가결하다는 점을 추출한 이념 모델이다. 여기서 말하는 '리얼리티'란 관계 당사자끼리의 상호작용에 의해 공동으로 생성된 사회적 구성물을 가리킨다. 정보의 올바름이나 전달의 신속성 등의 지표뿐 아니라 사람들이 똑같이 '정말 위험하다'고 서로 느끼는 것(공감), 그리고 똑같이 '이것은 중요

그림 12-6 재해정보와 리얼리티의 평가축

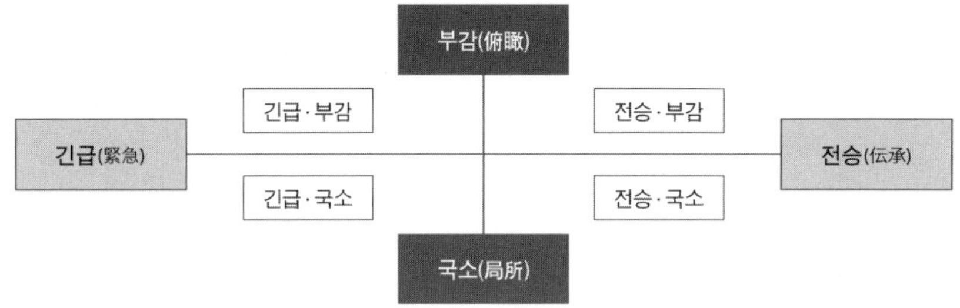

한 교훈이다'라고 서로 생각하는 것(공유)이야말로, 이러한 '사회적 리얼리티(Social Reality)'를 화제로 삼아 '주제화'하는 프로세스이자 메커니즘이라는 점을 함의하고 있다.

그렇다면 '슈퍼 광역 재해'에 대응하는 정보 전략의 요점은 애초에 '시간과 공간의 싸움'이라는 한 줄로 요약할 수 있다. 시간의 극한은 두 가지가 있다. 하나는 매우 단기간에 신속히 위험을 알리는 [긴급]이라는 벡터, 또 하나는 먼 후세에 재해의 경험이나 교훈을 전달하는 [전승]이라는 벡터이다. 이 둘을 각각 리얼리티의 시점에서 바라볼 필요가 있다. [긴급]의 극한에서는 '바로 지금 이 순간에 위험이 다가오고 있다'고 하는 이른바 '미분(微分)의 리얼리티'가 중요하다. [전승]의 극한에는 '언젠가 분명, 옛날부터 전해져 오듯 재해가 자신을 덮치는 경우가 있다'라는 '적분(積分)의 리얼리티'가 빛을 발한다. 한편 공간의 극한도 두 가지가 있다. 하나는 극히 한정된 지역에서 위기를 서로 아는 [국소]라는 벡터, 또 하나는 피해지 안팎 모두 포함하는 넓은 시야로 사태를 바라보는 [부감(俯瞰)]이라는 벡터이다. [국소]의 극한에서는 '바로 이곳이 재난에 휩싸인다'고 하는 '시점의 리얼리티'가 중요시된다. [부감]의 극한에서는 피해의 심각성의 배치나 공백 지역(空白域, 대지진 발생이 예측되나 최근 지진 활동이 관찰되지 않는 곳)의 분배 등 '중추적 리얼리티'가 추구 대상이 된다. 이러한 관계를 정리한 것이 〈그림 12-6〉이다.

이 글에서 채용하는 평가 축은 4개의 사분면에 놓인 표가 각각 '리얼리티의 공동 구축 모델'에 적합한가라는 점으로 귀착되게 되는데, 이번에는 이를 좀 더 일반 시민의 입장에서 쉽게 이해하기 위해 '정보의 오너십'이라는 주요 개념을 도입하고자 한다. 요약하면 '그 정보가 '나의/우리의 것'이 되었는가'라는 관점이다. '나랑 관계없다'고 느껴진 시점에서, 그 정보의 리얼리티는 이미 사라지며, 어떠한 행동도 환기시킬 수 없을 우려가 있다. 그러나 반대로 자기가 당사자가 되어 만들어낸 정보는, 생생한 리얼리티를 가지고 다가올 가능성이 있다. 그곳에는 행동의 첫 걸음을 야기할 힘이 내포되어 있을 것이다.

"디지털 미디어 시대"(平塚, 2012)에 정보유통의 세계는 매일 진전하고 있다. 생성되는 방대한 정보는 대체 누구의 것인가? 만약 치명적 재해정보가 행정의, 행정에 의한, 행정만을 위한 정보라고 한다면, 거기에 지역 주민의 생명을 구하는 힘을 찾는 것은 '우물에서 숭늉 찾기'라고 할 수밖에 없다. 전문가의, 전문가에 의한, 전문가를 위한 전문용어—이는 존경받기도 하지만 실제로는 일반 시민으로부터 멀어지고 있다—도, 마찬가지로 단순한 '엇갈림'만을 낳는다.

3. 분석 1: [긴급·부감]

우선 [긴급] 시의 [부감]적 정보 발신의 본연의 모습에 관한 구체적인 예 하나를 보자. 동일본대지진에서는 긴급 지진 속보나 거대 쓰나미 경보 등 중요한 경보가 기상청으로부터 다양한 미디어를 통해 전국에 전달되었다. 피해지에서는 정전이나 파손에 의한 정보 차단이라는 하드웨어에 관한 과제 이외에는 이렇다 할 만한 내용이 없었다. 애써 전달된 정보마저도 실제로 위기가 몰려온다는 점을 제대로 개별 주민에게 전달하지 못했다. 바꾸어 말하면 '리얼리티가 결여되어 있었다'라는 소프트웨어나 휴먼웨어에 관한 과제도 셀 수 없이 지적되었다(예를 들어 近藤誠司·矢守克也·奥村与志弘·李旉昕, 2012; 近藤誠司, 2015).

여기서 일본에서 유일한 공영방송인 일본방송협회(이하 NHK)를 예로 들자면, 거대 쓰나미 정보에 관한 정보 발신에 관해서는 3·11을 겪은 후 다음과 같은 '개선'이 이루어졌다. 포인트는 크게 세 가지이다(NHKウェブサイト, 2014). 우선 첫 번째는 TV 화면의 영상표현기술의 '개선'이다. 쓰나미가 덮치기 전 평화로운 항구의 모습을 계속 비추는 것이 아니라 "당장 도망치세요!" 등의 구체적인 행동을 지시하는 말을 화면에 크게 표시하도록 바뀌었다. 또한 배경을 회색으로 하거나 글자를 두껍게 하여 강조하거나 하는 등 그래픽도 모두 수정되었다. 두 번째는 아나운서의 코멘트 전달 시의 어조를 강한 말투로 바꾸었다. "한시라도 빨리 안전한 고지대로 도망가십시오!"와 같이 명령하는 말투나 단정적인 말투를 통해 TV 시청자나 라디오 청취자에게 혼란이나 망설임이 생길 여지가 줄도록 했다. 세 번째는 '예측'뿐 아니라 '실측' 정보를 적극적으로 활용하는 것이다. 근해의 GPS 파도 측정계 등이 쓰나미의 도달을 파악한 경우에는 이러한 정보를 거의 실시간으로 발신하도록 했다.

개괄하면 이러한 '개선' 방침은 3·11의 반성을 진지하게 받아들여, 더욱 안전하게 '긴급 보도'를 하기 위한 적극적 자세의 발로라고 평가할 수 있다. 민간 방송미디어사들도 "(보도의) 실패를 두려워 말라! 오히려 보도를 하나도 놓쳐서는 안 된다!"라는 자세로 전환했다는 점에 공감하는 의견이 많다고 한다. 하지만 동시에 이러한 조치에 관해 "NHK는 너무 깊이 파고드는 경향이 있다", "대처가 지속되지 않는 것은 아닌가", "헛다리만 짚다니, 양치기 소년이다"라는 부정적 의견이 많은 것도 사실이다. 이러한 혼란을 어떻게 파악해야 하는가? 여기서 '리얼리티의 공동구조 모델'의 '정보의 오너십'의 관점이 도움이 된다.

기상청이나 NHK에 의한 재해정보 전달체계의 '개선'책 자체는 기술적으로 보자면 대부분 뛰어나며, 타국이 부러워할 만한 '방재대국의 진면목'이라 할 수 있다. 그렇지만 국민의 입장에서 허심탄회하게 다시 바라보면 방재 정보의 대부분은 '나의/우리들의 것'이라고는 절대로 할 수 없다. '정보의 오너십'에서 거대 쓰나미 경보(특별 경보)는 아직도 '타인의 것', 달리 말하면 기상청이나 NHK

등 '일부 전문가들만의 것'과 같은 남의 나라 이야기라고 할 수 있다. 그렇기에 종종 제멋대로인 비판도 생긴다. 자신의 것이 아닌 이상, 아무리 불합리함을 호소해도 자신은 아프지도, 가렵지도 않기 때문이다. 그러나 이대로라면 방재의 관점에서는 이보다 비(非)건설적인 것은 없다고 할 수 있다.

이 과제를 해결할 한 가지 실마리로서 극히 단순한 관용구를 제시하는 것이 있다. 방재 정보를 '나의/우리들의 것'으로 하기 위한 '리스크 커뮤니케이션[3]'을 좀 더 활성화시켜야 한다. 예를 들면 방송 미디어의 입장에서 말하자면 "어떻게 화면구성을 하면 당신이 피난해야겠다고 실감할 수 있을까요?"와 같은 것이나 "어떠한 코멘트를 외친다면 당신은 (TV를 끄고) 피난하려고 마음(결단)먹겠습니까?"와 같은 사항을 시청자·청취자에게 질문하며 '개선' 수단을 모색하는 작업을 함께 전개하는 것이다. 거대 재해를 앞에 두고 만전의 방송 체제를 계획하는 것은 실제로는 곤란한 작업이다. 최악의 경우 '방송 중지'되는 상황의 지역도 있을 수 있다는 '현실'과 '각오'를 일반 시민과 공유하는 것도 중요하다. 애초에 '리스크 커뮤니케이션'이란 '리스크'를 둘러싼 '커뮤니케이션'에 한정되지 않으며, '리스크 커뮤니케이션' 전체 디자인을 함께 생각하는 '메타 차원의 커뮤니케이션'도 포함되어야 한다.

매스미디어가 어디까지나 소수만의 것으로 인식되는 한, 재해정보의 활용성을 모색하려는 움직임에 동참하려는 사람의 수는 절대로 늘지 않을 것이다. 이 경우, 성공을 함께 축하하는 사람의 수도 늘지 않으며, 오히려 외부에서 실패하기를 비는 사람만 늘어날 위험이 있다. 오히려 반대로 이러한 움직임 자체에 관심이 없는 층만 늘어날지도 모른다. 이와 같은 악순환은 3·11 이전의 폐색(閉塞)된 구도와 아무것도 다르지 않다. 이 부분이야말로 포스트 3·11에서 변화해야만 하는 문제의 핵심이다.

3) (옮긴이) '리스크 커뮤니케이션' 연구는 1960년대에 위험에 대한 사람들의 행위조사를 계기로 탄생했으며, 평가 결과를 효과적으로 전달하기 위한 수단으로서 중요한 방법론이라 할 수 있다.

한편 사태 개선을 위한 포인트 중 하나는 다음절인 [긴급·국소]의 대처에서 이미 보이기 시작했다. 위에서 설명한 대로 "모두가 함께 참가·관전하기에 기꺼이 참여한다"는 '협동성'이 문제해결을 위한 실마리이다.

4. 분석 2: [긴급·국소]

[긴급·국소]에 관해서는 다시 두 가지 경우로 나누어 살펴보면 이해하기 쉽다. 하나는 [긴급·국소(국소에서 국소로)], 한편으로는 [긴급·국소(국소에서 부감으로)]이다. 이를 순서대로 설명하면 다음과 같다.

[긴급] 시에 지역을 좁혀 구체적인 지점의 정보를 포함한 메시지를 발신하면 좀 더 리얼리티가 증가하는 것은 정보학/심리학 분야에서는 널리 알려진 상식이다(예를 들면 キャントリル, 1940: 71). 이를 '리얼리티의 공동 구축 모델'의 '정보의 오너십[4]'의 관점에서 좀 더 부연설명 하고자 한다.

이바라키현 오오아라이초(大洗町)에서는 동일본대지진 때 약 4m의 쓰나미가 덮쳤음에도 불구하고 쓰나미에 의한 사망자는 없었다. 이노우에(井上, 2011)에 따르면, 마을 이장(町長)의 부탁(命)을 받은 소방서장(消防長)·소방사가 재치를 발휘했다고 한다. 행정상 존재하지 않는 '긴급 피난명령'이라는 표현을 사용해 방재용 무선을 통해 주민에게 피난명령을 내린 것이 주효했다고 한다. 이는 로컬 미디어에 의한 직접 정보 전달이 인명을 구한 성공 사례로서 3·11 이후에 널리 소개된 사례이다. 그렇다면 이후에 이를 본보기로 삼아 커뮤니티 FM이나 CATV 등에서도 주민에게 명령만 하면 주민 모두가 당연히 피난 갈 것이라고 생각할지 모르지만, 오히려 그렇지는 않을 것이라고 쉽게 추측할 수 있다.

필자가 이바라키현 오오아라이초를 방문해 주민을 대상으로 청취한 바에

4) (옮긴이) 정보의 생성과 소멸에 관심을 두고, 정보는 누구에게 소관(오너쉽)되어 있는가라는 물음에 답하기 위한 재해 저널리즘에 관한 문제의식 중의 하나이다.

한하자면(2012년 3월 실시), '긴급 피난명령'이라는 단어 사용도 주효했다고 지적한다. 이러한 피난 요령은 물론이거니와 평소 믿고(신뢰) 따르던 마을 이장(町長)으로부터 피난 메시지가 발신되었다는 점이 더 크게 작용하여 많은 사람들의 '마음의 스위치'를 누르게 되었다. 즉 마을 이장과의 심리적 거리감이 '긴급 피난명령'을 '나의/우리들의 것'으로 연결해 주는 고리역할을 함으로써 '결실(피난)'을 맺었던 것이다. 이는 '정보의 오너십'을 양성하기 위해서는 평소의 관계성이 긴급재난 시에 크게 작용한다는 것을 시사하고 있다. 이 점은 특히 중요하기에 좀 더 강조하자면, 단순히 단어 사용만을 분리해서 이에 대한 타당성을 '객관적으로 평가하는 것은 불가능하다'는 것이다. 리얼리티는 그 시기/그 장소의 문맥에 의존해서 쉽게 변한다. 보편적으로 행동의 계기가 될 수 있는 단어 사용이 어디 없을까 하고 기대하는 것은 잘못된 기대라고 할 수 있다. 이는 앞에서 설명한 NHK의 '개선'책을 참작할 때도 적용될 수 있기에 특히 유의했으면 한다.

다음은 예를 들어 이바라키현(茨城県) 오오아라이마치에서 '정보의 오너십'이 효과적으로 작동한 사례를 바탕으로 후자인 [긴급·국소(국소에서 부감으로)]를 보고자 한다. 이는 [국소]의 정보를 다수 보텀 업(Bottom-up) 방식으로 모아서, 중추의 입장에서 [부감] 정보로서 살리는 접근이다. 이 관점의 실천 사례는 3·11 이전부터 이미 여럿 시작되어 있었다. 예를 들면 '웨더뉴스(Weathernews Inc.)사'와 '아사히방송'이 공동으로 실시하고 있는 시청자 참가형 일기예보가 대표적 예라고 할 수 있다(≪朝日新聞≫, 2010.5.13). TV뉴스 시청자가 각자의 지점의 현재 날씨정보, 즉 하늘이 맑다, 덥다/춥다, 폭우와 천둥이 치고 있다, 매미가 울기 시작했다 등 관련 사항을 투고하면 이 정보들을 인터넷상의 지도로 통합·공유하여 TV 방송에서 소개하는 것이다. 하나하나의 정보는 그야말로 나의 것, 그리고 전체를 부감하는 정보는 우리들의 손에 의한 것이 된다. 이렇게 날씨예보가 좀 더 가까운 존재로, 좀 더 선명한 리얼리티가 있는 것으로 변해간다. 당시 해당 방송사업의 담당자인 기도(木戸崇之) TV디렉터에 의하면 투고된 정보 중에는 잘못된 것도 있으나, 많은 정보를 모음으로써 이를 상쇄할 수 있다고 한다.

그러나 이와 같은 일기예보의 대처는 평소의 대처에 가까운 것이며, [긴급]의 극한으로 발전한 경우 어디까지 위력을 발휘할 수 있을지는 미지수이다. 그러나 '웨더뉴스사'의 웹사이트(https://jp.weathernews.com)에 의하면, 현재는 '게릴라 폭우 방위대'라는 페이지를 신설, 다수의 적극적 참가자를 모집해 국지호우의 '사전 포착률 90%'를 향한 대처 등도 시행하고 있다고 한다(ウェザーニューズ社, 2015). 이러한 익명의 지점 정보를 최대한으로 활용하는 방법을 미디어가 어디까지 후원할 수 있을 것인지 앞으로의 활동을 주목할 필요가 있다.

여기서 하나의 대처로서, 미리 정보의 정밀도나 신뢰성을 향상시키기 위한 대처가 반드시 필요하다. NHK오사카 방송국의 라디오 제1방송 등에서는 청취자 중에서 사전에 '협력자'를 모집하여, 긴급 시 익명이 아닌 실명으로 쓰나미의 도착이나 토사 피해의 고립 정보 등을 메일이나 전화로 연락 받아 방송에 내보낸다는 '얼굴이 보이는 네트워크' 만들기가 진행되고 있다. 또한 민간의 방송사업자 중에는 택시 운전사로부터 무선 등으로 정보를 얻는 시스템을 구축하고 있는 곳도 있다. 3·11 이후 정보뿐 아니라 미디어 자체를 '나의/우리들의 것'으로 하는 의식 혁신이 철저히 요구되고 있다는 것을 알 수 있다.

5. 분석 3: [전승·부감]

거시적인 시점에서 재해 현상의 교훈을 남기는 것이야말로 매스 미디어가 가장 잘 할 수 있는 영역이라고 할 수 있다. 매일의 취재활동이 누적되면 저절로 데이터베이스가 완성된다. 이 축적된 정보를 특집방송이나 신문의 특집면에 전개하거나, 축쇄판 혹은 DVD 등으로 재편집하는 방법이 지금까지 상투적으로 사용되었다. 또한 최근에는 디지털화의 기술이 비약적으로 상승함으로 인해 콘텐츠를 아카이브화 하여 공개하는 것도 용이해졌다.

이것도 NHK의 예를 들자면 'NHK 동일본대지진 아카이브[5]'라는 웹사이트는 이재민의 증언이 대량으로 모여 있으며 전 세계에 공개되어 있다. 콘텐츠는 동영상 파일이나 텍스트 파일 형식으로 각각 추출하기 쉽도록 작은 크기로 나뉘어져 있다. 또한 이러한 데이터가 모두 위치정보와 연결되어 있어서 쉽게 지도상에서 검색할 수 있도록 디자인되어 있다. 또한 교훈이 되는 사례가 분류된 방재 학습용 페이지도 있어서 '피난 시 차량을 이용해야 하는가', '귀가가 곤란해진 경우', '재해 약자가 생명을 지키기 위해서는'이라는 테마별 콘텐츠가 배치되어 있다.

웹 아카이브의 진전은 포스트 3·11 특징의 하나라고 해도 좋을 것이다. 마찬가지로 '진행 빅데이터'(예를 들면 阿部博史, 2014)와 시각화(Visualization) 기술에 기대를 거는 사람도 많을 것이다. 그야말로 '중추(센터)'의 포지션에서 사태를 [부감]해서 바라보는 것이 주요 목적이라 한다면, 이는 칭찬해 마땅한 성과라고 할 수 있다. 그러나 이재민에게 다가서서 사람이 사람으로서 재해의 아픔과 슬픔을 [전승]하기 위해서는 또 하나의 다른 관점을 확보할 필요가 있다.

여기서 유의해야만 하는 것은, 예를 들어 'NHK 동일본대지진 아카이브'에 업로드 된 많은 콘텐츠는 NHK가 취재한 것을 모아, 이를 NHK가 편집하고, 또한 NHK가 배치한 정보라는 점이다. 동영상 파일 속에 담긴 사람들이 그 영상의 주인공이라는 점은 부정하기 힘들지만, 또 하나의 관여자 혹은 하나의 주인공 이름이 완전히 결여되어 있다. 즉 현장에 서 있던 취재원이다. '오너십'에 의한 정보의 결(혹은 질감)[6] 즉 텍스트(text)가 아닌 텍스처(texture)로 거대 조직의 간판에 따라 한결같이 균일화된 정보로 바뀌어버렸던 것이다. 이는 대체 무엇

5) 옮긴이 NHK Great East Japan Earthquake Archive(https://www9.nhk.or.jp/archives/311shogen/).

6) 옮긴이 정보의 구조화 개념으로 전달하려고 하는 정보의 내용이나 요소들을 정리하고 배령하여 통일된 조직으로 만드는 과정에서 나타나는 정보의 질(수준, 신뢰성, 대칭성 등)을 아우르는 개념이다. 여기서는 정보 전달 시의 마음 씀씀이(배려)를 뜻한다.

을 의미하는가? 대조적인 실천 사례를 통해 이를 설명하고자 한다.

2011년 아시아 TV상의 다큐멘터리 시리즈 부문에서 최우수작품상을 수상, 제66회 문화청 예능제상의 다큐멘터리 부문에서도 우수상을 수상한 작품으로 TBS계열 JNN 각 국이 제작한 〈3·11대지진 기자들의 시선〉이 있다. 이는 시리즈로 기획된 것이며 18편의 DVD에 담겨 있다(JNN, 2012). 본 작품의 기자에게 일관되게 요구되는 것은 기자 자신이 '1인칭 시점'으로 전달하는 것이었다. 따라서 예를 들면 이시노마키시(石巻市) 오오카와(大川)소학교의 유체 조사현장에서, 우연히 취재기자가 아이의 유체를 발견한 참혹한 에피소드가 담긴 작품이 있다. 이 작품에서는 아이의 시신을 확인한 부모에게 기자가 인터뷰하는 장면이 있는데, 그 직전에 기자 자신의 육성으로 다음과 같은 내레이션이 포함되어 있다. "나는 아이가 없습니다. 아이의 죽음을 눈앞에서 확인한 부모에게 어떤 말을 해야 할지 망설였습니다(한동안 침묵). 머릿속이 새하얘진 채로, 마이크를 내밀었습니다." 그 후 계속되는 인터뷰 영상에는 우선 잔뜩 긴장한 기자가 머뭇거리며 질문하는 장면이며, 그리고 이와는 정반대로 아마도 그렇게 행동하는 수밖에 없었으리라 생각하지만 담담히 이야기하는 아버지의 목소리가 계속되었다. 취재하는 측과 당하는 측, 잃어버린 자와 그렇지 않은 자, 그 채울 수 없는 단절 … 그러나 이 작품은 그 단절을 부각시켜 버린 취재자의 행동에 관해서는 약삭빠르게 지워버리는 '제2의 작위(作為)' 즉 편집하는 것을 억제하고, 오히려 취재자의 이름도 피취재자(인터뷰어)의 이름도 그대로 기록에 남기는 길(방법)을 일부러 선택했다. 이러한 선택이 가능했던 배경에는 해당 기자가 그 뒤에도 유가족과 관계를 계속 이어나갔다는 사실이 있다. 정보는 단순히 존재하는 것이 아니라 누군가의 이름 아래, 누군가의 손에 의해 기록/창출된 것이다. 따라서 그 '정보의 오너십'을 아는 것으로써 우리들은 스스로가 그 '누군가'가 될 수 있다고 하는, 혹은 자신이 그런 입장이 된다면 어떻게 했을까 하고 생각하게 하는 '상상의 심연(深淵)'에 설 수 있게 된다.

해당 시리즈의 담당 프로듀서는 다음과 같이 서술하고 있다. "'나'라고 하는

주관을 소중히 하기 위해 현장에서 느낀 생각이나 고민을 그대로 기자 취재보고에 담도록 했습니다. / 우리 보도기관도 역시 기반을 다시 바라볼 시기가 되었습니다. / (해당 시리즈는) 사소한 한걸음입니다. 한마디로 하자면 그것은, 기자가 무엇보다도 우선 인간임을 재확인하는 것이었습니다"(秋山浩之, 2012: 7-9). 아무리 데이터를 빅 사이즈로 하고 담당자의 수를 늘려도, 사람은 재해의 심층을 이해할 수는 없다. 사람의 생명을 지키고, 구하고, 마지막 한 사람까지 지키는 '재해 저널리즘'에서는 사람이 사람으로서 서로 마음을 울리게 하는 '공진(共振)'하는 작용 없이는 진가를 알 수 없다. 탁상 위에서 단편적인 정보를 농락한다는 것이 어떤 폐해를 가지고 있는지는 이미 '전쟁 보도'에서의 반성으로서 이전 세기부터 몇 번이고 거듭해서 언급하지 않았는가? 포스트 3·11에서 우리는 빛나는 기술적 연출에 눈을 사로잡혀 핵심 부분을 놓치는 일은 있어서는 안 된다(예를 들면 ヴィリリオ, 2005; 2006의 엄격한 비판을 참조).

6. 분석 4: [전승·국소]

[전승·부감]의 사분면에서 주어진 '아포리아(aporia)'를 극복하기 위해서는 [전승·국소]에 관한 실천이 좀 더 활성화되어야 한다. 물론 진실하고 착실한 대처는 현장에서 계속되고 있다. 따라서 여기에서 새로운 요소를 더하여 논의하기보다는 현장 사례를 소개하고자 한다.

3·11을 경험한 로컬 미디어가 담당하는 지역 밀착형 정보 발신 시리즈를 보면, 열정 넘치는 숨결에 종종 눈물을 흘리게 되기도 한다. 한편 매스미디어가 담당하는 장기적 로컬 시리즈(다시 NHK의 예를 들면, 〈동북발☆미래학원〉, 〈후쿠시마를 계속 주시하는 TV〉 등)에서도 독특한 매력이 넘친다. 역시 미디어는 단순히 정보를 받아 전달한다는 건조한 관계성(Detachment)보다도 리얼리티를 서로 나누기 위해 일부러 사태에 관여하는 '연대'의 관계성(Commitment)이 강하

게 작용한다(近藤誠司, 2015도 참조할 것).7) 그러한 생각이 쌓여서 결국 관계 당사자 간의 애착(Attachment)을 양성하게 될 것이다.

따라서 [전승·국소]의 사분면에서는 자연히 '정보의 오너십'을 추구하기 쉽다. 이하는 피해지에서 자주 듣던 대화의 발췌이다. "어어, 그 기자가 썼당게, 이 기사. 기쁘지, 몇 번이나 와줬응게 말여." "그 아나운서도, 최근 믿음직해졌지. 이전엔 언제나 울먹거렸어, 피난소에서. 그러면 취재가 안 되잖아!"

센다이에 본사가 있는 신문사인 가호쿠신문사(河北新報社)의 편집위원인 데라지마(寺島英弥)는 신문지면에서는 기자로서의 프로의식을 관철시키면서도, 3·11 이후 스스로 블로그를 개설해서 그곳에서는 '1인칭' 관점의 신문을 계속 배포하고 있다. 스스로 본 것/느낀 것을 글자 수 제약에 신경 쓰지 않고 써내려가고 있다. 블로그 기사의 시리즈 타이틀은 '여진 속에서 신문을 만든다'. 여진 5년차인 지금도 문구는 바꾸지 않고 있다. 그러나 여진은 틀림없이 지금도 발생하고 있다. 계속해서 심리적 안정을 찾지 못하고 있는 것이다. 기자도 인간이라는 관점이 중요하며, 자고로 사람은 사람을 (직접) 만남으로써 처음으로 기사(화제)거리가 생긴다. 이러한 당연한 것을 철저히 표현할 수 있는 미디어가 이제는 블로그밖에 존재하지 않는다고 한다면, 매스미디어는 이 의미를 한 번 더 다시 바라볼 필요가 있다. 재해 저널리즘의 '정보의 오너십'은 조직이나 상사에게만 소속되는 것이 아니다. 피해지의 한가운데에서 계속 고통 받는 사람과, 그 고통을 정면으로 받아들이고 서로 나누고자 마음을 흔들고 있는 기자 자신의 긴밀한 관계성, 바로 그 속에 있다.

---

7) (옮긴이) 무라카미 하루키는 대담집 『하루키, 하야오를 만나러 가다』에서 자신의 문학작품을 디태치먼트(Detachment)와 커미트먼트(Commitment)라는 두 가지 경향으로 분류한다고 밝혔다. 디태치먼트란 자아와 외부 세계와의 단절, 온전한 의사소통의 불가능, 기성 사회로의 편입 거부를 뜻한다. 커미트먼트는 외부 세계와의 연결, 연대 의식의 강화, 사회적·역사적 책임감의 자각이라고 할 수 있다. 이를 재해 저널리즘에 대입하면 커미트먼트가 유대감을 강조하고, 디태치먼트는 정보의 소외 상태를 상정하고 있다.

7. 저널리즘의 전망: 지역 간과 세대 간 정보의 오너십 관리

재해 저널리즘의 포스트 3·11 현상에 대해 '정보의 오너십'이라는 관점을 도입해서 간략히 살펴보았다. 지금까지는 논지의 맥락을 단순화하기 위해 네 개의 사분면을 독립된 것으로 취급했지만 물론 각 4분면의 실천은 상호 간에 깊게 관련된 역동성이 있다. 마지막으로 이를 짚어보고자 한다.

우선 [긴급]과 [전승]의 가로축을 보자. 이들은 서로 보완하는 관계이다. '여차할 때'에 미분된 [긴급]의 리얼리티는 그 절박성이 빛을 바래지 않도록 언제나 그 중요성을 계속 전할 필요가 있다. 그러나 여기서 전달한다고 하는 착실한 행위의 연속이 결국 매너리즘을 초래한다는 아포리아로 이어져버린다. 적분된 [전승]의 리얼리티를 유지하기 위해서는, 따라서 다시 미분된 리얼리티로부터 활력을 받기 위한 기제가 불가결하다. 애초에 '그때' 무엇이 일어났는가, 어떻게 '그때' 소중한 목숨을 잃어야 했는가? 그 원점을 '모르는 세대'와 '아는 세대'가 서로 마음을 열고 확인할 때, '그때'의 리얼리티가 다시 부활하는 길이 열린다. 이렇게 하여 세대를 연결하고 세대를 넘는 부단한 노력, '인터 제네레이셔널리티(Inter-generationality)'의 관점이 필요하다(渥美公秀, 2011: 12~17).

다음으로 [부감]과 [국소]의 세로축이다. 이미 제4절에서 살펴보았듯이 각각의 사분면은 서로 독립해서 작용하는 경우도 많지만, 원리적으로는 상호 간에 보완하는 기제를 가지고 있다. 전체 상황을 가르쳐주는 [부감]의 정보는 [국소]에서도 도움이 된다. [국소]의 현장의 정보가 모여야만이 [부감]의 정보는 정확도와 리얼리티를 보유할 수 있다. 여기서도 보충해야 할 또 하나의 관점이 있다. '지역 횡단성/인터 로컬리티(Inter-locality)', [국소]와 [국소]의 관계성을 살리는 접근법이다. 이와 관련된 구체적 예를 하나 알아보자.

교토부(京都府)의 중산간지에 교탄바초(京丹波町)라고 하는 마을이 있다. 여기서는 난시청 대상을 위해 2004년에 케이블TV가 개국했다[합병 전의 옛 미즈호초(瑞穂町)에서 일어난 일]. 현재는 마을 직원이 카메라맨/리포터/편집자 등 혼자서 여러 역(役)을 담당해서 독자적으로 뉴스를 제작·송신하고 있다. 이러한 Local to local(지역에서 지역으로)의 미디어는 3·11 이후 어떤 형태의 독자적 분투가 계속되고 있다. 교탄바초는 후쿠시마현 후타바초(双葉町)의 '자매 마을(友好町)'이다. 3·11 이전부터 오랫동안 상호 간 마을을 방문하는 등의 교류를 해왔다. 원자력발전소의 폭발사고가 일어난 후도, 이 인연은 끊기지 않았다. 교탄바 CATV 크루는 후타바초 주민이 사는 가설주택 등을 둘러싸고 교탄바에서 재배한 흑콩 등 교탄바초 주민의 마음이 담긴 구조물품을 보내는 모습을 취재하여 〈클로즈업 교탄바〉라는 지역 한정 뉴스방송으로 방영해 왔다. 교탄바초 기획정책과의 니시무라(西村公貴) 주재에 의하면, 후타바초의 단독 인터뷰나 때로는 귀환이 곤란한 지역 속의 모습도 촬영했으며, 지금까지 30편 이상의 보고서를 작성해 왔다고 한다.

우리 마을을 사랑하는 사람들끼리의 연결, 인터 로컬의 연결을 계기로 한 새로운 '부흥 보도'의 형태이다. 매스미디어 특유의 '도쿄 시점'으로 사태를 [부감]해서 패키지를 만드는 것도 아니지만, [국부]에 갇혀 '옆 마을 불구경'하는 태도도 아니다. 야산이나 바다, 논밭을 사랑하는 사람들끼리의, 분수에 맞는 '사람으로서'의 교류를 기본으로 한 로컬에 뿌리내린 미디어에서는, '정보의 오너십'이 '나의/우리들의 것'인 점은 이미 이해했을 것이라 생각된다. 이러한 인터 로컬한 대처는 지금까지도 '피해지의 릴레이'(渥美公秀, 2014)로서 한신·아와지대지진과 니가타현 주에쓰지진의 피해지 교류 등으로 주목을 받았다. 이에 더해 '이재민/미래의 이재민'이 손을 맞잡는 실천이 각지에서 발생한다면 거대한 '부흥'이나 '방재'와 같은 것과는 다른 위상의, 좀 더 가깝고 생생하게 느껴지는 방재 정보가 유통되어, 새로운 리얼리티를 양성하는 계기가 될 것임에 틀림없다. 이러한 인터 로컬리티(inter-locality)의 드라이브는, '세대 간 공감대(inter-generationality)'를 기동시키는 드라이빙 포스가 될 가능성을 지니고 있다.

포스트 3·11의 재해 저널리즘에서는, 근시안적 비평이나 의미 없는 미담, 단편적 성공담 등을 발판 삼아 특정한 경우만을 설명하는 것이 아니라, '통일된 이론 틀'이라는 견고한 기초 위에 서서, 사회에 기여하는 잠재력을 한층 더 높일 필요가 있지 않을까? 본 장의 서두에서 서술한 3·11 보도에 관한 과제, 즉 질과 양의 양립 문제를 어디까지 극복할 수 있을까. 이를 제대로 평가할 수 있는 것은 단순히 보도 종사자나 전문가라는 '재난 당사자가 아닌 외부의 사람들'이 아니라 '이재민/미래의 이재민'들 바로 자신이라는 점을 명심해야 할 것이다. 두말할 필요도 없이 재해 저널리즘은 우리 모두를 위한 것이기 때문이다.

〈참고문헌〉

秋山浩之,「なぜ"記者たちの眼差し"なのか」, JNN,『オムニバス·ドキュメンタリー3·11大震災記者たちの眼差し』, TBSサービス, 2012年, 7-9頁.

≪朝日新聞≫,「みんなで天気予報 参加型番組·サイト人気」, 2010年 5月 13日.

渥美公秀,「ローカリティとインターローカリティ」, 矢守克也·渥美公秀編著,『ワードマップ 防災·減災の人間科学 いのちを支える, 現場に寄り添う』, 新曜社, 2011年, 12-17頁.

渥美公秀,『災害ボランティア 新しい社会へのグループ·ダイナミックス』, 弘文堂, 2014年.

阿部博史, 『震災ビッグデータ:可視化された〈3·11の真実〉〈復興の鍵〉〈次世代防災〉』, NHK出版, 2014年.

井上裕之, 「大洗町はなぜ「避難せよ」と呼びかけたのか~東日本大震災で防災行政無線放送に使われた呼びかけ表現の事例報告~」,『放送研究と調査』9月号, 2011年, 32-52頁.

ヴィリリオ, ポール/小林正巳訳,『アクシデントと:事故と文明』, 青土社, 2006年.

ウェザーニューズ社,「ゲリラ雷雨から国民を守る:ゲリラ雷雨防衛隊」. (http://weathernews.jp/door/html/guerrilla2009_join/ 2015年 9月 29日アクセス)

NHKウェブサイト,「ニュース特設:津波警報が変わりました!」. (http://www3.nhk.or.jp/news/0307newkeihou/ 2015年 9月 29日アクセス)

大澤真幸,『夢よりも深い覚醒へ―3·11後の哲学』, 岩波書店, 2012年.

河田惠昭,『都市大災害:阪神·淡路大震災に学ぶ』, 近未来社, 1995年.

河田惠昭,『スーパー都市災害から生き残る』, 新潮社, 2006年.

キャントリル, H./斎藤耕二·菊池章夫訳,『火星からの侵入パニックの社会心理学』, 川島書店, 1971年.

近藤誠司,「ポスト3·11における災害ジャーナリズムの役割」, 関西大学社会安全学部編,『リスク管理のための社会安全学:自然·社会災害への対応と実践』, ミネルヴァ書房, 2015年,

10-231頁.
近藤誠司·矢守克也·奥村与志弘·李旉昕, 「東日本大震災の津波来襲時における社会的なリアリティの構築過程に関する考察－ＮＨＫの緊急報道を題材としたメディア·イベント分析」,『災害情報』第10号, 2012年, 77-90頁.
JNN,『オムニバス·ドキュメンタリー3·11大震災 記者たちの眼差し』, TBSサービス, 2012年.
平塚千尋,『新版 災害情報とメディア』, リベルタ出版, 2012年.
MYWAY MOOK 東日本大震災特別リポート,『風化する光と影"メディアから消えつつある震災"の中間報告』, マイウェイ出版, 2013年.

제4부

후쿠시마 원전사고 5년의 검증

제13장

원전 재해와 안전의 사상

가노시마 에미코(辛島恵美子)

1. 서론: 일본의 포스트 안전 신화

2011년 3월 11일에 시작된 후쿠시마 제1원자력발전소 재해(참사)는 일본인뿐만 아니라 전 세계 사람들을 놀라게 하고, 각각의 입장에서 그 안전성을 되새기는 계기가 되었다. 그러나 원자력발전소(이하 '원전'이라 함)의 절대 안전 신화의 붕괴는 모든 사람의 눈에도 분명했지만, 다음의 형태를 그리는 것은 그렇게 용이하지 않다. 많은 사고조사보고가 공통적으로 지적하고 있는 것은 '대부분의 관계자들이 안전하다고 믿고, 과혹사고 대책을 형식적인 것으로 끝냈다'는 점이다. '체르노빌 원전사고'(1986년) 이후, 국제원자력기구(IAEA)는 다중 방호체제를 종래의 1~3층이 아닌 4층·5층으로 심화시키는 형태의 대응을 모색해 왔지만, 일본은 대처 타이밍도 늦고, 그 내용도 유명무실했다. 이것이 후쿠시마 원전사고 피해가 이 지경이 되도록 만든 원인 중 하나라고도 지적되고 있다. 1986년에 IAEA가 '체르노빌 원전사고' 조사를 실시했을 때, '안전 문화'의 새로운 개념을 제창할 수밖에 없었던 사정이 이번 사고조사를 통해서 재현된 것은 아닐까 염려된다. 여러 선진국 관계자 중에는 그리고 평상시 일본의 기술력을 아는 사람일수록 일본의 안전 문화는 무엇이었는지 상당한 놀라움과 의문점을 가졌을 것이라는 점은 의심의 여지가 없다. 그러나 그것은 일반적인 일본인에게도 마찬가지였다. 전문가들은 이 사실을 알고 있었을지도 모르지만, 물론 대부분의 일본인에게는 안전 신화 붕괴의 충격도 컸을 뿐만 아니라 여러 선진국과의 행동 차이에 대해서도 놀라지 않을 수 없었을 것이다. '안전'이라는 말을 많이 사용하고 있는 사회에서 왜 이렇게 안전이 경시되는 것인지.

그러나 대부분의 사람들이 이러한 일에 경각심을 가지게 된 것은, 사고를 둘러싼 각종 보고서류의 발간이 있었기 때문일 것이다. 정부와 국회가 각각 사고조사 조직을 만들고, 민간에서도 사고조사 조직을 만들어 움직였다. 지금까지 생각할 수 없었던 일이며, 그 문제 자체를 깊이 생각하게 하는 계기가 되었다. 그렇게 생각하면, 최근 5년간은 '지금까지 일본인이 인식해 온 안전에 대한 사고'가 다른 원전을 보유한 선진국과 비교하여 얼마나 다른지를 배우면서 생각해 온 세월이라고도 할 수 있지 않을까 싶다. 한편 원전은 현실의 사업 활동이기도 하며, 재가동을 요구하는 움직임도 당연히 강해, 일본 사회는 어떤 선택을 해야 할 것인지에 대한 판단이 부득이하다. 본론은 이러한 과도기의 일본 사회에서 앞으로 안전을 생각하는 하나의 사례로서, 원전 소송을 거론하여 안전 사고와 행동 방식의 특징과 과제, 즉 '안전 문화' 개념이 안고 있는 어려움의 원인과 극복의 가능성에 대해 검토하는 것이다.

또한 원전 소송은 원전의 안전성과 인체·환경에 미치는 영향을 둘러싸고 다투는 소송의 총칭이며, 이는 '행정소송'과 '민사소송'의 형태로 다투는 경우가 많다. '행정소송'은 원전 등의 설치를 허가한 경제산업성 장관 등 행정청(行政廳)[1]에 대해서 허가 등의 취소를 요구하는 소송이다. 한편 '민사소송'이란 주민

1) 옮긴이 '행정청(行政廳)'이란 헌법·법령·조례 등에 의하여 행정의사를 결정하여 외부에 표시할 수 있는 권한을 가진 기관을 말한다. 일본 학자들은 국가의 행정의사를 결정하거나 표시할 수 있는 권한을 가진 국가기관을 '행정관청'이라 하고, 지방자치단체의 행정의사를 결정·표시할 수 있는 권한을 가진 기관을 '행정청'이라고 지칭하는 것이 일반적이다.

들이 인격권·환경권을 근거로 전력회사의 원전시설 등 설치자에게 관련 시설의 '건설 및 운전 금지' 등을 요구하는 소송을 말한다.

이 글의 구성은 다음과 같다. 제2절에서는 원전 소송이란 무엇이며 어떠한 경향이 있는지, 그리고 그것은 어떠한 문제를 가지고 있는지를 검토한다. 이를 전제로 제3절에서는 안전 문화에 필요한 현재 일본이 안고 있는 과제와 전망에 대해 고찰한다.

2. 사례 분석: '원전 소송과 안전성 심사'

1) 왜 원전 소송인가

이 글의 문제의식의 출발점은 서두에서 언급했듯이 일본인의 안전 감각은 어떻게 형성되며 과연 그 특징은 무엇인가라는 답을 찾는 것이다. 이 과제에 대응하기 위해서는 안전 사상과 관련된 단어의 개념 분석 비교가 유력한 방법이라는 점을 5년 전 책에서 자세히 살펴본 바 있다.[2] 여기에서는 원전 소송에 초점을 두고 일반인들이 안전문제를 직시하여 토론하며 문제를 정리하면서 그 논의의 질을 높임으로써 옳고 그름을 제대로 전개할 수 있는 '장'을 마련하고자 한다. 주지하다시피 원전 이슈는 흔히 전문가와 아마추어의 지식 차이가 큰 문제 또는 장애요인으로 인식되곤 한다. 또한 소송이라는 단어가 '공적 권력을 가진 윗선에서의 결정 사항'이라는 이미지에 사로잡혀 있을지도 모른다. 그러나 원전 소송은 일반 주민이 법조계의 전문가와 과학계의 전문가의 도움을 받아, 난해한 과학기술에 얽힌 테마로 국가나 사업자에 도전하는 논의의 장이다. 동시에 그들이 머릿속에 떠올리는 생활의 안전을 실현하려고 하는 사회적 행

2) (옮긴이) 다음을 참조할 것. 가노시마 에미코(辛島恵美子), 「종장: 진재(震災)와 안전의 사상」, 『검증 3·11 동일본대지진』, 김영근 외 옮김(도서출판 문, 2012).

동의 장이기도 하다. 이에 대해 매스미디어는 때때로 승패에만 착목하는 경향을 보인다. 입장이나 가치관이 서로 다른 사람들이 공유하고 있는 사회에서 과연 결과만을 추구하는 것은 바람직하다고 볼 수 없다. 소송이라는 엄격하게 논의를 겨루는 과정에서 원래 목적은 상대방을 이기는 것이라 할지라도, 모순·대립하는 상대에 대해서 철저한 연구는 필수불가결한 작업이다. 그러한 상호 이해를 바탕으로 사회적 행위가 전개되는 사회야말로 확실하게 안전 문화를 뿌리내리고 자라게 할 가능성도 높일 수 있을 것이다. 현재의 일본 사회에서 이러한 진지한 논의와 상호 이해를 심화하기 위한 과정을 대체할 만한 장을 물색하는 것은 매우 중요하다. 물론 현 상황에서 소송이 가지는 한계도 있지만 재판이야말로 유일하다고 말할 만큼 귀중한 자리가 되고 있는 것도 사실이다.

원전은 고도의 복합기술 시스템이다. 따라서 원자로의 안전성 심사에 한정한 경우에도, 지금까지 행정청의 경험적 축적만으로 충분하다고는 말할 수 없고, 전문적 지식과 기능을 가진 사람들로 구성된 조직을 별도로 준비하고, 그곳의 조언을 존중하면서 원전사업이 안전하게 전개될 수 있도록 많은 행정처분을 결정해 간다. 이렇게 하여 결정되는 행정처분 등을 둘러싼 원전 소송은 법적 분쟁의 형태를 취하지만, 실질적으로는 현대 과학 기술의 실용 가능성을 판단하는 과학 재판의 성격을 가지며, 주제에 따라 문명의 방식을 따지는 문명 재판적 양상도 보일 수 있다고 한다.

재판부가 이러한 전문 기술적 판단이 요구되는 행정처분의 사법심사 과정에서 그 내용에 관해 어느 정도 깊이 파고들어야 할 것인지, 또한 관여할 수 있는지에 대한 논의(과제)가 끊임없이 수반되고 있다. 이러한 두 가지 관점에서 볼 때 나타나는 현상은 전통적으로 두 가지 유형으로 정리된다. 하나는 백지 상태에서 해당 원자로의 안전 여부를 행정청과 동일한 입장에서 철저하게 심리하여 판단하는 유형이다. 다른 하나는 전문가의 전문적 기술 판단을 존중하여 이루어지는 행정청의 판단 과정에서, 간과해서는 안 될 '과오'나 간과하고 있는 점 등의 유무를 사법적 입장에서 심사하는 유형이다.

행정청의 전문 기술적 판단이 요구되는 행정처분에 대해서는, 종래부터 재량을 널리 인정해야 한다는 설이 유력하다. 또한 '원자로규제법'[3]의 "재해방지에 지장이 없을 것"(24조)이라는 표현 자체가 추상적이고 포괄적이다. 게다가 거기에도 행정청의 전문 기술적 재량을 예정하고 있는 입법자의 의사를 엿볼 수 있다고도 지적되어 왔다. 원자로 등 규제법이 예정하고 있는 행정청의 전문 기술적 재량에도 ① 구체적인 안전심사의 기준 또는 판단 기준의 책정에 대해 전문 기술적 재량, ② 요건 해당성의 인증 판단의 전문 기술적 재량의 두 종류가 있다. ①에 관해서는 기술이나 지견이 끊임없이 변화한다는 특성에서 유래하는 과제이다. 허가 요건에 미리 구체적이고 상세한 법률적 규정을 두면, 즉시 판단의 경직화에 빠질 수 있다. 따라서 원자로 등 규제법은 그 심사 기준 또는 판단 기준의 구체적 내용에 대해서 하위 법령이나 내규 등으로 정하도록 허용하고 있다. 이것이 행정청의 전문 기술적 재량에 맡긴 것으로 해석되는 것이다. ②에 관해서는 원자로 시설은 복잡하고 고도의 과학기술을 총동원하여 구축되어 있을 뿐만 아니라, 그 안전성의 판단에는 대부분 관련 전문 분야의 전문 기술적 지견과 실적, 학식, 경험을 결집한 다음 종합 판단이 필요하다. 게다가 안전성의 판단에는 그 시점에서 확정 불가능한 미래 예측에 관한 사항의 판단까지 포함되는 점을 고려하면, 행정청의 전문 기술적 재량을 보다 크게 인정한다고 한다. 이것이 후쿠시마 원전사고 이전 상황이며, 당시는 행정청의 전문 기술적 재량을 대폭적으로 인정하는 경향이 있었다.

그러나 후쿠시마 원전사고의 원인 규명이 이루어지면서 밝혀진 것은 이러한 대전제인 전문 기술적인 판단을 뒷받침하는 (소송이나 판결) 구조에도 문제점들이 내재되어 있었다는 점이다.

3) 원전의 안전성은 주로 '핵원료물질, 핵연료물질 및 원자로의 규제에 관한 법률'(1957년 6월 10일 법률 제 166호)(약칭 '원자로등규제법')에서 인허가 조건에 관련해 규정하고 있다. 당초에는 원자력위원회에 설치된 '원자로안전전문심사회' 및 '전문부회'가 실질적으로 심의를 담당하고 있었다.

2) 일본의 원전 소송 및 판결의 특징 1: 후쿠시마 원전사고 발생 전

이카타(伊方)원전 소송은 일본에서 최초로 제기된 사례이다. 지금까지의 전체 소송에서 확정된 판결 수준에서 원고(지역 주민 등) 승소는 아직 한 건도 없다. 그러나 하급심에서는 두 건의 원고 승소 판결도 나오고 있다. 그것은 '고속증식로 몬쥬 항소심'과 '시가원전 2호기 운전금지 지방재판소 판결'[4]이다.

(1) 이카타원전 소송의 지방재판소 판결(1978년)[5]과 최고재판소 판결(1992년)

일본 최초의 원전 설치 허가 취소 소송은 시코쿠전력의 이카타원전 1호기에서 적용되었다(1973년 8월 마쓰야마 지방재판소). 인구 과소 문제로 고민하는 이카타초(伊方町)에서 열성적인 원전 유치 운동으로 실현한 원전이었지만, 주민 35명이 원자로 설치허가 처분을 취소하는 소송으로 인해 마을을 쪼개자는 소동이 일어나기도 했다. 5년 가까운 심리 과정에서 국가가 실시한 안전심사에 위원의 결석도 많았고, 회의록도 남기지 않은 등 허술한 심사 실태도 밝혀졌고, 더욱이 원고 측을 지원하기 위해 오사카대학의 구메 산시로(久米三四郎) 교수(핵화학)와 교토대학 원자로실험소의 코이데 히로아키(小出裕章) 교수(원자력 안전, 방사선 측정) 등 날카로운 논객도 법정에 섰다. 한편 국가 측 증인들은 잇달아 과학 논쟁에서 논파되어 언론에서는 국가 측이 수세에 몰린 상황을 보도하고 있었다. 사실심리도 종료된 1977년 4월, 처음부터 이 사건에 관여해 온 재판장이 인사이동으로 교체되었다. 새롭게 부임한 재판관은 건강 상태를 이유로 두 차례 공판을 연기한 끝에 한 번도 공판에 나오지 않았고, 마쓰야마 지방재판소 소장 가시와기 켄키치(柏木賢吉) 재판관으로 교체하여 판결되었다.

4) (옮긴이) '高速増殖炉もんじゅ控訴審', '志賀原発二号機運転差止の地裁判決' 공소심이란 일본어에서 차용한 법률용어로 '항소심(appeal)'의 옛말로 하급재판소의 판결에 대해 상급재판소에 청구하는 상소(제2심)를 뜻한다.

5) (옮긴이) 「伊方原発訴訟の地裁判決」(1978年).

이러한 이례적인 재판관 교체에 대해 수많은 변호사와 학자들이 최고재판소를 비난하는 쓴 소리를 전달한 바 있다.[6] 또한 이 재판에서 종반 1977년 9월이 되어 국가 측은 원고의 적격성이 없다는 주장을 시작했다. '원고 적격'이란 원고가 허가 처분의 수취인(전력회사)이 아니기 때문에 애초에 행정소송을 할 자격이 없다고 하는 것이며, 행정소송의 시초 문제라고도 했다.

1978년 4월 '마쓰야마 지방재판소' 판결은 청구가 기각되었다. 판결에서는 원고 적격을 인정했지만, 원고들이 지적한 원자력 기술의 위험성에 대해 모조리 부정하고, 또한 원자력발전소 건설의 결정권은 국가 측에 있다는 이유로 청구가 기각되었다. 항소심 '다카마쓰(高松) 고등재판소' 판결에서도 '청구 기각'(1984년 12월 14일)되었고, 최고재판소 판결(1992년 10월 29일)에서도 원고 패소였다.

최고재판소 판결의 포인트를 가이도 유이치(海渡雄一)의 주장에 따라 간결하게 정리하면 다음과 같다.

① 원자로시설의 안전기준: 안전심사의 목적은 「재해가 어떤 일이 있더라도 발생하지 않기 위해」, 중대사고의 현실적인 가능성과는 별개의 관점에서 사고 발생을 미연에 방지하기 위한 광범위한 안전심사를 실시하는 것이다. 〈표 13-1〉은 '이카타 원전 소송 최고재판소' 판결에 관한 해설에 있는 항목에서 정리한 것이다(高橋利文, 1993: 48~65).

② 안전심사 대상: 설치허가 처분에 있어서 안전심사는 그 기준설계의 안전성에 관련된 사항만을 그 대상으로 한다(海渡雄一, 2011: 11~18).

③ 과학적·전문기술적 의견의 존중: 기준의 적합성에 대해서는 각 전문 분야의 학식 경험자 등을 거느린 '원자력위원회'의 과학적, 전문기술적 지견에 근거한 의견을 존중하여 실시하는 내각총리대신[7]의 합리적인 판단에 맡기는 취

6) 다음을 참조할 것. 阿部泰隆(行政法学者), 『判例タイムズ』 362号; 海渡雄一, 『原発訴訟』(岩波新書).

7) 현재는 각 행정청 장관이 담당하고 있다. 판결 당시에는 경제산업성 장관 소관.

표 13-1 원자력시설의 안전심사

행정의 입장	원자로 설치 허가에 관한 소정 사항	
다각·종합적 입지에서 허가 기준 적합성을 판단(단 최신 과학적 전문 기술적인 어드바이스 존중)	원자로 시설	공학적 안전성
	방사성 영향	[평시] 종업원, 주변 주민 및 주변 환경에의 영향
		[사고 시] 주변 지역에의 영향
	설치 시설 A	설치 예정지의 지형, 지질, 기후 등의 자연조건
	설치 시설 B	설치 예정지의 인구분포 등의 사회적 조건
	운영 능력 A	장래의 예측 사항
	운영 능력 B	원자로 설치자의 기술적 능력

지로 해석하는 것이 적절하다.

④ 재판소에 따른 위법성 판단 기준: 위법성 판단의 처분 시점이 아닌 현재, 즉 소송심리가 실시되고 있는 시점이다. 또한 "심사 기준이 불합리한 경우"와 "안전심사 절차 과정에 과오·누락이 있는 경우"로 간과하기 어려운 경우에는 위법 판단에 이른다.

⑤ 입증 책임: 자료가 국가 측에 있기 때문에 행정청이 주장과 입증을 제대로 다하지 않는 경우에 그 판단에 불합리한 점이 있으면 사실상 추인한다.

(2) 고속증식로 몬쥬 항소심 판결(2003년)[8]과 최고재판소 판결(2005년)

'고속증식로 몬쥬' 제소는 1985년 9월이다. 최초에 원고(자격) 적격 문제로 인해 후쿠이(福井)지방재판소(1987년 12월 25일)는 '모두 적격 없음'이라고 했으나, 나고야고등재판소 가나자와지부(1989년 7월 19일)에서는 20km 권내 주민을 인정하고, 최고재판소(1992년 9월 22일)에서는 원고 전원을 원고 적격 '있음'으로, 지방재판소에 실체심리를 실시하도록 환송되었다. 실체심리에서 후쿠이지방재판소(2000년 3월 22일)는 청구 기각의 판결을 내렸지만, 그 판결보다 이전인 1995년 12월 8일에 몬쥬 2차 냉각계에서 나트륨 누출·화재사고를 일으

8) 옮긴이 '高速増殖炉もんじゅ控訴審判決'(2003年).

켜, 이후 오랫동안 운전을 정지했다. 또한 이 사고의 방지대책으로 2001년 6월에 설계변경허가 신청을 하여, 항소심 판결 이전 2002년 12월에 허가가 났다. 나고야 고등재판소 가나자와지부 항소심 판결(2003년 1월 27일)은 원고의 주장을 인정하여, 원자로 설치허가 처분 무효 확인을 판결했다. 그 이유는 다음의 세 가지를 들 수 있다(海渡, 2011: 34~39).

① 나트륨에 의한 부식을 고려하지 않았던 점[9)]

② 증기발생기 손상 가능성[10)]

③ 노심붕괴사고를 둘러싼 판단에 과오[11)]

①은 1995년에 몬쥬에서 나트륨 유출사고 발생 시 발견된 사실에 근거한 것이며, ②, ③도 현장 관계자는 알고 있었지만, 은닉하여 보고하지 않았던 것이었다. 즉 행정청이 간과한 데이터 종류를 들이대고 간과할 수 없는 판단의 불합리성을 지적하여 원고 승소로 판결한 것이다.

---

9) 나트륨과 물의 열교환 현상이 발생하여 나트륨이 누출했을 때, 강철체 라이너와 반응하여 구멍이 뚫리고, 나아가 나트륨과 콘크리트가 반응하여 건물을 유지할 수 없게 될 정도로 큰 화재가 발생하는 '심각(重大) 현상'을 간과했다. 철강 제련 분야에서는 강철의 나트륨 화합물에 의한 부식이 융점(1400℃)보다 낮은 600℃에서 일어난다는 사실이 잘 알려져 있었다. 하지만 원자로 안전심사 과정에서는 간과되어 철강은 융점이 되지 않으면 융해하지 않는다는 전제로 모든 '안전심사'가 실시되고 있었다.

10) 증기발생기의 전열관(伝熱管) 손상에 관해서 "파단(破断)은 4개 이상으로 확산되지 않는다"고 주장하고 있었다. 다만 동력로의 실험기록에는 1981년의 실험으로 인해 동시에 25개나 파단했다는 기록이 남아 있다. 이는 '설계기준사고'를 훨씬 뛰어넘는 심각한 시험결과였으나, '동력로·핵연료개발사업단'은 이 건을 과학기술청에 보고조차 하지 않았다. 1987년에는 영국에서 고속증식로의 전열관 1개 손상이 불과 8초 동안 39개의 파단으로 이어진 사고가 발생했다.

11) '노심붕괴사고'는 고속증식로에서 가장 큰 피해가 예상되는 것으로, 이에 관해 '동력로·핵연료개발사업단'은 시뮬레이션 분석 결과를 숨기고 있었다. 노심붕괴사고 건수는 한꺼번에 즉발임계·핵폭발에 이르는 프로세스뿐만 아니라, 연료봉의 합체가 연료 집합체 사이로 진행하는 '전이 과정'도 포함한다. 전이 과정에서 원자로의 노심이 녹아내려 노심용융물(, corium: 용암과 유사한 혼합물)이 발생(형성)되어, 다량의 용융연료가 즉발 임계로 인해 핵폭발할 가능성이 있다고 알려져 있다. 이 전이 과정에 대하여 독일에서는 고속증식로 허가 여부가 논쟁이 되고 있을 당시, 미국에서도 연구가 시작되었고 허가에 반대해 온 주정부에 의해 원용되었다.

그러나 최고재판소 판결(2005년 5월 30일)에서는, 설치허가 무효를 확인한 고등재판소 판결을 뒤집어 설치허가에는 위법성이 없다고 했다. 가이도의 지적에 따르면, 최고재판소는 고등재판소 판결이 인정하지 않은 사실을 "원심 적법하게 확정한 사실관계 등"으로 가필하여, 새롭게 가필한 사실과 모순되는 고등재판소의 인정 사실에 대해서는 모두 무시했다. 또한 고등재판소의 사실 인정에 의문이 있는 경우에는 파기 환송[12]으로 재심리를 명할 길이 있었음에도 불구하고, 굳이 먼저와 같이 직접적으로 행정구제 판결을 낸 것이라고 한다(海渡雄一, 2011: 46~47). '원자력안전위원회'의 지침을 법률 이상의 절대적인 것처럼 취급하고, 지침이 불합리할 가능성에 대한 검토를 전혀 고려하지 않는 태도에 관해서 "최고재판소의 판결은 안전심사를 내부적으로 실시하거나, 안전심사를 행한 쪽의 논리에 따를 때 과연 불합리하다고 말할 수 있겠는가라는 관점으로 보았다"는 지적도 있다.[13] 그에 비해 고등재판소 판결은 안전심사를 외부에서, 즉 객관적으로 다루어 충분히 안전성이 확보되어 있다고 판단할 수 있는지 여부를 심사하는 것이 특징이다. 사실 '고속증식로 몬쥬'는 당시 사고 이후 원자로가 멈추어 운전을 재개할 수 있다고 전망하기 어려웠다. 이 형태의 원전에 관해서는 주로 기술적 곤란으로 미국, 독일, 영국, 프랑스도 중지해 왔다. 그러나 당초부터 개발에 관련해 온 국가 중에서 계속 유지하고 있는 것은 오로지 일본이 유일하다는 현실에 직면하고 있었다.

(3) 시가(志賀)원전 2호기 운전금지 판결(2006년)[14]

17도도부현 주민 135명이 원고가 되어 건설 금지(나중에 건설 완료 후 운전 금지로 취지 변경)를 요구한 민사소송이며(가나자와 지방재판소 1999년 8월 제소), 지

12) 옮긴이 파기 환송이란 원심 판결을 파기한 경우에 다시 심판시키기 위하여 원심 법원에 돌려보내는 것을 말한다.

13) 伊東良徳 (http://www.shomin-law.com/essaymonjuhanketsu.htm, 검색일: 2015.9.22)

14) 옮긴이 「志賀原発2号機運転差し止め判決」(2006年).

방재판소에서 원고 승소 판결(2006년 3월 24일)이 내려졌다. 그러나 항소심(2009년 3월 18일)에서는 주민 측의 건설·운전금지 청구는 기각되고 최고재판소(2010년 10월 28일)도 주민 측 '상고 기각'으로 판결했다.

이 지방재판소 판결은 향후 원전 소송의 바람직한 방향성에 관해 생각하게 하는 특징을 지닌 것이었다. 즉 원고 측에 피해 발생의 높은 개연성의 입증을 요구하고, 다음으로 그것에 대한 반론을 피고 측에 요구하여, 그에 대해 종합적으로 사법판단을 내리자는 방법이었다. 지방재판소가 채용한 이 방법은 이카타 최고재판소 판결의 특징(e)에 표시된 "입증 책임은 자료 편재 측(행정청과 원전기업)에게 돌려, 행정청이 주장이나 입증을 다하지 않은 경우에, 그 판단에 불합리한 점이 있으면 사실상 추인하는 것을 인정하고 있다"는 사고방식에 따른 것이며, 그 범위 내의 행위로 해석할 수 있다.

가나자와(金沢)지방재판소 판결에 따라 구체적으로 지적하면, 판결은 원고의 주장 '평상시' 운전에서 상정한 기술상의 위험성, 그 결과로서 중대사고의 발생 및 방사성 물질의 방출이 원고 측에 충분한 입증이 되어 있다고는 인정하지 않지만, 지진동과 원자로의 내진성·안전성에 대해서 오히려 호쿠리쿠전력(北陸電力)의 주장과 국가의 '내진설계심사지침'에 의문이 있다는 것을 인정하고 있다. 호쿠리쿠전력 측에 상응하는 반증 내지는 대책 등을 요구했으나, 피고 호쿠리쿠전력은 행정청에 의한 허가취득을 안전성 입증의 주된 근거로 주장할 뿐, 당시의 상황에는 무관심했다고 한다. 예를 들어 2005년 3월에는 정부의 지진조사위원회가 원전 인근 오치가타(邑知潟) 단층대(짧은 단층이 4~5개 쌓여 있는 존재)에서 일련의 단층대가 일체로 활동하면, M7.6 정도의 지진이 발생할 가능성에 대해 지적했지만, 호쿠리쿠전력은 재판관에게 지적받아도, 이러한 사태에 유연하게 대응하는 것이 아니라 당시의 심사지침에 따라 판단을 변경하지 않았다.

이 판결은 원고 측에 대해서 "지진으로 인해 주변 주민이 허용 한도를 초과하는 방사선에 피폭될 구체적인 가능성이 있음을 상당한 정도로 입증했다"고

표 13-2 내진설계 심사 지침 개정의 경위

1978년 9월	원자력위원회가 내진설계 지침책정	
10월	'원자력안전위원회' 발족	
1981년 7월	'원자력안전위원회'에서 내진 지침 일부 개정	
1995년 1월	17일 한신·아와지대지진(M7.3)	
1~9월	'원자력안전위원회'가 내진 지침의 타당성 검토	
7월	지진 조사연구 추진본부 설치	
1996~2000년	원자력 시설의 내진 안전성에 관한 조사	
2000년 10월	6일 돗토리현서부지진(M7.3)	활단층 기록이 없는 지역
2001년 6월	내진 지침 검토분과회에서 지침 재검토 개시	
2005년 8월	16일 미야기현앞바다지진(M7.2)	S1/S2지진동, 지침 값 상회
2006년 3월	시가원전 지방재판소 판결에서 원고승소 판결	내진설계 지침의 문제 지적
4월	내진 지침 검토분과회에서 개정안 종합	
5~9월	의견 공모 및 그것에 입각한 검토	
9월	'원자력안전위원회'에서 신 내진설계지침 결정	
2007년 3월	25일 노토반도앞바다지진(M6.9)	기준 진동 S2는 지침 값 초과
2007년 7월	16일 니가타현 주에쓰오키지진(M6.8)	지진 가속도 최대치, 기준의 두 배

선고(인정)했다. 그러나 호쿠리쿠전력 측의 반증은 성공하지 않았다고 지탄했다. 또한 본건 2호기 증설 시, '원자력안전위원회'가 발표한 심사결과에 대해서는, 그 후 지질에 발생한 중요한 사건(2000년 돗토리현서부지진, 2005년 미야기현앞바다지진 등)을 추가한 검토는 하지 않기 때문에, 해당 판결의 판단을 좌우하는 것은 아니라고 단정했다.

이 재판에서 문제가 된 '지진동과 원자로의 내진성·안전성'에 관해서는 지침 책정의 경위를 바탕으로 살펴보기로 하자(〈표 13-2〉 참조). 이 지침 개정의 움직임은 1995년의 한신·아와지대지진이 계기였다. 이시기에 지진학 등의 지식도 깊어져 이것을 지침에 반영하고자 하는 의도에서 시작된 개정 작업이었다. 그 검토 과정에서 호쿠리쿠전력이 중시해 온 '오오사키 모델(方法)'[15]의 적용에 의

15) 도쿄대학 공학부 오오사키 요리히코(大崎順彦) 교수가 1979년에 제안한 것으로, 주로 암반

문이 생겨났다. 2000년 '돗토리현서부지진'과 2005년의 '미야기앞바다지진' 등에 관해 종래 방식으로 산출한 예상치가 과소평가되어 있다는 우려의 목소리가 높아졌다. 이후 좀처럼 개정에 이르지 못했으나, 2006년 3월에 '시가원전 2호기 소송판결'16)에 따라 갑작스럽게 신(新)내진설계 심사지침을 정리해 공표하는 결과가 되었던 것이다.

그 후 이 운전 중지를 명한 '가나자와지방재판소' 판결은 '고야고등재판소' 가나자와지부에서 취소판결이 된다(2009년 3월 18일). 신내진설계 심사지침이 제정되었기 때문에 호쿠리쿠전력은 그 대응을 실시한 다음, 고등재판소에서는 새로운 지침에 근거한 내진안전성 재평가를 실시했다. 그 결과 새로운 지침 내용이 합리적이고 진원을 특정하지 않는 지진으로서 M6.8을 상정하거나, 인근 활단층이 동시에 연동되어 활동하지 않는다는 점에 근거하여 호쿠리쿠전력의 주장을 인정한 것이다. 또한 최고재판소는 2009년 10월 28일 내용에 관해 구체적으로 검토하지 않고 상고를 기각했다.

내진설계 심사지침의 개정 작업이 왜 이렇게까지 지연됐는지에 대한 자료는 아직 입수하지 못했지만, 쓰나미 상정 기준과 그 기준의 설정에 관해서는 충분한 증거 기록을 찾아낸 기자가 있다. 도쿄전력 후쿠시마원자력발전소 사고조사위원회(이하 '국회 사고조사위원회'라 함)의 조사 과정에서 소에다 다카시는 전력회사의 업계 단체 '전기사업연합회'가 남긴 과거 십 수년분의 회의 의사록에서 업계와 토목학회의 관계를 밝히고 있다. 전력회사는 업계에 적당한 전문가를 주로 불러 모아 쓰나미 상정과 대책을 검토한다. 그 보고서를 받은 '원자력안전·보안원'은 내용을 확인하지 않은 채, 전력회사의 "안전성은 확보되어 있다"는 주장을 받아들인다. 그 반복으로, 지진학자들의 최신 견해가 반영

에서 관측된 지진기록을 바탕으로, 해방 기반 표면에서의 속도 응답 스펙트럼(지진동에 의한 응답 속도의 최대치와 고유 주기와의 관계)를 매그니튜드와 진앙 거리를 변수로 나타낸 것.

16) 판결에서는 ① 미지의 직하형 지진에 관한 상정이 지나치게 소규모, ② 활단층(活断層)의 위험성에 관한 고려가 불충분, ③ 흔들림 산정 방법에 관한 타당성 부족으로 지적했다.

표 13-3 쓰나미에 관한 플랜트 개략적 영향 평가

	수위 상승			가동 중/폐로 결정 (사용 연수)
	1.2배	1.5배	2.0배	
도마리 1, 2호	O	O	O	
히가시도오리 1호	O	O	X	
오나가와 1~3호	O	X	X	
시가 1, 2호	O	O	O	
후쿠시마 제1 1~6호	X	X	X	작업 중 1(41), 2(37), 3(36), 4(33), 결정 5(35), 6(34)
후쿠시마 제2 1~4호	O	O	O	
가시와자키가리와 1~7호	O	O	1~4: X 5~7: O	
하마오카 1~5호	O	X	X	작업 중 1(32), 2(30)
미하마 1~3호	O	O	X	
다카하마 1~4호	O	O	O	
오오이 1~4호	O	O	O	
시마네 1, 2호	X	X	X	결정 1(44)
이카타 1~3호	O	X	X	
센다이 1, 2호[1)]	O	O(O)	O(X)	
겐카이 1~4호[2)]	O	O	1: X 2~4: O	결정 1(39)
도카이 제2	O	X	X	작업 중 도카이 제1원전(35)
쓰루가 1, 2호	O	O	O	결정 1(45)
오오마	O	O	O	
몬쥬[3)]	O	O	O	

O: 영향 없음　　X: 영향 있음

주 1) 쓰나미 수위평가에 이용되는 활단층에 관해서는 '설치허가 신청 베이스'와 '문헌 단층(文獻斷層)'으로 구분했다(괄호 안은 문헌 단층).

2) 간이평가 결과.

3) (옮긴이) 일본원자력연구개발기구에서 상업용이 아닌 연구용 원자로를 문부과학성 소관으로 운영해 왔다. 그러나 거듭되는 냉각용 나트륨의 누출사고로 인해 2016년 12월 12일 폐로가 결정되었다.

자료: 添田孝史(2014)를 참고로 필자가 수정 가필·작성.

된 공정한 구조나 기회는 없었다고 지적하고 있다. 오히려 외부에서 검증할 수 없도록 보고서 및 의사록을 정보 공개하지 않아서 외부에 알려지지 않았다. 또한 모처럼 밝혀진 원전의 '쓰나미 취약성'에 관한 논의는 연쇄적인 '밀실 합의'로 인해 사라지거나, 사고의 책임이 애매모호해지고 있다는 점을 지적한다(添田孝史, 2014: ix-xi).

〈표 13-3〉은 2000년의 시점에서 전기사업연합회가 쓰나미 관련 플랜트의 개략적 영향 평가를 알기 쉽게 명시한 것이다. 측정 오차를 고려하여 1.2배, 1.5배, 2배의 3레벨이 설정되어 있었다. 후쿠시마 제1원전의 수치 해석에 의한 상정수위는 약 5m이었지만, 1.2배 쓰나미(5.9~6.2m)가 도달하면 해수펌프 모터가 멈추기 때문에 냉각에 지장을 초래한다는 점도 기정사실이었다. 게다가 1.2배의 쓰나미에 의해 영향을 받는 곳은 후쿠시마 제1원전 이외에도 시마네원전(추고쿠전력)이 해당된다. 일본의 원전 54기 중 약 절반의 28기는 상정하고 있던 높이의 2배가 되는 쓰나미가 오더라도 영향이 없다는 점도 일목요연했다. 그러므로 도쿄전력은 후쿠시마 제1원전이 쓰나미에 대한 여유치가 전국에서 가장 작게 설계되어 있었음을 충분히 숙지하고 있었을 것이다.

3) 일본의 원전 소송 및 판결의 특징 2: 포스트 후쿠시마 원전사고

정부는 2011년 5월에 하마오카(浜岡)원전의 운전 정지를 요청하는 등 기자발표에서 탈원전 정책(노선)으로 전환한다는 입장을 내비친 적도 있었다. 그러나 정기검사 등에서 정지 상태이던 원전 재가동 문제에 관해 일찌감치 부각(부상)시켜 '원자력규제위원회' 등 새로운 규제체제를 확립(2012년 9월)했다. 이후 2013년 7월 '원전가동 신(新)기준 시행' 이후, 심사 신청의 내역을 살펴보면 총 15곳의 원전 25기에 이르고 있다(2015년 6월 16일 현재). 가동 금지를 인정한 판결은 현재 다음 두 건으로, 모두 같은 재판장의 판결이라는 점에서 향후 어떻게 전개될 것이지는 이미 지켜본 바와 같이 불분명하다.

(1) 후쿠이지방재판소의 '오이원전 운전 금지 판결'(2014년)[17]

2014년 5월 21일 후쿠이지방재판소[히구치 히데아키(樋口英明) 재판장]에서 불거진 후쿠이현의 오이발전소 3호기, 4호기의 운전 금지를 요구한 소송에서 "본 사건 원전의 운전에 의해 직접적으로 그 인격권이 침해되는 구체적인 위험성이 있다고 인정되기 때문에, 이 원고의 청구를 용인(원전 가동 금지)해야 한다"며, 오이 원자력발전소 3호기 및 4호기 원자로의 운전 금지 판결이 내려졌다. 이 소송에서는 오이원전에서 250km 권내에 거주하는 166명을 원고로 인정하고 있다.

'일단 중대사고가 발생하게 되면 많은 사람의 생명이나 신체 및 그 생활 기반에 중대한 피해를 미치는 사업 관련된 조직에는, 그 피해의 크기나 정도에 따라 안전성과 고도의 신뢰성을 요구하는 것이 마땅하다'고 지적(설명)하고 있다. 후쿠시마 원전사고로 인해 15만 명의 주민이 피난 생활을 강요당해 피난과정에서 적어도 60명이나 이르는 입원 환자가 목숨을 잃었다는 사실을 인정한다. 또한 '체르노빌 원전사고'의 피해에 대해서도 언급하면서 "국민의 생존을 기초로 하는 인격권을 방사성 물질의 위험으로부터 지키는 관점에서, 본 사건에서 원전에 관련된 안전기술 및 설비에 과연 만전을 기해 안전에 유의했는가는 의문이다. 이뿐 아니라 심지어 확실한 근거도 없이 낙관적인 전망을 기준으로 했을 때에야 겨우 성립할 수 있는 취약한 수준이라는 점을 인정하지 않을 수 없다"고 단언했다. 방론(傍論)[18]으로, 전력비용 문제와 CO_2 배출 문제에 대해서도 언급하며, 후쿠시마 원전사고는 일본의 역사가 시작된 이래 최대의 공해이자 환경오염임을 비추어 볼 때 환경문제를 원자력발전소 '운전 지속'의 근거로 하는 것은 심한 착각이라고 했다.

---

17) 옮긴이 福井地裁の大飯原発運転差止判決(2014年)

18) 옮긴이 판결에서 부가적인 판사의 의견으로, 그 사건의 판결과 직접적인 관계가 없는 판결 이유(기술)를 말한다.

(2) 후쿠이지방재판소의 '간사이전력 다카하마원전 운전 금지 가처분 결정'(2015년)[19]

2014년 12월 17일 '원자력규제위원회'는 간사이전력 다카하마(高浜)원전 3호기 및 4호기에 관해서, 2015년 2월 12일 간사이전력 재가동을 위해 필요한 '안전대책기준'에 합격했다고 전달하여, 전력회사는 2015년 11월부터 재가동을 목표로 현지의 동의 절차에 들어가 있었다.

하지만 이러한 움직임에 대하여 그 안전대책이 불충분하다고 하여 주변 주민들은 재가동 금지 가처분을 신청했다. 2015년 4월 14일, 후쿠이지방재판소는 '원자력규제위원회'의 새로운 규제 기준은 "너무 관대하고, 합리성이 없다"고 지적하고, 기준에 적합하더라도 재가동을 인정하지 않는다고 판결했다. '원전 운전 금지 가처분'은 전국 최초이며, 소송 판결과 달리 그 결정은 즉시 효력을 갖는다. 이 결정은 2014년 5월 21일 오이원전의 '운전금지' 판결을 내린 동일 재판장에 의한 것이며, 각 신문의 사설에서는 "사법이 엄중한 경고를 했다"고 평가하는 논조의 신문(아사히, 마이니치, 도쿄)과 규제 기준 부정을 사법의 폭주로 문제 삼은 논조의 신문(요미우리, 산케이, 닛케이)으로 크게 나뉘었다.

당시 '간사이전력 다카하마원전 운전 금지 가처분 결정' 판결을 내린 재판장은 나고야 가정재판소로 이동했고, 간사이전력(関西電力)이 제기한 이의에 대해 후쿠이 지방재판소[재판장: 하야시 준(林潤)]에서는 이미 제2회 심문(이의신청 재심기일 2015년 11월까지)이 이루어지고 있다. '원자력규제위원회'는 2015년 8월에 3호기에 대해, 재가동 전 최종 절차라 할 수 있는 '사용 전 검사'를 개시하고 있다.

19) 옮긴이 福井地裁の関電高浜原発の運転禁止の仮処分決定(2014年)

3. 일본의 과제: 어디서부터 어떻게 시정할 것인가?

1) 마법의 키워드 '안전': 실천하는 힘이 있는 단어로 살리자!

1986년 국제원자력기구(IAEA: International Atomic Energy Agency[20]))에서 '안전 문화' 개념을 제시한 이후, 일본은 이에 동참하여 '안전 문화'라는 단어를 사용하는 보고서나 교과서가 늘어나고 있다. '안전'이라는 키워드를 자주 사용하여, 마치 안전 문화의 영역에 도달한 것처럼 보이게 하는 단어가 범람하고 있다. 그러나 참사가 발생하고 사고조사를 통해 밝혀진 사실은 "많은 관계자가 왠지 안전하다고 믿고 있어서, 실제로는 오히려 중대사고[21] 대책을 제대로 세우지 못하고 형식적으로 넘겨버린다"다는 점이다. '안전'도 '안전 문화'도 단순한 주문(呪文)[22] 이상의 의미를 가지지 못했다는 증거일 것이다.

이를 언어적 특징으로 말하자면 단순한 '상태'로 파악할 것인가, 능동적인 '행위' 결과 상태로서 파악할 것인가의 차이에 기인하는 현상으로 정리할 수 있다. 현대 일본 사회에서는 '안전을 꾀한다', '안전을 확보한다'고 새로 동작동사를 붙여서 표현하는 등, 행동과 분리된 '상태'로서 인식하는 사람이 많다. 능동

---

20) (옮긴이) 원자력을 군사 목적이 아닌 세계 평화와 인류 복지에 공헌하는 데 사용하도록 하기 위해 국제연합(UN)에서 설치(1957년 7월)한 독립 국제기구이다. 원자력의 평화적 이용을 위한 연구 및 기술 협력을 우선으로 하며, 군사적 사용 제지를 위해 노력하고 있다. 주요 활동 내용은 설립된 취지에 따라 전 세계 원자력의 평화적 이용과 연구개발 실용화를 위한 각종 물자 서비스 설비 제공, 과학기술 정보 교환, 핵의 군사적 사용 금지와 그 확산 방지 등이다.

21) (옮긴이) 중대사고(severe accident)는 방사능 방출 유무에 관계없이, 설계기준사고를 초과하여 노심의 현저한 손상을 일으키는 사고를 말한다. 노심(원자로의 중심인 원자로 내 핵연료)에서 발생하는 붕괴열(원자로가 정지되지 않는 사고의 경우는 노심 출력)을 제거할 수 없는 조건이 지속적으로 유지될 경우 중대 사고가 발생하게 된다.

22) (옮긴이) 주문(呪文)이란 입으로 특정한 어구를 외움으로써 신비적이고 주술적인 효과가 있다고 생각되는 글귀를 말한다. 여기서는 안전 의식·사상을 확립하는 데 주술적인 효과가 있다고 생각하고 '안전'이나 '안전 문화'라는 특정한 글귀를 외는 행위를 뜻한다.

적 행위의 결과 상태와의 인식은 희박하다(辛島恵美子, 2011; 2012). 엄밀히는 위험하다(위험할지도 모른다)라는 인식이 성립한 후, 새로 목표로 하는 가장 바람직한 상태가 '안전'이라는 단어로 표현되는 '상태'인 것이다. 뒤돌아봤을 때 '아 다행이다. 모두 무사해서'라는 감각이다. 결과적으로 행위와 분리된 '상태'는 현실과 괴리되기 쉬우며, 신에게 바라는 듯한 심경에 빠지기 쉽기 때문에, 부적이나 주문의 대신이 되어버리기 쉽다. 좋은 상태가 계속되는 순조로운 때에는 불행한 예언을 하는 사람을 회피하게 되는 것과 비슷한 경우이다.

'안전 문화'는 직접적으로는 'safety culture'의 번역이며, 구미적인 발상에 근거한 해설에 의거해 파악하려는 사람도 적지 않다. 한 가지 방법에 지나지 않는데, 기본 부분만 활용해서 일본의 전통적 개념 위에서 꽃을 피우는 것도 어렵지는 않다. 'culture'의 어원은 라틴어의 colore에서 왔다. 의미는 '경작하다', '키우다, 발명하다'이다. 여기서 '안전 문화'를 "한자어 '안전' 개념의 특징을 '육성'"이라는 관점에서 해석하는 방법도 충분히 실천적이다. 즉 "전(全)을 안(安)하다"라는 '능동적 행위 결과 상태'의 감각을 돌린다는 목표 설정이다. 행위 프로세스와 그 결과라는 두 단계의 평가를 하나의 세트로 파악하는 방법을 목표로 하는 것이다. 더 나은 결과를 기대한다면, 결과에 다다르는 과정의 모습에 관심을 가지지 않을 수 없는 발상이다. 그 기본적 양육 방법의 모습을 원전 소송에서 발견하는 것이다. 이는 직접적으로는 사법제도를 바꾸는 것이 아니라, 사회적 의미 부여를 바꾸는 것이다. 이에 한해서는 안전학적 발상의 접근법이다.

2) 일본 원전 소송의 과제를 묻고 '안전학'이 답하다

원전 재해를 어떻게 인식할지는 관심의 각도에 따라 상당히 다르다. 여기에서는 원전 소송의 전제 조건이 되기도 하는 전문 기술적 판단을 필요로 하는지 살펴보고, 행정을 지탱하는 구조적 요인 또는 구조의 변질 문제에 초점을 맞추어 검토한다. 특히 원전 기술의 특수성에 관해 정리해 보기로 하자.

(1) 원전 기술의 특수성과 대표성

과학기술 문명을 누리고 있는 현대 일본 사회에서는 전문 기술적 판단이 요구되는 행정처분이 더욱 증가해 사법심사도 증가할 것으로 예상된다. 원전 소송은 그러한 소송 유형 중 하나이지만 원전에 한정하지 않고, 원전을 포함한 '원자력 기술'은 지금까지의 기술 개발의 진보 상황에 비추어 볼 때, 다른 기술과는 비교하기 어려운 정도로 '특수'하다. 강한 방사선과 독성 때문에 이용하는 기술에 비해 사용 후 처리 기술의 개발은 극단적으로 어려워 아직까지는 늦어지고 있다. 또한 눈앞의 이익만을 추구하는 왜곡된 개발 상황도 나타나고 있다. 이야말로 후쿠시마 원전사고의 피해를 이렇게까지 크고 가혹한 상황으로 키운 중대한 요인으로 작용했다. 이를 시정하기 위해서는 지금까지의 경위에 구애받지 않고 기술을 충분히 활용한 것인지 혹은 봉인할 것인지 이에 상응하는 각오로 임해야 할 것이다. 또한 시급하게 제어하는 힘을 길러나가지 않으면 안 된다. 나아가서 기술이란 좋은 의미든 나쁜 의미든 세대를 뛰어넘는 영향력을 가진다는 점에서 기술의 적절한 제어가 필요하다. 이때 무엇보다도 공학적 타당성뿐만 아니라 도덕적, 윤리적, 사회적, 언어적으로 바른 의미의 정치적 판단도 중요하다는 점에 유의해야 한다.

위에서 제시한 여러 과제는 원자력 기술에 한정된 것이 아니라 원전 문제가 어렵다는 특수성이야말로 그대로 선두 주자로서의 대표성을 띠고 있다. 따라서 균형 잡힌 시각으로 사회적 논의를 전개시켜 나갈 수 있는 플랫폼을 마련하고자 한다. 일본인에게는 다소 생소한 소송을 사례로 삼아, 그 가능성을 타진하고 해답을 찾고자 한다.

(2) 원전 소송 판결이 지향하는 바는 무엇인가?

이 입장에서 원전 소송의 경위를 보면서 주목할 것은, 첫째, 원고 승소한 두 판결에 관한 것이다. 둘째, 상급심에 원고청구가 기각된 판결이다. 결론부터 말하자면 두 판결이 상급심에서 기각된 것은 정말로 적절했던 것일까라는 의문이다. 오히려 기각이 아닌 인정이라는 판결이었다면 '원전 안전'의 질적 향상에 공헌했을 것이다. 그 근거 중 하나로 소송 과정의 엄격한 논리성과 일관성 있는 논의 전개 및 그 평가는 사법이 추구하는 정신으로서, 과학기술을 안전하게 제어하면서 성장, 발전시키는 사람들 및 그것을 지켜보는 사람들의 정신적 신념으로 전해진다고 생각하고 있기 때문이다. 또 하나는 안전성을 체크하는 방식 그 자체에 대한 관심이다.

'이카타원전 최고재판소 판결(1992년)'이 보여준 원전 소송의 중요한 취지를 요약하자면 다음과 같다. "원전은 잠재적으로 매우 큰 위험성을 가지고 있다. 따라서 재해가 만에 하나 발생하지 않도록 하기 위해서 국가의 안전심사가 있는 것이다. 이때 판단은 '안전한지 위험한지'가 아니라, '만에 하나라도 위험한 일이 일어나지 않도록 한다'에 대한 판단 기준이며, 그러기 위해서는 충분한 심사를 실시하도록 한다." 그렇다면, 최고재판소의 법률심사 중 고속증식로의 항소심 판결에서 지적된 '누락'과 '과오'는 기각되고, 행정 측의 승소 판결을 내린 진정한 의도는 무엇이었던 것일까. 판결 목적이 서로 어긋난다는 점을 알 수 있다. 무엇보다도 고속증식로 몬쥬는 고속증식로 실용화 전 단계의 '원형로(原型炉)'라는 특수성이 있어 해석을 어렵게 하고 있다. 말하자면, 안정가동(操業)을 대전제로 하는 실증로(実証炉)[23]와 구별할 필요가 있다. 다만 사고의 피해를 논할 때 원형로와 실증로를 나누어 생각해야 하는 근거는 없으며, 그 판단이 정말 어렵다는 점은 충분히 이해할 만하다. 그러나 이러한 애로 사항과는 별도로, 기술을 안전하게 제어해서 사용하기 위한 배려한다는 점에 관해 대립적으로 바라볼 것이 아니라 오히려 통합적 시각이 중요하다. 이는 '모든 것(全)을 안(安)한다'라는 의미에서의 안전을 생각하는 기준이 되어야 할 것이다.

23) (옮긴이) '실증로(demonstration reactor)'란 상업로 제작의 바로 전 단계에서 만드는 원자로를 말한다. 상업로의 개발 가능성을 최종적으로 확인하기 위해 만드는 것으로 상업로와 거의 같은 시스템으로 구성해서 기술적 과제의 유무와 경제성 등을 체크한다. 보통 새 기술을 실용화하기까지에는 기초 연구로부터 시작해서 ① 요소 기술의 연구개발 → ② 실험로 → ③ 원형로 → ④ 실증로 → ⑤ 상업로의 단계를 거친다. 『매경시사용어사전』.

(3) '시가원전 2호기 지방재판소 판결'과 안전성 점검 방식

'시가원전 2호기 지방재판소 판결' 채택 과정을 살펴보면, 원고(주민) 측이 한정된 사례로 문제 제기(소송)했고 이에 피고 측이 충분한 반론을 전개한 것에 관해 재판관이 대질시켜 심사하는 방식을 취했다. 물론 과학기술의 안전성 평가에서는 누출 방지를 최우선으로 하는 안전성 점검이 필요하다는 점은 두 말할 필요도 없다. 다만 전문지식에 큰 차이가 있는 경우의 안전성 점검 방식으로 과연 유효한가에 관해 살펴보기로 하자. 안전성 점검에서 중요한 요소 중의 하나는 점검하는 측과 점검받는 측의 '관계성'이다. 예를 들어 '원자력안전·보안원'과 '원자력안전위원회'처럼 서로 다른 조직을 통한 이중 심사 과정에서는 긴장관계가 작동한다. 한편, 원자력 지식 제공 차원에서는 '동료·협력관계'라는 미묘한 융합적 관계도 존재한다. 그러한 관계성의 차이도 고려하여 오히려 적극적으로 다양한 안전검사 방식을 고려해야 할 것이다. 바꿔 말하면 안전성 검사 방식에는 다양한 종류가 있는 것이 좋고, 필요에 따라 서로 조합하여 안전 점검 시스템을 구축하는 것이 바람직하다.

안전성 점검 방식에서 유의해야 할 것은 충분한 반론을 제기할 수 없는 상태의 피고 측 조직을 상급심에서 구제할 필요가 있는지에 대한 의문이다. 소송에서 제기되는 과제 중에는 인허가용 매뉴얼에 없는 사안도 있을 것이다. 답변하는 역량을 시험할 기회라면 더더욱 다시 데이터 유형을 수정하거나, 대책을 생각하게 될지도 모른다. 그러므로 '시가원전 지방재판소' 판결을 통해 "점검받는 입장에서 보면 이는 시간도 돈도 아까운 쓸데없는 분쟁이 아니라, 비상시 대응훈련이라고도 생각할 수 있다"는 교훈을 얻게 된 것이다.

(4) 반성의 룰과 그 구조: 사회와 법의 안정

고속증식로 몬쥬에 한정되지 않고 원자력발전소가 탄생한 이래 이런 소송에는 '국가 정책적 특별 우대'라는 논란이 늘 따라다녔다. 본래 '국가 정책의 견지'라는 관점은 원래 과학기술을 현명하게 육성(안전하게 사용하도록 키운다)하는 시각과는 서로 모순·대립해서는 안 되는 것이었다. 그러나 현실에는 여러 문제가 발생하곤 한다. 원자력 업계 단체가 행정조직도 학계도 쉽게 다룰 수 있다는 사례를 이미 살펴보았다. 어떤 판결을 보더라도 그 배후에는 '국책' 차원에서 배려된 무엇인가가 존재한다고 할 수 있다. 하지만 고도의 과학기술이 얽힌 국가 정책일수록 왜곡된 관계를 형성하기 쉽다는 점을 알 수 있다. 그러나 국책 견지가 중요하다고 해도 논리적, 윤리적, 기술적으로 이치에 맞지 않는 판결이 괜찮을 리가 없다. 또한 빈약한 과학기술을 육성한다 치더라도 실천 과정에서는 그 레벨이 민폐로 작용할 뿐이다. 게다가 소송은 순수하게 절차탁마하는 학문 형성을 위한 토론 자리와는 달리 승패의 문제가 따라다닌다. 토론의 패자 측이 승자 측의 설득에 이성적으로 납득할 수 있다면 해결의 전망도 밝겠지만, 때때로 체면 때문에 원한을 갖는 경우도 있는 것이 현실이다. 이러한 항상 동반되는 문제점들에 관해서는 고려해야 한다. 그러나 원전의 안전성 문제는 거의 대부분 판결 후 실천 행위를 동반한다. 즉 안전성 분쟁은 단순한 구두 약속에 그치지 않고, 주장과 행동과 결과가 나중에 종합적으로 평가될 수 있는 관계에 있다.

그러나 발상을 전환하여 생각해 보면, 그러한 정신적 압박이야말로 어려운 판단에 대해 균형 잡힌 시각을 갖게 하는 힘으로 작동할 수 있다. 미래를 추량하여 내린 판단에 대해서 그 결과가 나오고, 추론상의 실수 및 개선책이 명확해지면 비로소 반성을 위한 규칙이나 구조가 부족하다는 점을 알 수 있다. 현대 사회는 "사고는 늘 있기 마련이다"라고 가정하고 인정함으로써 논의가 시작된다는 점을 상기하자. '안전 신화'에만 집착할 것이 아니라 절차적 오류(실수)를 범하지 않는 '행정 무류성(無謬說)[24]' 신화도 만들어가야 한다. 이러한 특징을 살리는 규칙과 구조를 궁리함으로써, 즉 사전에 안전성을 점검하는 구조상의 약점을 보완한다. 장래의 결과에 대한 적절한 긴장 관계가 유지됨으로써 분

24) 옮긴이 무류성(無謬性: Infallibility)이란 결코 오류를 범할 수 없거나 그르침이 없다는 뜻이다.

쟁 당사자 쌍방이 그러한 사정을 감안했을 때, 소송 과정에서 사법적 판결에서 나타나는 여러 특징들이 종합평가 과정을 통해 반복해서 학습하게 된다. 이러한 관점에서 사법이 말 그대로의 사법의 역할을 과감하게 추구하는 것이야말로 다른 세계(관점)에서 볼 경우, 중요한 이정표가 될 수 있다.

법의 안전과 국가 정책의 문제도 사법의 입장에서 엄정하게 평가할 때 비로소 모두가 건전하게 성장할 수 있는 가능성이 나올 것이라고 확신하는 바이다.

〈참고문헌〉

阿部泰隆, 「原発訴訟をめぐる法律上の論点」, 『判例タイムズニ』 第362号, 1978年.

石橋克彦, 「原発震災…破滅を避けるために」, 『科学』 Vo.167, No.10, 1997年.

磯部力, 「伊方原発事件」, 『(別冊ジュリスト)公害·環境判例』, 1980年.

磯村健太路·山口栄二, 『原発と裁判官　なぜ司法はメルトダウンを許したのか』, 朝日出版, 2013年.

井上幸子, 「高速増殖炉『もんじゅ』をめぐる経緯」, 国立国会図書館ISSUE BRIEF, 『調査と情報』 No.781, 2013年.

大嶋健志, 「原子力発電所の新規性基準の策定経緯と課題」, 衆議院事務局規格調整室編集発行, 『立法と調査』 No.344, 2013年, 131-144頁.

岡本孝司, 『証言 斑目春樹』, 新潮社, 2012年.

海渡雄一, 『原発訴訟』, 岩波新書, 2011年.

神坂さんの任官拒否を考える市民の会編, 『原発をとめた裁判官…井戸謙一元裁判官が語る原発訴訟と司法の責任』, 現代人文社, 2012年.

金子熊夫, 「『もんじゅ』訴訟と裁判制度:抜本的な見直しが必要」. (http://www.eeecom.org/old/RONBUN/monjusoshouto.htm 2015年10月20日アクセス)

辛島恵美子, 「社会安全学構築のための安全関連概念の再検討」, 『社会安全学研究』 第1巻, 2011年, 153-177頁.

辛島恵美子, 「震災と安全思想」, 関西大学社会安全学部編, 『検証 東日本大震災』, ミネルヴァ書房, 2012年, 279-300頁.

国際原子力機関(IAEA), 『福島第一原子力発電所事故 事務局長報告書』, 2015年.

首藤重幸, 「現代の視点 原発行政への司法審査のあり方…三つの原発訴訟最高裁判決から考える」, 『法学セミナー』 第458号, 1993年, 26-31頁.

新藤宗幸,『司法よ！おまえにも罪がある 原発訴訟と官僚裁判官』, 講談社, 2012年.
添田孝史,『原発と大津波 警告を葬った人々』, 岩波新書(1515), 2014年.
高橋利文,「伊方·福島第二原発訴訟最高裁判決」,『ジュリスト』第1017号, 1993年, 48-65頁.
東京電力福島原子力発電所事故調査委員会,『国会事故調報告書』, 2012年.
日本保全学会S-Q分科会,『原子力安全文化のあり方とその運用…原子力規制委員会への提言(2)』, 2013年.
原田尚彦,「東海原発訴訟第一審判決の意味」,『ジュリスト』第843号, 1985年, 72頁.

〈판 결 문〉

伊方発電所: 伊方原子力発電所原子炉設置許可処分取消請求事件
松山地裁 (1978年4月25日) 判例時報 891号38頁
高松高裁 (1984年12月14日) 判例時報 1136号3頁
最高裁 (1992年10月29日) 判例時報 1441号37頁

高速増殖炉もんじゅ: 原子炉設置許可処分無効確認等請求事件
福井地裁 (2000年3月22日) 判例時報 1727号33頁
名古屋高裁金沢支部 (2003年1月27日) 判例時報 1818号3頁
最高裁判所 (2005年5月30日) 判例時報 1909号8頁

志賀原子力発電所: 志賀原子力発電所2号機建設差止請求事件
金沢地裁 (2006年3月24日) 判例時報 1930号25頁
名古屋高裁金沢支部 (2009年3月18日) 判例時報 2045号3頁

제14장

원전사고의 사회경제적 문제와 소비자·시민의 반응

히로세 유키오(広瀬幸雄)

1. 후쿠시마 원전사고가 소비자와 시민에게 끼친 영향

후쿠시마 원전사고를 계기로 원자력발전에 관련된 사회경제 문제에 대한 소비자·시민의 의식과 행동은 어떻게 바뀌었을까? 원전사고가 소비자·시민에 미친 영향은 수 없이 많지만, 여기에서는 소비자 차원의 문제인 후쿠시마산 식품의 '풍평(뜬소문) 피해'와 정치경제적 차원의 문제인 '고준위 방사성폐기물 지층처분[1]" 정책을 다룬다. 풍평 피해는 소비자가 원전사고와 관련된 물품 구매를 회피하게 하는 직접적인 영향이며, 고준위 방사성폐기물 처분 정책은 원전사고를 계기로 시민들이 원자력 정책 평가를 재검토하게 한, 간접적으로 파급

1) (옮긴이) 방사성폐기물에 관해서는 그 수준에 따라 저준위, 중준위, 고준위로 분류하고 있다. '고준위 방사성폐기물(High Level Radioactive Waste)'이란 방사능 함유량이 높다는 의미이며, 폐기물 형태에 따라 '사용 후 핵연료' 및 사용된 핵연료를 재처리하는 시설에서 나오는 폐연료봉 등 '액체·농축 폐기물', '고체 폐기물'로 나뉜다. 특히 액체 폐기물들이 고체화된 고체 폐기물(고준위)을 최종 처리하는 방법으로 '지층처분(地層處分: deep geological repository)'이 있다. 또한 한편, '저준위 방사성폐기물'은 원자력발전소에서 사용한 장갑, 볼펜이나 쓰레기 등, '중준위 방사성폐기물'은 방사선 차폐복, 원자로 부품 등을 가리킨다.

된 영향이라고 할 수 있다.

이 두 가지 문제에 주목하는 이유는, 현재까지 원전사고의 영향을 지속적으로 받고 있으며 아직 해결되지 않았기 때문이다. 그 원인 중 하나는 원전사고로 인한 방사능 오염이라는 환경 위협이 4년이 경과한 2015년 현재에도 남아있으며, 앞으로도 지속될 것으로 우려되기 때문이다. 사고를 일으킨 원자로 냉각에 쓰인 오염수 처리 및 원자로 건물의 지하수 유입 차단에 대한 도쿄전력의 작업은 아직도 계속되고 있으며, 멜트다운된 여러 원자로의 폐로작업은 30년에서 40년이라는 거시적 관점(장기간)을 필요로 한다고 알려져 있다.

소비자·시민은 언론보도 등을 통해 사고가 완전히 수습되지 않은 것으로 인식하고 있다. 또한 이러한 인식이 소비자행동과 원전 관련 정책에 대한 태도에 영향을 주고 있다고 추측할 수 있다. 따라서 이러한 문제를 해결하기 위해 원전사고의 영향은 어떠한 것이며 얼마나 지속되는지를 밝히는 것은 반드시 필요하다. 풍평 피해의 해결은 동일본대지진과 후쿠시마 제1원전사고로 피해를 입은 지역의 부흥을 위해 반드시 필요하며, 고준위 방사성폐기물 지층처분의 여부에 대한 국민적 합의 형성은 향후 국가의 에너지 정책·원자력 정책 추진을 위해 피할 수 없는 과제이다.

풍평 피해 문제는 사고 직후 1년 동안 3차례에 걸쳐 실시한 패널조사 결과 등을 바탕으로, 소비자는 구매 기피(소비 자숙) 여부의 판단을 어떠한 심리적 요인을 고려하여 실시했는지, 소비 행동은 어떻게 변화했는지에 대해 밝히고자 한다.

'고준위 방사성폐기물' 지층처분 정책은 원전사고 전후에 실시한 패널조사 결과 등을 바탕으로 정책에 대한 시민의 평가가 원전사고의 영향에 따라 어떻게 변화했는지, 시민은 지층처분 정책에 대한 태도를 결정할 때 어떤 심리적 요인을 고려하는지를 밝히고자 한다.

2. 후쿠시마 제1원전사고로 인한 원자력 기술 및 실시 주체에 대한 신뢰 저하

후쿠시마 제1원전사고와 그로 인한 환경오염은 원자력발전과 관련된 과학기술에 대한 사람들의 평가를 크게 바꾸었다. 예를 들어 원전사고 전후의 갤럽 조사(WIN-Gallup international, 2011)에 따르면, 일본에서 사고 전 2010년에는 원자력발전에 대한 긍정적인 태도의 비율이 62%, 부정적인 태도가 28%였던 것에 반해, 사고 후인 2011년에는 긍정적인 태도가 39%로 줄고 부정적인 태도가 47%로 증가했다. 일본에서 원전에 대한 찬반은 역전되고, 원자력발전이 안전하다고 생각했던 많은 사람들의 인식이 위험하다고 바뀌었으며, 결국 원전에 대한 반대 입장으로 변했다는 것이다.

후쿠시마 제1원전사고는 원자력발전에 대한 시민의 의식을 변화시켰을 뿐만 아니라 원자력 기술을 담당해 온 과학자와 행정에 대한 신뢰까지 저하시켰다. 〈그림 14-1〉은 동일본대지진 전후의 고준위 방사성폐기물 지층처분에 관련한 정부에 대한 시민의 신뢰 변화를 나타내고 있다(大友章司·大澤英昭·広瀬幸雄·大沼進 2014). 그림을 보면 원전사고 발생 후 1년 간 지층처분의 조직과 기술에 대한 시민의 신뢰가 크게 저하되고 있음을 알 수 있다. 또한 과학자 일반 및 기술자 일반에 대한 신뢰도 원전사고 이후 저하되고 있다는 보고도 있다(科学技術政策研究所, 2012).

원자력 과학기술과 관련된 조직에 대한 신뢰 실추가 원전사고 후 해결과 대처가 필요하게 된 사회경제 문제에도 영향을 미치게 되었다. 풍평 피해 해소 대책, 지진 잔해의 광역 처리 대책, 방사성 물질로 오염된 지정 폐기물 처분장 입지계획 등에 대한 시민의 이해와 협력뿐만 아니라 국가의 환경·에너지 전략의 재검토와 고준위 방사성폐기물 지층처분 정책에 대한 합의 형성을 위해서는, 대책·계획을 입안하고 실행하는 전문가와 행정조직에 대한 신뢰가 불가결하기 때문이다.

그림 14-1 동일본대지진 전후의 원자력관련조직에 대한 신뢰

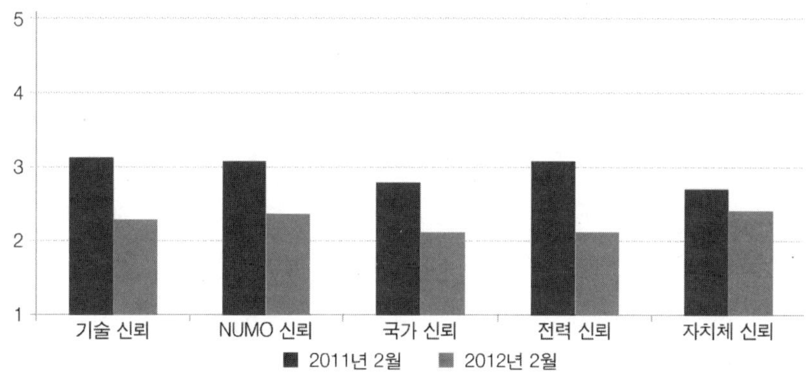

주: 5단계 평가로 수치가 높을수록 신뢰가 높다.
자료: 大友章司·大澤英昭·広瀬幸雄·大沼進(2014)에서 필자 작성.

국민의 다수가 원전 재가동에 반대한다는 여론하에 원자력 관련 과학기술 전문가와 행정·기업에 대한 신뢰가 높지 않으면, 국가 레벨의 원자력 관련 계획과 정책에 대한 합의 형성은 한층 더 곤란해질 것이다. 원전사고로 일본의 미래 에너지 전략 측면에서의 원자력발전을 어떻게 평가할지, 국가적 비전을 비롯한 많은 관련 정책에 대한 시민의 평가가 보다 더 엄격하게 변화하고 있기 때문이다.

정부는 후쿠시마 원전사고 후 2012년 환경·에너지 전략의 재검토에서 원자력발전의 위치 결정에 민의를 어떻게 반영할지를 고심하고 있다. 후쿠시마 제1원전사고 이후에 이루어진 여론조사에서는 원전을 폐지해야 한다는 의견이 대다수를 차지하고 있었기 때문이다. 이에 원전사고에 대한 감정적 반응이라고 생각되는 여론조사가 아니라 심사숙고를 통한 국민의 이성적 의견을 알아보는 수단으로서, 미국에서 개발된 토론형 여론조사를 실시하여 그 결과를 계획 재검토를 위해 참고하고자 했다. 토론형 여론조사는 전국에서 무작위로 추출하여 초대된 시민대표가 사회적 과제를 충분히 논의하는 참가형 회의방식이

며, 국가의 정책 책정에서 참고한다고 밝힌 것은 이번이 처음이었다. 그런데 토론형 여론조사 회의 후 시민대표의 의견에서도 '원전은 전부 폐기해야 한다'가 다수를 차지했다(エネルギー·環境の選択肢に関する討論型世論調査実行委員会, 2012).

우리는 이 토론형 여론조사에 대한 일반 시민의 평가를 묻기 위해, 전국을 대상으로 인터넷을 이용한 사회(여론)조사를 실시했다(Maeda, et. al., 2013). 그 결과에서도 정부를 신뢰할 수 없다는 의견이 다수였지만, 토론형 여론조사의 진행방법과 그 결과를 에너지 전략에 참고한다는 '절차가 공정하다'고 판단한 조사 응답자는 '절차가 공정하다고 생각하지 않는다'고 한 응답자에 비해, 정부가 제시한 환경·에너지 전략을 긍정적으로 평가할 수 있다고 답했다. 이 결과는 원전에 관련된 정부에 대한 신뢰가 저하하는 경우에는, 원자력 관련 정책에 대한 사회적 합의를 형성하기 위해서 시민의 의견을 반영하는 공정한 절차가 특히 중요하다는 점을 시사하고 있다고 할 수 있다. 정부 등의 권위에 대한 신뢰가 낮은 경우, 시민은 정책추진 방법이 절차적으로 공정한지의 여부를 단서로 삼아 정책 수용의 판단을 한다는 것은 대부분의 사회심리학 연구에서도 확인되고 있다(Van den Bos, et al., 1998; Hirose and Ohtomo, 2008).

3. 일본의 소비 위축 및 풍평 피해

후쿠시마에서 원전사고의 영향은 사고 발생으로부터 5년이 지난 지금도 여전히 계속되고 있다. 방사성 물질 누출로 인해 원전 주변 지역에서 피난을 강요당한 사람들뿐 아니라, 후쿠시마 및 주변 현에서 농림어업에 종사하는 많은 사람들에게도 그 영향이 미치고 있다.

이러한 영향의 예로서 후쿠시마현 농림어업 생산물에 대한 풍평 피해를 들 수 있다. 풍평 피해란 상품의 위험성에 대한 근거가 명확하지 않음에도 불구하고 소비자가 지금까지 구입했었던 상품의 구매를 회피함으로써 생산자에게 경제적 피해를 초래하는 것이다. 3·11 원전사고와 관련하여, 풍평 피해의 정의를 방사능 오염에 의한 위험성이 없는 상품에 대한 경우에 한정할 것인지, 아예 없지는 않지만 기준치보다는 낮은 경우도 포함할 것인지에 대해 의견이 엇갈리고 있다. 예를 들어 후쿠시마 제1원전사고 직후부터 후쿠시마현에서 생산된 채소·쌀·버섯·우유·어패류의 농림어업 생산물에서 잠정 기준을 초과하는 방사성 세슘이 검출되어 출하정지 규제가 시행되었다(≪朝日新聞≫, 2011). 그러나 출하 규제 대상 외 농림어업 생산물은 잠정 기준치를 초과하지 않아 안전하다고 밝혔음에도 불구하고 소비 위축 현상이 발생한 것이다.

원전사고로부터 4년이 경과했으나 후쿠시마현의 농림어업 생산물 가격은 사고 전 수준으로 돌아오지 않았다. 2014년 도쿄도(東京都) 중앙도매시장에서 후쿠시마현산 복숭아의 평균 판매가격은 전국 평균보다 20% 이상 저렴하고 육우도 20% 가까이 저렴했으며, 사고 이전 가격을 회복하지 못하고 있다. 복숭아와 채소는 산지에서 샘플을 추출하여 방사능 물질 검사가 이루어지고 있다. 또한 후쿠시마현산 쌀은 전량을 대상으로 방사성 물질 검사가 실시되고 있으며, 안전이 확보되어 있음에도 불구하고 전국 평균보다 20% 이상 가격이 낮다고 보고되고 있다(≪読売新聞≫, 2015).

우지이에(氏家清和, 2012)는 2011년 3월과 2012년 2월 두 차례에 걸쳐 간토 지역과 간사이 지역 소비자에게 후쿠시마현산과 이바라키현산 야채의 방사능 오염에 의한 위험성과 산지에 대한 평가를 묻는 인터넷 조사를 실시했다. 조사 결과에 따르면, 소비자 행동에서 오염으로 인한 위험성을 고려하여 구매를 회피한다는 합리성이 관찰된다고 한다. 즉 소비자는 방사능 오염의 위험을 고려하여, 구매 자제를 의식적으로 선택하는 것으로 추측된다. 또한 후쿠시마현산이라는 이유로 구매를 자숙하는 행위가 이뤄지고 있다는 점도 확인하고 있다. 사고를 일으킨 원전이 소재하는 현이라는 이유만으로 후쿠시마산 식품에 부정적인 이미지가 생기면서, 이에 대한 소비자의 구매 자제가 발생하고 그 영향이 지속되고 있다는 것이다.

풍평 피해의 원인 중 하나가 원전사고로 인한 방사성 물질에 대한 소비자의 불안에 있다고 한다면, 실제로 소비자가 어느 정도로 구매 자제를 계속하고 있는 것일까? 소비자청은 풍평 피해에 관한 소비자의식 실태조사를 2013년 2월부터 2015년 2월까지 5회에 걸쳐 실시했다(消費者庁, 2015). 조사 결과에 따르면, '방사성 물질이 포함되어 있지 않은 식품을 원하기 때문에 산지를 의식한다'고 대답한 소비자는 전체의 약 20%이며, 5회 조사 동안 그 비율은 거의 동일했다. 또한 '방사성 물질이 포함되지 않은 식품을 사고 싶을 때에 주저하는 산지'로서 후쿠시마현을 거론한 것은 20% 정도로, 그 비율도 거의 변화하지 않았다. 방사성 물질에 의한 우려로 구매를 자제하는 소비자는 사실 전체 중에서 소수임을 알 수 있다.

그러나 구매를 자제하는 소비자가 소수라도 영향은 적지 않다. 세키야(関谷直也, 2011)는 소매에서 도매의 서플라이체인으로 거슬러 올라갈수록 제품 수요의 변동이 증폭해 간다는 채찍 효과가 풍평 피해를 확대한다고 설명하고 있다. 방사능 오염에 대한 불안감이 높은 소비자가 소수라도, 일정 정도의 구매를 자제하면 소매 단계에서 수요가 감소한다. 소비자의 구매 자제를 예상한 소매업자는 매출 감소와 재고 발생을 우려하여 후쿠시마현을 포함한 도호쿠산 이외의 대체 상품으로 전환하거나, 도호쿠산 상품의 구입을 줄이거나 중단할 것이다. 도매 단계에서도 도호쿠산 제품에 대해 가격을 낮추는 후려치기가 일어난다. 소비자가 소매, 도매 단계에서 각각 불안하게 반응한 결과, 풍평 피해는 확대되어 생산자에게 커다란 피해를 초래한다는 것이다. 카스퍼슨 외(Kasperson et al., 1988)는 리스크에 대해 사회구성원이 연쇄적으로 반응하여 그 리스크가 사회적으로 확대되고, 그 영향이 파급되는 과정을 '리스크의 사회적 증폭 현상'이라고 부르고 있는데, 이번 풍평 피해도 이에 해당하는 것이다.

그렇다면 원전사고 직후부터 현재까지 구매를 회피하고 있는 소수의 소비자는 어떤 판단에 의거하여 회피하고 있는 것일까? 사고 직후에는 냉정한 판단을 못해 공황상태에서 구매를 자제했던 것인지, 원전사고 이후의 혼란으로 시간이 경과한 현재에도 불안과 공포 감정에 휩싸여 구매를 회피하고 있는 것인지, 아니면 소비자가 식품에 대한 방사능 오염의 위험성을 냉정하게 판단하여 의식적으로 구매 자숙을 선택하고 있는 것인지, 소비자의 구매 자제에 이르는 판단 과정을 밝히는 것은 풍평 피해를 해결하기 위해 어떤 '리스크 커뮤니케이션'이 바람직한가를 고려하는 데 중요한 단서가 된다.

우리는 2011년 4월, 6월, 11월 세 차례에 걸쳐 수도권 소비자를 대상으로 도호쿠산 식품 구매 자제에 관한 인터넷조사를 실시했다(大友章司·広瀬幸雄, 2014).

〈그림 14-2〉는 원전사고 직후부터 6월 말까지, 6월 말부터 11월 말까지 각각의 기간에 도호쿠산 식품에 대해 구매를 회피한 사람의 비율을 나타내고 있는데, 모든 품목에서 구매 자제를 한 사람의 비율은 6월부터 11월에 걸쳐 증가하고 있다. 11월 말에 구매 자제 비율이 높은 것은 채소, 생선·해산물, 쌀, 과일이다. 6월 말까지 도호쿠산 생산물을 하나라도 구매를 자제한 사람의 비율은 29%였지만 11월 말에는 37%로 증가했다.

2회에 걸친 조사를 통해 구매 자제 행동이 계속되고 있는지를 분석한 결과, 6월 말까지 구매를 자제한 사람 중에서 11월 말에도 계속 자제를 한 사람은 81%이며, 19%는 구매 자제를 그만두고 있다. 즉 평소대로 구매하고 있다. 또한 6월 말까지 구매를 자제하지 않은 사람 중 11월 말에도 구매를 자제하지 않은 사람은 82%이고, 나머지 18%는 구매 자제를 하게 되었다. 즉 6월에 구매를 자제하면, 그 후에도 계속 구매 자제를 하는 소비자가 대부분임을 알 수 있다.

한 번 자제하면 계속 구매를 자제하는 경향이 있다고 했는데, 그렇다면 과연 구매 자제에 이르는 소비자의 판단 방법은 기간 내 동일했을까? 원전사고 직후에는 원자로에서 방사성 물질의 확산이라는 언론보도가 유포되는 가운데 식품의 방사능 오염에 대한 불안과 공포에 휩싸이고, 또한 사고 직후 혼란스러운 사회 상황에 휩쓸려 도호쿠산 식품 매장에 손을 뻗지 않게 된 것일까? 혹은 출

그림 14-2 원자력발전소 사고 후의 도시권 소비자의 구매 회피

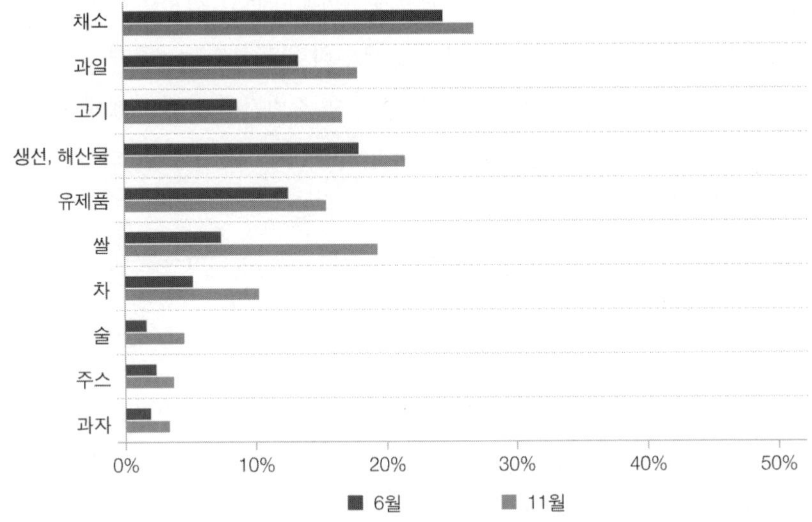

자료: 大友章司·広瀬幸雄(2014)를 참고로 작성.

하 규제 이외의 도호쿠산 식품에 대해 방사능 오염으로 인한 위험성을 소비자 나름대로 평가한 뒤 의식적으로 구매 자제를 선택한 것일까?

일반적으로 소비자의 상품 선택은 제품의 편익과 위험성 등의 평가 및 가족으로부터 제품구매의 기대를 고려한 의식적·의도적인 판단뿐만 아니라, 제품에서 연상되는 이미지나 다른 사람들의 소비동향이라는 상황적 유도에 따라 구매 현장에서 무의식적으로도 좌우된다고 알려져 있다(Gibbons, et al., 1998; Ohtomo, et al., 2011). 따라서 이번 구매 자제가 어떤 요인에 의해 주로 이루어진 것인지를 밝히기 위해, "구매를 자제하지 않으면 너무나도 불안하다"는 구매 자제에 대한 태도와 "가족이 구매 자제하기를 바라고 있다"는 가족의 기대, 거기에 그 두 의식적 평가를 기초로 "앞으로도 구매를 자제할 생각이다"라는 구매 자제 행동 의도에 따라, 구매 자제에 대한 의식적·의도적인 판단을 물었다. 또한 구매 자제의 무의식적이고 상황 유도적인 측면에 대해서는, "주위의

그림 14-3 구매 회피 행동의 요인 관련

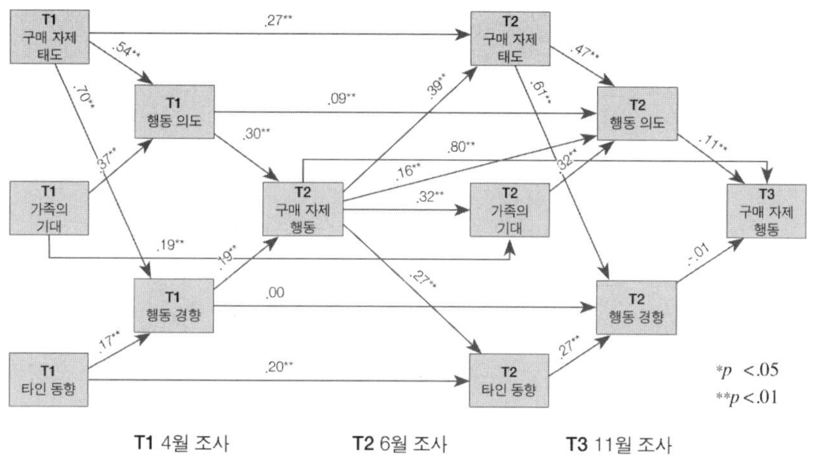

자료: 大友章司·広瀬幸雄(2014)를 참고로 작성.

많은 사람들은 구매를 자제하고 있다"라는 타인 동향, "현재의 상황이 지속된다면 구매를 자제해야 할 것"과 같은 상황으로 흘러가는 구매 자제에 관한 행동 경향을 물었다. 각각의 영향이 6월과 11월의 구매 자제에 얼마나 관련 있는지를 분석한 결과가 〈그림 14-3〉이다.

사고 직후부터 6월까지의 기간 동안 구매 자제 행동은 4월 시점의 의식적인 행동 의도와 상황 유도적인 행동 경향의 영향을 함께 받았다. 또한 의식적인 행동 의도는 구매 자제가 불안하다는 태도와 가족의 기대에 영향을 받고 있으며, 상황 유도적인 행동 경향은 구매 자제 태도와 타인 동향에 영향을 받고 있었다. 즉 사고 후 3개월 후까지 소비자의 구매 자제는 심사숙고에 의한 의식적·의도적 측면과, 상황에 의존한 무의식적·반응적인 측면이 모두 있다는 것을 알 수 있다. 그러나 6월부터 11월까지의 기간 동안 구매 자제 행동은 6월 시점의 상황 유도적인 행동 경향의 영향은 볼 수 없게 되고, 의식적인 구매 자제 의도의 영향만 받고 있었다. 또한 11월까지의 기간 동안 구매 자제 행동에 가장 영향을 끼쳤던 것은 6월까지의 구매 자제 행동이었다. 즉 사고 후 8개월이 경과했을 때 소비자는 방사능 오염의 불안이라는 태도와 가족의 기대에 따라 의식적 의도적으로 구매를 자제하고 있으며, 더욱이 한번 구매를 자제하면 그 행동을 지속하고 있다는 것이다.

이번 조사에서는 후쿠시마현산 식품뿐만 아니라 도호쿠산 식품을 대상으로 하여, 간토 지방 소비자의 구매 자제 행동의 추이를 거론했다. 여기에서 문제가 된 것은, 일정 정도 비율의 소비자는 사고 직후에 취한 구매 자제 행동은 시간이 경과하여도 지속하고 있다는 점이다. 위에서 서술한 소비자청의 풍평 피해 조사에서도, 사고 후 4년이 경과해도 후쿠시마현산 식품을 방사능 오염의 위험성에 대한 의식적인 판단에서 기피하는 것으로 보고되고 있었다. 이와 같이 구매 자제를 지속하는 소비자의 심리적 이유로는, 애매성 기피(Einhorn & Hogarth, 1986)와 현상유지 바이어스(Kahneman, et al., 1991)를 생각할 수 있다(大友章司·広瀬幸雄, 2014). 방사능 오염으로 인한 위험성에 대해서는 아직도 과학자에 따라 의견이 다르다는 애매한 상황에서는, 도호쿠산 또는 후쿠시마산 농림 수산물을 계속 구매 자제한다는 선택에 따라 불확실성·애매함을 피할 수 있다. 또한 방사능 오염으로 인한 위험성과 조금이라도 관련되는 물품을 다시 구매하는 것보다는, 여태까지 해온 구매 자제 행위를 유지하는 편이 바람직하다. 이러한 이유로 소비자는 구매 자제를 지속했던 것으로 해석할 수 있는 것이다.

이상의 조사 결과에서도 알 수 있듯이 이번 풍평 피해의 해소는 용이하지 않다는 점을 엿볼 수 있으며, 그 실태를 감안하여 대책을 생각할 필요가 있을 것이다.

4. 일본의 원전사고와 고준위 방사성폐기물 정책의 변화

일본에서는 원자력발전에서 사용이 완료된 핵연료를 그대로 처분하지 않으며, 연료로서 재사용할 수 있는 방사성 물질을 처리 회수하고 있다. 그 후에 남은 고준위 방사성 폐액을 유리 원료와 혼합 용융(鎔融)하여 스테인리스 용기에 넣은 유리 고화체가 고준위 방사성폐기물이다. 소위 원전 쓰레기로 불리는 이 폐기물은 방사능 수준이 매우 높으며, 안전한 수준으로 내려갈 때까지 수만 년이 걸릴 것으로 알려져 있다(資源エネルギー庁, 2012). 따라서 정부는 2000년에 '특정 방사성폐기물의 최종처분에 관한 법률'을 제정, 원전 쓰레기를 지하 300미터보다 깊은 안정된 지층에 처분하기로 결정했다. 또한 지층처분을 담당하는 '원자력발전환경정비기구(NUMO)'[2)]가 설립되었으며, 2002년부터 전국의 시정촌에서 지층처분 시설의 설치 가능성을 조사하는 지역을 공모했다. 그러나 현재까지 이에 응모한 시정촌은 없다.

고준위 방사성폐기물의 지층처분 문제는, 후쿠시마 원전사고 이후의 원자력 에너지 정책 및 국가의 환경·에너지 전략 속에서 어떤 의미를 부여할지에 대한 논의에서도 다루어졌다. 또한 일본의 지층처분의 어려움을 근거로 원전으로부터 벗어나야 한다는 고이즈미(小泉純一郎) 전 총리의 주장을 계기로, 이전 도쿄도지사 선거에서도 원자력발전과 그에 따른 고준위 방사성폐기물 문제는 선거 쟁점의 하나가 되어 사람들의 관심을 널리 모았다. 현재 정부는 원자

2) (옮긴이) 원자력발전환경정비기구(NUMO: The Nuclear Waste Management Organization of Japan)는 일본이 2002년 방사성폐기물에 관한 정책을 관리하기 위해 설립한 기구이다. 2000년 제정된 '특정 방사성폐기물 최종처분에 관한 법률'을 기반으로, '가처분장' 선정에서 처리장 건설, 폐기물 매설 및 추후 관리 등 모든 과정을 맡게 되었다. NUMO는 설립 이후 지자체에 대한 공모 방식으로 최종처분장 부지 선정을 진행해 왔으나, 지역 주민들의 반대로 응모가 철회되는 등 찬반 논의가 진행 중에 있다. 최근 일본 정부는 고준위 방사성폐기물 처분장 건설 부지에 대해 적합 지역을 제시하고, 최종처분장을 건설하기에 '과학적으로 유망한 지역'을 표기한 전국 지도를 공개할 예정임을 밝힌 바 있다. http://www.numo.or.jp/

력발전의 재가동 추진 방침을 가지고 있으며, 그 일환으로 2015년에 '특정 방사성폐기물의 최종 처분에 관한 기본 방침'을 각의 결정으로 개정하고, 국가가 전면에 서서 폐기물 처분장 입지에 힘쓰고 있다. 새로운 기본 방침은 국가가 지층처분을 위한 최적의 후보지를 선정하고, 지자체에 조사에 대한 협력을 건의하기로 했다. 또한 사업에 공헌하는 지역에 대한 경의와 감사의 마음을 국민 사이에서 공유하는 것을 목표로 하고 있다(経済産業省, 2015). 이 기본 방침의 배경에는 님비(NIMBY)형 사업의 전형인 지층처분 사업에 대한 국민 전체의 합의가 충분하지 않고, 지역에서 지층처분 입지의 수용이 용이하지 않을 수 있다는 점이 있다.

이상의 경위에서 후쿠시마 제1원전사고는, 원자력발전과 관련된 고준위 방사성폐기물의 지층처분에 대한 시민의 평가에 영향을 주고 있다고 추측된다. 우리는 지층처분을 위한 조사의 수용 여부에 대한 시민의 태도를 규정하는 심리적 요인을 해명하기 위해, 인터넷을 이용한 사회조사를 사고 직전에 실시하고 있었다. 원전사고 1년 후 당시 동일 조사 대상자에게 동일한 내용의 사회조사를 재실시하여, 지층처분 입지조사의 수용 태도와 그것을 규정하는 심리적 요인에 변화가 나타나는지를 조사했다. 이를 통해 후쿠시마 제1원전사고가 사고와는 직접 관련되지는 않은 지층처분 사업에 대한 시민의 태도에도 영향을 미치고 있는지 그 여부를 확인했다(大友章司·大澤英昭·広瀬幸雄·大沼進, 2014). 이하에서는 그 조사방법과 결과에 대해 소개하고자 한다.

조사는 전국에서 약 2000명의 조사 대상자를 추출하여, 거주 지역에서 지층처분의 입지조사가 이뤄진다고 가정했을 때, 지층처분의 수용을 좌우할 것으로 예상되는 심리적 요인에 대해 답변하도록 의뢰했다.

시민이 고준위 방사성폐기물의 지층처분에 대한 수용 여부를 결정할 때 어떤 요인을 고려하는 것일까? 본 조사에서는 수용 여부를 좌우하는 요인으로서, 지층처분의 편익과 리스크 평가, 실시 주체에 대한 신뢰, 오명에 대한 우려, 과거와 미래 세대에 대한 책임감, 조사 수용 절차의 공정성, 고준위 방사성폐기물의 지층처분에 대한 감정 등을 가정했다. 고준위 방사성폐기물의 지층처분이 사회 전체와 지역에 어떠한 편익을 가져다주는지, 지층처분의 환경·건강 등의 리스크는 어느 정도일지가 문제이다. 또한 고도의 과학기술에서는, 실시 주체인 NUMO와 국가에 대한 신뢰 유무는 편익과 리스크의 판단에 영향을 미칠 것으로 추측된다. 게다가 지층처분을 수용하는 지역은 바람직하지 않은 이미지로 기피된다는 우려(부정적 이미지의 낙인이라는 의미로 스티그마 우려)도 수용을 주저하게 하는 것이다. 고준위 방사성폐기물은 개인적인 리스크가 아니라 사회적 리스크이며, 그 입지조사는 지역 주민의 합의가 필요하기 때문에, 조사 수용 여부의 결정까지의 절차가 공정한지가 중요할 것이다. 또한 고준위 방사성폐기물은 안전한 수준이 되기까지 수만 년이 걸리는 초장기적 리스크라는 독자적인 특징을 가지고 있기 때문에, 처분 입지의 일환인 조사 수용은 현재 세대뿐만 아니라 과거와 미래 세대와도 관련된 문제이다. 따라서 땅을 지켜온 조상에서 부모까지 세대와 미래에 걸쳐 생활을 계속하는 자식과 손주 세대에 대해 책임을 의식하지 않을 수 없을 것이다. 마지막으로 고준위 방사성폐기물 지층처분에 대한 감정적 반응은 앞에서 살펴본 요인의 숙고한 판단에 편견을 미칠 것으로도 예상된다.

입지조사의 수용에 대한 태도와 그것을 좌우하는 심리적 요인에 대하여, 원전사고 1개월 전과 1년 후 조사를 실시한 결과, 중요한 입지조사의 수용 태도는 사고 후에 부정적으로 변화하고 있었다. 또한 개인적 편익평가를 제외한 모든 요인에 대해서도 사고 후에 부정적인 방향으로 변화했다(〈그림 14-4〉). 지층처분에 대한 감정과 리스크 평가도 보다 부정적으로 변했다. 특히 실시 주체 전반에 대한 신뢰 저하가 뚜렷했다. 즉 후쿠시마 제1원전사고는 원자력 관련 사업인 고준위 방사성폐기물의 지층처분 사업에 대한 시민의 태도와 이와 관련된 심리적 요인 평가의 대부분을 부정적인 방향으로 변화시키는 쪽으로 커다란 영향을 미치고 있는 것으로 확인된 셈이다.

입지조사의 수용에 대한 태도를 규정하는 심리적 요인이 영향을 미치는 방

그림 14-4 원자력발전소 사고 전후 입지조사의 수용에 대한 태도와 이에 대한 원인 평가

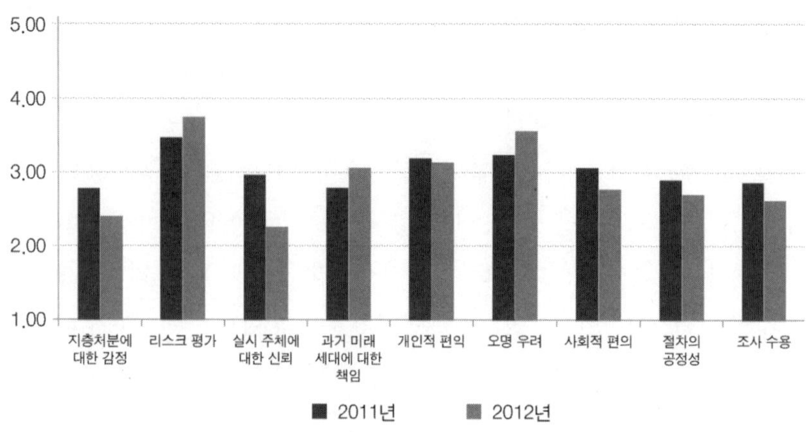

주: 5단계 평가로 수치가 높을수록 긍정적 평가

자료: 大友章司·大澤英昭·広瀬幸雄·大沼進(2014)에서 필자 작성.

식은 사고 전후로 변화한 것일까? 입지조사의 수용 태도와 다양한 심리적 요인과의 관계에 대하여 사고 전후의 조사 결과를 각각 분석한 결과, 수용 태도에 직접적인 영향을 주는 요인은 사고 전후에 변함이 없었으며, 영향이 큰 순으로 절차의 공정성, 리스크 평가, 과거와 미래 세대에 대한 책임감, 지층처분의 사회적 편익 평가, 지역 및 자신의 개인적 편익 평가 순이었다(〈그림 14-5〉). 한편 다섯 가지 심리적 요인이 수용 태도에 미치는 영향의 크기는 사고 전후에서 눈에 띄는 변화를 보이지 않았다. 즉 원전사고는 시민이 지층처분에 대한 태도를 결정할 때 고려하는 단서로서 '무엇을 중시할 것인가'라는 판단 방법에는 영향을 끼치지 않았다고 할 수 있다. 사고 전후 모두 시민이 태도를 결정할 때 가장 주목하고 있던 것은, 지층처분의 개인적 편익과 리스크 평가 이상으로 조사 등 사업 진행 방식의 공정 여부였다.

〈그림 14-5〉는, 사고 이전 수용에 대한 태도와 8가지 심리적 요인과의 관련성을 나타내고 있다. 고준위 방사성폐기물 지층처분에 대한 감정, 실시 주체에 대한 신뢰, 오명에 대한 우려는 수용에 직접적으로 영향을 끼치지 않았다. 하

그림 14-5 원전사고 전후 입지조사수용에 관한 원인관계 분석도

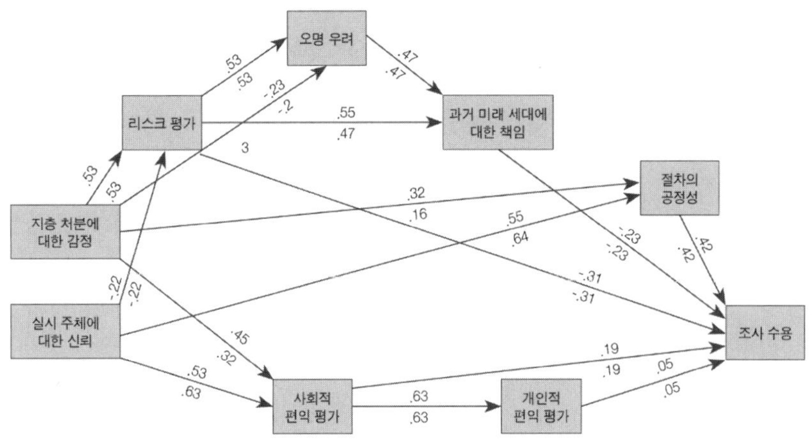

주: 화살표 아래의 수치는 사고 전, 위는 사고 후로 숫자가 클수록 조사수용 관련이 강하다.
자료: 大友ほか(2014)에서 필자 작성.

지만 직접 영향을 미친 상기의 5가지 요인 중, 개인적 편익 평가를 제외한 4가지 요인에 관련하고 있으며, 수용 태도에는 간접적으로 영향을 주고 있다는 것을 알 수 있다. 그중에서 지층처분에 대한 감정과 실시 주체에 대한 신뢰는 절차적 공정성과 사회적 편익에 영향을 끼쳤으나, 영향 측면에서 사고 전후 변화가 발생하고 있다. 실시 주체에 대한 신뢰의 영향은 사고 이전보다 적어지고, 지층처분에 감정의 영향은 사고 후에 보다 더 커졌다. 후쿠시마 원전사고로 인한 방사능 오염문제에 대한 의식이 높아졌기 때문에 다음과 같은 변화가 일어났다. 사람들은 지층처분 진행 방식의 공정 여부를 실시 주체의 신뢰 여부로 판단하기보다는 고준위 방사성폐기물 지층처분에 대한 부정적인 감정에 의해서 지층처분 진행 방식이 불공정하다고 판단하게 되었다. 다만 사고의 전후 모두 지층처분에 대한 감정이 직접 지층처분 수용 여부의 태도를 규정하고 있지는 않았기 때문에, 시민들은 이 문제에 대한 태도를 감정적인 반발에 따라 결정한 것이 아니라 관련 요인을 고려하여 냉정한 판단을 통해 결정했다는 점도

엿볼 수 있다.

5. 원전사고로 인한 사회경제 문제의 해결에 대한 향후 과제

지금까지 원전사고에 대한 소비자·시민의 반응을, 소비자의 구매 자제 행동과 고준위 방사성폐기물 지층처분 정책에 대한 태도를 중심으로 조사했다. 그 결과 모두 원전사고가 커다란 영향을 미치고 있다는 점을 사회조사 결과를 통해 설명했다. 마지막으로 풍평 피해의 해결을 위한 대처와 고준위 방사성폐기물 지층처분 정책에 대한 합의 형성의 촉진을 위해서는 무엇이 중요한지, 지금까지의 논의를 바탕으로 검토하고자 한다.

우선 풍평 피해에 대해 어떠한 대처가 필요할 것인가? 다양한 조사 결과, 원전사고 이후 시간이 경과해도 일정 정도의 소비자 구매 자제는 지속되고 있고, 이는 방사능 오염으로 인한 건강 리스크에 대한 불안으로 인한 의식적인 선택임을 알 수 있었다. 원전사고 이후 후쿠시마현은 농림어업 생산물에 대한 방사능 검사를 실시하고 있으며, 유통되는 후쿠시마현 생산물은 검사가 실시되지 않은 다른 현과 비교해도 더 안전하다고 할 수 있다. 그럼에도 불구하고 후쿠시마현 생산물이라는 이유만으로 소비자들은 구매를 자제한다는 측면도 확인할 수 있었다.

후쿠시마현 농림어업 생산물에 대한 풍평 피해가 지속되고 있는 것에 대하여, 고야마(小山良太, 2015)는 방사능 안전검사 체제에 대한 소비자의 불안이 해소되지 않았기 때문이라고 지적했다. 그 원인으로서 식품 섭취와 내부 피폭의 인과 관계가 해명되지 않은 점, 방사능 기준치 자체 평가와 견해가 제각각이라는 점, 쌀을 제외한 검사가 전수조사가 아닌 샘플 조사로 이루어지고 있다는 점 등을 들고 있다. 또한 풍평 피해를 해결하기 위해서는 농지에 대한 방사성 물질의 오염 상황 확인과 토양에서 방사성 물질이 농산물로 흡수되지 않도록 억제 대책을 실시함으로써, 생산물의 안전성을 확보하고 그 결과를 알릴 필요가 있다고 제언하고 있다.

풍평 피해의 해소를 위해서는 후쿠시마 제1원전 폐로 작업이 순조롭게 진행될 필요가 있다. 하지만 사고 직후에 농림어업 생산물이 한때 방사능 기준치를 초과했다는 부정적인 이미지를 불식시키기 위해서는 생산물이 기준치를 초과하지 않고 다른 현과 비교해도 높지 않다는 정보를 앞으로도 장기간 반복적으로 제공할 필요가 있다. 특히 매장에서 생산물에 방사능 관련 정보를 첨부함으로써 소비자에 대한 주의를 환기시키고 신뢰를 회복하는 것이 필요할 것이다.

고준위 방사성폐기물 지층처분 문제에 대해서는 어떠한 대처가 필요할 것인가? 후쿠시마 원전사고를 전후로 실시한 고준위 방사성폐기물의 지층처분에 대한 시민의 태도조사 결과를 단서로, 고준위 방사성폐기물의 지층처분에 대한 합의는 어떻게 형성해야 하는지에 대해 생각해 보고자 한다.

지층처분에 관한 합의 형성의 진행 방식에 대해서는 일본학술회의가 2012년에 제안한 내용이 참고가 된다(日本学術会議, 2012). 2010년 일본 원자력위원회에서 일본학술회의에 '고준위 방사성폐기물의 처분에 관한 대처에 대해서'라는 심의를 의뢰했다. 일본학술회의는 이 문제의 합의 형성이 곤란한 이유 중 하나로서 원자력 정책에 대한 사회적 합의를 얻지 못하고 있다는 점을 들었다. 이를 위해서는 고준위 방사성폐기물을 잠정 보관한다는 모라토리엄 기간을 설정한 다음, 국민이 논의할 수 있는 토론의 장을 설치하고, 처분을 향해 다단계적으로 합의 형성을 추진하는 절차가 필요하다고 제언하고 있다. 또한 합의 형성을 위해 고려해야 할 평가 기준으로서, 안전성과 생명·건강의 가치와 경제성 등 리스크와 편익뿐만 아니라, 부담의 형평성과 미래 세대에 대한 책임, 절차의 공정성 등의 윤리적 측면을 중시해야 한다고 서술한다.

우리가 실시한 조사 결과에서도, 지층처분의 시비에 대한 태도를 규정하고 있던 것은 절차의 공정성, 과거와 미래 세대에 대한 책임, 리스크 평가, 사회적 편익이었다. 학술회의가 중요하다고 거론한 평가 기준을, 시민도 마찬가지로 고준위 방사성폐기물 지층처분의 태도를 결정할 때 중시하고 있다는 것을 확인했다.

그렇다면 시민이 가장 중요하다고 한 절차의 공정성은 어떻게 하면 충족되는 것일까? 환경계획의 합의 형성에 관한 국내외 조사(Hirose, 2007; 大友章司·広瀬幸雄, 2015)에 따르면, 계획에 관련된 정보의 충분한 공개 여부, 시민과 이해관계자가 계획에 대해 논의하고 의견을 표명하는 기회가 충분한지, 시민의 의견과 토론의 결과가 정책에 충분히 반영되었는지에 대한 여부가 공정성 판단을 좌우한다고 한다. 지층처분에 대한 합의 형성에서도, 절차의 공정성을 구성하는 기준의 충족이 필요하다. 특히 정책·사업에 대한 신뢰가 저하되고 있는 후쿠시마 원전사고 이후, 서로 다른 태도와 이해를 지닌 다양한 시민이 납득할 수 있는 공정한 절차가 보장되지 않으면 사회적 합의는 얻지 못할 것이다. 반대로 공공계획의 책정을 시민의 참여하에 공정한 절차로 진행한 경우에는, 행정에 대한 시민의 신뢰가 조성되는 것도 국내외 조사에서 확인되고 있다(大友章司·広瀬幸雄, 2014; Ohnuma, et al., 2007).

국가는 지층처분의 기본 방침을 개정하고 입지에 대한 절차를 진행하고자 한다. 그러나 시민에게 입지까지의 진행 방식이 공정하다고 평가받지 못하면, 시민의 폭넓은 이해는 얻을 수 없고 국민적 합의 형성도 불가능할 것이다. 정부와 '원자력발전환경정비기구(NUMO)'는 이 점을 충분히 유의해야 할 것이다.

〈참고 문헌〉

≪朝日新聞≫, 「"基準あいまい"食に不安」, 2011年9月8日付朝刊.

氏家清和, 「放射性物質による農産物汚染に対する消費者評価と「風評被害」－健康リスクに対する評価と産地に対する評価の分離－」, 『フードシステム研究』 第19巻, 2号, 2012年12月, 142-155頁.

エネルギー·環境の選択肢に関する討論型世論調査実行委員会, 「エネルギー·環境の選択肢に関する討論型世論調査 調査報告書」, 2012年.

大友章司·大澤英昭·広瀬幸雄·大沼進, 「福島原子力発電所事故による高レベル放射性廃棄物の地層処分の社会的受容の変化」, 『リスク研究学会誌』 第24巻, 1号, 2014年 6月, 49-59頁.

大友章司·広瀬幸雄, 「震災後の買い溜め, 買い控え行動の消費者の心理プロセスの検討」, 『心理学研究』 第84巻, 6号, 2014年2月, 557－565頁.

科学技術政策研究所, 「科学技術に関する月次意識調査」, 『原環センタートピックス』 2012年.

経済産業省, 「特定放射性廃棄物の最終処分に関する基本方針の見直し」, 2015年. (http://www.meti.go.jp/press/2015/05/20150522003/20150522003.html 2015年6月18日アクセス)

小山良太, 「地域主体で食と農の再生を」, 濱田武士·小山良太·早尻正宏, 『福島に農林漁業を取り戻す』, みすず書房 第2章, 2015年, 67－126頁.

資源エネルギー庁, 「放射性廃棄物のホームページ/高レベル放射性廃棄物概要」, 2012年. (http://www.enecho.meti.go.jp/rw/hlw/qa/syo/syo03.html, 2012年6月8日アクセス)

消費者庁, 「風評被害に関する消費者意識の実態調査(第5回)について:食品中の放射性物質等に関する意識調査(第5回)結果」, 2015年.

関谷直也, 『風評被害 そのメカニズムを考える』, 光文社新書, 2011年.

日本学術会議, 「回答『高レベル放射性廃棄物の処分について』」, 2012年.

広瀬幸雄, 「震災·原発事故に伴う買い溜め·買い控えについて」, 関西大学社会安全学部編, 『検証東日本大震災』, ミネルヴァ書房 第12章, 第2節, 2014年, 254-268頁.

広瀬幸雄·大友章司, 「市民参加型ごみ処理基本計画が市民に受け入れられ, 行政の信頼を醸成するために何が必要か」, 『社会安全学研究』 4号, 2014年3月, 43-50頁.

広瀬幸雄·大友章司, 「手続き的公正と行政への信頼がごみ収集手数料の値上げの受容に及ぼす効果」, 『社会安全学研究』 5号, 2015年3月, 15-22頁.

≪読売新聞≫, 「福島産「安全」なのに」, 2015年3月12日付朝刊

Einhorn, H. J., & Hogarth, R. M., "Decision making under ambiguity," *Journal of Business,* 1986. Vol.59, July, pp. 225-250.

Gibbons, F. X., Gerrard, M., Blanton, H., & Russel, D. W., "Reasoned action and social relation: Willingness and intention as independent predictors of health risk," *Journal of Personality and Social Psychology*, 1998, vol.74, May, pp.1164-1180.

Hirose, Y., "A normative and empirical research on procedural justice of citizen participation in environmental management planning: A case study of citizen participatory projects in Karlsruhe," Ohbuchi, K., (eds.) *Social Justice in Japan: Concepts, Theories and Paradigms.* Melbourne: Trans Pacific Press, 2007, pp.264-290.

Hirose, Y., & Ohtomo, S., "When does procedural fairness influence on acceptance of environmental plan? : Moderating effect of trust in authority," XXIX *International Congress of Psychology*, 2008, July.

Kahneman, D., Knetsch, J. L., & Thaler, R. H., "Anomalies: The Endowment Effect, Loss Aversion, and Status Quo Bias," *Journal of Economic Perspectives*, 1991, vol.5, February, pp. 193-206.

Kasperson, R. E., Renn, O., Slovic, P., Brown, H. S., Emel, J., Goble, R., Kasperson, J. X., & Ratick, S., "The social amplification or risk: A conceptual framework," *Risk Analysis*, 1988, vol. 8, December, pp. 177-187.

Maeda, H., Hirose, Y., Ohnuma, S., Sato, K., Nonami, H., & Ohtomo, S., "Procedural fairness and social acceptance of the deliberative poll on future energy and environmental policy," *10th Biennial conference on environmental psychology*, 2013, September

Ohnuma, S., Hirose, Y., Nonami, H. & Sugiura, J., "Procedural fairness as a determinant of policy support via a citizen participation project: a case study of planning-cells in Lengerich," *10th European Congress Psychology*, 2007, September, p. 154.

Ohtomo, S. Hirose, Y., & Midden, C. J. H., "Cultural differences of a dual-motivation model on health risk behavior," *Journal of Risk Research*, 2011, vol.14, January, pp. 85-96.

Van den Bos, K., Wilke, H. A. M., & Lind, E. A., "When do we need procedural fairness? : The role of trust in authority," *Journal of Personality and Social Psychology*, 1998, vol. 75, December, pp. 1449-1458.

WIN-Gallup international. "Japan earthquake jolts global views on nuclear energy," renaissance. Retrieved January 29, 2014, From (http://www.world-nuclear.org/info/Current-and-Future-Generation/The-Nuclear-Renaissance/)

제15장

후쿠시마 원전사고 이후의 '리스크 커뮤니케이션'

쓰치다 쇼지(土田昭司)

1. 후쿠시마 제1원전사고로 인한 방사선 피폭 피해

동일본대지진은 지진과 동반하여 발생한 거대 쓰나미가 이와테현, 미야기현, 후쿠시마현을 덮쳤다. '도쿄전력 후쿠시마 제1원자력발전소'(이하 '후쿠시마 제1원전')에는 11.5~17m의 쓰나미가 닥쳤다. 후쿠시마 제1원전은 지진으로 인한 외부 전원의 단절뿐 아니라 쓰나미로 인해 배전반, 비상발전기 등의 중요 시설을 포함한 주요 건물이 설치된 지역 거의 전역이 수몰되어, 전체 전원 상실 상태에 빠졌다. 원자로는 지진의 영향으로 비상정지 했으나 전원 상실로 인해 원자로 및 연료 수조의 냉각이 불가능해지면서 벤트와 수소 폭발 등으로 대량의 방사성 물질을 방출하게 된 것이다[東京電力福島原子力発電所における事故調査·検証委員会(内閣事故調), 2011].

방출된 방사성 물질은 강우로 인해 후쿠시마현 및 기타간토 각지의 토양과 가옥을 오염시켰다. 항공기모니터링조사에 의하면 2011년 10월 24일부터 11월 5일에 걸쳐 후쿠시마 제1원전에서 북서쪽을 중심으로 후쿠시마현 도내 지상 1m의 피폭량이 '3.8μSv/시간'을 상회하는 지역이 확산되고 있었다. 피폭량이 0.2μSv/시간 이상은 미야기현 남부에서 키타칸토에 걸쳐 넓은 지역에 분포하고 있었다(鳥居ほか, 2012). 후쿠시마현에서 피난 지역 주민을 중심으로 우편 질문지 조사[현민건강조사: 4절 2)의 (2)에 설명]를 실시해, 그 데이터도 포함시켜 주민의 피폭량을 상세히 추정해 보고자 한다. 그 추정 내용을 요약하자면 3mSv/년 이상의 피폭을 당하고 있는 주민들은 소소(相双) 지역에서 2.7%, 후쿠시마현 북부 0.4%, 후쿠시마현 중부 0.4%이며, 후쿠시마현 주민의 최대 추정 피폭량은 25mSv/년이었다. 그 외 지역에서는, 후쿠시마현 남부 99.9%의 주민이 2mSv/년 이하의 피폭, 또한 아이즈와 미나미아이즈(南会津)는 99.3%, 이와키에서는 99.1%의 주민이 1mSv/년 이하의 피폭으로 추정되고 있다. 한편 아이즈와 미나미아이즈에서 99.3%, 이와키에서는 99.1%의 주민이 1mSv/년 이하의 피폭으로 추정된다[福島県「県民健康調査」検討委員会(第20回), 2015].

2. 후쿠시마 원전사고와 '리스크 커뮤니케이션' 이론

'리스크 커뮤니케이션'이란 넓은 의미로 리스크에 관한 사건에 대해 정보 교환을 하는 것으로 정의할 수 있다. 그러나 오늘날 일반적으로 리스크 커뮤니케이션은 이해관계자 간의 의사결정이 대립하기 쉬운 사회적 시책에 대하여, 이해관계자 간(대부분은 행정과 주민 간, 주민과 주민 간)의 합의 형성을 목표로 하는 활동으로 파악되는 경우가 많다. 본 장에서는 이것을 좁은 의미의 리스크 커뮤니케이션으로서, 특히 컨센서스 커뮤니케이션이라고 부른다. 넓은 의미의 '리스크 커뮤니케이션'은 '컨센서스 커뮤니케이션' 외에도 리스크에 노출되어 있는 사람들에게 적절한 대처를 위해 도움을 주거나 개입하는 '케어 커뮤니케이션'이 있다. 또한 과혹사고 등의 위기적 사건이 실제로 발생했을 때의 정보교환인 '크라이시스 커뮤니케이션'도 '리스크 커뮤니케이션'의 한 유형이다.

리스크 커뮤니케이션은, 재해 발생이 없는 평상시에는 컨센서스 커뮤니케이션이 특히 많이 이루어진다. 또한 재해 발생 후에는 어떠한 피해를 입고 있는지, 혹은 피해를 입고 있는 것은 아닌지 불안해하는 사람들에 대한 '케어 커뮤니케이션'이 이루어진다.

후쿠시마 제1원전사고는 비상사태가 발생한 시점에 '크라이시스 커뮤니케이션'이 필요했다. 또한 긴급사태가 계속되는 시점에서 어쩔 수 없이 대피한 사람들이 수만 명이며, 후쿠시마현을 중심으로 수많은 사람들이 방사선 피폭의 불안을 겪게 되었다. 이러한 사람들에 대한 '케어 커뮤니케이션'이 필요했다.

원자력 이용은 사회의 승인(수용력)을 바탕으로 실시되어야 하는 사업의 성격이 매우 강하다. 원자력발전은 전력사업자에 의한 기업 활동이지만, 가동 시에는 법률에 따라 '원자력규제위원회'를 비롯한 정부의 승인과, 입지 지자체의 승인이 필요하다. 따라서 후쿠시마 제1원전사고 발생 이후 원자력발전을 재개할 경우, 사회의 동의를 구하는 컨센서스 커뮤니케이션이 필요하다.

3. 후쿠시마 원전사고와 '크라이시스 커뮤니케이션'

2011년 3월 11일에 시작된 후쿠시마 제1원전사고는 12일 오전 9시가 지나서 1호기 벤트에 의한 방사성 물질의 대기 배출이 이루어지고, 12일 저녁에 2호기, 13일 오전 9시 전에 3호기의 벤트도 진행됐다. 또한 12일 15시 36분경에 1호기, 14일 11시 1분경에 3호기, 15일 6시경부터 4호기에서 수소 폭발이 발생하여, 대량의 방사성 물질이 대기 중으로 방출되었다. 그 후, 겨우 29일이 되어, 원자로 냉각을 위한 콘크리트 펌프차에 의해 외부에서 대량의 물을 효과적으로 주입하는 데 성공하여, 비상사태가 수습으로 향하게 되었다[東京電力福島原子力発電所における事故調査·検証委員会(内閣事故調), 2011].

1) '리스크 커뮤니케이션'에서 '크라이시스 커뮤니케이션'으로

경제산업성(経済産業省, 2011), 문부과학성(文部科学省, 2012)은 후쿠시마 제1원전사고 발생 후 약 3개월간에 이루어진 리스크 커뮤니케이션을 다음과 같이 정리하고 있다.

(1) 국민·보도기관 등에 대한 정보제공

원자력 재해대책 특별조치법의 규정에 따르면, 원자력 사고는 내각관방장관이 대책본부장이 된다. 에다노 유키오(枝野幸男) 관방장관(당시)은 기자회견이나 TV 등 보도기관을 통해 국민에 대한 직접적인 정보제공을 적극적으로 실시했다. 특히, 주변 주민에 대한 대피 지시에 대해서는 후술하는 바와 같이 에다노 관방장관이 적극적으로 보도기관을 통해 직접 정보 전달을 실시했다(経済産業省, 2011).

당시, 원자력 사고에 직접적으로 대응하도록 정해진 정부기관은 '원자력안전·보안원'(이하 보안원)이었다. 보안원은 2007년 니가타 예를 들어, 주에쓰오키지진에 의한 '도쿄전력 가시와자키가리와원자력발전소' 사고를 계기로, 국민·주민에게 가능한 한 신속하게 사고정보 등을 전달하는 수단으로 모바일 보안원이라는 시스템을 정비했다. 이는 사전 등록을 희망하는 이메일 주소(2011년 5월 10일 현재 2만 8484건)로 긴급 시 정보를 송부하는 시스템이다. 보안원은 '모바일 보안원'을 통해 지진 발생 20분 후 15시 16분에는 '후쿠시마 제1원전'에 대한 최초 보고를 송신했다. 그 후, 보안원의 정보 발신은 언론 발표 및 기자회견이 주가 되어, 5월 30일까지 155회 언론발표와 182회 기자회견을 가졌다(経済産業省, 2011).

원자력 기술의 연구개발을 감독하는 문부과학성은 후쿠시마 제1원전사고 발생 후 신속하게 전국 도도부현의 환경 방사능 수준 조사를 실시하여, 후쿠시마현, 일본원자력연구개발기구(JAEA), 도쿄전력과의 연계를 통해, 후쿠시마 제

1원전 주변의 공간선량률, 먼지, 토양 등 종합적인 모니터링을 실시했다(文部科学省, 2012). 모니터링은 문부과학성 외, 경찰, 자위대, 도쿄전력 등의 기관에서도 실시되었지만, 그 결과가 충분히 집약·공유되지 않았기 때문에 3월 16일 이후 모니터링 결과는 문부과학성으로 집약되어, 그날 이후 그 결과를 문부과학성이 직접 공표했다[東京電力福島原子力発電所における事故調査·検証委員会(内閣事故調), 2012].

이것과 병행하여 '원자력안전위원회'는, 3월 25일부터 4월 24일까지 매일 기자회견을 실시했고, 4월 25일 이후 위원회 종료 후에는 8회 실시했다(経済産業省, 2011).

(2) 주변 주민들 대상 피난 지시

후쿠시마 제1원전사고 후에 필요시 된 리스크 커뮤니케이션은 '크라이시스 커뮤니케이션'이며, '케어 커뮤니케이션'이었다고 할 수 있다. 그중에서도 가장 긴급하고 중요했던 것은 주변 주민에 대한 피난 지시였다고 할 수 있다. 앞에서 살펴본 바와 같이, 원자력 재해본부장은 내각관방장관으로 정해져 있으며, 주변 주민들에게 대피령도 관방장관이 지시하도록 되어 있었다.

3월 11일 21시 23분 후쿠시마 제1원전에서 반경 3km 권내 주민에 대한 대피 지시, 반경 3~10km 권내의 주민에게 실내 대피 지시가 내려졌다. 이후 3월 12일 5시 44분에 반경 10km 권내 주민에 대한 대피 지시, 18시 25분에는 반경 20km 권내 주민에게도 피난 지시가 내려졌다[東京電力福島原子力発電所における事故調査·検証委員会(内閣事故調), 2011; 2012].

3월 15일 11시, 정부는 후쿠시마 제1원전에서 반경 20~30km 권내 주민에게 실내 대피 지시를 했지만, 미나미소마시는 이날 이후, 희망자에 대해 시 밖으로 피난 유도를 실시했다. 이때, 대부분의 미나미소마시 주민들은 모니터링 결과나 SPEEDI[1] 등의 방사성물질 오염 예측에 대한 정보가 없었기 때문에, 결과적으로 인해 오염도가 높은 이이다테(飯舘)·가와마타(川俣) 방면으로 피난했

다. 나미에마치(浪江町)에서도 마찬가지였다[東京電力福島原子力発電所における事故調査·検証委員会(内閣事故調), 2011; 2012].

주변 주민에 대한 피난 지시는 원자력 재해본부로부터 직접 각 시정촌으로 전화 연락을 하도록 되어 있었다. 그러나 지진, 쓰나미로 인해 전화망이 피해를 입어 전화 연락을 받을 수 없는 시정촌이 대부분이었기 때문에, 원자력 재해본부는 현지 대책본부 및 후쿠시마현에 전화 연락을 실시해 주민들이 주지할 수 있도록 했다. 또한 후쿠시마현에 경찰 무선을 통해 주민에게 피난 지시를 전달하도록 지시했다. 또한 지자체에 의한 피난 지시의 전달이 효과적으로 이루어지기 어려운 상황이었기 때문에, 내각관방장관은 기자회견 등을 실시하고, TV나 라디오를 통해 피난 지시가 주민들에게 제대로 전달될 수 있도록 다양한 방안을 도모했다(経済産業省, 2011). 일본 내각부는 피난 지시 등을 포함한 경계구역으로 지정된 22개 시정촌과 인접해 있는 10개 시정촌의 세대주(대표자) 59,378명을 대상으로 후쿠시마 제1원전사고로 인한 피난의 실태조사를 우편으로 실시(2014년 2-5월, 19,535명(32.9%)의 유효응답)한 바 있다(内閣府, 2015). 조사결과에 따르면 2011년 3월 11일부터 12일까지 93.1%가 피난했지만, 26.0%는 피난에 관한 정보를 전혀 접하지 못한 상황이었다. 피난 정보의 입수처는 주로 TV-라디오(49.9%), 초나이카이 등 마을공동체조직(43.3%), 가족-이웃(28.8%)이었으며, 경찰(3.0%)이나 도쿄전력(2.3%)으로부터는 거의 정보를 얻지는 못했다. 또한 3월 11일부터 4월 30일까지 피난 과정에서 곤란했던 점으로 어디로 피해야 좋을지에 관한 정보 부재(49.7%)도 손꼽힌다. 가솔린 연료 부족

1) (옮긴이) '긴급 시 신속 방사능 영향 예측 네트워크(SPEEDI: System for Prediction of Environmental Emergency Dose Information)'는 미국 스리마일 원전사고 이후 일본이 도입한 1993년 '피난 경로 예측 시스템'의 일환인 '방사능 확산 예측 프로그램'을 말한다. 바람 방향 등 기상·지형 정보를 고려해 원전에서 유출된 방사성 물질이 어느 지역으로 퍼져 나갔는지, 확산 범위(지역)는 어디까지인지, 공기와 토양이 얼마나 오염됐는지, 건강에 어느 정도 악영향을 미칠지 시간대별로 예측할 수 있다. 이를 바탕으로 원전사고 발생 시 주민 피폭을 최소화하고, 위험 지역 주민들을 신속하게 대피할 수 있도록 개발된 시스템이다.

(49.7%), 식료-음료-생활용품 부족(57.7%), 도로 정체 및 파손(42.3%) 등의 문제와 아울러 시민들과 보고기관 등에 정보제공은 중요하다는 점을 알 수 있다.

(3) 해외로 정보제공(経済産業省, 2011)

일본은 원자력 시설의 사고에 대해서, 원자력 사고 조기통보협약에 따라 IAEA에 대한 신속한 정보제공 의무가 있고, 또한 국제보건규칙(IHR: International Health Regulation)에 따라 세계보건기구(WHO: World Health Organization)에도 신속한 정보제공 의무가 있다.

보안원은 IAEA에 3월 11일 16시 45분에 최초 정보를 전달했다. 이후 5월 31일까지 보도자료, 플랜트 파라미터, 모니터링 결과 등에 대해 합계 수백 차례 정보를 제공하고, 아울러 약 100개의 질문에 대해 답변했다. 또한 외교 루트를 통해 일본 정부는 빈 주재 국제기관 일본정부대표부를 통해, IAEA에 원자력 사고 조기통보협약에 따라 정보를 제공했다. IAEA는 가맹국, 보도기관 및 일반 시민에게 수집한 정보를 제공했다. WHO에 대해서는, 국제보건규칙에 입각하여 일본 정부가 수시로 정보를 제공했다.

일본 정부는 각종 국제회의에서 사고에 대한 상황과 대응상황을 설명하고 질의 응답했다. 또한 일본 정부는 일본산 물품에 대한 각국의 수입규제 조치에 대해, 도쿄 주재 외교관과 재외공관을 통해 부임국(任国)[2] 정부에 설명하고 과학적 근거에 기초한 대응을 요청했다.

외국의 보도기관에 대해서는 3월 13일 이후, 관계 부처가 합동으로 기자회견을 가졌다. 또한 기존에 총리대신의 회견에만 마련했던 영어 동시통역을 관방장관의 회견에도 마련했다.

관계부처의 웹 사이트는 3월 12일 이후, 사고 관련 정보를 영어, 중국어, 한국어로도 게재했다. 더불어, 관저 계정으로 트위터와 페이스북을 만들어, 총리

2) (옮긴이) 여기서는 일본의 대사 및 공사, 영사 등이 부임하는 나라를 뜻한다. 즉 국교를 체결한 나라를 아우르는 말이다.

회견 및 관방장관 회견의 요지를 수시로 발신했다. 또한 필요에 따라 재외공관에서 임국 정부에 대해 정보제공과 함께 재외공관의 웹 사이트에 사고 관련 정보를 게재했다. 이로써 결과적으로 29개 언어로 웹 사이트의 정보제공이 이루어졌다.

2) '크라이시스 커뮤니케이션'의 전개와 한계

후쿠시마 제1원전사고 발생 직후, 정부와 도쿄전력의 '정보'를 둘러싼 커뮤니케이션에서 정보 수집이나 정책 결정, 정보 발신, 관계자 간 의사소통이라는 측면에서 다양한 문제가 드러났다. 공표된 각 사고조사 보고서에 상세히 설명되어 있듯이, 그 배후에는 위기관리 체제의 근본적인 부족과 관계자의 위기의식 결여, 위기 발생 후 대처의 기본적인 인식과 대응 오류가 다수 존재했다.

(1) '크라이시스 커뮤니케이션'의 새로운 정의

위기에 대응하는 조직의 본연의 자세를 연구하는 정치학자 레오나르도와 호윗은 위기를 다음과 같이 정의하고 있다(Leonard and Howitt, 2008). 상황에는 4단계 레벨이 있다. 즉 ① 노멀 상태(normal operations) ② 소규모 문제발생 상태(minor operating problems) ③ 일상적인 비상사태(routine emergencies) ④ 위기(crises)이다. 위기는 경험하지도 못했고, 예측도 하지 못한 위험한 상황이 발생한다는 것이다. 사고도 역시 레오나르도와 호윗의 정의에 따라 다음과 같이 분류할 수 있다. ① 무사고 상태, ② 사고라고 할 수 있을 정도는 아니지만, 소규모 문제가 발생하는 상태, ③ 미리 발생이 예상되었던 사고(상정 내 사고), ④ 당사자에게 발생할 수 있다고 상정되지 않았던 사고(상정 외 사고).

후쿠시마 제1원전사고는 이 정의대로 '위기'였다. '크라이시스 커뮤니케이션'은, 위기(과혹사고)가 발생했을 때 실시하는 대중(public)과의 정보 송수신(소통)이다. 위기에서 가장 곤란한 일 중 하나는 확실한 상황 파악에 근거한 정확한 현실 인식을 달성하는 것이다. 이는 단순히 현장에서 기기를 이용한 정확한 측정이 곤란하다는 것 이상으로, 곤란한 상황에서 현실 인식이 왜곡되어 버리는 인간적(심리적) 요인도 더해지기 때문이다. 이러한 사정으로 '크라이시스 커뮤니케이션'은 위기 대응에 직접 해당하는 당사자가 현장의 정보를 대중에게 전하는 것뿐 아니라, 현장 당사자가 스스로 현실 인식과 판단의 객관성을 점검하기 위해서도 대중으로부터 당사자에 대한 정보 전달도 중요해지는 것이다.

(2) '크라이시스 커뮤니케이션'의 '대중'

'크라이시스 커뮤니케이션'을 통해 위기 대응 당사자와 정보를 송수신할 수 있는 상대가 되는 대중은 다음과 같이 정리할 수 있다(土田昭司, 2012).

① 주민/일반 대중: '대중(public)'이란 말 그대로 일반 사람들을 가리킨다.

② 보도기관: 매스 미디어가 발달한 오늘날에는 주민/일반 대중을 대표하는 것으로서 보도기관이 위기 대응 당사자와의 정보 창구가 된다.

③ 행정기관: 주민/일반 대중을 대신하여 실제로 권력을 행사하는 것은 다양한 분야, 수준의 행정기관이다. 특히 밀접하게 '정보의 송수신'이 필요한 것이 감독 행정기관과 사고현장에 대응하는 소방, 경찰, 자위대 등이다. 또한 행정기관은 보도기관과 마찬가지로 주민/일반 대중과의 정보 창구로서도 기능한다. 또한 행정기관은 주민/일반 대중의 대표라 할 수 있는 국회의원이나 수장을 통해 주민/일반 대중이 원하는 대로 권력을 행사하도록 기대되고 있다. 행정기관의 이러한 기능에 대응하기 위해서라도 행정기관과의 정보 소통은 중요하다. 특히 중앙정부, 지방 기초지자체인 시정촌은 서로 긴밀하게 연계하고는 있지만, 위기 대응 당사자에게는 별개의 조직체이기 때문에, 각각 충분한 정보를 주고받을 필요가 있다.

④ 관련 기업·동업자: 일본의 원자력발전은 전력회사가 모든 것을 실시하는 것이 아니라, 협력기업이나 2차, 3차와 수많은 하청기업에 의해 유지되고

있다. 위기에서 이러한 기업 간 정보 송수신의 중요성은 말할 것도 없다. 이 외에도 위기는 평상시에 기대할 수 있는 자원이나 능력의 대부분을 얻을 수 없는 상황이 되기 때문에, 그것을 보완하기 위해서라도 평소에 교섭이 별로 없는 관련 기업과 동업자와도 정보 송수신을 실시할 필요가 있다. 그러한 관련 기업과 동업자와 긴급 시 정보 송수신을 담당하는 조직으로의 구조를 평소에 정비해 둘 필요가 있다.

⑤ **타 분야의 업자나 연구개발자**: 위기는 통상적으로 상정되지 않는 이상 사태가 발생하는 것이다. 따라서 그 대응에는 일반적으로 타 분야 영역의 기업 활동과 연구 성과가 유효한 경우도 있을 수 있다. 그것은 당사자에게 이상 사태라도 타 분야에서는 노멀 상태이거나 상정될 수 있는 이상 사태인 경우도 있을 수 있기 때문이다. 따라서 사태가 이상할수록 타 분야의 업자와 연구개발기관과 정보 교환이 유효하게 될 가능성이 증가한다. 타 분야의 업자와 연구개발자와의 정보 송수신 회로는 통상적으로 존재하지 않는다. 따라서 위기 시 타 분야의 업자와 연구개발자와의 정보 송수신을 하고자 한다면, 연구과제의 공모와 같이 불특정 다수에게 협력을 호소하는 형식을 취해야 할 것이다.

⑥ **외국의 ①~⑤ 대상**: 세계화된 국제사회에서, 원자력 사고의 '크라이시스 커뮤니케이션'은 여러 외국에 대해서도 자국에 준하는 '크라이시스 커뮤니케이션'의 시행이 요구되고 있다.

(3) '크라이시스 커뮤니케이션'의 필요성

위기 발생 시에 위기 대응 책임이 있는 당사자에게 '크라이시스 커뮤니케이션'의 실시가 요구되는 이유는 다음과 같이 정리할 수 있다(土田昭司, 2012).

① **도의적 책임**: 사고를 일으킨 주체로서 도의적으로(즉 세상을 소란스럽게 한 책임으로) 대중에게 상황을 설명할 책임이 있다. 다만 도의적 책임만을 이

유로 '크라이시스 커뮤니케이션'이 필요한 때는, 해당 위기가 그 주체 내에서 종식하는 경우뿐이다. 위기가 그 주체를 넘어 피해·영향을 미친다면, 다음과 같은 이유가 중요해진다.

② 대중의 이해를 얻기 위해: 풍평 피해 방지와 비판에 견딜 수 있는 근거에 의해 여론이 형성되기 위해서는, 위기에 대하여 충분하고 정확한 정보를 바탕으로 대중에게 이해를 구해야 한다. 따라서 대중의 이해를 얻기 위해 필요한 정보를 제공하고, 제공한 정보에 관한 대중의 피드백에 대응해야 한다.

③ 대중을 돕기 위해: 대중에게 위기의 피해가 미친다면, 위험정보 및 피난정보를 신속하게 대중에게 공개해야 한다. 또한 대중에게서 발신된 해당 위기에 따라 발생 가능성이 있는 위험에 대한 정보를 신속하게 받아 대응해야 한다.

④ 대중의 도움을 구하기 위해: 위기가 심각할수록 책임 대응 주체만으로는 위기에 대응할 수 없게 된다. 그 경우에는 널리 대중(국가 전체 또는 인류 전체)에 도움을 요청해야 한다. 또한 여기서 중요한 것은 '크라이시스 커뮤니케이션'을 통해 대중에게 도움을 요청하는 경우에는, 원하는 지원의 스펙을 구체적으로 발신하는 것이다. 도움을 요청하는 '크라이시스 커뮤니케이션'에서도 수령인에게 알기 쉬운 정보 발신을 할 필요가 있다.

(4) '후쿠시마 제1원전'의 '크라이시스 커뮤니케이션'에 대한 검토

후쿠시마 제1원전사고 발생으로부터 2주 동안, 원자로 및 핵연료의 일시 저장 수조를 냉각시키기 위한 효과적인 '물 주입(注水)' 작업이 불가능해 수소 폭발 등의 불안정한 상태가 계속되고 있을 때, 사고를 수습 방향으로 전환시킬 수 있었던 것은 민간인이 우연히 요코하마항에 수송 도중에 놓여 있던 독일제 콘크리트 펌프차의 존재를 정부 관계자에게 전했던 일이었다(舟橋洋一, 2013). 사고 시 도움을 요청하는 리스크 커뮤니케이션이 보다 적극적으로 이루어졌다

면, 콘크리트 펌프차의 존재를 더 빨리 알 수 있어, 조기 사고 수습이 이루어졌을 가능성이 있지 않았을까 생각된다.

후쿠시마 제1원전사고는 '오프사이트 센터'[3)]가 기능하지 않았고, 지진과 쓰나미로 기능하지 못할 정도의 괴멸적인 피해를 입은 시정촌이 많았으며, 전화망이 피해를 입어 기능하지 못했고, 정부의 여러 기관이나 도쿄전력과 시정촌과의 정보 전달에 지장이 생겼다[東京電力福島原子力発電所における事故調査·検証委員会(内閣事故調), 2011]. 따라서 많은 시정촌 및 주민은 독자적인 판단으로 사고 상황에 대처하지 않을 수 없었다. 위기 정보는 일반적으로 중앙 집권적인 대처가 아니라 현장의 판단에 근거한 분산형 처리가 효과적이라고 지적하고 있다(Leonard and Howitt, 2008). 그러기 위해서는, 예를 들어 SPEEDI에 의한 방사성 물질의 확산 예측 등 시정촌 및 주민이 현장에서 판단하는 데 도움이 되는 정보가 대중매체 등을 통해 보다 많이 제공되는 것이 바람직했다고 할 수 있다.

후쿠시마 제1원전사고에 대해서는 일차적 당사자인 도쿄전력은 감독행정기관에 대해서는 적극적으로 '크라이시스 커뮤니케이션'을 도모한 듯하다[東京電力福島原子力発電所における事故調査·検証委員会(内閣事故調), 2011; 2012]. 보도기관 등에 대해서도 사고 직후에 도쿄전력은 일차적 당사자로서 일단 틀에 박힌 '크라이시스 커뮤니케이션'을 실시하고 있었다. 그러나 도쿄전력의 기자회견 등의 발표 내용이 '원자력안전·보안원'의 발표 내용과 어긋났기 때문에, "사고에 관련된 폭넓고 세부적인 정보를 일원적·정합적으로 제공하고, 정확성 및 투명성을 높이기 위해"(経済産業省, 2011), 정부 지시에 따라 4월 25일 이후는

3) (옮긴이) '오프사이트 센터'란 '비상사태 응급대책 거점시설'을 뜻한다. 원자력시설의 비상사태 시에 사고가 발생한 부지(온사이트)의 외부(오프사이트)에 설치되는 현지의 응급대책 거점이며, 평상시에는 그 지역의 원자력 방재 거점으로서의 역할을 담당하고 있다. 일본에서 오프사이트 센터의 설치는 2000년 6월 16일에 시행된 '원자력재해대책 특별조치법'(법률156호)에 규정되어 있다. 한국원자력연구원 전자도서관 원자력백과 홈페이지 참조(https://kornis21.kaeri.re.kr/).

대책통합본부에서 합동기자회견을 실시하게 되었다. 합동기자회견에는 호소노 고시(細野豪志) 내각관방 보좌관(당시), '원자력안전·보안원', 도쿄전력, '원자력안전위원회', 문부과학성 등이 참가했다(経済産業省, 2011).

경제산업성은 합동기자회견을 실시하기로 한 이유로, 지식인으로부터 긴급 시 이재민에 대한 정보 전달은 '원보이스(one voice, 여러 발신원에서 각각 다른 지시·정보가 나오지 않도록 하는 것)'[4]이어야 한다는 지적이 있었기 때문이라고 한다(経済産業省, 2011). 확실히 많은 사람들이 피난 행동을 취하는 긴급 시에는 '원보이스' 방식의 정보 전달이 바람직하다. 그것은 긴급 시 피난 행동을 하는 사람들이 심리적으로 정보처리 능력이 저하되기 때문에, 복잡한 정보보다는 단순 정보만을 담아 (피난을) 지시하는 것이 생존에 효과적이기 때문이다. 그러나 사고 발생 후 1개월 반 정도 경과하여, 피해가 더는 극적으로 확대되지 않을 것으로 거의 확정된 시점 이후에 '원보이스'에 의한 정보 전달이 필요했던 것일까. 오히려 사고에 관한 다양한 정보제공이 이루어진 편이 국민에게 유익했을 것이라는 생각이 든다. 게다가 도쿄전력은 대책통합본부에서 합동기자회견을 통해 적어도 '크라이시스 커뮤니케이션' 프로세스에서 일차적 당사자의 입장을 잃게 되면서 사고현장의 생생한 정보를 전하기 어렵게 된 것으로 판단된다.

도쿄전력은 후쿠시마 제1원전사고에서 '도움을 요청한다'는 '크라이시스 커뮤니케이션'을 법적으로 상위 의사결정기구인 정부 대상으로만 실행했다[東京電力福島原子力発電所における事故調査·検証委員会(内閣事故調), 2011; 2012]. 위기 시 통상적인 업무에 상정하지 못한 운영이 필요함에도 불구하고 정부 이외에 전혀 행하지 않았다. 보통 상정되어 있지 않은 운영에 관해서는, 자신보다 뛰어난 기능이나 지혜를 가진 자가 외부에 있을지도 모른다는 사고방식의 전환이 필요하다. 예를 들어, '이 수준의 방사선으로 인해 어떤 수준에서도 전자기기가 오작동하지 않으며 원격 조작이 가능한 중장비' 등 구체적인 지원스펙

4) (옮긴이) '한 목소리' 통합시스템을 목적으로 하고 있다.

을 명시하여 중소기업이나 연구·교육기관 또는 여러 외국을 포함하여 널리 '도움을 요청한다'는 크라이시스 커뮤니케이션의 실시는 위기 극복을 위해 유용할 것이다. 또한 이와 같은 사고를 상정하여 원자력 사업자 간에 인적 상호지원, 사고 발생 후 장비 및 소모품의 준비, 사전에 공동의 재고 관리를 목표로 하는 체제도 유효할 것이다.

4. 후쿠시마 원전사고와 '케어 커뮤니케이션'

1) 원전사고 직후 '케어 커뮤니케이션'의 출현

후쿠시마 제1원전사고로 방사성 물질이 발전소 외부로 방출되었다. 앞에서 살펴본 바와 같이, 문부과학성은 사고 발생 직후부터 발전소 주변의 대기, 토양 등의 방사선 측정(모니터링)을 실시했다. 그것으로 주변 주민의 방사선 피폭량을 어느 정도 정확하게 추정하고 있었으리라 평가된다. 이리하여 당시 주변 주민에 대해 정부의 피난 지시가 내려져 출입금지 구역이 설정되었고, 이와 함께 행정이나 보도기관의 정보제공도 적극적으로 이루어졌다. 하지만 방사선 피폭의 가능성이 있는 주민에 대한 '케어 커뮤니케이션'이 사고 발생 직후부터 필요했다는 점에 관해 생각해 볼 필요가 있다.

'방사선의학종합연구소'가 중심이 되어 방사선 피폭에 대응한 의료 활동이 전개되었으며, 2011년 3월 12일부터 '오프사이트 센터', J빌리지 등 재해 현장에 피폭 의료를 포함한 여러 전문가들이 파견되었다. 긴급 피폭 의료 체제로는 '원자력 재해 현지대책본부'와 연계하여 '방사선의학종합연구소'가 중핵을 맡았고 49개 대학, 66개 대학병원과 연계해 대응하는 체제가 갖춰졌다(放射線医学総合研究所, 2012).

(1) 오염 검사와 주민 대응

정부는 방사성 물질에 의한 주민들의 '방사선 피폭에 관한 실태조사'와 함께 주민에 대한 '설명 대응'을 실시했다. 문부과학성은 후쿠시마 현립 의과대학 등을 거점으로 활용하고, '일본원자력연구개발기구(JAEA)'를 중심으로 주민 대상 전신계수기에 의한 내부 피폭 특별진단 목적으로 오염 검사를 실시했다. 아울러 진단 결과에 따라 일일이 주민에 대한 '설명 대응'을 실시했다(文部科学省, 2012). JAEA의 보고에 따르면, 2012년 1월 31일까지 후쿠시마현에서 1만 5408명의 주민이 전신계수기로 내부 피폭 특별진단을 받았다. 그 결과 1mSv 이하로 피폭된 사람이 1만 5383명(99.8%)에 이르렀다(Momose et al., 2012).

JAEA는 2011년 7월 11일부터 2012년 1월 31일까지의 기간에 전신계수기로 후쿠시마현 이이다테무라, 가와마타마치, 나미에마치, 미나미소마시, 가쓰라오무라, 후타바마치(双葉町), 오오쿠마마치(大熊町), 도미오카마치(富岡町), 가와우치무라(川内村), 나라하마치(楢葉町), 히로노마치(広野町) 주민 총 9927명을 대상으로 내부 피복 특별진단이 실시되었다. 진단은 임산부, 유아를 최우선으로 이루어졌다. 진단을 받은 사람 중 17세 이하는 전체의 68.5%였다. 진단은 등록, 사전 설명, 표면 오염 검사, 전신계수기 측정, 사후설명·상담 순으로 이루어졌다. 대부분의 사람들은 아이나 자신의 피폭을 우려하고 걱정한 나머지 진단을 받으러 왔으나, 심각한 피폭을 입은 사람은 없었고, 본인이 납득할 때까지 사후 설명·상담을 실시함으로써 대부분의 사람들이 안심하고 귀가했다고 되어 있다(Momose et al., 2012).

(2) 전화상담 주민 지원

방사선 피폭에 대한 주민의 불안 및 설명·정보제공의 요구에 대응하기 위해 각종 기관이 전화상담 창구를 설치했다.

보안원은 2011년 3월 17일 이후 '원자력안전기반기구(JNES)'의 지원도 얻어, 24시간 체제로 일반 시민들의 전화 문의에 대응했다. 3월 17일부터 5월 31일

사이에 약 1만 5000건의 전화상담을 실시했다(経済産業省, 2011). 문부과학성은 JAEA의 지원을 받아 2011년 3월 17일에 건강 상담핫라인을 설치하고, 전화로 일반 시민의 건강 상담에 대응하는 동시에, 자신의 건강에 관해 정확히 파악할 수 있도록 노력했다. 이후 3월 17일부터 5월 31일 사이에 약 2만 5000건의 전화상담을 실시했다(文部科学省, 2012).

'방사선의학종합연구소'도 건강 상담 핫라인을 설치했다. 5월 31일까지 약 7800건의 전화상담에 대응하고, 건강 상담 및 방사선피폭에 관한 의료 정보를 제공했다(経済産業省, 2011).

또한 후쿠시마현은 현청 내 '방사선 상담 창구'를 마련하여 5월 31일까지 1만 4000건이 넘는 상담을 접수했다(経済産業省, 2011).

(3) 학회·연구회의 웹(web) 활용 주민지원

일본원자력학회, 일본리스크연구학회 등 여러 학술협회는 홈페이지를 통해 방사선 피폭과 후쿠시마 제1원전사고에 대한 일반 시민의 질문에 대응했다.

2) 비상사태 수습 후 '케어 커뮤니케이션'

(1) 환경부를 중심으로 한 정부의 대처

정부는 후쿠시마 제1원전사고 발생 후 약 1년이 지나서야 '원자력 이재민들의 건강불안 대책조정회의'를 설치하고, 2012년 4월 20일에 제1차 회의를 실시했다.

환경성 장관을 의장으로 하고, 부의장으로 환경성 차관, 문부과학성 차관, 후생노동성 차관, 경제산업성 차관(겸, '원자력이재민 생활지원팀' 사무국장)을 임명한다. 한편 그 외 구성원은 내각 심의관, 내각부 원자력 재해대책본부 '원자력이재민 생활지원팀' 사무국장 보좌, 내각부 식품안전위원회 사무국장, 내각부 소비자청 심의관, 부흥청 총괄관, 외무성 군축 비확산·과학부 특별보좌관,

문부과학성 총괄 심의관, 후생노동성 기술총괄 심의관·식품안전부장, 농림수산성 농림수산기술회의 사무국장, 경제산업성 지역 경제산업 심의관, 환경성 종합환경정책국 국장, 독립행정법인 방사선의학종합연구소 이사·사무국장 환경성 종합환경정책국 환경보건부장이다. 이는 정부가 하나가 되어 대처하려는 융복합형 노력이 낳은 결과라 할 수 있다[原子力被災者等の健康不安対策調整会議(第1回), 2012].

제1회 회의에서 '방사선의 건강영향 등에 관한 불안해소를 위한 시책 체계'를 주제로 자료가 배포되었다(〈표 15-1〉 참조)[原子力被災者等の健康不安対策調整会議(第1回), 2012]. 이 자료에서 사고 발생 약 1년 후의 시점에서 정부가 주민에 대한 '케어 커뮤니케이션'으로 무엇이 필요하다고 생각했는지, 그리고 관련된 정부의 대응을 어떻게 평가하고 있었는지를 알 수 있다.

우선 '케어 커뮤니케이션'의 대상(정보의 수취인)에 관해서는 '부모·자녀' 및 '기타'로 하고, 특히 자녀와 그 부모에 대한 '케어 커뮤니케이션'을 중시했다. '케어 커뮤니케이션'의 실시자(정보 발신자)로는 보건의료복지 관계자, 교육 관계자, 지자체 직원을 상정하고 있었다. 또한 생산 유통업자에 의한 식품·식수 등의 안전성에 대한 PR지원을 들 수 있다.

'케어 커뮤니케이션'의 내용(불안의 내용)으로는 ① 대상자의 건강 상태 확인(피폭량, 피폭에 의한 건강 영향의 유무, 스트레스와 건강 부족 등에 의한 건강 영향의 유무), ② 방사능과 건강 문제의 영향력에 관한 지식 취득 및 건강 상태나 스트레스에 대한 상담·치료, ③ 생활환경을 들고 있다.

〈그림 15-1〉의 음영 부분이 자료에서 '부족하다'고 지적되는 사항이다. 이 때문에 정부는 사고 발생 직후 '방사선의학종합연구소'와 JAEA가 담당해 온 '케어 커뮤니케이션' 활동을 일반 보건의료복지 관계자, 교육 관계자, 지자체 직원들이 대신 담당해 줄 것을 기대하고 있었다고 할 수 있다.

'원자력 이재민들의 건강불안 대책조정회의'는 총 3회 실시되어, 2012년 5월 31일에 '원자력 이재민 등의 건강불안 대책에 관한 실행계획'이 결정되었다.

표 15-1 방사선의 건강영향 등에 관한 불안해소를 위한 시책 체계(원전사고 이재민 등의 건강불안 대책조사회의)

불안의 내용				대응 대책					
				정보의 수용 측에 대한 정책		정보발신자에 대한 정책			제품의 안전성 PR 지원 등
				부모·자녀	그 외	보건의료복지 관계자	교육관계자	그 외 자치체 직원	생산유통업자
① 건강 상태를 알고 싶다.	자신의 피폭량을 알고 싶다.	초기 선량	외부피폭	문부과학성		문부과학성			
			내부피폭	지원T, 원자력규제청					
		추가 선량	외부피폭	지원T	지원T				
			내부피폭	지원T					
	피폭에 의한 건강에의 영향이 없는가 조사하고 싶다.			후쿠시마현민 건강관리조사 지원T, 환경성					
	스트레스, 운동부족 등에 의한 건강영향을 발견하고 싶다.			후쿠시마현민 건강관리조사 지원T					
② 방사능이 건강에 미치는 영향을 알고 싶다, 상담하고 싶다.	피폭 리스크(방사선의 건강에의 영향)에 대해 자세히 알고 싶다.			문부과학성, 후생노동성, 에너지청, 소비자청, 원자력규제청, 식품안전위원회, 안심아이기금		문부과학성, 후생노동성	문부과학성	소비자청, 식품안전위	
	각종 기준(의 상관관계 등)에 대해 자세히 알고 싶다.			소비자청, 식품안전위원회				소비자청, 식품안전위	경제생산성
	방사선의 영향에 의한 건강상태에 관한 상담 희망			문부과학성, 원자력규제청		문부과학성			
	스트레스 등에 의한 건강에 관한 상담 희망·스트레스피해(PTSD) 등의 치료 희망			문부과학성, 후생노동성, 후쿠시마현기금, 안심아이기금		후생노동성, 안전아이기금	문부과학성		
③ 생활 환경을 지키고 싶다.	피폭량을 줄이고 싶다.	외부 피폭	방사선량이 높은 지역이 어디인지 알고 싶다.	문부과학성, 환경성					농림수산성
			방사선량이 높은 지역을 제염하고 싶다.	문부과학성, 환경성					
		내부 피폭	식품 체크	후생노동성, 문부과학성			문부과학성, 지원T	후생노동성, 농림수산성, 소비자청, 지원T, 제염기금	농림수산성, 지원T, 응급대책기금
			음료수 등의 체크	환경성, 후생노동성					
	스스로의 피폭량을 줄이고 싶다.			문부과학성, 원자력규제청, 소비자청, 응원T, 제염기금		문부과학성			
	암 등에 대한 적절한 치료 및 이를 위한 연구개발 진행 희망								
	스트레스, 운동 부족 등을 해소 희망			문부과학성, 후생성, 응원T			문부과학성		

주: 지원 T = 원자력 이재민 생활 지원 팀, 연한 음영 = 시책이 부족한 곳, 진한 음영 = 시책이 특히 부족한 곳.

자료: 原子力被災者等の健康不安対策調整会議(第1回)「別紙1『放射線の健康影響等に関する不安の解消に向けた施策体系』」(20124月20日)에서 華者山 작성(일부 변경).

이를 바탕으로 다음 네 가지 중점 시책을 실시하게 되었다.

① **관계자 간 제휴 및 공통 이해의 조성**: 건강 불안 대책조정회의, 국가 및 지방 공공단체 등의 연락회의, 정보를 일원적으로 제공하는 포털사이트 등.

② **방사선 영향 분석 등 관련 인재 육성 및 국민과의 커뮤니케이션 등**: 건강영향 등에 관한 국가의 통일적인 기초 자료 작성, 보건의료복지 및 교육 관계자 등 인재 육성, 참가형 프로그램.

③ **방사선 영향 등 관련 거점 정비 및 연계 강화**: 후쿠시마 현립 의과대학 '현민건강관리센터'를 후쿠시마현의 중심 거점으로 하고, 관련 타 기관 간의 연계를 강화.

④ **국제적 협력**: '체르노빌 원전사고' 피해국과의 정보 교환 및 연구 협력 등 협력 관계 구축, IAEA 등 국제기구와의 협력 관계 구축

(2) 후쿠시마현에 의한 현민건강조사

후쿠시마현은 후쿠시마 제1원전사고로 의한 현민의 방사선 피폭의 실태를 제대로 파악하는 것과 동시에, 현민에 대한 '케어 커뮤니케이션' 실시를 목적으로 현민건강조사를 실시하기로 했다. 이에 관해서는 사고가 발생한 2011년도부터 지속적으로 매년 실시하도록 규정하고 있다.

현민건강조사는 크게 기본 조사와 세부 조사로 되어 있다.

기본 조사는 2011년 3월 11일부터 7월 1일에 후쿠시마현에 살고 있던 사람을 대상으로 하고 있다. 우송법에 따라 자기기입식 질문표(기본 조사 문진표)에 답변을 요구하고 있다. 문진표[5]를 통해 거주·활동 지역과 섭취한 음식·음료에 대한 질문을 하고, 이는 현민의 방사선 피폭량을 추정하는 기초 자료로 활용된다.

5) 옮긴이 문진표(medical examination by interview)란 의사가 환자의 가족 병력과 발병 원인을 기록하는 서식을 지칭한다. 여기서 문진이란 의사가 질문을 통해 환자의 증세와 환자의 가족 병력 사항을 파악하는 진단법을 뜻한다.

2011년도 기본 조사에서는 조사 대상자 205만 7053명 중, 발송 완료 수 204만 2058통, 회수 37만 1039통으로 회수율 18.0%였다. 그러나 피난 지역[가와마타마치 야마키야지구, 나미에마치, 이이다테무라]에서 실시한 선행조사에서는 조사 대상자 수 2만 9103명, 발송 완료 수 2만 9048통, 회수 1만 4324통으로 회수율 49.2%였다(2011년 11월 30일 현재)(福島県, 2011).

이 결과를 바탕으로 후쿠시마현 '현민건강조사' 검토위원회는 "후쿠시마현민들에게 건강상 방사선의 영향이 있다고 생각하기는 어렵다"고 결론짓고 있다[福島県,「県民健康調査」, 検討委員会(第20回), 2015].

한편 상세조사의 항목으로는 갑상선 검사, 건강진단, 정신건강도·생활습관 조사, 임산부에 관한 조사가 포함되어 있었다. 이 중 갑상선 검사 대상자는 지진 재해 발생 당시 대략 0세~18세(태아 포함)였던 후쿠시마현민 36만 7685명이었다. 2011년도에 검사를 실시한 시정촌은 피난 구역이었던 다테시, 미나미소마시, 타무라시, 가와마타마치, 나미에마치, 후타바마치, 오쿠마마치, 도미오카마치, 나라하마치, 히로노마치, 이이다테무라, 가쓰라오무라, 가와우치무라의 13곳이다. 2012년도 검사 실시 시정촌은 후쿠시마시, 니혼마쓰시, 모토미야시, 고오리야마시, 시라카와시, 구니미마치, 고오리마치, 미하루마치, 오타마무라, 텐에이무라, 이즈미자키무라, 니시고무라 총 12곳이다. 2013년도 검사를 실시한 시정촌은, 이 외 후쿠시마현의 총 34곳 시정촌이었다. 대상자 36만 7685명 중, 2015년 6월 30일 현재, 현 외 진찰 9510명을 포함하여 30만 476명이 진료를 받아 진찰률은 81.7%였다. 1차 검사, 2차 검사, 세포 검진을 거쳐 최종적으로 '악성' 내지 '악성 의심'으로 진단된 사람은 2011년도 검사 실시 시정촌 15명, 2012년도 검사 실시 시정촌 56명, 2013년도 검사실시 시정촌 42명, 합계 113명이었다(福島県,「県民健康調査」, 検討委員会(第20回), 2015).

3) '케어 커뮤니케이션'에 대한 고찰

후쿠시마 제1원전사고에 관련된 '케어 커뮤니케이션'은 정부와 후쿠시마현뿐만 아니라 다양한 지자체, 학교, 의료복지 관계 기관, NPO 법인 등 자원봉사 단체 혹은 보도기관이나 기업 등에 의해 수없이 다양한 시도와 활동이 이루어져 왔다. 예를 들어, JAEA도 사고 후 장기간에 걸쳐 지속적으로 학교 학부모 단체 등의 요구에 따라 방사선 피폭의 건강 영향에 대해 설명하는 수많은 활동을 후쿠시마현이나 기타간토를 중심으로 실시해 오고 있다(日本原子力研究開発機構福島研究開発部門, 2018). 그중에서도 특히 정부(및 관계 기관)와 후쿠시마현의 주요 '케어 커뮤니케이션'에 관해서 살펴보기로 하자.

후쿠시마 제1원전사고는 원자로에서 방사성 물질이 방출됨에 따라 사고 당일에 정부의 피난 지시가 내려졌다. 이는 사고 당초부터 '케어 커뮤니케이션'을 필요로 하는 사람들이 있었다는 것을 의미한다. 비상시 대응으로 사고 피해 현황 파악이 충분하지 않았고, 또한 사고 피해가 어떻게 확대될지 그 여부가 불분명한 시점에서 '케어 커뮤니케이션'의 실시가 곤란했던 것으로 평가할 수 있다.

한편 사람들은 매우 정렬된 모습의 피난 행동을 보였지만, 그중에는 방사선 피폭으로부터 벗어나기 위해 오키나와나 오사카까지 이동한 사람들도 있었다. 대상자가 전국에 흩어져 있는 것도 역시 '케어 커뮤니케이션'을 곤란하게 한 요인으로 작용했다고 할 수 있다.

(1) 방사선 피폭이 건강에 미치는 영향 분석

일본은 히로시마 및 나가사키의 원자폭탄 공격의 참상에 관해 널리 알려져 있었던 터라 많은 사람들이 방사선 피폭에 대한 공포심과 불안감을 강하게 가지고 있다고 할 수 있다. 그런데 1Sv/년(=1,000mSv/년)을 넘는 비교적 강한 방사선에 의한 '급성 피해(영향)'와는 달리, 100mSv/년 이하의 저준위 방사선 피폭의 건강상 영향에 대해서는 질병(암)이 검출되는 한계(레벨) 이하이기 때문에 과학적으로 명확한 기준 제시가 매우 곤란하다. 결과적으로 다양한 전문가로부터 저준위 방사선 피폭의 건강상 영향에 대해 서로 다른 견해가 발신되는 상황에 이르렀다. 또한 저준위 방사선 방호에 대한 규제는 반드시 과학적인 관점과 일치하지는 않는다. 그렇기 때문에 많은 일반인들에게는 방사선 피폭의 건강상 영향력에 관해서는 난해하게 느껴지고, 또한 전문가에 대한 불신을 품게 되었다는 점도 생각해 볼 수 있다.

방사선 피폭의 위험을 피하고자 한다면, 감각적으로는 가장 안전한 기준(가능한 한 작은 Sv값)에 따르는 것이 좋을 것으로 판단된다. 그러나 위험과 이익/비용의 균형에 의해 판단하는 리스크 분석의 개념에서 보면, 가장 안전한 기준을 채용하는 것은 대부분의 경우가 '위험을 회피함으로써 얻어지는 이익'에 비해 '지불해야 할 비용'이 너무 크기 때문에 합리적인 판단이라고 하기는 쉽지 않다.

'후쿠시마 제1원전'사고의 '케어 커뮤니케이션'에서는 건강상 영향에 대한 명확한 기준 제시가 불가능한 상황임을 감안한다면, '리스크 분석'이라는 개념도 이해하게 되었다. 게다가 후쿠시마 제1원전사고가 발생하지 않았더라도 자연계에는 2mSv/년 정도의 자연 방사선이 있어, 우리는 태고의 옛적부터 항상 방사선 영향을 계속 받아왔고, 혹은 모든 음식에는 방사성 물질이 원래 포함되어 있으며, 우리의 몸에도 방사성 물질이 포함되어 있다는 사실을 이미 알고 있다는 점이다. 이를 통해 안심하고 생활에 전념하도록, 후쿠시마현 산의 농수산물에 대한 풍평 피해도 발생하지 않도록 고려한 접근방식이다.

그러나 이에 대한 이해는 일상에서 생활하고 있는 사람들의 감각과 괴리되어 있기 때문에 이해가 곤란하고, 이성적으로 이해했다고 하더라도 심리적(진심)으로 안심하기는 어렵다고 할 수 있다.

(2) 정부의 대응책과 후쿠시마현

정부는 '원자력 이재민들의 건강불안대책 조정회의'가 제시한 바와 같이, 후쿠시마 제1원전사고에 관한 '리스크 커뮤니케이션' 정보의 두 단계 프로세스에 착안하여 의료복지 관계자, 교육 관계자, 지자체 직원이 오피니언 리더와 같은 역할을 짊어지고, 일반인들에 대한 '리스크 커뮤니케이션' 정책을 실시하도록 했다. 구체적으로는 이들을 대상으로 방사선 피폭의 건강상 영향에 대한 지식을 얻고, '리스크 커뮤니케이션'에 대해 배우는 강습회 등이 후쿠시마현이나 관동 북서지역(기타간토)을 중심으로 실시되었다(環境省, 2013).

정부 대응책의 성과에 대해서는 아직 결론짓기는 이르다고 생각된다. 다만 한 가지 후쿠시마 현민건강조사에 대한 현민들의 반응에 대해 언급하고자 한다. 응답자가 방사선 피폭에 의한 건강상 영향을 받고 있는지 아닌지에 관해 '현민건강조사'를 통해 판단 가능하며, 응답자가 피해를 입고 있다면 적절한 지원을 기대할 수 있다. 따라서 방사선 피폭에 따른 건강 영향을 걱정하는 사람일수록 적극적으로 현민건강조사에 응답할 가능성이 높다고 해석할 수 있다. 그런데 현민건강조사의 기본조사에 응답한 사람의 비율은 피난 지역의 사람들도 49.2%로 절반 정도이며, 현 전체로 볼 때 18.0%로 극히 소수였다. 이는 후쿠시마현민의 대부분은 방사선 피폭에 의한 건강상 영향을 그다지 고민하지 않고 있다는 점을 알 수 있다.

이를 근거로 하나의 가설을 제시하고자 한다. 히로세 히로타다(広瀬弘忠)는 재해 시 피난 등의 대처 행동의 발생 여부는 피해를 '관리하는 힘(가능성)'에 의해 결정된다고 말하고 있다(広瀬弘忠, 2004). 즉 대피 등 피해로부터 벗어나고자 행동을 일으키는 것은 본인에게 '피해에서 벗어나는 탈출 능력(=매니지먼트 가능성)'이 있다고 믿을 때뿐이고, 피해가 커서 본인에게 탈출 능력이 없다고 생각할 때는 포기해 버리고 자신의 운명으로 받아들인다는 것이다. 히로세 개념을 그림으로 나타내면 다음 〈그림 15-1〉과 같다(土田昭司, 2013). 그렇다면 대부분의 현민이 현민건강조사(기본조사)에 답변하지 않았다는 사실은 후쿠시마 제1원전사고로 인한 건강상 영향을 걱정하지 않은 것이 아니라, 사고를 경험하기 이전으로 돌아갈 수는 없기 때문에 모두 포기할 수밖에 없다고 운명을 받

그림 15-1 피해 시의 심리적 반응

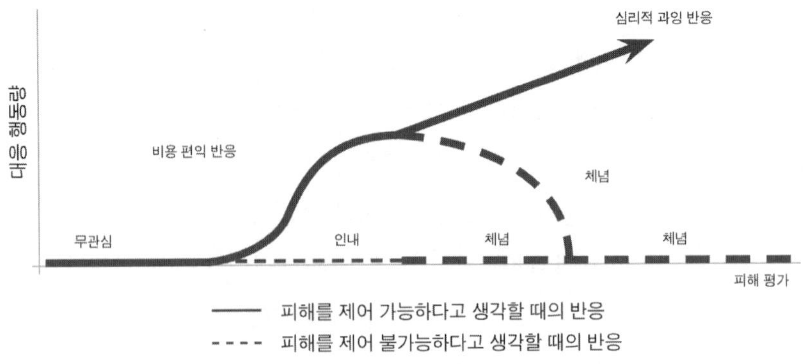

아들이고자 한 것이 아닌가 생각된다. 이 점에 대해서는 향후 심층적 검증이 필요하다.

5. 결론: '리스크 커뮤니케이션'의 검증

후쿠시마 제1원전사고와 관련된 '리스크 커뮤니케이션' 중에서, 주로 정부에 의한 사고 발생 직후 긴급 대응인 '크라이시스 커뮤니케이션', 방사선 피폭에 대한 '케어 커뮤니케이션'에 관해 개념을 정리하고, 조사를 통해 검토·분석했다. 논의의 결과를 요약하면 다음과 같다.

1) '크라이시스 커뮤니케이션'

동일본대지진은 쓰나미가 덮친 지역을 중심으로 괴멸적 피해를 입었고, 많은 시정촌은 주요 시설을 모조리 잃어 동원할 수 있는 직원도 극히 적었다. 결과적으로 행정의 기능을 충분히 수행할 수 없는 시정촌이 많았다. 또한 전화 등의 통신망도 파괴되어 복구 전망도 예측할 수 없는 상태였다. 후쿠시마 제1 원전 주변 역시 쓰나미가 덮쳤다. 그러한 상황 속에서 정부의 대피 명령이 내려져, 시정촌이나 주민 대부분은 스스로 경로와 목적지를 판단하여 피난하게 된 것이다. 예를 들어 SPEEDI에서 발표한 방사성 물질의 확산 예측 등 시정촌 및 주민이 현장을 판단하는 데 도움이 되는 정보는 거의 제공되지 않았다. 실제로 미나미소마시와 나미에마치에서는 스스로 피난한 주민이 오염도가 더 높은 지역으로 향하는 사태가 발생했다. 위기 상황에서는 중앙집권적인 의사결정이 아니라, 현장의 판단에 맡기는 것이 생존으로 이어진다고 지적되고 있다. 현장, 즉 시정촌이나 주민이 자주적으로 판단할 때에 유용한 정보를 TV나 라디오를 통해 제공하는 것이 바람직하다고 할 수 있다.

그나마 사고를 수습하는 방향으로 상황이 전환된 계기는 우연히 요코하마 항에 수송 중에 있던 콘크리트 펌프차의 활용 방안을 착안해 냈기 때문이었다. 이러한 '콘크리트 펌프차 활용' 아이디어를 민간인이 정부 관계자에 전달하여 실제 현장에서 사용된 것은 사고 발생 약 2주 후였다. 이 정도의 시간이 걸린 것은 도쿄전력과 정부가 대중에게 '도움을 요청하는 커뮤니케이션'을 실시하지 않았기 때문이다. 위기가 심각할수록 대응 책임 주체의 대응 능력을 초과한 상황, 즉 해당 책임 주체만으로는 사태를 수습할 수 없는 상황이다. 이 때문에 불특정 다수의 사람들이나 기관을 대상으로 현황에 대한 정확한 정보를 제시한 다음에, 도움을 요청하는 커뮤니케이션을 실시할 필요가 있었다.

사고 발생 후 1차적 당사자인 도쿄전력은 기자회견 등을 통해 정보 발신을 실시했다. 그러나 도쿄전력의 발표 내용과 '원자력안전·보안원' 등의 발표 내용이 어긋난다는 이유로, 정부는 4월 25일 이후 도쿄전력의 단독 기자회견을 금지했다. 이에 따라 도쿄전력은 사고의 1차적 당사자의 역할(입장)을 잃게 되어, 사고현장의 생생한 정보 발신이 곤란해진 것이 아닌가 생각된다.

2) '케어 커뮤니케이션'

방사성 물질의 방출을 동반하는 원전사고가 발생할 경우, '케어 커뮤니케이션'을 통한 관리가 필요하다. 우선 첫째, 방사선량을 측정하는 모니터링에 의거한 피폭양의 추정, 표면 오염을 체크하는 검사, 전신계수기에 의한 내부 피폭 측정을 실시하고, 방사선 피폭자 및 방사선에 피폭했다고 생각하는 사람에게 적절한 정보를 전달하는 것이 무엇보다 중요하다.

후쿠시마 제1원전사고의 '케어 커뮤니케이션' 대상자 대부분이 후쿠시마현이나 인근 현에 모여서 거주하고 있었지만, 적지 않은 사람들이 '자율(自主)적 피난'으로 도쿄, 오사카, 오키나와 등 일본 각지로 이동했다. 대상자가 멀리 떨어져 있다는 것은 '케어 커뮤니케이션'을 곤란하게 하는 하나의 요인이 되었다.

또한 '케어 커뮤니케이션'은 사고 발생 직후부터 이루어져야 하지만, 후쿠시마 제1원전사고는 사고가 어느 정도 안정 상태로 수습될 때까지 비교적 시간이 필요했다. 이것도 '케어 커뮤니케이션'을 곤란하게 하는 하나의 요인이 되었다고 할 수 있다.

후쿠시마현은 전체 현민을 대상으로 한 현민건강조사를 실시하고 '케어 커뮤니케이션'에 관한 업무를 맡고 있다. 후쿠시마현 현민건강조사는 사고 발생 후의 행동에 관한 답변 내용을 검토하여 현민의 피폭량을 추정했다. 그 결과를 바탕으로 후쿠시마현은 심각한 피폭을 당한 현민은 없다는 결론을 발표했으며, 그 취지가 공표되었다.

둘째, '케어 커뮤니케이션' 대상자가 과도한 불안에 빠지지 않도록 과학적인 근거를 제시하고, 이해도를 높이기 위해 개입한다. 그러나 일반적으로 이해 과정에서는 방사선 피폭이 두렵다고 생각하는 감각적인 판단과는 다른 점이 많아 개입이 곤란하다는 점이다.

일본의 경우, '방사선의학종합연구소'와 '일본원자력연구개발기구(JAEA)'가 '케어 커뮤니케이션'을 적극적으로 실시해 오고 있다.

정부는 개입의 대상으로 우선 자녀와 부모를 상정했다. 또한 '케어 커뮤니케이션'의 실시자로서, 의료복지 관계자, 교육 관계자, 지자체 직원을 상정하여 정보의 두 단계의 흐름상, 이 사람들에게 오피니언 리더로서 개입하도록 정책을 취했다. 그러나 현실적으로 의료복지 관계자, 교육 관계자, 지자체 직원 중에는 방사선 피폭에 대한 '케어 커뮤니케이션'을 담당할 수 있는 인력이 거의 없기 때문에, 관련 인재 육성을 목표로 실행 계획이 실시되었다.

이런 종류의 '케어 커뮤니케이션'은 일본 정부뿐만 아니라 각 지자체 및 생활협동조합 등 다양한 기관이나 단체에 의해 각지에서도 실시되고 있다. 그 성과로서 후쿠시마현 생산 농수산물에 대한 풍평 피해의 방지 등에 기여하고 있다고 평가할 수 있다.

3) 컨센서스 커뮤니케이션

마지막으로 후쿠시마 제1원전사고 발생 이후의 원자력발전에 관한 '컨센서스 커뮤니케이션'에 대해 언급하고자 한다. '컨센서스 커뮤니케이션'을 통해 미리 결론을 정하지 않고 깊은 대화로 신뢰 형성을 목표로 하든, 혹은 원자력발전을 폐지하고자 하는 방향이나 원자력발전을 재개하려는 방향, 어느 하나의 합의가 형성되도록 촉구하는 등 다양한 연구 활동이 전개되었다. 그러나 일본 정부가 향후 원자력발전의 바람직한 모습에 대하여 이러한 연구 활동을 제외한 '컨센서스 커뮤니케이션' 활용 사례는 거의 찾아보기 어렵다. 사회적 합의를 이끌어내고자 하는 '컨센서스 커뮤니케이션'은 진행형이라 할 수 있다.

물론 규슈전력 센다이원자력발전소(川内原子力発電所)는 '원자력규제위원회'의 심사에 합격하여, 현지 지자체와 가고시마현 동의를 얻어 재가동하여 영업운전을 하고 있다. 칸사이전력 타카하마원자력발전소(高浜発電所)도 원자력 규제위원회 심사 통과 지자체와 후쿠이현의 동의 법원의 결정에 따라 재가동·영업 운전을 위한 작업이 진행되고 있다. 또한 시코쿠전력 이카타원자력발전소에 대해서, 현지 지자체와 에히메현은 재가동을 요구하는 결의를 했다(모두 2015년 12월 31일 현재). 이러한 (재가동) 움직임은 적어도 현지에서 발전소의 재가동을 인정하는 사회적 합의가 어느 정도 형성되어 있다는 것을 의미한다. 한편 원자력발전소의 폐지를 바라는 뿌리 깊은 여론이 존재하는 것도 사실이다. 후쿠시마 제1원전사고 발생 이후, 현 시점에서 일본은 적어도 정부가 공식적으로 원자력발전소에 대해서 '컨센서스 커뮤니케이션'을 실시할 상태는 아니라고 해야 할 것이다.

〈참고문헌〉

環境省,「放射線健康不安に関するリスクコミュニケーションの実施」, 2013年. (http://www.env.go.jp/chemi/rhm/workshop.html 2015年9月30日アクセス)

経済産業省, 「事故後に関するコミュニケーション」, 2011年5月31日. (www.meti.go.jp/earthquake/nuclear/backdrop/pdf/09-communication.pdf 2015年9月30日アクセス)

原子力被災者等の健康不安対策調整会議(第1回), 資料1「原子力被災者等の健康不安対策調整会議の開催について」, 2012年4月20日. (https://www.env.go.jp/jishin/rmp/conf-health/01-mat01.pdf 2015年9月30日アクセス)

原子力被災者等の健康不安対策調整会議(第1回), 別紙1「放射線の健康影響等に関する不安の解消に向けた施策体系」, 2012年5月31日. (https://www.env.go.jp/jishin/rmp/conf-health/01-mat08.pdf 2015年9月30日アクセス)

原子力被災者等の健康不安対策調整会議(第1回), 「放射線の健康影響等に関する不安の解消に向けた施策体系」, 2012年5月31日. (https://www.env.go.jp/jishin/rmp/conf-health/01-mat08.pdf 2015年9月30日アクセス)

土田昭司, 「福島第一原発事故にみる危機管理の発想とクライシス・コミュニケーション:何のための情報発信か？」,『日本原子力学会誌』, 第54巻 第3号, 2012年3月, 181-183頁.

土田昭司, 「事故の社会心理」, 関西大学社会安全学部編, 『事故防止のための社会安全学』, ミネルヴァ書房, 2013年, 182-198頁.

東京電力福島原子力発電所における事故調査・検証委員会(内閣事故調), 「中間報告」, 2011年12月26日. (http://www.cas.go.jp/jp/seisaku/icanps/post-1.html 2015年9月30日アクセス)

東京電力福島原子力発電所における事故調査・検証委員会(内閣事故調), 「最終報告」, 2012年7月23日. (http://www.cas.go.jp/jp/seisaku/icanps/post-2.html, 2015年9月30日アクセス)

鳥居建男・眞田幸尚・杉田武志・田中圭, 「航空機モニタリングによる東日本全域の空間線量率と放射性物質の沈着量調査」, 『日本原子力学会誌』第54巻第3号, 2012年3月, 160-165頁.

内閣府(防災担当), 「東日本大震災における原子力発電所事故に伴う避難に関する実態調査」, 2015年12月18日. (http://www.bousai.go.jp/jishin/sonota/hinan-chosa/, 2015年12月20日アクセス)

日本原子力研究開発機構福島研究開発部門, 「コミュニケーション活動」, 2013年. (http://fukushima.jaea.go.jp/initiatives/cat02/index.html, 2015年9月30日アクセス)

広瀬弘忠, 『人はなぜ逃げ遅れるのか:災害の心理学』, 集英社新書, 2004年.

福島県, 「県民健康調査」, 検討委員会(第20回), 県民健康調査「基本調査」の実施状況について, 2015年8月31日. (http://www.pref.fukushima.lg.jp/uploaded/attachment/129301. pdf 2015年9月30日アクセス)

福島県, 「県民健康調査」, 検討委員会(第20回), 県民健康調査 「甲状腺検査(先行調査)」 結果概要【確定版】, 2015年8月31日. (http://www.pref.fukushima.lg.jp/uploaded/attachment/ 129302.pdf 2015年9月30日アクセス)

福島県, 「県民健康調査について」, 2015年7月10日. (http://www.pref.fukushima.lg.jp/sec/21045b/kenkocyosa-gaiyo.html, 2015年9月30日アクセス)

福島県, 「県民健康管理調査」, 検討委員会, 「福島県県民健康管理調査『基本調査 (外部被ばく線量の推計)甲状腺検査』の概要について」, 2011年12月13日. (http://www.pref.fukushima.lg.jp/uploaded/attachment/6492.pdf 2015年9月30日アクセス)

舟橋洋一, 『カウント・メルトダウン』, 文藝春秋, 2013年1月.

放射線医学総合研究所, 「東京電力(株)福島第一原子力発電所にかかる原子力災害への対応の概要」, 2012年4月1日. (http://www.nirs.go.jp/information/info.php?i16 2015年9月30日アクセス)

文部科学省, 「福島第一原子力発電所事故とその対応について」, 資料2, 科学技術・学術審議会, 研究計画・評価分科会.原子力科学技術委員会(第1回), 2012年3・11日. (http://www.mext.go.jp/b_menu/shingi/gijyutu/gijyutu2/055/shiryo/__icsFiles/afieldfile/2012/05/21/1306760_2.pdf 2015年9月30日アクセス)

Leonard, H. B. D. & Howitt, A. M., "'Routine' or 'Crisis': The Search for Excellence," *Crisis/Response Journal*, Vol 4., No. 3: 32-35, June, 2008

Momose, T., Takada, C., Nakagawa, T., Kanai, K., Kurihara, O., Tsujimura, N., Ohi, Y., Nurayama, T., Suzuki, T., Uezu, Y., & Furata, S., "Whole-body counting of Fukushima residents after the TEPCO Fukushima Daiichi nuclear power station accident, Proceedings of the 1st NIRS Symposium on Reconstruction of Early Internal Dose in the TEPCO Fukushima Daiichi Nuclear Station Accident", *National Institute of Radiological Sciences*, 67-82, November 2012

제16장

후쿠시마 원전사고와 일본의 '원자력 안전 규제'

오자와 마모루(小澤守)·아베 세이지(安部誠治)

1. 서론

2011년 3월 11일 14시 46분경에 발생한 도호쿠지방태평양연안지진과 지진 발생 후 약 1시간 후에 닥친 거대 쓰나미로 인해 '도쿄전력 후쿠시마 제1원자력발전소(이하 후쿠시마 제1원전)'의 외부 전원 및 설치되어 있는 거의 모든 내부 전원이 끊겨버렸다. 그 때문에 원자로 및 사용 후 연료 풀의 냉각이 불가능해져, 방사성 물질이 사이트 밖으로 방출되는 INES(국제 원자력 사고등급)[1]에서 레벨 7, 즉 최악의 중대사고가 발생했다. 또한 이 원전에서 약 11km 떨어진 도쿄전력 후쿠시마 제2원자력발전소에서도 레벨 3의 사고가 발생했다. 이로 인해 후쿠시마 제1원전 주변의 다수의 주민이 대피할 수밖에 없었다. 그 숫자는 지진·쓰나미로 인한 대피와 현 내·현 외를 포함하여 최고 시에는 15만 명 이상

1) (옮긴이) 국제 원자력 사고 등급(INES: International Nuclear Event Scale)이란 국제원자력기구(IAEA)에서 정한 원자력 시설과 원자력 이용 과정에서 일어난 사건이나 사고에 대한 평가 등급을 말한다. 이 등급은 지진 크기에 견주어 만들었으나 지진과는 다르게 사건을 양으로 측정하여 인재를 엄격하게 평가할 수 있다. 등급은 0부터 7등급까지 8단계로 분류하고 있으며 수치가 클수록 큰 사건을 가리킨다.

에 달했다.

주지하는 바와 같이, 세계 원자력발전의 역사에서 지금까지 7등급에 랭크된 것은 1986년 옛 소련 우크라이나 지역에서 발생한 '체르노빌 원전사고'뿐이었다. 이 사고로 플랜트 내 4개의 원자로 중 하나가 노심용융·폭발했지만, 후쿠시마 제1원전의 경우는 6개의 원자로 중 3개가 노심용융·손상을 일으켰다. 이는 사고 발생 직후 긴급 대응과 현재도 계속되고 있는 오염수 처리 및 향후 본격화될 폐로 작업의 여정을 한층 더 어렵게 하고 있다.

그런데 체르노빌 사고는 사고 직후 긴급 대응 프로세스에 투입된 작업원과 소방사 등 33명이 사망하고, 다수의 주민이 방사선에 피폭되었다. 이 사고가 피폭자의 건강에 어떤 영향을 미쳤는가(또는 향후 미치는가)는 약 30년이 경과된 현재까지도 국제기관 등에서 연구가 계속되고 있다.[2] 후쿠시마 제1원전사고는 지금까지 방사선 피폭에 의한 직접적인 희생자는 발생하지 않고 있다. 그러나 사고 직후의 피난 과정과 병원의 기능 정지에 의한 초기 치료의 지연, 피난처의 격변한 생활환경 속에서 많은 희생자가 나온 사실은 특히 명기할 필요가 있다.

특히 재해 희생자 문제를 제대로 파악하기 위해서는, 그 단서라 할 수 있는 '재해 관련사'에 관한 데이터를 분석할 필요가 있다. 지진이나 쓰나미에 의해 직접 사망한 것은 아니지만, 그로 인한 부상이나 스트레스로 인한 사망자를 '재해 관련사의 사망자'라고 한다. 1995년 한신·아와지대지진 이후에 도입된 카테고리로 분류된 관련 항목으로 인정될 경우, '재해 조위금의 지급 등에 관한 법률'(1973년 법률 제 82호)에 근거하여 조위금의 지급 대상자가 된다. 부흥청의 최신 통계자료에 의하면 동일본대지진의 조위금 지급 대상자는 3331명으로

2) 예를 들면, 다음을 참조. United Nations Scientific Committee on the Effect of Atomic Radiation(2011), *SOURCE AND EFFECTS OF IONIZING RADIATION, UNSCEAR 2008 Report to the General Assembly with Scientific Annexes*, Volume II, 2011 (http://www.unscear.org/docs/reports/2008/11-80076_Report_2008_Annex_D.pdf 검색일: 2015.9.30)

표 16-1 동일본대지진의 이재민수

	사망자 수	행방불명자수	재해 관련 사망자 수
후쿠시마현	1,612	200	1,914
미야기현	9,541	1,237	910
이와테현	4,673	1,123	452
이바라키현	24	1	41
기타	73	6	14
합계	15,893	2,567	3,331

주: 사망자·행방불명자 수는 2015년 10월 9일 현재, 재해 관련 사망자 수는 2015년, 기타는 나머지 도도부현 전체 숫자.

자료: 復興庁(2015); 警察庁(2015).

되어 있다. 그 내역에서 가장 많은 것이 후쿠시마현의 1914명, 이하 미야기현 910명, 이와테현 452명, 이바라키현 41명이다(復興庁, 2015). 〈표 16-1〉에서 알 수 있듯이, 동일본대지진의 사망자·행방불명자의 총수와 대비한 재해 관련 사망자는, 미야기현이나 이와테현에 비해 후쿠시마현의 숫자가 두드러진다. 특히 후쿠시마 제1원전에서 20km 권역 내에 위치한 나미에마치에서 지진·쓰나미로 인한 직접적인 사망자가 150명인데 반해, 관련사 사망자 수는 374명, 도미오카마치에서 전자 18명·후자 320명, 나미에마치에서는 전자 150명·후자 374명에 달한다. 또한 가와우치무라에서 직접적인 사망자는 발생하지 않았는데도 불구하고, 관련사는 85명이다(2015년 10월 9일 현재. 福島県, 2015).

후쿠시마 제1원전사고는, 직접적으로 지진·쓰나미라는 자연현상에 기인한 것이었지만, INES(국제 원자력 사고등급) 레벨 7이라는 심각한 원자력 재해로 전환되었다. 그 배경으로는 '도쿄전력 후쿠시마원자력발전소 사고조사위원회·검증위원회'(이하 정부사고조사위원회)가 밝혔듯이, '사전 안전 규제'와 '사고 방지 대책', '사고 발생 후 도쿄전력의 현장 대처'와 '정부의 원자력 재해 대응' 과정에서 두드러진 취약점과 미흡(미비)한 요인들이 중첩되어 있었기 때문이다(政府事故調, 2012). 특히 일본 정부의 안전 규제 제도 및 구조에 커다란 결함이나 문제가 있었다.

따라서 정부는 사고 발생 후 원자력 안전에 관련된 일련의 법률 개정 실시와 동시에 규제 시스템의 대폭적인 개편을 실시했다. 즉 2012년 9월에 종전의 '원자력안전·보안원'과 '원자력안전위원회'를 폐지하고, 새로운 '원자력규제위원회'를 발족시켰다. 또한 원자력 안전행정의 소관 부서도 경제산업성에서 환경성으로 이관했다.

이 장에서는 이러한 후쿠시마 제1원전사고를 계기로 일본의 원자력 안전 규제 제도의 변화에 관해 고찰하고, 바람직한 원자력 안전의 방향성에 대해 제언하고자 한다.

2. 후쿠시마 원전사고와 일본의 규제 시스템

국제원자력기구(IAEA: International Atomic Energy Agency)의 기본적 안전원칙(Fundamental Safety Principles, 2006)에서 말하는 대로 "원자력플랜트의 안전 확보를 위한 제1의 책임은 사업자(상업용 발전의 경우는 전력회사)에 있다". 일본에서도 이를 제1원칙으로 삼아, '원전의 안전 확보'에 관해 사업자가 우선적 책임을 담당해 왔다. 그러나 원자력발전사업은 전력 사업으로서 공익사업 규제를 받을 뿐만 아니라, 특히 그 안전성을 확보할 필요성에서 다른 한편으로 정부에 의해 엄격한 안전 규제를 받고 있다.

후쿠시마 제1원전사고의 발생 당시, 원자력발전 사업의 안전을 소관하고 있던 규제행정청은 경제산업성이었으며, 규제의 실무를 담당하고 있던 것은 현재는 해체된 옛 '원자력안전·보안원'이었다. 즉 '원자력안전·보안원'은 원자로 등 규제법 및 전기사업법에 근거하여, 원자력 시설의 ① 설계·건설 단계의 안전 규제, ② 운전 단계의 안전 규제, ③ 폐지 조치 단계의 안전 규제의 세 업무를 맡고 있었다.

또한 '원자력안전·보안원'과는 별도의 규제관계 기관으로 '원자력안전위원회'가 설치(현재 폐지)되어 있었다. '원자력안전위원회'는 1978년 원자력위원회에서 분리되어 탄생한 조직으로, 원자력 안전에 관해서 내각총리대신(수상)을 통해 관계 행정기관에 대한 권고권을 보유하는 등의 강력한 권한을 가지고 있었다. 위원회의 주요 업무는 다음과 같다.

설치 허가 단계에서 행정청이 실시한 1차 심사결과에 대해 2차 심사까지 실시하여, 이른바 이중 체크를 한다.

① 설치 허가 단계에서 행정청이 실시한 1차 심사의 결과에 대해 2차 심사, 즉 이중 체크를 행한다.

② 2차 심사에 이용하기 위한 안전심사 지침을 책정한다.

③ 행정청이 실시하는 규제 활동을 체크한다.

④ 원자력 긴급 사태에 대응한다.

이 외에도 독립행정법인 '원자력안전기반기구(JANES)'가 있었다. JANES는 '원자력안전·보안원'의 기술지원 조직으로서, 원자력플랜트의 검사를 '원자력안전·보안원'과 분담하여 실시하고 있다. 한편 '원자력안전·보안원'이 실시하는 원자력플랜트의 안전심사 및 안전 규제 기준의 정비에 관한 기술적 지원 등을 실시하는 조직이었다. 2012년 4월 현재, 그 임직원 수는 423명으로 폐지 직전의 보안원의 직원 수에 필적하는 규모에 달했다. 또한 JANES는 2012년 9월에 발족한 '원자력규제위원회'에 통합(2014년 3월)되었다.

당시 일본의 원자력 안전 규제 시스템(체제)에 관해 평가하자면, 규제기관 등과 전력회사 사이의 긴장관계는 희박하고, 반면 규제기관이 기술적으로나 전문적 측면에서도 고도의 규제 능력을 보유하고 있다고 말하기는 어렵다. 이러한 당시의 상황을 '국회 사고조사위원회'(도쿄전력 후쿠시마원자력발전소 사고조사위원회)는 "규제 당국이 사업자의 포로가 되어, 규제의 연기와 사업자의 자주적 대응을 허용함으로써, 사업자의 이익을 도모하고, 동시에 자신은 직접적인 책임을 회피해 왔다(国会事故調, 2012: 17)"고 명확히 서술하고 있다.

원자력 안전에 관한 지식과 과제는 발전소 현장에서 발견되고 찾을 수 있기 때문에, 규제 관련 기관들이 원전 현장보다 높은 수준의 안전 확보 능력을 보유하는 것은 전혀 쉬운 일은 아니다. 규제 관련 기관이 그러한 역할을 수행하기 위해서는 전력회사에 더 나은 안전·기술에 관한 실무적이며 전문적인 지식과 견해뿐만 아니라, 고도의 심사·업무 능력이 필요하다는 점은 매우 자명하다. '정부사고조사위원회' 보고에서도 지적하듯이, '원자력안전·보안원'은 이 점에서도 매우 불충분한 조직이었다(政府事故調, 2011: 496, 499).

후쿠시마 원전사고에 대한 대응 과정에서 '원자력안전·보안원' 및 '원자력안전위원회'는 주어진 역할을 적절히 수행하지 못한 채 그 조직적 한계를 드러내게 되었다. 또한 동시에, 지금까지의 규제활동 및 성과(퍼포먼스)에 다수의 문제가 있었던 점도 밝혀졌다. 2012년 9월에 두 조직이 폐지되고, 새롭게 '원자력규제위원회'로 개편된 것은 그러한 연유에서였다.

3. 세계 원자력발전의 정책과 안전 규제의 변화

원자력발전(이하, 원전) 기술은 미국의 아이젠하워 대통령의 '원자력의 평화적 이용(Atoms for Peace)[3]'으로 상징되는 유엔총회 연설(1953년)을 계기로 크게 진전하게 되었다. 핵기술은 일국의 범위를 넘어 세계적으로 커다란 사회적 영향을 미치기 때문에, 이를 위한 조정기관으로서 1957년에 설립된 것이 IAEA이다. 현재는 이 IAEA가 원전을 포함한 원자력 기술의 국제적 정합성을 위한 조직으로서 기능하고 있다.

3) 옮긴이 1953년 12월의 제8회 유엔총회에서 아이젠하워(Dwight D. Eisenhower) 대통령이 제안한 것으로, 이후 채택된 UN공동결의안의 취지(목적)에 반영되었다. "첫째, 국제적 협력하에 원자력의 평화적 이용 방법을 검토한다. 둘째, 원자력발전의 개발, 기타 생물학, 의학·방사선 보호 대책, 원자력에 관한 기초과학 등 효과적인 국제협력의 분야에 관해 논의해 나간다"는 것이다.

그림 16-1 세계 원전 건설 상황 및 일본의 원전 추이 변화

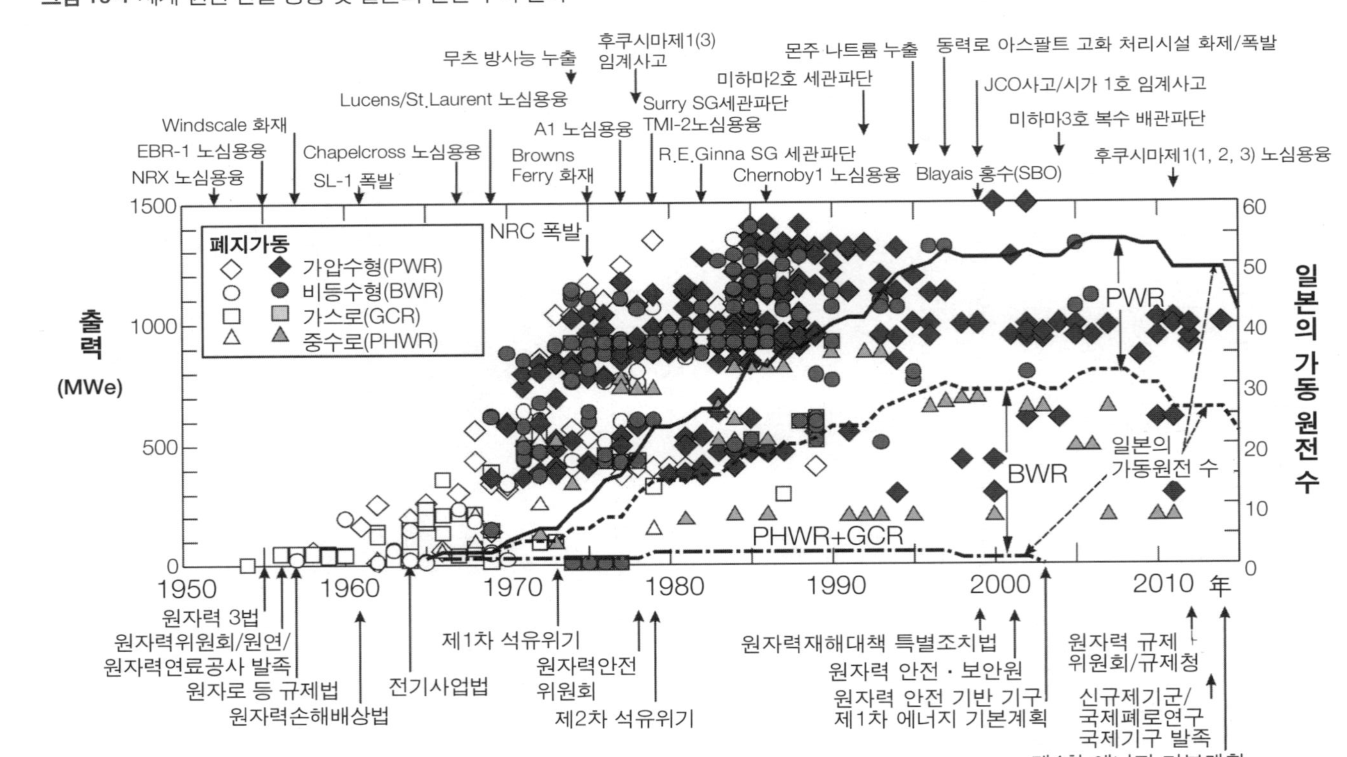

자료: World Nuclear Association(2015), 日本原子力産業会議(각 연도) 및 日本電気協会新聞部(각 연도)

〈그림 16-1〉은 1950년대부터 현재까지 건설된 원전의 운전 개시 연도와 출력의 관계를 나타낸다. 내역은 가압수형 원자로(PWR) 323기(그중 44기 폐로), 비등수형로(BWR) 114기(34기 폐로), 가스로(GCR) 83기(53기 폐로), 중수로(PHWR) 60기(10기 폐로), 고속로(FBR) 9기(1기 폐로) 합계 589기(그중 142기 폐로)이다(WNA,[4] 2015).

원자로 기술을 선도하는 미국에서는 '원자력에너지법'(1946년)으로 원자력위원회(AEC: Atomic Energy Commission)가 조직되었다. 이후 상업용 원전의 비약적인 발전과 설비 용량의 증대에 따라, AEC 단일 조직으로의 추진과 규제의 모순이 확대되어 1975년 '원자력규제위원회(NRC: Nuclear Regulatory Commission)'가 조직되었다(Fisher, 2012; Walker, 2010).

발전 분야에서 제2차 세계대전 이전 거대 인프라 기술을 대표하는 것이 화력발전이라면, 원전은 전후를 대표하는 기술이다. 거대 기술의 개발 및 발전 과정에서 많은 사고나 장해[5]가 따르기 마련이다. 하지만 이러한 사고나 장해는 장래성이 있는 기술의 경우, 재료 기술, 제조 기술, 제어 기술 또한 사회적인 제도 설계 등의 진전에 따라서 사고나 장해가 감소 추세이다. 1880년대 송전사업의 개시부터 계산하여 130여 년 경과한 대규모 화력발전 기술도 수많은 기술적 사회적 문제를 극복하고 현대의 상황에 이르고 있다. 이는 원전 분야도 예외는 아니지만, 설치 기수(基數)가 화력 보일러에 비해 극단적으로 적은 것을 고려하면, 더욱 과거의 경험에서 시사하는 바를 배우지 않으면 안 된다.

〈그림 16-1〉은 원전기술의 전개 과정에서 노심용융이 발생한 사례(日本原子力産業会議, 各年度; 日本電気協会新聞部, 各年度)를 나타내고 있다. 그중에서도

4) 옮긴이 세계원자력협회(WNA: World Nuclear Association)는 2001년 설립(본부: 런던)된 글로벌 핵 산업과 관련된 기업들의 원자력 전력과 지원을 증진하는 국제조직(www.world-nuclear.org)이다.

5) 옮긴이 장해(障害)는 거리끼어 해가 된다는 뜻이다. 한편 장애(障碍)는 어떤 일의 성립, 진행에 거치적거려 방해하거나 충분히 기능하지 못하게 한다는 뜻이다. 바꿔어서 제대로 본래의 기능이 작동하지 못하거나 그 능력에 결함이 있는 상태를 말한다.

부분적이라고 할지라도 노심용융을 일으킨 TMI-2(1979년 스리마일섬 원전 2호기) 사고는 특히 중요한 교훈을 제시하고 있다. 일본에서 후쿠시마 원전사고를 경험하기까지 노심용융 사고는 없었지만, 증기 발생기 세관 파단(SGTR: Steam Generator Tube Rupture), 침식에 의한 배관 감육·파열 현상(Wall-Thinning and Rupture Phenomena), 모든 전원 상실 등은 해외에서도 실제 사례가 있었다. 그럼에도 불구하고 일본 정부 및 원자력 관계자가 이러한 실패 사례의 교훈에 대해 진지하게 배우지 않았던 연유는 무엇이며, 왜 간과했는지 의문이 든다.

시스템을 구성하는 많은 부품 수는 복잡하기는 하지만 원전 안전과 관련된 하나의 지표이기도 하다. 부품 수가 550만 개에 달한 아폴로 13호(1970년)는 당시 가장 고도의 시스템이었다. 당시 아폴로 13호에서 발생한 산소탱크의 폭발이라는 비교적 단순한 사고이긴 하지만 위기적 상황을 잘 극복한 것은 비행사와 미항공우주국(NASA: National Aeronautics and Space Administration)의 많은 요원에 의한 창의적 고안과 팀워크, 비행팀장 등의 리더십에 의해서이다. 기술적으로 한층 더 고도화되었을 '우주왕복선 챌린저'호는 제조 현장에서 오(O)링이라는 단순한 부품결함 문제를 발견하고 경고했음에도 불구하고, NASA가 경영적 판단을 우선시한 결과 사고에 이르렀다(Rogers, 1986). 이는 시스템의 고도화와 안전성·용장성(冗長性)[6]이 반드시 비례하지 않는다는 사실을 의미한다. 오히려 사소해 보이는 구성 요소의 문제가 시스템 전체를 치명적인 상황에 빠뜨리는 경우가 많다고 할 수 있겠다.

비교적 경미한 현상에서 출발하여 가압기 릴리프 밸브의 열림 고착, 1차 냉각수의 유출, 원전 작업자의 '수심 오인', 비상용 노심냉각계(ECCS: Emergency Core Cooling System)에 의한 냉각재 공급 부족, 연료봉 노출, 연료 피복관-물 반

6) 옮긴이 용장성(redundancy)이란 '비상계획(Plan B)' 혹은 '백업 시스템(Backup System)'으로 하나의 아이템 중에 주어진 기능을 발휘하기 위한 수단이 한 가지 이상 있다는 뜻이다. 규정된 기능을 수행하기 위한 여분의 구성 요소를 부가하여, 하위 시스템의 고장이 바로 상위 시스템의 고장이 되지 않게 하는 것을 '리던던시(용장성)'를 갖게 한다고 한다.

응을 거쳐 노심의 부분 용융으로 진전된 것이 1979년의 TMI-2 사고이다(Collier & Hewitt, 1987; 石川迪夫, 2014). 이는 ECCS라고 하는 심층 방호(深層防護)[7]의 기간 장치가 존재하고 있었음에도 불구하고, 인적 요인에 의해 사고가 확대될 수 있음을 여실히 보여준 사고였다. 케메니 리포트(Kemeny, 1979)와 로고빈 리포트(Rogovin, 1980) 등 'TMI-2 사고조사 보고서'에서 NRC의 관리체제, 원전 인허가 과정, 현장의 기술적·관리적 능력, 설비의 설계 평가의 품질과 정량적 리스크 평가방법, 방사성물질의 확산에 대한 시민과 노동자의 건강관리, 안전의식, 긴급 시 계획과 긴급 대응 능력, 그리고 정보 공개 등의 문제점이 지적되어 미국 정부 및 NRC는 많은 대응책을 강구했다. 또한 플랜트 평가, 운전원 훈련 및 인증, 사건 평가나 정보 교환 등을 업무로 하는 원자력발전운전협회(INPO: Institute of Nuclear Power Operation)가 1979년에 민간 조직으로서 설립되었다.[8]

상용 비등수형 원전의 노심열출력밀도는 50MW/m^3, 가압수형로에서는 100MW/m^{3}이다. 동일 규모의 화력발전용 대형 보일러에서는 연소실 열 출력밀도는 겨우 0.2MW/m^{3}이다(Nishikawa, 1999: 120). 가까운 예로는 정격 용량 1000cm^{3}의 가정용 전기포트의 열출력밀도는 대형 보일러보다 높은 1.5MW/m^3

7) 옮긴이 심층 방호(defense in depth)는 '다중 방호'로도 불린다. 심층 방호란 기술시스템 분야에서 안전대책을 몇 겹으로 마련하는 일련의 행위를 가리키는 것으로, "사람은 실수하기 마련이고, 기계는 반드시 고장을 일으킨다"는 안전 사상을 전제로 하는 개념이다. 원래 최전선에서부터 후방까지 방어막을 치는 것을 의미하는 군사용어에서 원용한 말이다.

8) 옮긴이 INPO에 관해서는 다음을 참조할 것. http://www.inpo.info/Index.html(검색일: 2015.7.28) 원자력발전운전협회(INPO)는 1979년의 TMI사고를 계기로, 원자력발전소의 안전성과 신뢰성 향상을 위한 지원 조직으로 1979년 10월에 미국의 원자력발전사업자, 원자로제작사업자, 건설회사가 설립한 것으로서, 그 후에 10개국 이상의 미국 이외의 전기사업자도 가입하고 있다. INPO의 운영은 가맹기관 검토그룹(IRG)과 가맹기관 연락회의(ICC)에 의하여 수행되고 있다. 주된 활동 내용은 플랜트 평가 활동, 훈련 계획의 평가와 인정, 사건 해석, 비상대책 등에의 지원, 세계적 규모의 컴퓨터 네트워크에 의한 정보교환 등이 있다. 그 밖에 INPO는 원자력보험의 연락창구 역할도 하고 있다. 한국원자력연구원 전자도서관 원자력백과 홈페이지 참조(https://kornis21.kaeri.re.kr/).

정도이다. 이 전기포트는 정격 용량의 물을 끓이는 데 250초 정도 걸린다. 가압수형 원자로의 열출력밀도는 이것의 67배나 되어, 같은 양의 물을 3.5초에 끓인다는 계산이 된다. 이는 원자로의 열출력밀도가 상당히 높고, '냉각'의 유지가 매우 중요하다는 점을 여실히 시사하고 있다. 이를 위해 안전연구의 중심적 과제로서 1960년대부터 미국의 'LOFT(Loss-of-Fluid Test) 계획'(Fisher, 2012) 및 일본의 'SAFE(Safety Assessment and Facilities Establishment) 계획'을 실시하게 되었다(成合英樹, 2011: 28~35).

1970년대에는 원전의 안전성 평가를 위해, '라스무센 보고'(Rasmussen, 1975)를 전형으로 하는 '확률론적 리스크 평가(PRA: Probabilistic Risk Assessment)'[9]가 도입되었다. PRA는 각 이벤트 트리 단계별 '구성 요소의 신뢰성'을 확률로 나타내어, 전체적으로 사고 확률을 평가하는 방법이다. 다만 각 구성 요소의 신뢰성 확률에는 상당한 분산이 있기 때문에 불확실성 분석이 필수적이다. 또한 신뢰성 확률에 따라서는 어떤 결과에도 적용시킬 수 있기 때문에 PRA는 시스템 전체의 안전 평가보다 오히려 상대적 약점 부분을 파악하기 위한 수단으로 해석하는 것이 좋다(Lee & McCormick, 2011: 1~17, 209~211, 531~533). 또한 '라스무센 보고'는 원전사고와 운석 낙하에 의한 사고 확률에 관한 비교분석을 통해, 원전사고의 확률이 매우 낮은 듯한 '환상'에 사로잡히는 구도로 빠져버린 것으로 해석된다. 그렇다고 하더라도 거대 시스템의 평가방법으로 유효하기 때문에, 미국에서는 실제 원전을 대상으로 한 PRA가 널리 이용되고 있다(NRC, 1990; 2002).

〈그림 16-1〉에는 실선(—), 파선(---), 1점쇄선(-·-)으로 일본의 원전 설치 대수와 관련된 사건의 경과가 표시되어 있다. 일본의 원자력 개발은 '원자력기본법', '원자력위원회 설치법' 및 '총리부 설치법'의 일부 개정법으로 구성된 '원자력 3법'(1955년)으로 시작되었다. 1956년에는 개발정책을 추진하는 데 있어 중

9) (옮긴이) 위험성(리스크) 평가를 위해 확률론적인 분석으로 접근하는 방법을 뜻한다.

핵이 되는 과학기술청, 원자력위원회, 일본원자력연구소, 핵연료공사 등이 발족했다. 그 후 원자로 등 규제법(1957년), 방사선 장해 방지(1957년), 전기사업법(1964년)이 정비되었다. 일본은 원전 도입 시부터 '리스크'의 존재를 인정하는 데 거부감을 표출하고, 안전하다는 것을 보여주기 위해 PRA가 아닌 '확률론적 안전성평가(PSA: Probabilistic Safety Analysis)'[10]를 실시해 왔다. JNES 보고서(2010년)에서 인용된 PSA 분석을 통해서도 후쿠시마 원전사고(보고서가 발간된 지 약 6개월 후 발생)에 관한 중대한 교훈과 시사점을 얻을 수 있었다. 그럼에도 불구하고 도쿄전력이 이를 되짚어 보고, 교훈으로 삼는 일은 거의 찾아보기 어렵다(≪読売新聞≫, 2011).

일본은 국산 원자로 연구개발의 추진과 동시에, 1960년대부터 1970년대에 걸쳐 원전 및 원전기술을 잇따라 영국이나 미국에서 도입했다. 당시 일본에 존재하지 않는 기술 시스템이었기 때문에, 당연히 운전방법이나 관리, 안전기준 등을 포함하여 일괄(통합) 패키지로 도입되었다. 이는 제2차 세계대전 중의 '기술적 공백' 및 '사회적 인프라' 재구축, 경제 부흥을 주 목표로 중화학 공업을 중심으로 적극적인 기술 도입(1950년부터 1963년까지의 기술 도입은 총 5400여 건)이 추진되었던 프로세스와 부합되는 내용이다(重化学工業通信社, 1965: 25~33).

미국과 마찬가지로 당초 일본은 원전 및 원전기술에 관해 추진과 규제의 양면을 담당하고 있던 원자력위원회를 1978년에 개편(개조)하고, 안전 규제 담당 부서로 '원자력안전위원회'를 설립했다. 설립 직후 발생한 TMI-2 사고로 인해, 일본 내 모든 원전의 보안관리 체제의 재검토와 점검결과의 보고를 요구했다(山名元, 2013: 7~14). 또한 'TMI 사고조사특별부회'를 설치하고, TMI-2 사고의 경험을 일본의 원전에 반영하고자 안전기준, 심사, 설계, 운전관리, 방재 및 안

10) 옮긴이 PSA란 원전에서 발생 가능한 모든 사고에 대해 사고 경위 및 현상을 분석하여 노심 및 격납건물 손상 발생 빈도를 평가하고 그에 따라 누출되는 방사성 물질이 인근 주민의 건강에 미치는 영향을 정량적으로 평가하는 안전성 평가 방법을 말한다. 다음백과(http://100.daum.net/)

전 연구에 대해 52항목을 추출했다(원자력안전위원회, 1981). 그러나 일본에서는 '심층 방호'의 개념을 기초로 엄격한 안전 대책이 채택되었다. 또한 중대사고 자체도 발생 확률이 지극히 낮다는 견해에 따라, 발전용 경수로형 원자로 시설의 중대사고(SA: Severe Accident)에 관한 평가나 사고관리를 규제 요건에 포함시키지 않고, 사업자 자율(自主)로 대처하게 했다(山名元, 2013: 7~14; 原子力安全委員会, 1992). 이는 PRA에 따른 SA 평가, 벤트와 격납용기 기능의 강화 등 안전 확보 조치를 요구했던 유럽 미국과는 크게 괴리된 대응이었다. 이러한 규제 관련 대응의 차이점은 30여 년이 지난 후쿠시마 원전사고로 이어지는 복선이었다고도 말할 수 있을 것이다. 또한 이 점에 대해서는 미국 NRC에 의해 실시된 각국의 규제 요건의 비교 검토 결과에서도 지적되고 있다(NRC, 2013).

1990년대에는 '고속증식 원형로 몬쥬 나트륨 누출 사고', '핵연료 개발 사업단 아스팔트 고화 처리 시설 화재 폭발', 또 'JCO 임계 사고' 등이 발생했다. 이를 계기로 2001년 경제산업성 산하 자원에너지청에 '원자력안전·보안원'이 설치되고, '원자로·관련규제법' 및 '전기사업법'에 근거한 원자력 시설의 설치허가에 안전 규제 심사를 실시하는 전문기관으로 자리 잡게 되었다. 이는 외관상 '원자력안전·보안원'과 '원자력안전위원회'에 의한 이중 점검을 실시하는 체제로 운영되었지만, '원자력안전위원회'에 원자력 기술의 전문가의 역할을 기대할 수 없었고, '원자력안전위원회'는 '원자력안전·보안원'의 업무를 보완하는 기능밖에 못 했다. 예를 들어 '원자력안전·보안원'에 의한 기술 평가, '원자력안전위원회'에 의한 사업자의 거버넌스, 경영평가 혹은 'Safety Culture(안전 문화)'라는 관점에서의 평가 등 다른 관점에서 평가체제가 구축되었다면, 진정한 의미의 '다중적 안전 확보(심층 방호)' 체제 구축도 가능했을 것이다. 그러나 일본의 안전 규제는 미국의 NRC를 참고했다고는 하지만 임기응변적이고, 기술·사회를 포괄한 전체 시스템을 제대로 파악한 상황하에서 일본형 규제체계를 구축한 것은 아니었다. 또한 원자력위원회를 개조하여 '원자력안전위원회'를 설립한 환경적 요인에 관해 분석해 보면, '원자력안전·보안원'을 자원에너지청

산하에 둔 것은 원자력발전의 규제와 진흥(추진)이라는 양면 기능을 담당한 초기의 원자력위원회와 같은 모순을 내포하고 있던 것이 된다.

4. IAEA 및 NRC의 안전에 관한 기본적 사고

유럽과 미국의 안전 규제는 근저에 'Safety Culture'(Haage, 2014/2015; IAEA, 2012)의 개념을 규범으로 두고, 그 위에 사회적, 기술적 요건을 구축하고 있다. 'Safety Culture'는 일본에서는 '안전 문화'로 번역되고 있지만, 원래 'Culture'의 어원은 "토지를 경작, 동식물을 육성한다"는 의미를 담고 있다. 거기에서 파생하여 Culture는 "인간의 몸과 마음, 행동 등을 단련하고 발전시킨다"라고 하는 동적 어의도 담고 있다.[11] 따라서 Safety Culture는 IAEA가 정의하고 있는 바와 같이 방사선 장해로부터 주민과 환경을 지키는 것을 최종 목표(IAEA, 2006)로 하여 관련된 개인, 기업, 나아가서는 사회가 안전을 도모하고, 사고방지, 피해 경감을 최우선시 하는 활동이나 마음가짐을 나타내는 것으로 이해할 수 있다. 한편 일본어의 '문화'는 어원적으로는 목표를 향해 행하는 정신활동 등 Culture와 마찬가지로 동적 상태를 의미하지만(新村出編, 2008), 일반적으로 정신적 상황이나 사회의 공통 인식 등 정적인 상황을 표현하는 단어로 이해되고 있다. 이 글에서 '안전 문화'라는 번역어는 사용하지 않고 영어표기의 'Safety Culture'를 그대로 사용하는 연유이기도 하다.

IAEA는 안전문제를 빙산에 비유하여 설명하고 있다(Haage, 2014/2015). 바다에 떠 있는 빙산은 대략 1/7만이 해수면 위에 있고, 나머지 6/7은 해수면 아래에 있다. 안전문제도 표면에 드러나고 있는 것은 전체상의 극히 일부분으로, 규범, 마음가짐, 가치관, 실현 가능성의 상정, 이해의 공유 등 대부분의 기본이

11) 'Culture'에 관한 설명의 일부를 발췌. *COD*(The Compact Oxford English Dictionary), 2nd Ed., Clarendon Press, Oxford, 1991.

되는 것은 보이지 않는 바다 속에 있다. 그 유명한 타이타닉호도 해수면에 보이는 빙산의 일부가 아니라, 해수면 아래의 빙산과의 충돌에 의해 크게 손상되어 침몰했던 것이다.

IAEA는 원자력 안전에 관한 전체상을 파악하기 위해 '기본적 안전원칙', '안전요구', '안전지침' 그리고 '안전에 관한 리포트(報告)'라는 계층 구조를 제시하고 있다(IAEA, 2006). 기본 원리의 중심에는 'Safety Culture'가 놓여 있고, 이것이 조직 및 관련된 개인의 안전을 도모하여 사고방지를 최우선시 하는 활동이나 마음가짐의 총체이며 '다각적 안전 구축(심층 방호)'의 필수 요건이기도 하다. 당연히 관리 시스템은 'Safety Culture'에 근거한 것이어야 한다. 예시된 항목으로는 '리더십 및 관리', '설비나 운용에 관련된 조직과 개인의 책임', '안전 확보를 위한 법적·행정적 틀이나 규제기관의 독립성 담보', '안전 확보 행동 및 인프라[12]의 타당성', '안전 확보를 위한 고도의 방호 시스템,' '현재와 미래 세대의 방사선에 의한 건강 피해 억제', '일상적인 사고 방지' 또는 '재해 경감(減災) 활동', '비상사태에 대한 준비와 사고 대응' 등을 들 수 있다.

이러한 틀은 NRC에서도 동일하다(NRC, 2015; 2014). NRC는 '피치 보텀(Peach Bottom) 원전사고(1989년)' 및 '마일스톤(Millstone) 원전사고(1996년)' 등으로 인해 'Safety Culture'와 기본 원리 등을 지속적으로 개정해 왔다. 즉 미국에서도 'Safety Culture'의 개념과 기본 원리는 불변한 것이 아니라, 지속적으로 재검토되어야 하는 중요한 개념으로 파악되고 있는 것이다.

5. 일본 원자력 안전 규제 정책의 변화

일본의 원자력 안전 규제에 관해서 일본 '정부사고조사위원회'가 작성한 보

12) 옮긴이 여기서는 안전을 확보하기 위하여 설정된 조직 구조나 규칙 등을 포함한 사회 전반의 인프라스트럭처를 비유적으로 이르는 말이다.

고서(중간보고서 2011년 및 최종보고서 2012년)는 물론 국내외에서도 다양한 지적이 이루어졌다. 이는 IAEA가 제시하고 있는 안전의 기본 원리와 동일한 다음과 같은 내용이다.

① 안전 규제의 기본 이념 및 국제적 적합성

② 중대사고에 대한 대책

③ 새로운 지식과 견해나 기술, 리스크 정보 등의 반영

④ 전력사업자의 안전 의식

⑤ 자연현상 등 공통적 원인으로 발생하는 '다중 고장' 대책

⑥ 검사·심사의 유명무실화

이 대부분은 TMI-2 사고 시 케메니(Kemeny) 리포트와 로고빈(Rogovin) 리포트와 중복되는 분석이다. 이러한 6가지 지적 사항을 받고 일본 정부는 2012년 9월 '원자력안전위원회'와 '원자력안전·보안원'을 통합하고 통일적으로 원자력 안전 규제를 담당하는 역할을 하는 '원자력규제위원회'를 환경성 산하의 3조위원회로 설치했다.[13] 또한 2014년이 되어 JNES도 규제위원회에 통합되었다. 이에 따라 지금까지 분산되어 있던 전력, 연구기관, 대학 등 원자력 분야를 일원적으로 규제하는 조직이 형성되어, 원자력 추진을 담당하고 있던 '자원에너지청'으로부터 독립하게 된다. 이 새로운 규제위원회 산하에는 사무국 역할의 원자력규제청, 원자력안전인재육성센터 및 '원자력안전심사 전문심사회' '핵연료 안전전문심사회', '방사선심사회', 옛 '독립행정법인 평가위원회'를 포함하는 심의회를 두었다. 또한 일부 공동 소관하는 독립행정법인 '일본원자력연구개발기구' 및 '방사선의학종합연구소'가 자리잡았다(原子力規制委員会, 2015).

원자력규제청에는 장관관방[14] 및 원자력규제부를 두고 있다. 첫째, '장관관

13) 옮긴이 원자력규제청을 독립된 3조위원회인 '원자력규제위원회'로 설치했다는 뜻이다.

14) 옮긴이 장관관방(Minister's Secretariat)이란 일본의 행정기관 중의 하나이다. 성청별 장관에 해당하는 대신(大臣)의 재량으로 내각부 및 각 성 산하 내부부국(内部部局)을 반드시 설치하도록 규정하고 있다. 이는 총무국에 상응하는 조직으로 유사한 업무를 처리하고 있다. 별도 내각법에 의한 내각관방과는 구별된다.

방'에는 긴급사태대책관, 기술총괄심의관, 핵물질·방사선 총괄심의관이 배치되고, 산하에 기술기반그룹(기술기반과, 안전기술관리관), 방사선방호그룹(원자력 재해 대책·핵 물질 방호과, 감시정보과, 방사선대책·보장조치과)이 있다. 둘째, '원자력규제부'에는 '원자력규제기획과' 및 '안전규제관리관'이 배치된다.[15] 이때 발전로 등 심사·검사 관련 제도 정비는 원자력규제기획과가 담당하고, 시설 검사 등 구체적인 규제의 집행은 안전규제관리관하에서 이루어지게 된다. 규제 기준에 대해서는 '기술기반과'가 담당한다. 그 외 외부에는 원자력규제사무소, 지방방사선모니터링대책관, 지역원자력규제총괄조정관, 6개소 보장조치센터, 요코스카원자력함대모니터링센터가 설치되어 있다. 지방 지자체, 관계기관에의 정보제공은 지역 원자력규제총괄조정관의 직무로 할당되어 있다.

이와 같이 규제의 실무를 담당하는 부문이 일본에서는 원자력규제청 산하에 있는 반면, NRC[16]에는 규제위원회 및 위원 직속으로 배치되어 있다. 더불어 규제에 관한 실무는 규제위원회 위원장 산하에 업무관리관(EDO: Executive Director of Operation)'을 두고, 하부조직으로 신규 원전, 핵물질 안전, 원자로 규제, 원자로 규제 연구, 원자력 안전과 사건 대응, 정보 서비스, 정보 보안, 인적 자원, 비즈니스와 시민의 권리 등을 담당하는 16개 부서를 배치하고 있다.

그런데 '원자력규제위원회'의 신설과 더불어 원자력에 관련된 일련의 법률 개정도 이루어졌다. '원자력기본법'에는 국제적인 동향을 반영하여, 원자력 이용의 기본 방침으로 '국민의 생명, 건강 및 재산의 보호, 환경 보전 및 일본의 안전보장에 이바지하는 일'(동법 제 2조)이 추가되었다. 또한 '원자로 관련 규제법'은 '상정 외 사고'에 대한 대응, 시설에 대한 규제 기준의 근본적인 강화 등이 더해져, 사업자에 의한 '사고 관리(accident management)'도 '자주(자율)적 대처'

15) 일본 원자력규제위원회에 대해서는 https://www.nsr.go.jp/nra/gaiyou/nra_chart.html (검색일: 2015.7.28).

16) NRC의 조직에 대해서는 http://www.nrc.gov/about-nrc/organization/commfuncdesc.html(검색일: 2015.7.28).

에서 규제 사항으로 전환되었다. 또한 시설의 종합적인 리스크 평가의 의무화, 최신의 지식과 견해를 기존 시설에 반영하는 체제의 구축, 40년 운전을 한도로 하는 노후화(高經年化) 대책의 도입, 사업자 책임의 명확화, 원자력 안전 규제의 일원화와 전기사업법과의 분리 등이 도모되었다(原子力規制委員会, 2015a). 구체적인 기술적 대응으로는 외부 사건에 대한 내성 강화, 비상용 전원과 노심 냉각계의 강화, 격납용기 파손 방지, 방사성 물질의 확산 억제, 장시간 전원 상실 방지 등을 들 수 있다. 이러한 기준은 규제위원회의 주장대로 세계에서 가장 엄격한 것일지도 모르지만, IAEA나 NRC(원자력규제위원회)가 기본(이념)으로 삼고 있는 'Safety Culture'에 근거한 리더십과 전체의 관리에 대한 대해서는 명확히 반영(대응)하고 있지 않다.

규제위원회는 이 새로운 규제 기준에 입각하여, '센다이원전 발전용 원자로 설치변경 허가 신청서'에 대해 2014년 9월 10일 자 합격서(原子力規制委員会, 2014)를 발행했다. 또한 다카하마원전 3, 4호기도 2015년 2월 12일 자로 합격서(原子力規制委員会, 2015)를 내고, 같은 해 7월 15일에는 이카타원전 3호기로 이어졌다.

한편 다카하마원전에 대해서는 후쿠이, 오사카 등 4부현의 거주자들이 재가동 금지 가처분 신청을 제출했다. 이에 대해 후쿠이지방법원은 "새로운 규제 기준은 지나치게 완화된 결과 설령 그 기준에 적합하더라도 안전을 확보할 수 없다"[17]는 판단하에 재가동을 인정하지 않았다.[18] 동일한 가처분신청이 센다이(川内)원전에 대해서도 이루어졌지만, 가고시마 지방재판소는 2015년 4월에 새로운 규제 기준을 타당한 것으로 보고 가처분신청을 기각했다. 모두 원자로 사용 30년으로 출력 870~890MWe의 가압수형 원전이다. 이처럼 운전 금지 가

17) 福井地方裁判所, 2014年(ヨ) 第31号 高浜原発3,4号機運転差止仮処分命令申立事件判決文, 2015년에서 발췌.

18) 가처분에 대한 보전이의심사에서 후쿠이지법은 신규제기준의 합리성을 인정하고 해당 원전사고의 안정성이 결여된 점은 인정하지 않았다(2015년 12월 24일)(≪読売新聞≫, 2015).

처분에 대해 전혀 다른 판결이 나오는 일에 대해 어떻게 생각할 것인가.

전례를 살펴보면, '이카타원전 설치허가처분 취소소송'에서, '최고재판소 제1소법정'은 원자력위원회 등 전문기술적인 심사기관의 판단에 근거한 원자로 설치허가는 합리적인 판단이라고 했다(最高裁, 1992: 1174). 또한 고속증식로 '몬쥬'의 원자로 설치허가 처분에 대해서도, 최고재판소는 '원자력안전위원회' 등의 전문기술 평가를 합리적으로 보았다(最高裁, 2005: 671). 당시 후쿠이지방법원의 판결은 심사 기준의 합리성에 대한 의문에서 최고재판소의 판단과 괴리되는 것이다. 애초에 법정에서 고도의 기술 내용 자체에 관계된 논의가 어울리는지 의문을 느끼지 않는 것은 아니다. 두 판결의 괴리는 일반 사회에서 볼 때 이해하기 어려운 상황일 뿐 아니라, 규제위원회 자체의 존속에도 관련되는 중요한 문제이기도 하다. 즉 설명 책임(Accountability)이 중요한 'Safety Culture' 개념에 근거하면, 규제위원회는 원전 심사에 합격한 경우에도 불합격한 경우에도 사회에 대해 판단 기준 및 경위나 결과 등에 대한 설명 책임을 지고 있기 때문이다.

6. 바람직한 일본 규제위원회의 역할 및 방향성

앞서 말한 논의를 바탕으로 규제위원회의 바람직한 자세에 대해 다음 몇 가지를 지적하고자 한다.

첫째, 안전 규제의 규범은 '원자력기본법'에 포함되었지만, IAEA와 NRC와 같이 'Safety Culture'를 근간으로 한 규제위원회의 규범을 명확하게 정의, 공표하며, 동시에 지속적으로 검토, 개정되어야 할 것이다.

둘째, 조직상의 문제점으로서, 원자로 보전, 원자력 안전과 인허가, 법적 대응, '집회 회의'의 조정, 홍보, 그리고 검사 등 실무 부문이 원자력규제청의 사무조직 속에 놓여 있다. 실무 부문과 규제위원회의 기술 격차의 극복, 커뮤니케이션, 그리고 규제위원회의 실무 부문에 대한 리더십과 관리에 불안을 느낀다.

셋째, 원자력 안전에 관해서는 무엇보다도 시민의 안전 확보가 최우선 과제가 되어야 한다. 원전의 존속이나 폐로 어떤 경우에도 장기적 전망으로 국가, 지자체, 사업자, 제조업체, 그리고 시민이 일체가 된 논의의 틀이 필요할 것이다. 유감스럽게도 일본에서는 일반 시민 중에 원전뿐 아니라 에너지 안전 보장 등 중요한 문제에 대해 감정론이 아니라 진지하고 이성적으로 논의하는 풍토가 아직까지 성숙되어 있지 않다. 따라서 독립성이 강한 규제위원회가 솔선하여 그러한 구조가 구축될 수 있도록 노력하는 것이 바람직하다.

넷째, 규제위원회가 주도적으로 후쿠시마 원전사고뿐만 아니라, 향후 발생할 수 있는 사고에 대해 독립적인 입장에서 조사 가능한 '사고조사 부서'가 설립되어야 한다. '정부사고조사위원회'의 『최종보고서』(2012: 429)에서 지적된 바와 같이, 『최종보고서』를 계기로 사고 조사가 시작되었다고 해도 과언이 아니라는 점을 명심해야 할 것이다. 후쿠시마 원전사고는 세계적으로 봐도 최악에 가까운 사고이며, 일본의 책임에 대한 면밀하고 철저한 사고조사가 필수불가결이다. 그리고 그 결과를 세계에 공표하는 것이, 나아가서는 세계에서 활용되고 있는 원전의 안전성을 높이는 프로세스로 이어진다(石川迪夫, 2014). 또한 시대에 맞지 않는 규제 기준은 끊임없이 개선해야 된다는 점을 염두에 두고, 규제위원회하에 원자력 안전 연구를 위한 독립적 연구소를 설치해야 한다. 이 연구소에서는 '학술 연구 활동(academia)'은 물론 제조기업, 전력사업자 등과 충분한 의견 교환을 실시해야 한다. 아울러 '원전 안전'에 관련된 연구 대상으로는 새로운 기술 개발, 특히 원전 폐로나 고준위 폐기물 처리, 나아가 사회공학적 관점이나 인적 요인 등도 포함하여, 포괄적으로 접근해야 할 것이다. 해외로부터 '원전 안전'에 관한 기준을 단순히 수용하는 것이 아니라, 일본 스스로 국제 정합성이 있는 규제 기준을 작성하는 능력을 지니는 것이 바람직하다. 또한 연구소의 존재 가치는 사고조사 및 안전심사 등이 가능한 인재 육성에 있다는 점도 명심하자. 일본이 후쿠시마 원전사고를 통해 거대한 융복합형 문제점들을 모두 경험한 것이다. 따라서 향후 대응에 관해 계속해서 고민하는 것이 필수인 것이다.

다섯째, '원자력규제위원회'는 '규제' 업무에만 쫓기고 있는 현 상황에서 벗어나, '원자력기본법'으로 성문화된 바와 같이 '시민의 안전 확보'를 중심 과제로 추가·보완해야 한다. 이재민 케어 및 피난 유도에 대해서는 지자체에만 의존할 문제가 아니라는 점에 유의할 필요가 있다. '원자력규제위원회'는 지자체 및 정부와 협력하면서 주민 대피, 방사선에 대한 주민의 건강관리 등 원전사고 고유의 문제에 대해 리더십을 발휘하는 것이 요구된다.

여섯째, 규제 요건으로서 '확률론적 위험성평가(PRA)' 및 불확실성 평가를 요구하고 있다(原子力規制委員会, 2015b). 불확실성 평가는 있어도 PRA 자체의 신뢰성은 원전이라는 복잡계의 '이벤트 트리'[19] 구성에 크게 의존하고 있다. 이벤트 트리조차도 '상정'(예상)된 것이며, 반드시 상정(想定)을 초월한 사건은 존재할 수 있다는 인식하에, PRA에 의해 시스템의 약점을 현재화시켜 대책을 강구하는 것 자체가 안전 확보를 위한 중요한 수단이 된다. 또한 이러한 사고방식을 언론을 포함한 사회 전체에서 공유할 필요가 있다.

---

19) (옮긴이) ETA(Event Tree Analysis)는 시스템 신뢰성 및 안전 분석 기법 중의 하나로, 최후에 발생하는 사건(Top-event)에 초점을 맞춰, 그 곳에 도달하는 '사상(事象)과 그 경로를 트리(樹木)' 분석한다. 재해 요인들의 발생 사상(event)의 확률을 이용해서 시스템의 안전도를 평가하는 귀납적이고 정량적인 시스템 분석법으로, 재해 발생 과정의 발단 사상으로부터 재해까지의 연쇄적 전개(프로세스)에 관해서 이를 나뭇가지 형태로 표현하는 것이다. 원래 트리(수목) 분석은 의사결정 수목(Decision Tree)에서 차용한 것으로, 상호 배반적인 상황의 전개와 그 발생 확률을 가시적으로 확인할 수 있다는 장점이 있어, 종래에는 보아 넘기기 쉬웠던 재해의 확대 요인에 대한 분석 등에 이용되고 있다. 각 가지의 끝에는 각 사상(이벤트)의 발생 확률이 기입된다. 의사결정 수목을 재해사고의 분석에 이용할 경우의 분석법을 ETA라 한다. 한편 반대의 개념으로는 '폴트 트리 분석(FTA: Fault Tree Analysis)' 방법이 있다. 이는 장애(고장 등)의 해석, 신뢰성, 안전성상 바람직하지 않은 사상을 톱이벤트(Top event)로 가져와서 그 발생 원인에 대해 대책을 취할 수 있도록 발생의 경과를 논리 기호를 사용해서 수형도로 전개하는 방법을 말한다.

일곱째, 원전검사관과 원전가동원의 인증을 실시하기 위해 미국의 원자력발전운전협회(INPO)와 같은 '제3자(독립)적 성격'을 띤 민간 기관을 설치할 필요가 있다. 보일러 분야에서 일본에서는 산업용 보일러를 대상으로 하는 민간단체인 일본 보일러협회 등이 검사관의 훈련·등록, 검사의 실시를 담당하고 있다. 또한 미국에서는 '미국 보일러압력용기검사관협회(NBBI: National Board of Boiler and Pressure Vessel Inspectors)'[20]가 검사관의 인증을 실시하여, '미국기계기술자협회(미국기계학회)(ASME: American Society of Mechanical Engineers)'가 규제 기준을 담당하는 구조로 되어 있다. 학회·협회라는 민간 조직이 '제3자(독립)적 성격'을 가진 조직으로서 건전하게 기능하고 있는 증거이기도 하다.

여덟째, 마지막으로 '원자력규제위원회'가 스스로 'Safety Culture'에 입각한 행동 및 규제 등을 실시해야 한다. 당연히 '원자력규제위원회' 활동에 대해서도 검증이 필요하다. 또한 '원자력규제위원회'는 최고의(State-of-the-Art) 기술 수준이면서 기술적으로 가능한 범주 안에 들어 있는지에 대한 판단하고, 동시에 국민에 대한 설명 책임을 완수하는 것이 중요한 업무이다. 적절한 리더십하에서 원전 안전을 관리해야 한다. 원전 안전의 최종적인 책임이 운용하는 전력회사에 있는 것은 당연하다고 치더라도 '원자력규제위원회'는 TMI-2 사고와 마찬가지로, '사고 시 대응 지휘관' 또한 '대변인(spokesman)' 요원을 양성할 필요가 있다. 이는 원전의 안전 확보를 위한 중심적 존재로서 '원자력규제위원회'가 완수해야 할 사회적 책임(Social Responsibility)이다.

7. 결론

원자력 기술은 '종합 기술'이라는 표현은 원자력 분야의 기술자들 사이에서

20) NBBI에 대해서는 https://www.nationalboard.org/Default.aspx(검색일: 2015.7.28)

오래전부터 회자되어 왔다. 그런데 기술 일반은 모두 사회 속에 존재하는 것이며, 사회와 분리할 수 없다는 점을 주지해야 할 것이다. 문맥대로라면 '종합 기술'은 원자력에 고정되어 있지는 않다. 거꾸로 '종합 기술'이라는 것을 구실로 해서 '외부 간섭' 내지는 '비판'을 거부해 온 경향이 있었던 것이 아닐까라는 생각이 든다.

우리들을 둘러싼 사회에는 다양한 위험 사건이나 리스크 사건이 존재한다. 원자력발전은 매우 장기간에 걸쳐 엄격하게 관리해야 하는 방사성 물질이라는 특수 물질을 취급하기 때문에, 향후 일본에서 원전 이용을 중단하든 추진하든 간에 폐로나 고준위·저준위 방사성폐기물의 처리와 관리의 문제는 피해갈 수 없다. 미래를 내다본 기술 개발과 함께 그러한 연구에 진지하게 임하는 인재의 육성은 필요 불가결이다. 아울러 일본의 에너지와 환경, 경제 등의 미래를 내다본 시민, 지자체, 정부, 기기 제조업체, 전력 사업자, 규제기관 등이 한 자리에 모여 이성적이고 진지한 융복합적 논의를 통해 형성되는 사회의 지지가 없다면 원전문제의 해결은 결코 있을 수 없을 것이다.[21]

〈참고문헌〉

石川迪夫, 『考証 福島原子力事故-炉心溶融·水素爆発はどう起こったか』, 日本電気協会新聞部, 2014年. (TMI-2事故についてはM19-66頁, 福島原発事故については66-218頁に詳細に記載)

鹿児島地方裁判所, 平成26年(ヨ)第36号 川内原発稼働等差止仮処分申立事件判決文」, 2015年.

警察庁, 「平成23年(2011年)東北地方太平洋沖地震の被害状況と警察措置」. (http://www.

21) 옮긴이 일본의 원자력 정책에 관해서는 다음 책을 참고할 것. 마쓰오카 슌지(松岡俊二), 『일본 원자력 정책의 실패』, 김영근 옮김(고려대학교출판부, 2013년). 과연 3·11후쿠시마 원전사고는 막을 수 없었던 것인지, 일본 정부·전력회사·경제계·학계·언론의 대응에 문제점은 없었는지, 원자력의 안전 규제 제도개혁의 문제점은 무엇인지, 사회과학적 시점에서 철저한 검증에 의해 안전한 미래에 대한 방향을 제시하고 있다.

npa.go.jp/archive/keibi/biki/higaijokyo.pdf 2015年10月10日アクセス).

原子力安全基盤機構, 「平成21年度地震時レベル2PSAの解析(BWR)10　原シ報－0003JNES/NSAG10－0003」, 2010年.

原子力安全委員会, 「原子力安全年報 3.1節 TMI事故の教訓の我が国の原子力安全確保施策への反映」, 1981年.

原子力安全委員会, 「1992年5月28日付決定」, 1992年. (http://www.mext.go.jp/b_menu/hakusho/nc/t19920528001/t19920528001.html 2015年7月2日アクセス).

原子力規制委員会, 「実用発電用原子炉及び核燃料施設等に係る新規制基準について－概要」 2013年. (http://www.nsr.go.jp/data/000070101.pdf 2015年7月3日アクセス).

原子力規制委員会, 「九州電力川内原子力発電用原子炉設置変更許可申請書 (1号及び2 号発電用原子炉施設の変更) に関する審査書 (原子炉等規制法第43条の3の6第1項第2号 (技術的能力に係るもの), 第3号及び第4号関連)」, 2014年.

原子力規制委員会, 「関西電力株式会社高浜発電所の発電用原子炉設置変更許可申請書 (3号及び4号発電用原子炉施設の変更) に関する審査書 (核原料物質, 核燃料物質及び原子炉の規制に関する法律第43条の3の6第1項第2号 (技術的能力に係るもの))」, 2015年a.

原子力規制委員会, 「四国電力株式会社伊方発電所の発電用原子炉設置変更許可申請書(3号原子炉施設の変更) に関する審査書(核原料物質, 核燃料物質及び原子炉の規制に関する法律第43条の3の6第1項第2号(技術的能力に係るもの) 第3号及び第4号関連)」, 2015年b.

最高裁, 「昭和60(行ツ) 133 伊方発電所原子炉設置許可処分取消, 最高裁第一法廷判決」, 民集第46巻7号, 1992年, 1174頁.

最高裁, 「平成15(行ヒ) 108　原子炉設置許可処分無効確認等請求事件, 最高裁第一小法廷判決」, 民集第59巻4号, 2005年, 671頁.

重化学工業通信社, 『外国技術導入要覧』, 1965年, 25-33頁.

東京電力福島原子力発電所における事故調査·検証委員会, 『政府事故調 中間報告書』, メディアランド社刊, 2011年, 496, 499頁.

東京電力福島原子力発電所における事故調査·検証委員会, 『政府事故調 最終報告書』, メディアランド社刊, 2012年, 361-442頁.

東京電力福島原子力発電所事故調査委員会, 『国会事故調 報告書』, 徳間書店, 2012年, 17頁.

成合英樹, 「原子力発電プラントと伝熱」, 『伝熱』 Vol.50, No.213, 2011年, 28-35頁.

新村出編, 『広辞苑 第六版』, 岩波書店, 2008年.

日本原子力産業会議 (後に原子力年鑑編集員会), 『原子力年鑑』, 日刊工業新聞, 各年度.

日本電気協会新聞部, 『原子力ポケットブック』, 各年度.

畑村洋太郎·安部誠治·淵上正昭, 『福島原発事故は何故起こったか』, 講談社, 2013年.

福島県, 「平成23年東北地方太平洋沖地震による被害状況即報 (第1532報)」. (http://www.pref.fukushima.lg.jp/site/portal/shinsai-higaijokyo.html 2015年10月10日アクセス)

復興庁, 「東日本大震災における震災関連死の死者数(平成27年　3月　31日　現在調査結果)」. (http://www.reconstruction.go.jp/topics/main-cat2/sub-cat2-6/20150630_kanrenshi.pdf, 2015年9月20日アクセス)

山名元, 「我が国における原子力利用の経緯と時代背景」, 『伝熱』 Vol.52, No.219, 2013年, 7-14頁.
≪読売新聞≫, 2011年4月4日.
≪読売新聞≫, 2015年12月25日.

Collier, J. G., Hewitt, G. F., *Introduction to Nuclear Power*, Hemisphere Pub., New York, 1987.(中西重康・小澤守・竹中信幸訳『原子力エネルギーの選択一その安全性と事故事例』コロナ社, 1992年) TMI-2 사고를 포함한 각종 대표적인 사례분석이 수록되어 있다.

Fisher, E. S., *Nuclear Regulation in the U.S.: A Short History*, Nova Science Publishers, New York, 2012.

Haage, Monica, "IAEA Safety Standards and Guidance on Safety Culture in the Pre-Operational Phases". (https://www.iaea.org/NuclearPower/Downloadable/Meetings/2014/2015-02-03-02-06/D4_S10_IAEA_Haage.pdf 2015年 6月 1日アクセス)

IAEA, *Safety Culture*, Safety Series No.75-INSAG-4, Vienna, 1991.

IAEA, *Fundamental Safety Principles: Safety Fundamentals*, IAEA Safety Standards Series No.SF-1, Vienna, 2006.

IAEA, *Safety Standards and Guidance on Safety Culture in the Pre-Operational Phases of Nuclear Power Plant Project*, IAEA Safety Series No.74, Vienna, 2012.

Kemeny, John G. (Chairman), *Report of the President's Commission on the Accident at Three Mile Island, The Need for Change: The Legacy of TMI*, Pergamon Press, New York, 1979.

Lee, J. C., McCormick, N. J., *Risk and Safety Analysis of Nuclear Systems*, John Wiley & Sons, Hoboken, 2011.(西原英晃・杉本純・村松健邦訳, 『原子力発電システム・リスク評価と安全解析』, 丸善, 2013年)

Nishikawa, E., "General planning of the boiler gas-side heat transfer surface", in S. Ishigai ed., *Steam Power Engineering - Thermal and Hydraulic Design Principles*, Cambridge University Press, New York, 1999.

Rasmussen, Norman C., *Reactor Safety Study: An Assessment of Accident Risks in U.S. Commercial Nuclear Power Plants*, WASH-1400, NUREG-75/014, U.S. NRC, Washington D.C., 1975.

U.S. NRC, *Severe Accident Risks: An Assessment for Five U.S. Nuclear Power Plants*, NUREG-1150, Washington D.C., 1990.

U.S. NRC, *Perspectives on Reactor Safety*, NUREG/CR-6042, SAND93-0971, Revision 2, Washington D.C., 2002.

U.S. NRC, "Report - A Comparison of U.S. and Japanese Regulatory Requirements in Effect at the Time of the Fukushima Accident", 2013. (http://pbadupws.nrc.gov/docs/ML1332/ML13326A991.pdf 2015年 7月 10日アクセス)

U.S. NRC, *Safety Culture Common Language*, NUREG-2165, Washington D.C., 2014.

U.S. NRC, *Safety Culture Policy Statement*, NUREG/BR-0500, Revision 3, Washington D.C.,

2015.

Rogers, William P., (Chairman), *Report of the Presidential Commission on the Space Shuttle Challenger Accident*, White House, Washington D.C., 1986.

Rogovin, Mitchell, (Director), *Three Mile Island - A Report to the Commissioners and to the Public,* NRC, Washington D.C., 1980.

Walker, S., Wellock, T. R., A *Short History of Nuclear Regulation 1946-2009*, NUREG/BR-0175, Rev. 2, NRC, Washington D.C., 2010.

WNA (World Nuclear Association), Rector Database. (http://world-nuclear.org/Nuclear Database/Default.aspx?id=27232 2015年 6月 18日アクセス)

후기

이 책은 간사이대학 사회안전학부의 연구 성과를 세상에 알리기 위해, 2012년부터 계속 발행해 온 연구총서 중 다섯 번째 저서이다. 아울러 2016년 3월 본교 사회안전학부를 은퇴하신 가와타(河田惠昭) 교수님의 고희(古稀)를 기념하고, 지금까지의 재해와 안전 연구에 진력해 오신 노고에 헌정하기 위한 것이다. 은퇴 후에도 다양한 활동을 기원하고자 집필진 일동은 마음을 담아 이 책을 가와타 교수님께 바치고자 한다.

이 자리를 빌려 일본의 방재·감재 연구의 명실상부한 제1인자 가와타 교수님의 업적을 새삼 기리고자 한다. 지금까지의 연구 성과에 관해 일일이 열거하기는 어렵지만 요약하자면 단저·공저·분담 집필 등을 포함하여 70권 이상, 논문 약 700편에 달하는 거대한 학술연구를 수행해 왔다. 또한 셀 수 없을 정도의 학회의 학술상 수상 및 다양한 표창도 받으셨다는 점을 감안한다면, 논문의 정성적 평가에 관해서도 타의 추종을 불허한다고 할 수 있다. 그중에서도 '내각총리대신 방재공로상' 표창 및 '유엔 사사카와 방재상'을 수상한 경력은 높이 평가할 만하다.

가와타 교수님께서 교토대학으로부터 간사이대학 환경도시공학부에 취임하신 것은 2009년 4월이다. 부임하자마자 리더십을 발휘하여 새로운 학부(현재의 사회안전학부)의 창설 준비에 참가하셨다. 무엇보다도 가와타 교수님은 높은 식견과 풍부한 경험, 훌륭한 실적을 기반으로 문부과학성 인가신청 등 실무 업무를 포함하여 주도적인 역할을 다하셨다. 그리고 2010년 4월 학부·연구과(석사과정)의 개설과 동시에 초대 학부장·연구과장에 취임하셨고, 이후 2년에 걸친 학부·연구과 운영을 통솔하셨다.

사회안전학부가 창설 1주년을 맞이한 2011년 3월 11일 발생한 도호쿠지방 태평양연안지진 그리고 함께 발생한 거대 쓰나미는 일본 사회에 심각한 피해를 안겼다. 가와타 교수님은 솔선수범해서 수차례에 걸친 현지 조사를 실시하셨다. 물론 일본 정부가 설치한 동일본대지진 부흥구상회의위원이나 중앙방재회의의 지진·쓰나미 대책에 관한 전문조사회 좌장으로서 활약하셨다. 교수님의 행동력과 정확성, 넓은 시야는 여기서도 유감없이 발휘되었다.

가와타 교수는 퇴직 후인 2016년 4월 이후에도 '간사이대학 특별임명교수'로서 본 학부에 남아주시게 되었다. 앞으로도 연구 활동을 같이 할 수 있게 된 것은 간사이대학 특히 사회안전학부 구성원 일동으로서는 뜻밖의 기쁨이다.

사회안전학부는 당초 네 권의 연구서를 간행할 계획을 세웠다. 그 후 한 권을 추가하여 현재 다섯 권이 되었다. 이 책은 그 마지막 작업이며, 이로써 다섯 권의 시리즈 완결을 눈앞에 두고 있다.

자연재해와 사회재해의 양 분야를 주요 타깃으로 설립된 사회안전학 및 대학원은 일본에서 최초의 시도이다. 새로운 학부·대학원의 명칭을 결정할 당시 여러 명칭들이 후보에 올랐으나 결국 '사회안전학부·사회안전연구과(대학원)'로 결정되었다. 2015년 5월부터 본 학부에서는 편집·출판위원회를 발족시켜, 사회안전학에 관한 교과서(총서) 간행을 시작했다. 특히 『사회안전학 입문』이라는 제목의 교과서는 2018년 3월에 미네르바쇼보에서 간행되었다. 가와타 교수님의 축적된 경험이 고스란히 담긴 다섯 권의 총서를 통해 사회안전학부의 설립의 주된 목표로 사회에 표방해 온 '사회안전학의 체계적 제시'라는 공약을 지킬 수 있게 될 것이라 기대해 본다.

마지막으로 미네르바쇼보 편집부의 가지타니(梶谷修) 씨, 그리고 나카무라(中村理望) 씨에게 이번에도 출판 관련하여 큰 신세를 졌다. 이 자리를 빌려 감사의 말씀을 드린다.

2016년 1월 소한(小寒)

간사이대학 사회안전학부장·사회안전연구과장 오자와 마모루(小澤守)

편집담당 아베 세이지(安部誠治) 학부장

찾아보기

(ㅅ)

(ㅇ)

(ㅈ)

(기타)

집필자 소개

가와타 요시아키(河田恵昭)
사회안전학부 특임교수, 사회안전연구센터장: 권두언·서장 담당
1946년생. 교토대학대학원 공학연구과 공학박사, 방재학·감재학·거대재해학 전공.

아베 세이지(安部聖治)
사회안전학부 교수: 한국어판서문, 서문, 제3장, 제16장, 후기 담당
1952년생. 오사카시립대학원 경영학연구과 수료, 공익사업론 전공.

나가마쓰 신고(永松伸吾)
사회안전학부 교수: 제1장 담당
1972년생. 오사카대학대학원 국제공공정책연구과 국제공공정책학박사, 재해경제론 전공.

고시야마 겐지(越山健治)
사회안전학부 교수: 제2장 담당
1972년생. 고베대학대학원 자연과학연구과 공학박사, 도시재해대책론 전공.

니시무라 히로시(西村弘)
사회안전학부 교수: 제3장 담당
1953년생. 오사카시립대학원 경영학연구과 상학박사, 교통시스템론 전공.

다카토리게 도시오(高鳥毛敏雄)
사회안전학부 교수: 제4장 담당
1955년생. 오사카대학의학부 의학박사, 공중위생학·건강정책학, 결핵대책 전공.

하야시 요시나리(林能成)
사회안전학부 준교수: 제5장 담당
1968년생. 도쿄대학대학원 이학계연구과 이학박사, 지진학 전공.

다카하시 도모유키(高橋智幸)
사회안전학부 교수: 제6장 담당
1967년생. 도호쿠대학대학원 공학연구과 공학박사, 수재해론(水災害論) 전공.

고야마 도모후미(小山倫史)
사회안전학부 준교수: 제7장 담당
1975년생. 스웨덴왕립공과대학(KTH) 자연·수자원공학박사, 암반·지반공학 전공.

야마사키 에이이치(山崎栄一)

사회안전학부 교수: 제8장 담당

1971년생. 고베대학대학원 법학연구과 공법코스 박사과정 수료, 교토대학 정보학박사, 헌법·행정법·재해법제 전공.

구와나 긴조(桑名謹三)

사회안전학부 준교수: 제9장 담당

1960년생. 죠치대학대학원 지구환경학연구과 환경학 박사, 보험론 전공.

스가 마시호(菅磨志保)

사회안전학부 준교수: 제10장 담당

1971년생. 도쿄도리쓰대학대학원(현 슈도대학도쿄) 사회과학연구과 학술박사, 재해사회학·시민활동론 전공.

가메이 가쓰유키(亀井克之)

사회안전학부 교수, 제11장 담당

1962년생. 간사이대학대학원 상학연구과 박사과정 수료, 프랑스 에스크마르세이유3대학 DEA(경영학), 오사카시립대학 상학박사, 리스크 매니지먼트론 전공.

곤도 세이지(近藤誠司)

사회안전학부 준교수, 제12장 담당

1972년생. 교토대학대학원 정보학연구과 정보학박사, 재해정보론·재해저널리즘론 전공.

가노시마 에미코(辛島恵美子)

사회안전학부 교수, 제13장 담당

1949년생. 도쿄대학대학원 공학연구과 수료, 안전학구축론 전공.

히로세 유키오(広瀬幸雄)

사회안전학부 교수, 제14장 담당

1948년생. 교토대학대학원 문학연구과 심리학박사, 환경사회심리학·리스크 커뮤니케이션 전공.

쓰치다 쇼지(土田昭司)

사회안전학부 교수, 제15장 담당

1957년생. 도쿄대학대학원 사회학연구과 수료, 안전사회심리학·과학기술의 리스크 커뮤니케이션 전공.

오자와 마모루(小沢守)

사회안전학부 교수, 제16장 및 후기 담당

1950년생. 오사카대학대학원 공학연구과 공학박사, 안전설계론 전공.

역자 소개

김영근(金暎根)

고려대학교 농업경제학과를 졸업하고, 고려대 국제대학원 일본지역전공(석사과정)을 거쳐 도쿄대학 대학원 총합문화연구과에서 박사학위(국제관계학 전공)를 받았다. 현재 고려대학교 글로벌일본연구원 교수로 있으며, 사회재난안전연구센터 소장을 맡고 있다. "코로나19 재해 거버넌스에 관한 한일 비교분석", "포스트 코로나 시대의 안전국가 이론", "재해 후의 일본경제정책 변용" 등의 논문을 썼으며, 『일본, 야스쿠니』(공저), 『일본 재해학과 지방부흥』(공편), 『한일관계사 1965-2015 경제』(공저), 『동일본대지진과 일본의 진로』(공저), 『재해 리질리언스』(공편) 등의 저서와 『일본의 재난·안전과 지방자치론』(공역), 『검증 3.11 동일본대지진』(공역), 『일본 원자력 정책의 실패』 등의 역서가 있다. 주된 관심 분야는 글로벌 위기관리 및 재해 안전학, 일본의 정치경제, 동아시아 국제관계, 국제기구 등이다. 미국 예일대학 국제지역연구센터(YCIAS) 파견연구원, 일본 아오야마가쿠인대학 국제정치경제학부 협력연구원, 현대경제연구원 동북아연구센터 연구위원, 무역투자연구원(ITI) 무역정책실 연구실장, 계명대학교 국제대학 일본학과 조교수를 역임했다.

이 저서는 2007년 정부(교육과학기술부)의 재원으로 한국연구재단의 지원을 받아 수행된 연구임(NRF-2007-362-A00019). 또한 2020 대한민국 교육부와 한국연구재단의 인문사회 분야 중견연구자 지원사업의 지원을 받아 수행된 연구임(NRF-2020S1A5A2A01047120).

한울아카데미 2283

3·11 동일본대지진을 새로이 검증하다

복구·부흥·재생 프로세스 및 방재·감재·축재를 위한 과제

지 은 이 간사이대학 사회안전학부
옮 긴 이 김영근
펴 낸 이 김종수
펴 낸 곳 한울엠플러스(주)
편집 조수임

초판 1쇄 인쇄 2021년 2월 15일
초판 1쇄 발행 2021년 3월 11일

주 소 10881 경기도 파주시 광인사길 153 한울시소빌딩 3층
전 화 031-955-0655
팩 스 031-955-0656
홈페이지 www.hanulmplus.kr
등록번호 제406-2015-000143호

Printed in Korea.
ISBN 978-89-460-7283-1 93300(양장)
978-89-460-8017-1 93300(무선)

* 책값은 겉표지에 표시되어 있습니다.
* 이 도서는 강의를 위한 학생판 교재를 따로 준비했습니다.
강의 교재로 사용하실 때는 본사로 연락해주십시오.